통일신라 고고학

통일신라 고고학

조원창 · 임종태 · 안성현 · 김진영 · 서봉수 지음

서경문화사

서문

『통일신라 고고학』은 전체 다섯 개의 장으로 구성되었으며, 통일신라시대라는 시기성을 바탕으로 다섯 명의 연구자가 자리를 함께 하였다. 세부 전공과 일하는 곳은 다르지만 각자의 학술적 성과를 지면으로 발표하고픈 욕심에서, 그리고 전문 분야이지만 좀 더 쉽게 다른 연구자에게 전달하고픈 마음에서 이 책을 저술하게 되었다.

제1장은 「신라와 백제 건축유적의 굴광 축기부 검토」라는 주제로 논고를 진행하였다. 일찍이 신라의 이중기단과 와적기단, 가구식기단, 제와술, 은장 등이 백제에서 전파되었음을 볼 때 신라의 굴광 축기부 역시도 백제의 영향으로 축조되었음을 살펴보았다. 아울러 백제 멸망 후에는 이의 조사공들이 통일신라시대의 토목건축 분야에서 적극적으로 활약하였음을 피력해 보았다. -조원창-

제2장은 「고고자료로 본 통일신라시대 사찰 조영과 의미」라는 논고를 통해 통일신라시대의 사찰 건립 배경과 목적, 특징 등을 세부적으로 살펴보았다. 통일신라시대는 삼국시대와 달리 불교의 확산과 유학승 및 선종이 유입되며 전역에서 사찰 조영이 활발하게 이루어졌다. 이 과정에서 사찰이 통일신라시대의 시대적 상황을 방증하는 주요 자료라는 측면에 초점을 맞추어 진행하였다. -임종태-

제3장은 「통일신라시대 성곽」으로 '성곽'을 축성사적 측면과 관방사적 측면에서 살펴보고, 이를 주변 유적인 고분과 비교해 보았다. 그리고 통일신라시대의 석성과 토성을 입지, 형태, 규모, 부속시설, 집수지, 건물지 등으로 세분하여 축조 시기 및 주체, 축성 목적 등을 도출하였다. 이를 통해 통일신라시대의 성곽 축조는 국가의 주도하에 진행되었고, 치소성에 해당되는 토성이 평지에 조성되기 시작하였음을 알아보았다. -안성현-

제4장은 「신라 한주지방의 토기와 고분」으로 한주 지방에 속하는 서울·경기지역을 중심으로 지방의 토기 편년과 고분의 변천상을 살펴보았다. 새로운 견해를 제시하기보다는 기존의 필자 논고 중 일부를 수정하여 엮은 것으로 경주와 영남지역을 벗어나 신라 후기 지방의 토기와 묘·장제에 대한 이해의 폭을 넓히고자 하였다. 향후 지역적 연구 확대를 통한 비교

연구 자료로 활용되어 신라 후기 지방사에 대한 고고학적 논의의 진전과 활성화를 바라는 목적으로 작성하였다. -김진영-

　제5장은 「신라와 통일신라 기와」로 기와를 통해 기존 신라가 고구려, 백제와 공유하였던 기술적, 문화적 속성들이 통일신라에 이르러서도 연속성과 통합성을 가지고 이어져 갔음을 서술하였다. 글의 진행을 위해 한강 유역에 분포하고 있는 산성 출토 기와를 주로 다루었다. 그 결과 신라를 비롯한 삼국의 제와술이 통일신라시대에 융합이 되고, 이것이 다시 고려·조선시대에까지 영향을 미쳤음을 살펴보았다. -서봉수-

　통일신라시대의 각기 다른 고고유적을 한 권의 책에 실었다는 점에서 남다른 의미와 보람이 있다고 생각되나 좀 더 다양한 시각을 피력하지 못하였다는 점에서 아쉬움도 크다. 이는 전적으로 필자들의 부족함에 기인된 바 크다고 생각된다. 이 책의 부족함은 또 다른 연구자들의 시작점이 될 것이다. 그런 점에서 네 분 필자들의 그동안 노고에 고마움을 전하고 싶다.

2023년 4월
필자들을 대신하여
조 원 창

차 례

제1장

신라와 백제 건축유적의 굴광 축기부 검토

조원창

재단법인 한얼문화유산연구원

I. 머리말

사지나 기와건물지 발굴조사 중 생토면(혹은 자연퇴적토)이나 대지조성토까지 제토하였을 때 이를 되파기한 유구 윤곽선을 발견하는 경우가 있다. 윤곽선 내부의 굴광 상황을 파악하기 위해 구덩이 작업을 실시해 보면 보통 성토다짐이나 판축, 혹은 토석혼축(土石混築) 등이 이루어져 있음을 볼 수 있다. 이러한 유구를 건축고고학에서는 '축기부'라고 부르는데 그 동안 사지 발굴 중 금당지나 목탑지, 석탑지 등에서 주로 확인된 바 있다. 물론 익산 제석사지 중문지에서 축기부가 조사된 바 있으나 일반적이지는 않다. 축기부가 시설된 건물지는 다른 건축물에 비해 단위 면적당 하중이 많이 나간다는 공통점이 있고, 굴광(掘壙) 축기부의 경우 모두 기와 건물지에서만 발견되고 있다는 특징이 있다.

건축물의 축조를 위해서는 우선적으로 대지조성이 이루어지게 된다. 그리고 건물이 세워지는 부분에 한해서 기단이 축조되는데, 축기부는 바로 대지조성토와 기단토 사이에서 검출되고 있다. 따라서 건축유적의 발굴을 진행할 경우 주요 건물지는 반드시 축기부 확인조사가 필요하다. 축기부는 대지조성토를 되파기하고 조성되었기 때문에 이 층위 위로는 반드시 기단토가 축토된다. 따라서 대지조성토, 축기부토, 기단토 등의 토층 양상 등에 주의한다.

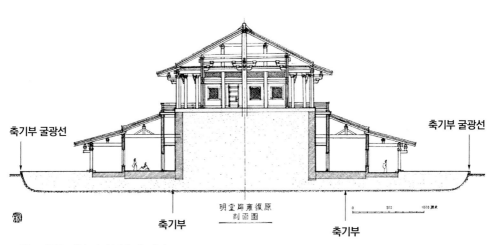

그림 1. 중국 서안 명당 벽옹 축기부(한대)

축기부는 일찍이 중국 한대의 명당 벽옹유적(그림 1)[01]에서 조사되어 그 시원이 고대 중국에 있었음을 알 수 있다. 우리나라는 백제 한성기 몽촌토성 판축대지에서 그 형적이 확인된 바 있어 적어도 삼국시대부터 등장하였음을 알 수 있다. 그리고 통일신라시대 및 고려시대를 거쳐 조선시대의 건축유구(신계사 삼층석탑 축기부)에도 채용되어 통시대적으로 오랜 기간 사용된 토목기술임을 판단할 수 있다.

한편, 축기부는 지하에 조성되기 때문에 작업통로가 시설되기도 한다. 예컨대, 백제 사비기의 익산 제석사지 목탑지 및 방형건물지의 네 모서리에서 작업통로가 확인되었다. 이는 기반토를 계단 형태로 굴토한 것으로 바닥면에는 아무런 시설이 없다.

여기에서는 신라와 백제의 고토에서 검출된 축기부 유적을 중심으로 축조 양상과 그 재료 등에 관해 살펴보고자 한다. 이를 통해 삼국시대 두 국가의 토목공법에 관한 공통점과 차이점 등에 대해 검토해 보도록 하겠다.

II. 신라 건축유적의 굴광 축기부[02]

1. 금당지 및 건물지

1) 경주 황룡사지 금당지

경주 황룡사지는 일탑삼금당지(그림 2)[03]로 최종 가람은 신라 경덕왕대에 완성되었다. 중금당은 584년 무렵, 구층목탑은 645년경에 축조되어 당탑의 시기차를 살필 수 있다. 기단부 아래의 굴광 축기부는 구층목탑지와 중금당지, 서금당지 등에서만 확인되었을 뿐, 동금당지에서는 검출되지 않았다.

---

01) 楊鴻勛, 1987,『建築考古學論文集』, 文物出版社, 182쪽 도 10.
02) 에에 대해선 아래의 자료를 참조.
　　조원창, 2018,『건축유적의 발굴과 해석』, 서경문화사.
　　조원창, 2022,「신라 사찰의 대지조성과 축기부 조영」『신라 사찰의 건축기술과 생활문화』, 국립경주문화재연구소.
03) 文化財管理局 文化財研究所, 1984,『皇龍寺 遺蹟發掘調査報告書』I, 192쪽 삽도 422.

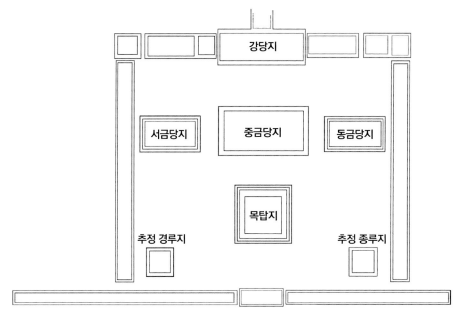

그림 2. 경주 황룡사지 가람배치도

중금당지(그림 3)[04]는 이중기단으로 하층기단의 상면에서 초석(혹은 적심석)열이 확인되었다. 하층기단은 장대석을 이용한 치석기단이고, 상층은 가구식기단으로 축조되었다. 하층기단은 동서 길이 55.3m, 남북 너비 30.3m이고, 상층기단은 동서 길이 49.5m, 남북 너비 24.4m이다.[05] 기단부 아래에는 하층기단을 포함하는 역제형의 축기부가 조성되어 있다.

축기부(그림 4)[06]는 대지조성이 완료된 이후 이를 되파기하여 조성하였다. 축기부 내의 충전물은 자갈과 점질토로서 교대로 반복하여 축토·축석되었다. 축기부 굴광선은 하층기단 초석을 기준으로 서쪽 3.1m, 서남쪽 5.15m, 동쪽 2.1m, 북쪽 3m 정도 되는 지점에서 확인되었다. 이로 보아 축기부의 규모는 동서 길이 57.3m, 남북 너비 35m, 깊이 2.7m 정도로 추

---

04) 文化財管理局 文化財研究所, 1982, 『皇龍寺 遺蹟發掘調査報告書(圖版編)』Ⅰ, 도면 3.

05) 國立扶餘文化財研究所, 2010, 『동아시아 고대사지 비교연구(Ⅱ)-금당지편-』, 86쪽.

06) 文化財管理局 文化財研究所, 1982, 『皇龍寺(圖版編) 遺蹟發掘調査報告書』Ⅰ, 도면 28.

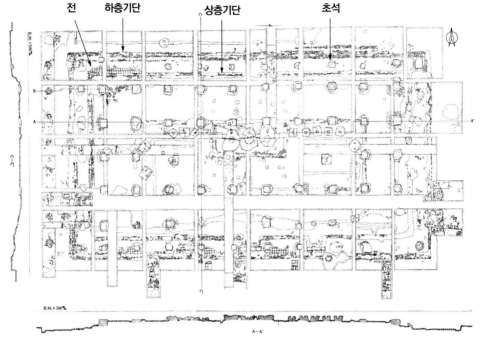

전　　하층기단　　　　　상층기단　　　　초석

전　　하층기단　　　　　상층기단　　　　초석

B.M.+500‰

A-A'

그림 3. 경주 황룡사지 중금당지

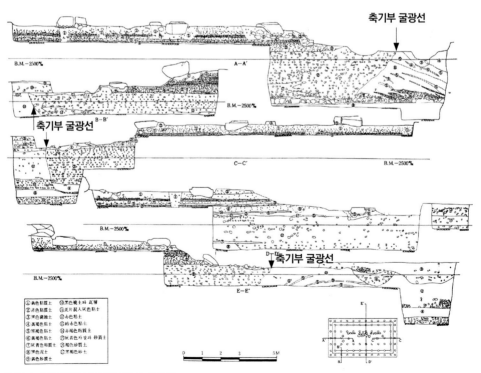

축기부 굴광선

B.M.-2500‰

A-A'

B.M.-2500‰

축기부 굴광선

B-B'

C-C'　　　　　　　　　　　　　　B.M.-2500‰

B.M.-2500‰

축기부 굴광선

E-E'

B.M.-2500‰

① 黃色粘質土　⑩ 黑色礫土와 瓦層
② 赤色粘質土　⑪ 黑斑 混入灰色粘土
③ 半色礦砌土　⑫ 赤色粘土
④ 黃褐色粘土　⑬ 暗赤色粘土
⑤ 黑褐色粘土　⑭ 赤褐色粘質土
⑥ 黃褐色粘土　⑮ 暗青色磁와 砂質土
⑦ 淡青色粘質土　⑯ 褐色砂質土
⑧ 黑色泥土　⑰ 黑褐色砂土
⑨ 黃色砂質土

0　1　2　3　　　5M

그림 4. 경주 황룡사지 중금당지 토층도

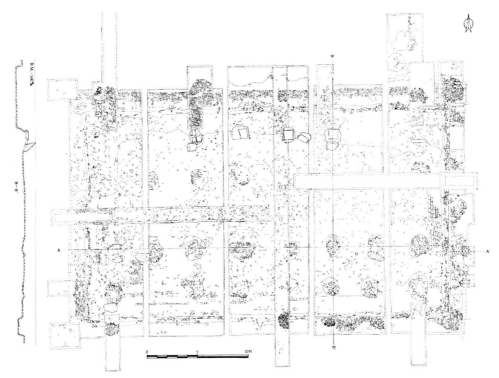

그림 5. 경주 황룡사지 서금당지

정된다.[07]

　서금당지(그림 5)[08] 역시 중금당지와 마찬가지로 이중기단으로 조사되었다. 축기부(그림 6)[09]는 제2차 서금당[10]을 축조하는 과정에서 조성되었다. 제2차 서금당지는 기단석이 모두 멸실되어 형식이나 규모 등을 살필 수 없다. 일부 축기부의 경우 기존의 선축 건물지 적심석을 파괴하고 조성되었다. 점질토와 사질토, 자갈 등을 반복하여 축토·축석하였다.

07) 김유성, 2021, 「신라 황룡사 중금당 굴광기초 축기부 재검토」, 『신라문화유산연구』 제5호, 121쪽.

08) 文化財管理局 文化財研究所, 1982, 『皇龍寺(圖版編)』, 도면 9.

09) 文化財管理局 文化財研究所, 1982, 『皇龍寺(圖版編) 遺蹟發掘調査報告書』Ⅰ, 도면 32.

10) 제2차 서금당의 조성 시기는 목탑 건립 시기로 추정되었다.
　　文化財管理局 文化財研究所, 1984, 『皇龍寺 遺蹟發掘調査報告書』Ⅰ, 74쪽.

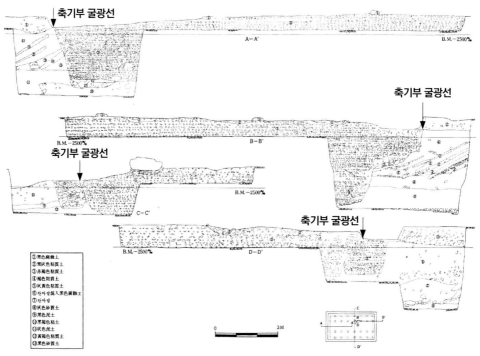

그림 6. 경주 황룡사지 서금당지 토층도

2) 경주 사천왕사지 금당지

사천왕사는 679년 무렵에 창건된 사찰로 쌍탑일금당식의 가람배치를 보이고 있다. 동탑과 서탑은 목탑으로 이들 사이에는 석등 2기가 조성되어 있다. 금당지 좌우로는 감은사 및 불국사 등과 같이 익랑이 시설되어 있다.

금당지(그림 7)[11]는 이중기단 형식으로 정면 5칸, 측면 3칸의 구조로 이루어졌고, 내부 중앙에 내진칸이 마련되어 있다. 상층기단 지대석을 기준으로 동서 길이 21.2m, 남북 너비 14.9m이다. 하층기단 지대석은 남동편과 남서편 일부에서만 검출되었고, 이 중 남동편의 지대석은 상층기단 지대석에서 약 160cm 정도 떨어져 조성되었다.

금당지 동·서면의 토층도에 따르면 축기부 굴광선(그림 8~10)[12]은 상층기단 지대석 밖에

---

11) 국립경주문화재연구소, 2012, 『四天王寺 金堂址 발굴조사보고서』 I , 93쪽 도면 9.
12) 국립경주문화재연구소, 2012, 『四天王寺 金堂址 발굴조사보고서』 I , 119쪽 도면 15.

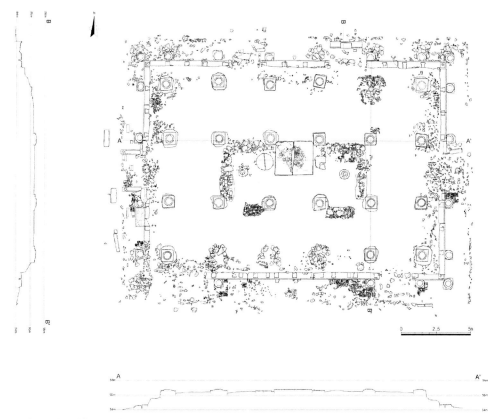

그림 7. 경주 사천왕사지 금당지

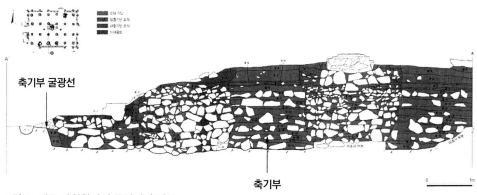

그림 8. 경주 사천왕사지 금당지 축기부

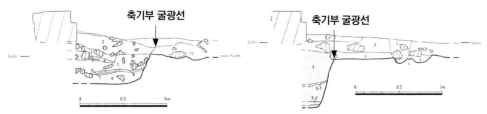

그림 9. 경주 사천왕사지 금당지 동면 트렌치의 후대 축기부

그림 10. 경주 사천왕사지 금당지 서면 트렌치의 후대 축기부

위치하고 있다. 하층기단이 상층기단 지대석으로부터 약 160cm 정도 이격되었음을 전제할 때 축기부는 이들 사이에 조성되었음을 알 수 있다. 축기부 내에는 목탑지와 마찬가지로 돌과 흙이 교대로 쌓여 있다.

3) 경주 분황사지 창건 금당지 및 방형 기초석군(基礎石群)

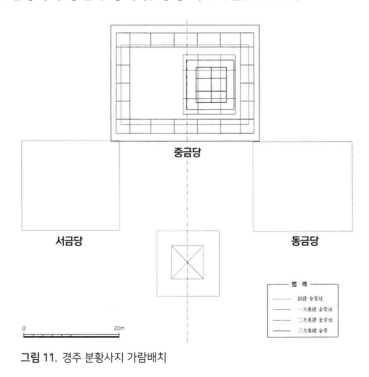

그림 11. 경주 분황사지 가람배치

국립경주문화재연구소, 2012, 『四天王寺 金堂址 발굴조사보고서』Ⅰ, 134쪽 도면 21 및 134쪽 도면 22.

분황사는 634년(선덕여왕 3) 무렵에 창건된 사찰로 일탑삼금당식의 가람배치(그림 11)[13]를 보이고 있다. 익산 미륵사지나 신라의 황룡사지 등과 비교해 확연한 차이를 보이는 가람배치이다. 거시적으로 고구려의 배치와 친연성을 보이고 있다.

분황사지의 굴광 축기부는 창건 동·서·중금당지 및 동·중·서쪽의 방형 기초석군 등에서 볼 수 있다. 창건 중금당지(그림 12)[14]는 암갈색 점질토, 흑갈색 점질토, 암갈색 점토, 황

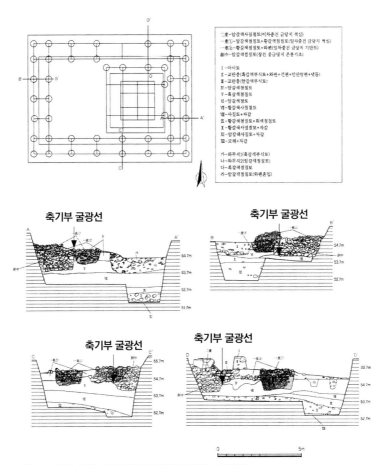

그림 12. 경주 분황사지 창건 중금당지 축기부 토층도

13) 國立慶州文化財研究所, 2005, 『芬皇寺 發掘調査報告書(本文)』Ⅰ, 49쪽.

14) 國立慶州文化財研究所, 2005, 『芬皇寺 發掘調査報告書(本文)』Ⅰ, 63쪽 도면 9.

갈색 사질토층 등을 굴광한 후 그 내부에 20~40cm 크기의 냇돌과 잔토를 교대로 쌓아 축기부를 조성하였다. 동서 길이 26.6m, 남북 너비 15.4m이고, 최고 깊이는 약 1.3m 정도이다.[15] 창건 중금당지에서 기단석과 초석 등이 검출되지 않은 것으로 보아 축기부의 깊이는 현재보다 더 깊었을 것으로 추정된다.

그림 13. 경주 분황사지 창건 동금당지 축기부 토층도

---

15) 國立慶州文化財研究所, 2005, 『芬皇寺 發掘調査報告書(本文)』 I, 50쪽.

창건 동금당지(그림 13)[16]의 축기부는 동서 길이 20.3m, 남북 너비 18m 크기의 장방형 석군으로 확인되었다. 먼저 흑갈색 점질토, 암갈색 점질토, 황갈색 사질점토, 모래+자갈층을 되파기한 후 50~60cm 크기의 대형 냇돌을 바닥에 깔고 그 틈새는 자갈을 채워 면을 정지하였다. 그리고 이 층 위로도 같은 방법으로 냇돌과 잔토를 다져놓았다. 두 개 층 위로는 30~40cm 크기의 냇돌을 깔고 그 위에 잔자갈과 모래를 10cm 두께로 쌓아올렸다. 상층부에는 10~40cm 크기의 냇돌과 잔돌을 이용하여 교대로 쌓았다. 축기부의 두께는 최대 2.2m

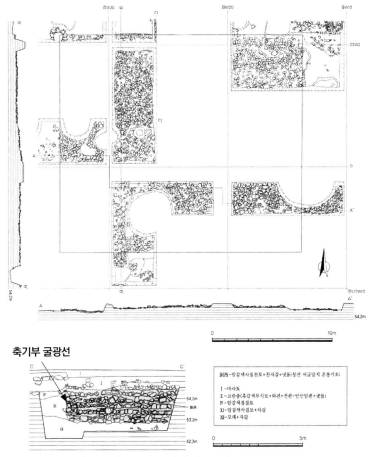

그림 14. 경주 분황사지 창건 서금당지 축기부 토층도

16) 國立慶州文化財研究所, 2005, 『芬皇寺 發掘調査報告書(本文)』Ⅰ, 54쪽 도면 3·4.

이고, 8회의 축토·축석층이 확인되었다. 축기부 상면에서 창건 동금당지와 관련된 기단석이나 초석, 적심석 등은 검출되지 않았다.[17]

창건 서금당지(그림 14)[18]의 경우도 암갈색 점질토, 암갈색 사질토+자갈, 모래+자갈층을 되파기하고 축기부를 조성하였다. 이는 동서 길이 20.3m, 남북 너비 18m로 동금당지와 같은 크기를 보이고 있다. 축기부 내부는 10~60cm 크기의 냇돌과 잔토를 교대로 쌓아 최대 9회, 2.3m 깊이로 조성하였다.[19]

기초석군은 석탑 남쪽 약 84m 떨어진 위치에 석탑 남북 중심선상에 1개소, 이의 동서 21.5m 지점에 2개소가 축조되어 있다. 여기에서는 잔존 상태가 양호한 중앙(그림 15)[20]의 기

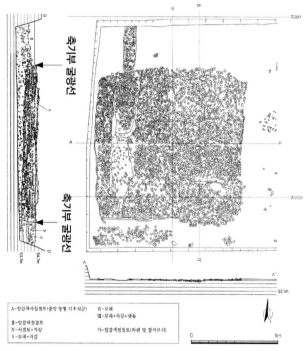

그림 15. 분황사 석탑 남쪽에 위치한 중앙의 방형 기초석군

17) 國立慶州文化財研究所, 2005, 『芬皇寺 發掘調査報告書(本文)』I, 52~55쪽.
18) 國立慶州文化財研究所, 2005, 『芬皇寺 發掘調査報告書(本文)』I, 56쪽 도면 5·6.
19) 國立慶州文化財研究所, 2005, 『芬皇寺 發掘調査報告書(本文)』I, 55쪽.
20) 國立慶州文化財研究所, 2005, 『芬皇寺 發掘調査報告書(本文)』I, 101쪽 도면 33.

초석군을 중심으로 살펴보고자 한다. 모래층 위에 덮인 암갈색 점질토층(지반)을 한 변 8.5m 내외로 되파기 하고, 5~30cm 크기의 냇돌을 잔토와 함께 교대로 조성해 놓았다. 두께 약 80cm 정도 남아 있고, 냇돌+잔토가 7회 반복되었다. 이들 유구의 경우 당간지주 남쪽의 담장 기초석렬을 사이에 두고 그 남쪽에 배치되어 분황사와는 직접적 관련성이 없는 것으로 추정되었다.[21]

4) 경주 전 인용사지 건물지 11 및 13

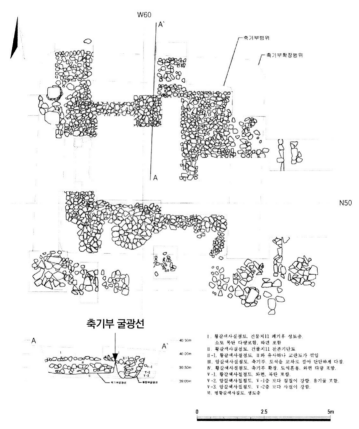

그림 16. 경주 전 인용사지 건물지 11의 축기부

21) 國立慶州文化財研究所, 2005, 『芬皇寺 發掘調査報告書(本文)』Ⅰ, 99~103쪽.

전 인용사지 금당지에 선축하는 건물지 11에서 동서 길이 6.2m, 남북 너비 6.2m, 깊이 60~70cm의 축기부가 확인되었다(그림 16).[22] 축기부는 단면 역제형으로 10~20cm 정도의 냇돌을 정교하게 깔고, 그 위에 흙을 10cm 두께로 하여 3회 교차 반복하였다. 건물지의 성격은 정확히 알 수 없으나 주변에서 수습된 목탄의 AMS탄소연대 측정 결과 630년으로 밝혀졌다. 이로 보아 건물지 11은 고신라시기의 유구로 파악해 볼 수 있다.[23]

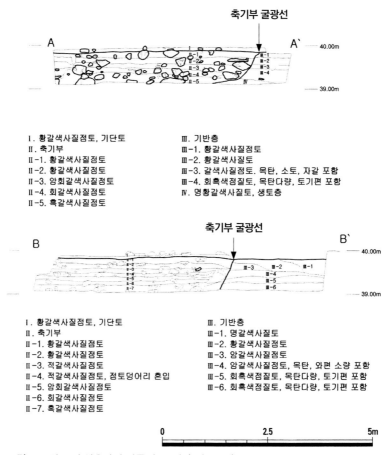

그림 17. 경주 전 인용사지 건물지 13의 축기부 토층도

22) 국립경주문화재연구소 · 경주시, 2013, 『傳仁容寺址 발굴조사보고서』 I, 102쪽 도면 17.

23) 이상 국립경주문화재연구소 · 경주시, 2013, 『傳仁容寺址 발굴조사보고서』 I, 100쪽.

이 외에도 십자형 건물지에 선축하는 건물지 13(그림 17)[24]에서도 축기부가 조사되었다. 이는 동탑지와 십자형 건물지 사이에 위치하며, 동·서쪽에서는 계단지로 추정되는 유구가 확인되었다. 축기부는 황갈색 사질점토, 갈색 사질점토(목탄, 소토, 자갈 포함), 회흑색 점질토(목탄 다량, 토기편 포함), 생토층을 굴토하고 조성되었다. 축기부 내부에는 냇돌과 황갈색, 황갈색, 회갈색, 흑갈색 사질점토 등이 교대로 쌓여 있다. 조사 당시 축기부 깊이는 약 1m 정도로 계측되었으나 미조사된 중심부의 경우 이보다 더 깊었을 것으로 판단된다.

5) 경주 망덕사지 금당지

금당은 정면 5칸, 측면 3칸으로 기단의 전체 규모는 약 16.3×12.4m이다. 축기부는 기단 장대석을 중심으로 동쪽은 130~160cm, 서쪽은 130cm 떨어진 지점에서 확인되었다. 깊이는 약 100cm로 할석과 적갈색 점토층을 반복적으로 축토·축석한 것으로 추정되었다.[25]

2. 목탑지

1) 경주 황룡사지 구층목탑지

구층목탑(그림 18)[26]의 기단은 단층의 가구식이며, 이의 외곽으로는 상하 2단의 탑구가 조성되어 있다. 지대석은 각형의 모접이(턱)가 있는 것과 없는 것이 혼재되어 있어 전자가 후대에 보축되었음을 추정할 수 있다.[27] 탑구는 치석된 장대석으로 1단 정도의 높이를 보이고 있다.

목탑은 대지조성이 완료된 이후 이를 되파기하여 축기부(그림 19)[28]를 조성하였다. 축기부의 규모는 동서 107척, 남북 101척이고, 이의 내부는 자갈과 적갈색 점토 등을 비교적 평평

24) 국립경주문화재연구소·경주시, 2013, 『傳仁容寺址 발굴조사보고서』 I, 110쪽 도면 19 및 111쪽 도면 20.

25) 이상 국립경주문화재연구소, 2015, 『경주 망덕사지 발굴조사보고서(69·70년 발굴조사)』, 311쪽.

26) 文化財管理局 文化財研究所, 1982, 『皇龍寺(圖版編)』, 도면 4.

27) 조원창, 2018, 「백제 사비기 목탑 축조기술의 대외전파」 『한국고대사와 백제 고고학』, 한국고대학회, 458쪽.

28) 文化財管理局 文化財研究所, 1982, 『皇龍寺(圖版編) 遺蹟發掘調査報告書』 I, 도면 29.

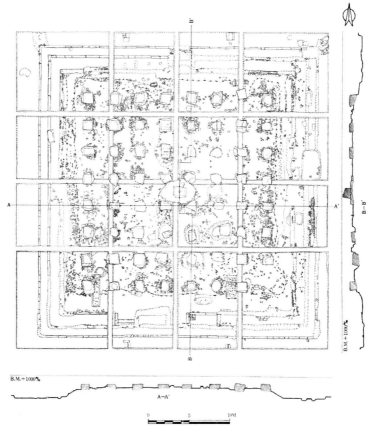

그림 18. 경주 황룡사지 구층목탑지

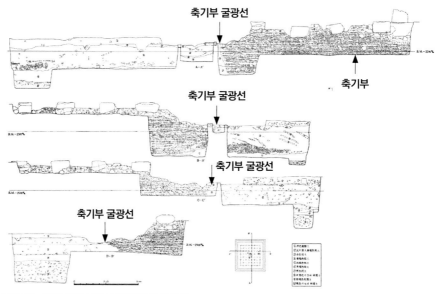

그림 19. 경주 황룡사지 구층목탑지 토층도

하게 축토·축석하였다. 축기부의 깊이는 초석 상면을 기준으로 깊은 곳은 12.3척, 얕은 곳은 9.5척이다.[29]

2) 경주 사천왕사지 목탑지

서탑지는 이중기단 형식으로 정·측면 모두 3칸이다. 하층기단을 기준으로 한 변 길이는 12.9m이다. 하층기단 지대석과 상층기단 지대석 사이의 너비는 100cm이다. 탑지 중앙부에 2단의 방형 사리공이 있는 심초석(한 변 116cm, 두께 60cm)이 자리하고 있고, 이를 중심으로 사천주의 초석이 배치되어 있다.

축기부(그림 20)[30]는 돌과 흙이 혼축된 3개의 층위로 이루어져 있다. 사천주 초석 상면에서 축기부 바닥까지의 깊이는 약 230cm이고, 축기부 굴광선은 하층기단의 지대석에서 외곽으로 약 120cm 정도 떨어져 있다. 이로 보아 축기부의 직경은 약 15.3m 정도로 추정할 수 있다.

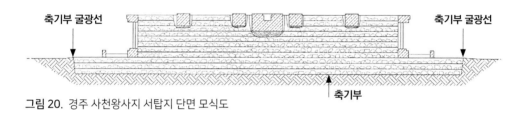

그림 20. 경주 사천왕사지 서탑지 단면 모식도

3. 석탑지

1) 경주 고선사지 삼층석탑

고선사지(그림 21)[31]는 금당원(金堂院)과 탑원(塔院)으로 구획된 특이한 가람배치를 보이고 있다. 금당구와 탑구는 금당의 서문으로 연결되어 있고, 각각의 구역은 회랑으로 감싸져 있

---

29) 이는 대략 동서 32.42m, 남북 30.6m에 해당된다. 아울러 초석 상면을 기준으로 깊은 곳은 372.6cm, 얕은 곳은 287.8cm이다.
　　이상 국립부여문화재연구소, 2009, 『한·중·일 고대사지 비교연구(Ⅰ) -목탑지편-』, 62쪽.
30) 국립경주문화재연구소, 2013, 『四天王寺 回廊內廓 발굴조사보고서』Ⅱ, 94쪽 도면 11.
31) 文化財管理局·慶州史蹟管理事務所, 1977, 『高仙寺址 發掘調査報告書』, 87쪽 도면 4.

다. 탑구에 조성된 삼층석탑(그림 22)[32]은 국립경주박물관으로 이건되었다.

삼층석탑 지대석의 한 변은 6.77m이다. 석탑의 동·서·북면에 대한 토층조사 결과 기단

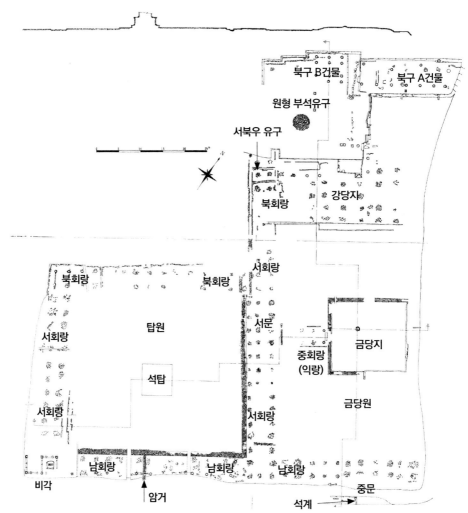

그림 21. 경주 고선사지 가람배치

---

32) 석탑은 7세기 후반으로 추정되고 있다.
　　秦弘燮, 1995, 『韓國의 石造美術』, 文藝出版社, 139쪽 도 8.

그림 22. 경주 고선사지 삼층석탑

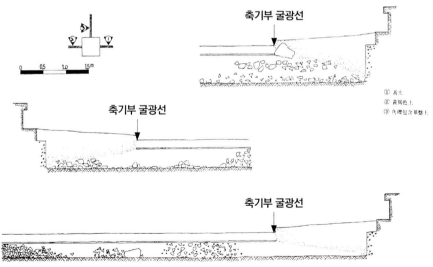

그림 23. 경주 고선사지 삼층석탑 축기부

외곽 2m 지점에서 축기부(그림 23)[33]가 확인되었다. 이에 대해 조사단은 기초공사를 위하여 석탑 주위를 2m 간격으로 일정하게 굴토하였기 때문에 나타난 토층변화로 파악하였다.[34] 전체적인 조사가 이루어지지 않아 축기부의 깊이와 토층 현황은 확인되지 않았다.

2) 경주 천관사지 석탑지

천관사는 삼국통일의 위업을 달성한 김유신과 천관(天官)의 사랑이 깃든 사찰로 알려져 있다. 발굴조사 전까지 해당 지역은 경작지로 활용되어 많은 교란과 석물의 반출이 일어났다. 석탑은 방형의 이중기단 위에 8각형의 탑신이 놓인 이형석탑으로 축조 시기는 8세기 중·후반경으로 추정되었다.[35]

탑지 주변에서 축기부로 판단되는 한 변 약 4.7m 정도의 방형 굴광선이 확인되었다(그림

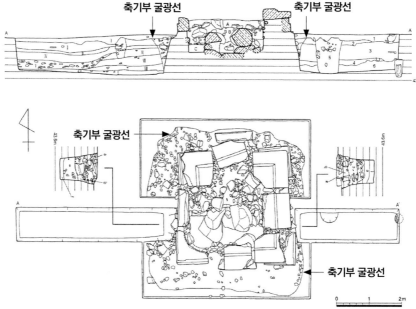

그림 24. 경주 천관사지 석탑 축기부

---

33) 文化財管理局·慶州史蹟管理事務所, 1977, 『高仙寺址 發掘調查報告書』, 121쪽 도면 36.

34) 文化財管理局·慶州史蹟管理事務所, 1977, 『高仙寺址 發掘調查報告書』, 36쪽.

35) 國立慶州文化財研究所, 2004, 『慶州 天官寺址 發掘調查報告書』, 245쪽.

24),36) 기와와 토기, 돌, 재, 소토 입자 등이 혼입된 암갈색사질토, 흑갈색사질토, 회갈색점질토 등의 대지조성토를 굴토하고 축기부를 조성하였다. 이의 내부에는 할석과 석재가 교대로 쌓여 있다.

3) 경주 창림사지 석탑지

창림사지는 경주 서남산 장창곡에 위치하고 있으며, 크게 4단으로 구획되어 있다. 쌍탑일금당식의 가람배치는 Ⅰ구역에 자리하고 있으며, 중문지와 쌍탑지, 강당지, 회랑지 등이 조사되었다. 금당지는 기단석이 모두 유실되어 그 형적이 확인되지 않았다. 두 석탑지의 중심거리는 22m이다.

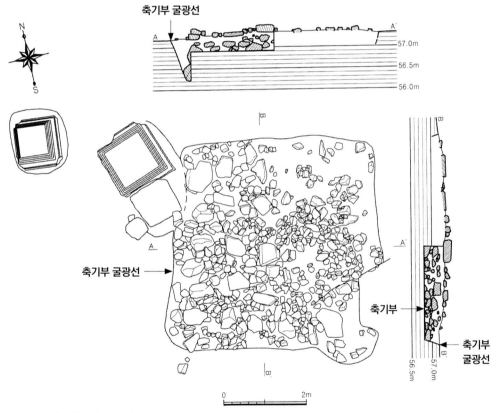

그림 25. 경주 창림사지 동탑지 1

---

36) 國立慶州文化財研究所, 2004,『慶州 天官寺址 發掘調査報告書』, 34쪽 도면 4.

그림 26. 경주 창림사지 동탑지 2

그림 27. 경주 창림사지 동탑지 축기부

동탑지(그림 25·26)[37]의 축기부(그림 27)[38]는 평면 방형으로 크기는 약 5×5m이다. 10~70cm의 할석과 역석을 다짐토(황갈색 사질점토, 회백색 사질토)와 함께 5단으로 교축하였다. 축기부의 깊이는 최소 1m 이상이다.[39]

서탑지(그림 28·29)[40]의 축기부(그림 30)는 약 5×5m로 10~30cm 크기의 할석과 역석이 다짐토(황갈색 사질점토, 암갈색 사질점토)와 함께 4단으로 교축되어 있다. 축기부의 깊이는 최소 1m 이상이다.[41]

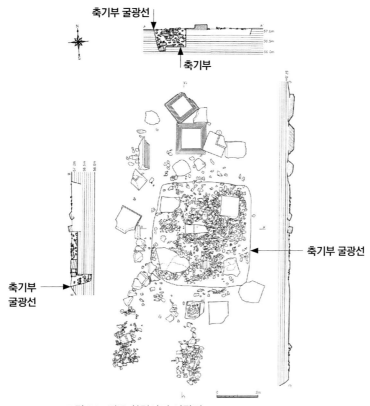

그림 28. 경주 창림사지 서탑지

37) 경주시·계림문화재연구원, 2022, 『경주 창림사지 -본문-』Ⅰ, 82쪽 도면 18.

38) 보고서에는 적심으로 기술되어 있다.

39) 축기부의 바닥면까지 미조사 되었기 때문에 교축된 할석(혹은 역석)과 다짐토 역시 5단 이상이었을 것으로 판단된다.

40) 경주시·계림문화재연구원, 2022, 『경주 창림사지 -본문-』Ⅰ, 79쪽 도면 16.

41) 동탑지와 마찬가지로 축기부 바닥면까지 조사가 이루어지지 못하였다.

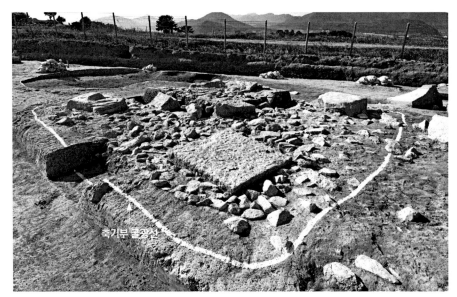

그림 29. 경주 창림사지 서탑지

그림 30. 경주 창림사지 서탑지 축기부

4) 경주 남산 남리사지 동탑지

남리사지는 쌍탑일금당식의 가람배치로 염불사지(念佛寺址)로 비정되고 있다. 사찰과 민가 등으로 인해 중문지, 회랑지 일부, 동·서삼층석탑지, 부석유구만이 확인되었을 뿐, 금당지, 강당지 등은 발굴조사가 이루어지지 못하였다. 동·서삼층석탑은 현지에 복원되어 있다.

동탑지의 축기부(그림 31·32)[42]는 원형에 가까운 평면 방형으로 한 변의 길이는 약 10m이다. 굴광선 상면에서 바닥면까지의 깊이는 2m이고, 명황색 점토와 암갈색 사질토를 석재와 함께 교축하였다. 점토층의 두께는 20~30cm이고, 사질층은 5~10cm의 두께로 점토층 사이 사이에 축토되어 있다. 석재의 크기는 축기부의 중심부로 갈수록 커지고 있음을 볼 수 있다.

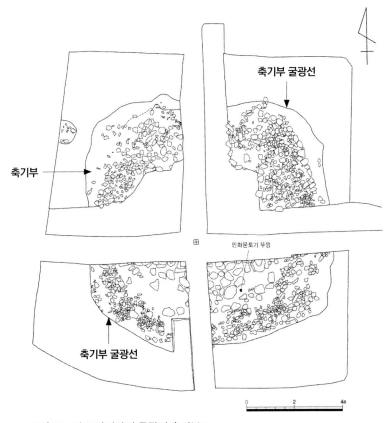

그림 31. 경주 남리사지 동탑지 축기부 1

42) 國立慶州文化財硏究所·慶州市, 2010, 『慶州南山 南里寺址 東·西三層石塔 發掘調査 報告書』, 36 쪽 도면 7 및 37쪽 도면 8.

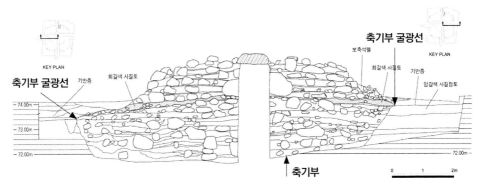

그림 32. 경주 남리사지 동탑지 축기부 2

5) 울산 영축사지 삼층석탑

영축사지는 쌍탑일금당식의 가람배치로 중문지, 쌍탑지, 금당지, 강당지, 회랑지 등이 확인되었고, 동탑지와 서탑지 사이에서는 석등지가 조사되었다. 중문지에 탑비의 귀부가 자리하고 있으나 가람배치상 이는 후대에 옮겨온 것으로 파악되었다.

그림 33. 울산 영축사지 동 삼층석탑지

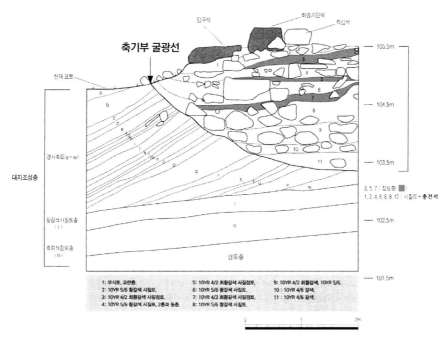

그림 34. 울산 영축사지 동 삼층석탑 축기부와 대지조성토

그림 35. 울산 영축사지 동 삼층석탑지 축기부

그림 36. 울산 영축사지 서 삼층석탑지 축기부

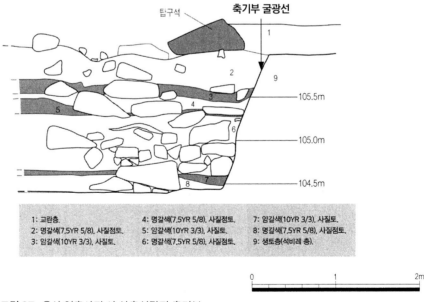

그림 37. 울산 영축사지 서 삼층석탑지 축기부

동탑의 축기부(그림 33~35)[43]는 직경 6m, 깊이 1.5m 정도로 추정되고 평면은 말각 방형이다. 축기부 내부는 바닥면에서부터 사질토와 돌을 교대로 쌓아 조성하였다. 이에 비해 지대가 높은 곳에 위치한 서 삼층석탑은 석비레층인 생토층을 굴광하여 축기부(그림 36·37)[44]를 조성하였다. 규모는 직경 6.5m로 동탑에 비해 약 50cm 정도 길고, 깊이는 1.5m로 동일하다. 축기부는 동탑과 마찬가지로 탑구를 포함하여 넓게 굴토되었다.

6) 창녕 술정리사지 서 삼층석탑

창녕 술정리사지는 쌍탑일금당식으로 추정되나 전면 조사가 이루어지지 않아 확실한 가람배치는 알 수 없다. 아울러 동·서삼층석탑에 대한 축기부 조사가 이루어졌으나 일부만 실시되어 이의 규모 및 축토 양상 등은 확실히 알 수 없다. 여기에서는 서삼층석탑의 축기부를 중심으로 살펴보고자 한다.

서삼층석탑의 축기부(그림 38)[45]는 하상퇴적층을 경사지게 1m 정도 굴토한 후 유기물이 많은 점사질토를 바닥면에서부터 50cm 두께로 성토하고, 30~50cm 크기의 역석을 사질토 및 점사질토와 함께 교축하였다. 이후 석탑 기저부 주변 5m의 범위를 5~100cm 정도의 두께로 할석과 점사질토를 경사지게 성토하였다. 이때 석탑의 심초부에 가까울수록 경사도를

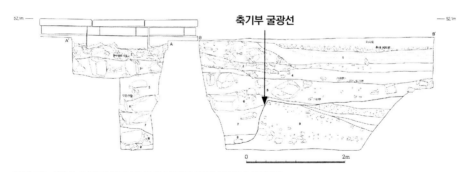

축기부 굴광선

그림 38. 창녕 술정리사지 서 삼층석탑의 북면 축기부 토층도

43) 울산박물관, 2018, 『울산 율리 영축사지 발굴조사보고서』II, 68쪽 도면 2.

44) 울산박물관, 2018, 『울산 율리 영축사지 발굴조사보고서』II, 77쪽 도면 5.

45) 국립가야문화재연구소·창녕군, 2011, 『창녕 술정리사지 동·서삼층석탑 주변지역 발굴조사보고서』, 91쪽 도면 39.

높여 석탑의 기초부를 보강하였다.

이상에서와 같이 신라 사찰의 금당지 및 건물지, 탑지 등의 축기부에 관해 개략적으로 살펴보았다. 그 결과 대부분의 축기부가 사지와 관련하여 검출되었음을 살필 수 있다. 그리고 황룡사지 중금당지 및 구층목탑지, 사천왕사지 금당지 등의 사례로 보아 신라의 축기부는 석재와 흙을 교대로 쌓아(交築) 축조하였음을 알 수 있다. 이는 백제 사비기의 부여 왕흥사지나 익산 미륵사지·제석사지 목탑지 등에서 볼 수 있는 토축(성토다짐 혹은 판축)의 축기부와는 확연한 차이를 보여준다. 다만, 신라의 경우 경주지역에만 200여 개 이상의 사찰이 존재하였음을 볼 때 축기부는 최소 이보다 두 배 이상이었을 것으로 판단된다. 이는 금당지와 탑파(탑지), 그리고 특수 건물지를 고려하였을 때 무리한 수치는 아니라고 생각된다. 예컨대 통일신라시기 탑파(탑지)의 경우 경주 사천왕사지나 감은사지, 불국사, 울산 영축사지, 산청 단속사지, 남원 실상사 등과 같이 쌍탑이 존재하는 경우도 다수를 볼 수 있다. 따라서 향후 신라의 축기부 조사 결과에 따라 판축토나 성토다짐토 등도 검출될 가능성이 높다.

축기부 조사는 성토된 대지를 되파기할 뿐만 아니라 기단부를 절개하여야 하는 여러 어려움이 있다. 그렇기 때문에 이의 완벽한 조사가 진행되지 않는 경우가 대부분을 차지한다. 하지만 신라 토목기술의 원천과 교류과정을 파악해 본다는 차원에서 심층적인 축기부 조사가 실시되기를 기대해 본다.

III. 백제 건축유적의 굴광 축기부[46]

백제시기의 축기부는 서울 몽촌토성 내 판축대지(그림 39)[47]를 통해 이미 한성기부터 조성되었음을 알 수 있다. 그러나 한성기의 축기부가 더 이상 확인되지 않아 이의 축조공법에 대해선 자세히 알려진 것이 없다. 이는 웅진기의 경우도 마찬가지이다. 이렇게 볼 때 백제시기의 축기부는 사비기의 것이 거의 대부분을 차지하고 있다.

---

46) 이에 대해선 아래의 자료를 참조.
조원창, 2008, 「百濟 木塔址 編年과 軸基部 築造技法에 관한 研究」『건축역사연구』 59, 한국건축역사학회.
조원창, 2018, 『건축유적의 발굴과 해석』, 서경문화사.
47) 서울대학교박물관, 1997, 『발굴유물도록』, 194쪽 사진 111.

축기부 굴광선

그림 39. 백제 한성기 몽촌토성의 굴광 축기부 판축토

　백제 사비기의 축기부는 사지의 금당지나 탑지 등에서 찾아지고 있으며, 익산 제석사지 방형유구와 같이 특수 건물지에서도 일부 확인되고 있다.[48] 여기에서는 그 동안 발굴조사 된 유구를 중심으로 그 현황을 살펴보고자 한다.

1. 금당지 및 기타 건물지

1) 금당지

(1) 부여 금강사지 금당지

금당지(그림 40)[49]는 단층의 가구식기단으로 조성되었으나 대부분의 갑석은 유실되었다.

---

48) 이러한 사례는 경주 분황사지에서도 검출된 바 있다.

49) 國立博物館, 1969, 『金剛寺』, 도면 3.

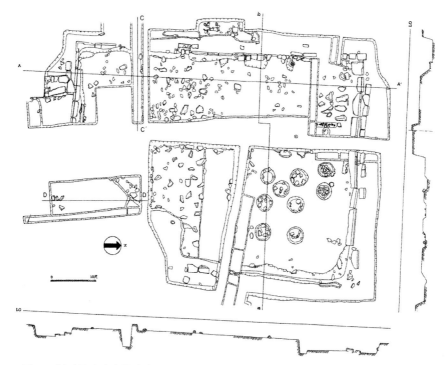

그림 40. 부여 금강사지 금당지

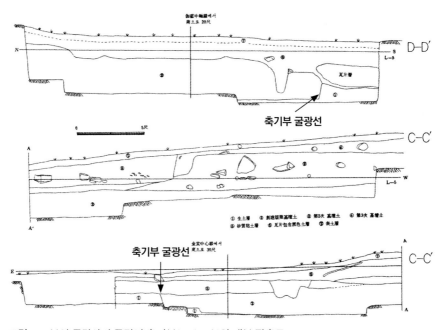

그림 41. 부여 금강사지 금당지 축기부(②번 토층)와 내부 판축토

모서리에 놓인 지대석의 경우 우주를 올릴 수 있는 방형의 홈이 굴착되어 있다. 면석과 면석 사이에 탱주는 없다.

축기부(그림 41)[50]는 전면의 경우 기단 밖에까지 확장되어 있으나 후면은 기단 내부에 그치고 있다. 축기부는 생토면을 약 60cm 정도 굴광하여 완성하였다. 축기부의 토층 양상은 목탑지와 유사하다.

(2) 익산 미륵사지 중원 금당지[51]

중원 금당(그림 42)는 동·서원 금당지와 같은 형식인 이중기단으로 조성되었다. 하층은 결구식이고, 상층은 가구식으로 축조되었다. 갑석은 거의 대부분 유실되었고, 모서리에는 우주가 설치되어 있다.

축기부는 하층기단 지대석(면석)으로부터 사방 2.1m 정도 떨어진 지점에 조성되었다. 금당

그림 42. 익산 미륵사지 중원 금당지

50) 國立博物館, 1969,『金剛寺』, 도면 12.

51) 國立扶餘文化財研究所, 1996,『彌勒寺 遺蹟發掘調査報告書』II, 112~113쪽.

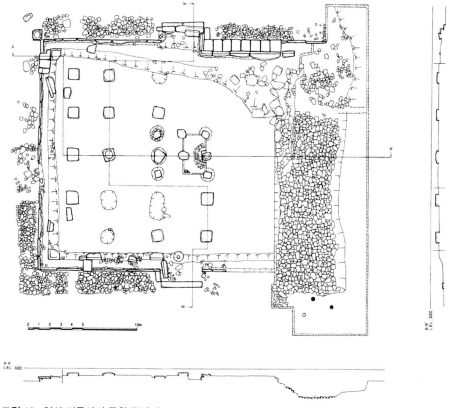

그림 43. 익산 미륵사지 중원 금당지

지 지표면에서 1.5m 정도까지는 순 호박돌(20×30cm)만을 사용하여 축석해 놓았고, 그 상층은 호박돌과 진흙, 사질 섞인 마사토 등을 혼축하여 축토하였다(그림 43).[52]

(3) 익산 제석사지 금당지

금당지(그림 44)[53]는 목탑지 북측 기단으로부터 북으로 17.26m 떨어진 지점에 위치하고 있다. 상하 이중기단으로 조성되었으며, 하층기단은 동서 길이 31.8m, 남북 폭 23.6m이다.

---

52) 國立扶餘文化財硏究所, 1996, 『彌勒寺 遺蹟發掘調査報告書』II(圖版編), 419쪽 도면 36. 발굴조사가 실시되지 않아 축기부의 축토 현황은 확인할 수 없다.
53) 국립부여문화재연구소, 2011, 『帝釋寺址 발굴조사보고서』I, 126쪽 도면 8.

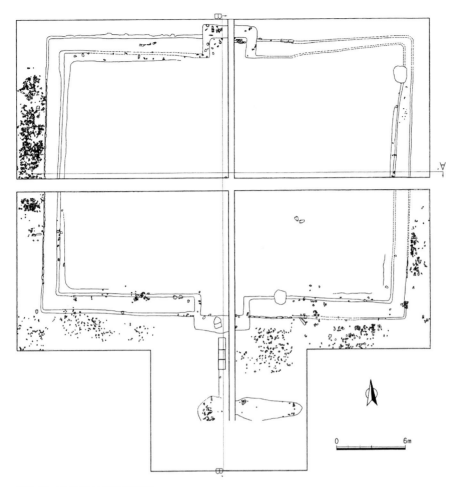

그림 44. 익산 제석사지 금당지

그리고 상층기단은 동서 길이 29.6m, 남북 폭 20.8m로 추정되고 있다. 상층기단과 하층기
단의 거리는 동·서면 기단이 1.3m, 남·북면기단이 1.4m로 추정된다.

　금당지의 기단 판축토는 적갈색 사질점토층으로 잔존 높이는 최대 60cm이다. 축기부는
이 층위 아래에 축토되어 있는데 황색 마사토층(36cm), (암)갈색 점질토층(3~8cm), 갈색 모래
층(13cm) 등이 위에서 아래로 차례로 판축되어 있다(이상 그림 45·46).[54] 지대가 낮은 남동편

---

54) 국립부여문화재연구소, 2011, 『帝釋寺址 발굴조사보고서』 I, 133쪽 도면 9-2 중.

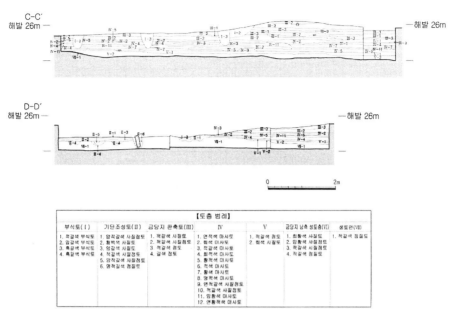

【토층 범례】						
부식토(Ⅰ)	기단조성토(Ⅱ)	금당지 판축토(Ⅲ)	Ⅳ	Ⅴ	금당지 남측 성토층(Ⅵ)	생토면(Ⅶ)
1. 적갈색 부식토 2. 암갈색 부식토 3. 흑갈색 부식토 4. 흑갈색 부식토	1. 암적갈색 사질점토 2. 황백색 사질토 3. 암갈색 사질토 4. 적갈색 사질점토 5. 암적갈색 사질점토 6. 명적갈색 점질토	1. 적갈색 사질토 2. 적갈색 사질점토 3. 적갈색 점토 4. 갈색 점토	1. 연적색 마사토 2. 회색 마사토 3. 적갈색 마사토 4. 회적색 마사토 5. 황적색 마사토 6. 흑색 마사토 7. 황색 마사토 8. 암적색 마사토 9. 적갈색 사질점토 10. 적갈색 사질점토 11. 암황색 마사토 12. 연황적색 마사토	1. 적갈색 점토 2. 회색 사질토	1. 회황색 사질토 2. 암황색 사질점토 3. 적갈색 사질점토 4. 적갈색 점질토	1. 적갈색 점질토

그림 45. 익산 제석사지 금당지 축기부와 기단 판축토

그림 46. 익산 제석사지 금당지 축기부와 기단 판축토

일대의 경우 최대 50cm 높이까지 성토되어 있어 축기부는 바로 이 성토층을 굴광하고 조성하였다.

2) 기타 건물지

(1) 익산 제석사지 중문지

중문지는 목탑지에서 남쪽으로 약 18.5m 정도 떨어져 위치하고 있다. 후대의 경작 등으로 인해 많은 삭평이 이루어져 기단석 및 초석, 적심시설 등은 모두 멸실된 상태에서 조사되었다. 축기부의 규모는 복원 동서 길이 23.4m, 남북 너비 약 14.5m이고, 깊이는 약 70~80cm이다.

축기부(그림 47)[55]는 경사축토된 대지조성토를 되파기하고 조성하였다. 이의 내부는 갈색 사질점토, 적갈색 사질점토를 마사토와 함께 교차 판축하였으며, 남아 있는 판축층은 18개

그림 47. 익산 제석사지 중문지 축기부 굴광선

---

55) 국립부여문화재연구소, 2013, 『帝釋寺址 발굴조사보고서』II, 55쪽 사진 17.

층으로 확인되었다.

축기부의 북서쪽 모서리에서는 돌출된 작업통로가 검출되었다. 돌출시설은 평면 제형에 가깝고, 규모는 남북 1.6m, 동서 90cm이다. 축기부의 계단은 1단이고, 바닥면에서 약 60cm의 높이에 설치되어 있다. 이 바닥면을 중심으로 축기부의 토층 양상도 약간 차이나고 있다. 아울러 축기부 외변의 경우 계단 형태로 굴착면이 형성되어 있어 돌출된 작업통로 외에 여러 방면에서 축토가 이루어졌음을 짐작할 수 있다.

(2) 익산 제석사지 방형건물지[56]

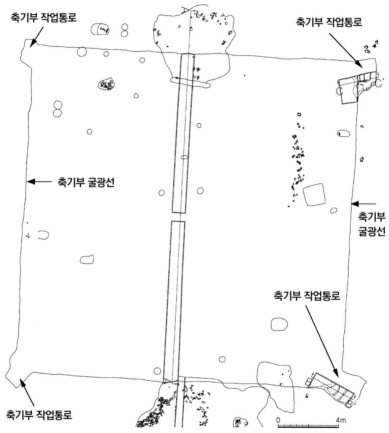

그림 48. 익산 제석사지 방형건물지. 네 모서리에 축기부 작업통로가 있다.

---

56) 국립부여문화재연구소, 2013, 『帝釋寺址 발굴조사보고서』II, 192~207쪽.

방형 건물지(그림 48)[57]는 금당지 남서편 외측으로 약 5m 정도 떨어진 지점에서 확인되었다. 축기부를 통한 건물의 규모는 동서 길이 21.5m, 남북 폭 20.8m이고, 최대 깊이는 1.3m이다. 유구의 각 모서리에는 축기부 조성을 위한 작업통로가 마련되어 있다. 남동측과 남서측 작업통로의 돌출부가 대각선 방향으로 돌출된 반면, 북동측과 북서측은 북측에 치우쳐 조성되었다.

방형건물지의 축기부(그림 49)는 생토층(녹갈색 점질토)을 거의 수직으로 굴광하여 축조하였다. 황적색 사질점토, 적갈색 사질점토, 황갈색 사질점토, 갈색 점질토, 황갈색 점질토 등을 교대로 수평하게 축토하였다. 전체 층위는 28개 층으로 이루어졌고, 각 층의 두께는 5cm 내외이다. 상면에서는 직경 3~6cm의 원형 달고질 흔적이 확인되었다. 일부 판축층 바닥에서 철분층이 관찰되는데 이는 토양에 포함된 철분이 바닥으로 가라앉아 형성된 것으로 판단되었다. 아울러 철분층은 습기를 막아주는 역할도 담당하였을 것으로 추정되었다.

그림 49. 익산 제석사지 방형건물지 축기부 판축토 세부

---

57) 국립부여문화재연구소, 2013, 『帝釋寺址 발굴조사보고서』Ⅱ, 204쪽 도면 20.

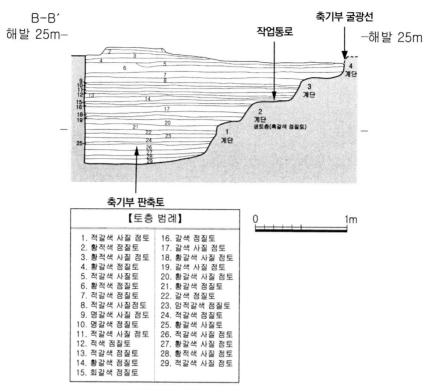

B-B′
해발 25m—

작업통로

축기부 굴광선

—해발 25m

계단
4

계단
3

작업통로

계단
2
생토층(흑갈색 점질토)

계단
1

축기부 판축토

【토층 범례】

1. 적갈색 사질 점토	16. 갈색 점질토
2. 황적색 점질토	17. 갈색 사질 점토
3. 황적색 사질 점토	18. 황갈색 사질 점토
4. 황갈색 점질토	19. 갈색 사질 점토
5. 적갈색 사질토	20. 황갈색 사질 점토
6. 황적색 점질토	21. 황갈색 점질토
7. 적갈색 점질토	22. 갈색 점질토
8. 적갈색 사질점토	23. 암적갈색 점질토
9. 명갈색 사질 점토	24. 적갈색 점질토
10. 명갈색 점질토	25. 황갈색 사질토
11. 적갈색 사질 점토	26. 적갈색 사질 점토
12. 적색 점질토	27. 황갈색 사질 점토
13. 적갈색 점질토	28. 황적색 사질 점토
14. 황갈색 점질토	29. 적갈색 사질 점토
15. 회갈색 점질토	

0 ⊢⊣⊢⊣⊢⊣ 1m

그림 50. 익산 제석사지 방형건물지 작업통로

축기부 굴광선

그림 51. 익산 제석사지 방형건물지 축기부 작업 통로

작업통로(그림 50·51)[58]는 각 모서리에서 대각선 방향으로 돌출되어 있다. 남동측 모서리 돌출부의 경우 길이 2.2m, 폭 2.02m이고 계단의 단수는 4단이다. 계단의 너비는 35~45cm 이고, 높이차는 16~35cm 등 다양하다. 북동측 모서리 돌출부는 길이 2m, 폭 1.24m이고, 계단 단수는 4단이다. 계단의 폭은 30~40cm이고 높이 차는 8~22cm이다.

2. 목탑지

그 동안 발굴조사를 통해 확인된 백제시기의 목탑지는 모두 사비기에 해당된다. 한성기 및 웅진기의 경우 아직까지 해당 시기의 사지 및 목탑지가 조사된 바 없다. 목탑지가 검출된 지역은 부여 및 익산지역으로 후자의 경우 미륵사지 및 제석사지에서 확인되었다.

축기부는 크게 두 가지 형식으로 구분되는데 군수리사지 및 부소산사지 등과 같이 생토면 을 정지하여 축기부를 조성하는 경우이고, 다른 하나는 성토된 대지를 되파기(굴광)하여 그 내부에 판축(용정리사지, 제석사지 등) 및 성토다짐(왕흥사지)으로 토양을 축토하는 방법이다.

1) 부여 능산리사지 목탑지[59]

목탑지(그림 52)[60]는 금당지 중심에서 남쪽으로 약 21m 정도 떨어져 위치하고 있다. 목탑 지의 축기부 토층 상황은 심초부를 통해 그 일부를 확인할 수 있다. 탑지는 이미 조성한 대지 를 굴광하고, 바닥면에 약 1m 두께로 굵은 모래를 깔아 놓았다. 이는 지하수로 인해 축기부 의 유실을 막기 위한 방안으로 이해된다.

모래층 위로는 규칙적이지 않지만 수평하게 흑색 점질토 및 흑갈색 점질토와 풍화암반토 를 교대로 쌓아 축기부(그림 53)[61]를 완성하였다. 목탑지를 관통하는 전체적인 토층도가 없어 자세한 축기부의 현황은 파악할 수 없다.

58) 국립부여문화재연구소, 2013, 『帝釋寺址 발굴조사보고서』 II, 207쪽 도면 22.
59) 國立扶餘博物館·扶餘郡, 2000, 『陵寺』.
60) 國立扶餘博物館·扶餘郡, 2000, 『陵寺』, 220쪽 도판 10-①.
61) 국립부여박물관, 2010, 『백제 중흥을 꿈꾸다 능산리사지』, 145쪽.

그림 52. 부여 능산리사지 목탑지

그림 53. 부여 능산리사지 목탑지 심초부 토층 상황

2) 부여 왕흥사지 목탑지[62]

목탑지(그림 54)[63]는 하층기단을 중심으로 남북과 동서길이가 각각 14m, 상층기단을 중심으로 13.2m인 정방형으로 현재 남면기단은 대부분 삭평되어 유실된 상태이다. 축기부 굴광

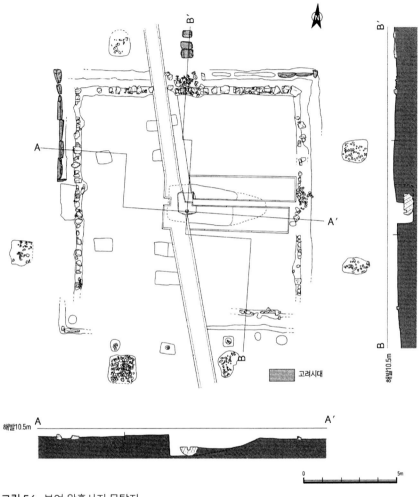

그림 54. 부여 왕흥사지 목탑지

---

62) 국립부여문화재연구소, 2009, 『王興寺址』 Ⅲ.

63) 국립부여문화재연구소, 2009, 『王興寺址』 Ⅲ, 48쪽 도면 8.

선은 목탑지 북면부의 경우 상층기단과 하층기단 사이에 12×12m 정도의 범위로 조성되었으나 남면부의 경우는 상층기단 내부에서 확인되었다. 축기부는 잔존 기단토에서 80cm 정도 굴착되었으나 용정리사지 및 미륵사지 목탑지 등에서 살필 수 있는 판축공법은 찾아보기 어렵다.

축기부(그림 55~57)[64] 바닥면은 암흑갈색 사질점토층(15~20cm)으로 가장 두껍게 성토되어 있고, 토양 중에는 부분적으로 석괴가 포함되어 있다. 아울러 그 상면의 적갈색 사질점토층에도 석괴와 더불어 소형 와편이 일부 포함되어 있다. 이러한 유물의 확인은 왕흥사지 조성 이전에 또 다른 기와 건물이 주변 지역에 존재하였음을 가리키고 있다. 황색 마사토는 아래에 놓인 두 층위에 비해 정교하게 준판축되어 축토상의 차이를 보이고 있다.

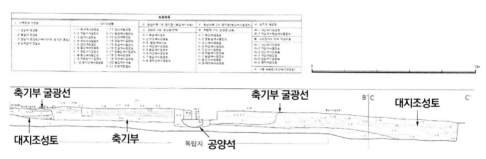

그림 55. 부여 왕흥사지 목탑지 축기부 성토다짐토

그림 56. 부여 왕흥사지 목탑지 축기부 굴광선과 내부 성토다짐토

---

64) 국립부여문화재연구소, 2009, 『王興寺址』Ⅲ, 33쪽 도면 5 중.

그림 57. 부여 왕흥사지 목탑지 축기부 성토다짐토

3) 부여 금강사지 목탑지

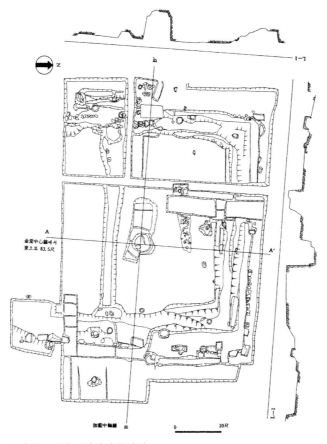

그림 58. 부여 금강사지 목탑지

목탑지(그림 58)[65]는 금당지의 동쪽에 위치하고 있으며 백제시대의 창건기단은 한 변의 길이가 14.24m이다. 축기부와 기단 판축토는 동시에 조성되었고, 그 높이는 대략 1.5m로 추정된다.

탐색 구덩이 조사 결과 축기부(그림 59)[66]는 적갈색의 생토면(기반암층)을 굴광하고 조성되었다. 축기부의 굴광 깊이는 지점에 따라 각기 다르게 나타나는데 북변 중앙은 약 45cm, 동남 모서리는 약 60cm를 보이고 있다. 판축된 한 층의 두께는 5~6cm이고, 아래로 내려갈수

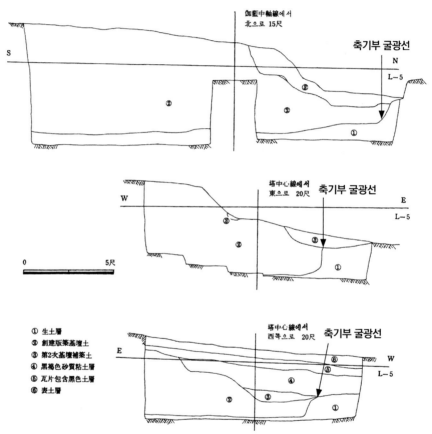

그림 59. 부여 금강사지 목탑지 축기부(②번 토층)와 내부 판축토

65) 國立博物館, 1969, 『金剛寺』, 도면 5.
66) 國立博物館, 1969, 『金剛寺』, 도면 13.

록 두께가 조금씩 얇아지고 있다. 판축에 사용된 황갈색 점질토 사이에는 작은 석괴가 포함되어 있고, 직경 3~4cm의 달고질 흔적도 확인할 수 있다. 축기부의 너비는 동서면의 경우 약 14m로 파악되었다. 아울러 가람 중심축에서 북으로도 약 7m 정도에 축기부 굴광선이 확인되고 있어 남북면의 경우도 약 14m의 축기부로 추정되고 있다.

4) 부여 용정리사지 목탑지

용정리사지는 산지가 아닌 평지에 조성되어 대지조성이 우선적으로 실시되었다. 목탑지의 축기부(그림 60)[67]는 이러한 성토층을 역사다리꼴 모양으로 되파기한 후 바닥에서부터 차례로 계단식 판축을 실시하였다.

목탑지 최상부의 동-서 축기부 폭은 18.5m, 바닥면의 폭은 14.6m이고, 최대 깊이는 3.5m이다. 점토와 풍화암반토를 약 40단 정도로 교대로 쌓아 올렸으며, 부분적으로 잡석과 와편이 혼입되어 있다. 특히 바닥면으로부터 1.6m, 2.6m 되는 지점에서는 각각 두께 0.5~1cm의 철분층이 판축 전면에서 확인되었다.

목탑지 축기부 층위는 바닥면으로부터 Ⅰ·Ⅱ층으로 구별할 수 있는데 Ⅰ층은 황갈색 사질토와 흑갈색 사질점토를 교대로 쌓아 1.6m로 준판축하였다. 아울러 Ⅰ층과 Ⅱ층은 1cm 내외의 철분층으로 구분되어 있다.

반면, Ⅱ층은 그 상면의 기단토(Ⅲ층)와 동시에 정교하게 판축되었다. 즉, Ⅰ, Ⅱ층 사이의 철분층 상면 40cm까지는 회청색 사질토에 암반풍화토를 섞어 혼축하고 그 상면으로 황갈색 사질점토, 암갈색 사질점토, 녹갈색 사질점토, 회흑색 사질토에 암반풍화토와 모래 등을

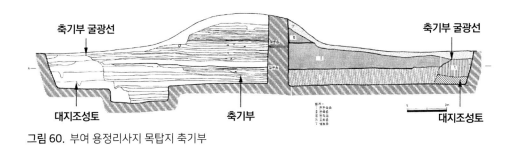

그림 60. 부여 용정리사지 목탑지 축기부

---

67) 扶餘文化財硏究所·扶餘郡, 1993,『龍井里寺址』, 21쪽 삽도 4.

혼합하여 두께 5~10cm 두께로 교대로 쌓아올렸다. II층의 두께는 1.9m이고, II층과 기단
토(III층) 사이에는 철분층이 전면적으로 깔려 있다.

5) 익산 미륵사지 중원 목탑지[68]

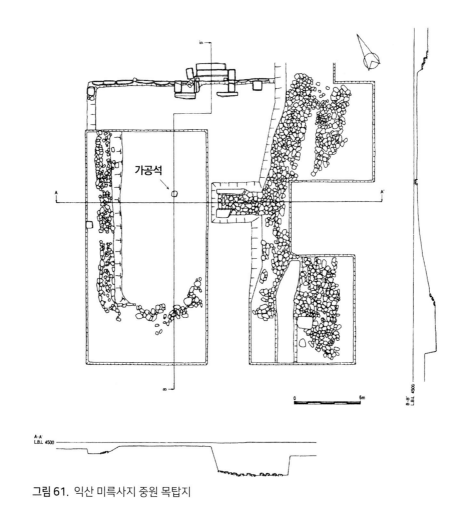

가공석

그림 61. 익산 미륵사지 중원 목탑지

68) 文化財管理局 文化財研究所, 1989, 『彌勒寺 遺蹟發掘調査報告書』I.
　　文化財管理局 文化財研究所, 1996, 『彌勒寺 遺蹟發掘調査報告書』II.

목탑지(그림 61)[69]는 발굴조사 과정에서 기단석만 조사되었을 뿐 심주를 받치는 심초석은 확인되지 않았다. 기단은 이중기단으로 하층이 장대석기단, 상층은 가구식기단으로 조성되었다.

축기부(그림 62)[70]는 하층기단보다 사방 약 1.5m 넓게 대지 조성토를 되파기하고 축조하였다. 바닥면(깊이 3.43m)에는 1.5m 두께로 20~25cm 크기의 할석을 층층이 쌓아올렸다. 그리고 할석과 더불어 적갈색 혹은 황갈색 마사토 및 모래 섞인 점토를 2~3단 정도 다져 놓았다. 이러한 복잡한 과정의 축기부는 미륵사가 큰 연못(大池)을 매립하고 조성한 것과 무관치 않다고 생각된다.

할석층 위로는 회황색, 명회황색, 명회황갈색, 암회황색, 암회갈색, 회적갈색, 암회적갈색, 명회적색 마사토 등 46개 層으로 판축시켜 놓았다. 판축된 각각의 토층 두께는 3~5cm 내외를 보이고 있다.

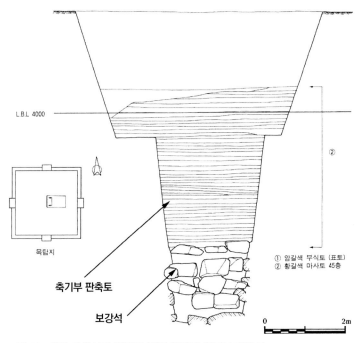

그림 62. 익산 미륵사지 목탑지 중원 목탑지 축기부 판축토

69) 文化財管理局 文化財研究所, 1996, 『彌勒寺 遺蹟發掘調査報告書(圖版編)』Ⅱ, 420쪽 도면 37.
70) 國立扶餘文化財研究所, 1996, 『彌勒寺 遺蹟發掘調査報告書(圖版編)』Ⅱ, 425쪽 도면 42.

한편, 판축층 하부의 할석층은 깊이 1.5m 지점까지 조사되었다. 할석은 일정한 층위를 유지하며 깔아놓았고, 적갈색이나 황갈색 등의 마사토나 모래가 섞인 점토를 이용하여 2~3단 정도 성토다짐 후 다시 잡석을 까는 방법을 사용하였다. 할석층 3단 정도부터 지하수가 용출하는 관계로 더 이상의 확인조사는 불가하였다

6) 익산 제석사지 목탑지

목탑지(그림 63·64)[71]는 이중기단의 축조와 그 상부의 방형 단 시설을 위해 판축층을 높게

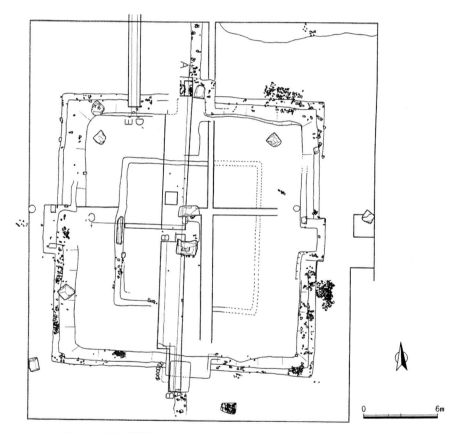

그림 63. 익산 제석사지 목탑지

---

71) 국립부여문화재연구소, 2011, 『帝釋寺址 발굴조사보고서』Ⅰ, 71쪽 도면 5.

그림 64. 익산 제석사지 목탑지

조성하였다. 판축층은 지하의 축기부와 지상의 기단토로 구분할 수 있다. 기단토 상면에는 양분된 심초석 겸 공양석이 놓여 있다.

축기부(그림 65~67)[72]는 하층기단과 거의 같은 넓이로 조성되었다. 지형이 낮아 대지조성의 축토량이 많은 동·서·남측 구간은 성토대지를 굴광하고 축기부를 마련한 반면, 상대적으로 지형이 높은 북측 구간은 생토면을 굴광하고 축기부를 축조하였다. 깊이는 76~96cm

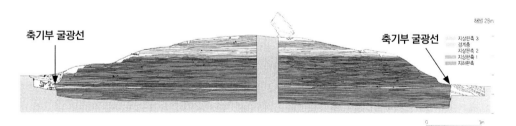

그림 65. 익산 제석사지 목탑지 축기부 판축토와 기단 판축토

---

72) 국립부여문화재연구소, 2014, 『寺塔甚多 백제 사비기 가람과 유물』, 61쪽.

축기부 굴광선

그림 66. 익산 제석사지 목탑지 축기부 굴광선 　　　　**그림 67.** 익산 제석사지 목탑지 축기부 및 기단 판축토

정도이고, 갈색 사질점토를 이용하여 11개의 층위로 축토하였다. 각 층의 두께는 4~7cm이나 기단토에 비해 판축의 정도나 정교함이 떨어짐을 살필 수 있다.

　한편 목탑지의 네 모서리부에서는 축기부 굴광 판축을 위한 돌출형의 작업통로(그림 68 · 69)[73]가 확인되었다. 이는 하층기단보다 넓게 밖으로 시설되어 있고, 바닥면까지는 토단으로 연결되어 있다. 특히 남서쪽 모서리에 조성된 작업통로의 경우 다른 것과 달리 출입구가 서남서와 남남서 두 방향으로 설치되어 있어 차이를 보인다. 또한 이는 계단 단수에 있어서도 차이를 보이는데 서남서 방향의 출입구가 3단인 반면, 남남서 방면의 출입구는 3단의 계단으로 조성되어 있다. 작업통로의 내부는 축기부와 마찬가지로 동일한 판축토로 작업되어 임시 통로로의 기능을 다한 후에 동시에 판축되었음을 알 수 있다.

---

73) 국립부여문화재연구소, 2011, 『帝釋寺址 발굴조사보고서』Ⅰ, 88쪽 도면 6-5.

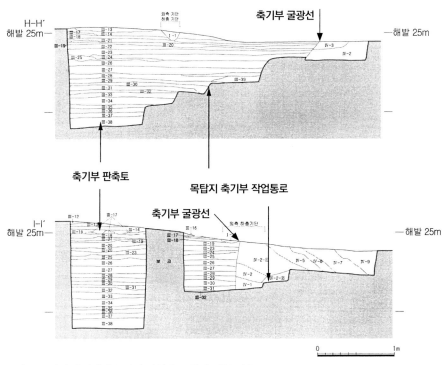

축기부 굴광선

외측 기단
하층 기단

H-H´
해발 25m

해발 25m

축기부 판축토

목탑지 축기부 작업통로

축기부 굴광선

외측 하층기단

I-I´
해발 25m

해발 25m

보 크

0   1m

그림 68. 익산 제석사지 목탑지 작업통로 및 축기부 판축토

그림 69. 익산 제석사지 목탑지 축기부 작업 통로

7) 일본 비조사 목탑지

목탑지(그림 70)[74]는 먼저 대지를 성토다짐한 후 11.05m 너비로 되파기하여 축기부를 조성하였다. 그리고 그 내부를 판축한 후 다시 되파기하여 심초부를 마련하고, 지하에 심초석 겸 공양석을 안치하였다. 심초석 겸 공양석에서 기단토면까지는 부여 군수리사지 및 왕흥사지 목탑지처럼 사도를 설치하였다. 목탑지 기단 한 변의 길이는 약 12m이다.

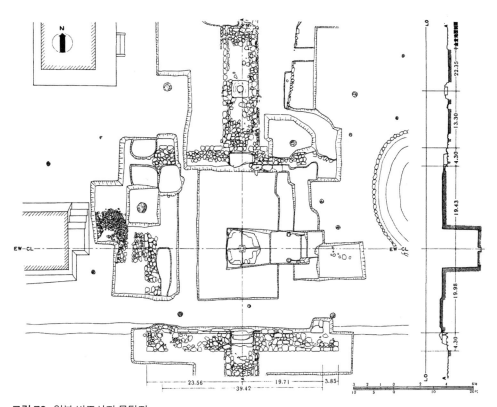

그림 70. 일본 비조사지 목탑지

----

74) 국립부여문화재연구소, 2009, 『한·중·일 고대사지 비교연구(Ⅰ) -목탑지편-』, 104쪽 도면 2.

3. 석탑

1) 부여 정림사지 오층석탑[75]

정림사지 오층석탑은 기단부 한 변이 3.75m(외곽석렬 포함시 4.9m)로 다른 백제시대 목탑지에 비해 규모가 현저하게 작다. 석탑 아래에는 축기부가 조성되어 있는데 여기에서 황색 및 적갈색 판축토를 확인할 수 있다.

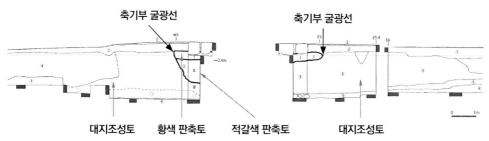

그림 71. 부여 정림사지 오층석탑 하부의 축기부 판축토

축기부(그림 71)[76]는 대지조성 중에 축토된 적갈색 준판축토를 되파기하고 조성되었다. 황색 판축토(Ⅰ층)와 적갈색 판축토(Ⅱ층)[77]의 두께는 대략 30cm, 80cm 이상이다. 적갈색 판축토(Ⅱ층)가 황색 판축토(Ⅰ층) 아래에서 좁게 나타나는 것으로 보아 구지표면 상층에서 받는 무게중심의 축도 그 만큼 넓지 않았음을 파악할 수 있다. 아울러 이러한 판축토의 범위는 오층석탑 이전에 별도의 목탑이 있었을 것이라는 가능성을 한층 더 어렵게 하고 있다.

석탑 기단 아래의 축기부(그림 72)는 외곽석렬 동·서 끝단으로부터 약 60cm 지점에서 굴광되었음을 볼 수 있고, 축기부의 깊이는 토층도로 보아 최소 1.1m 이상으로 살펴진다. 정림사지 오층석탑의 축기부는 약 6.2m로서, 용정리사지 목탑지(18.5m), 왕흥사지 목탑지(약

---

75) 忠南大學校博物館·忠淸南道廳, 1981, 『定林寺』.

76) 忠南大學校博物館·忠淸南道廳, 1981, 『定林寺』, 도면 19 및 20 필자 작도.

77) 이 토층은 아래로 내려가면서 점차 축소되어 0.8m의 깊이에 이르러서는 외곽석렬의 외면과 일치하고 있다. 그러나 외곽석렬 및 석탑의 기석이 위치하고 있는 상태에서 더 이상의 토층조사가 불가능하여 정확히 어느 정도의 깊이를 보이는지는 확인하지 못하였다.

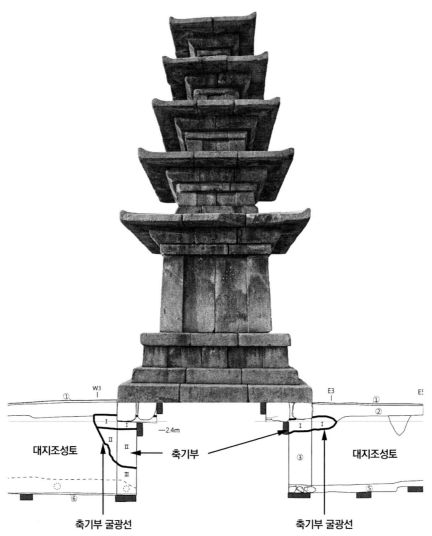

대지조성토   축기부   대지조성토

축기부 굴광선   축기부 굴광선

그림 72. 부여 정림사지 오층석탑과 축기부 판축토

11m), 금강사지 목탑지(약 14m), 미륵사지 중원 목탑지(18.56m 이상), 제석사지 목탑지(20.5m) 등 다른 백제시기 목탑지와 비교해 상당히 좁게 조성되었음을 확인할 수 있다.

    이는 결과적으로 오층석탑 아래의 판축토가 목탑의 것이 아닌 석탑 본래의 것임을 확인케 한다. 만약 6.2m의 수치를 다른 목탑과 비교해 본다면 찰주(심주)를 중심으로 한 외진주가 기단 밖에 시설되었을 가능성이 높다. 이는 목탑의 붕괴를 초래할 수 있기에 현 시점에서 기대하기 어렵다. 아울러 백제의 조탑기술이 뛰어나 신라 및 일본에 전파되었음을 전제할 때 쉽게 이해할 수 있을지 의문스럽다.

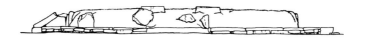

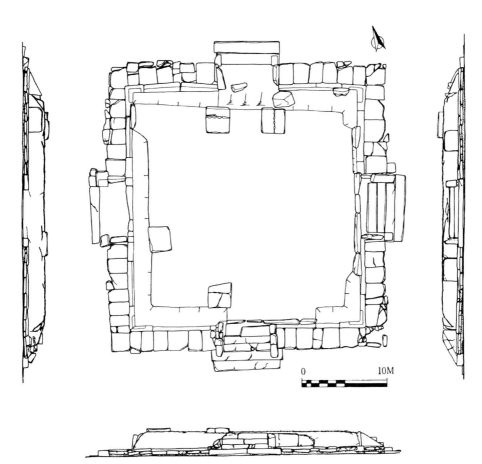

그림 73. 익산 미륵사지 동탑지

2) 익산 미륵사지

(1) 동탑지[78]

동탑지(그림 73)[79]는 탑이 세워질 일정 범위를 점토 및 마사토로 성토다짐한 후 기단 외부

---

78) 扶餘文化財硏究所, 1992, 『益山彌勒寺址 東塔址 基壇 및 下部調査報告書』.

79) 扶餘文化財硏究所, 1992, 『益山彌勒寺址 東塔址 基壇 및 下部調査報告書』, 87쪽 도면 1.

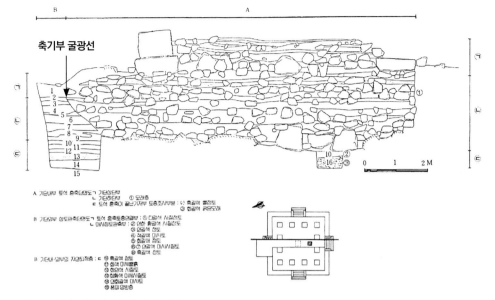

A. 기단내부 토석 혼축단면도 : ㄱ 기단상단부
                              ㄴ 기단하단부   ① 모래층
                    ㄷ 토석 혼축이 끝난기저부 토층조사시부부 : 4 ㅅ 흑갈색 흙전토
                                                        5 회갈색 굵은모래
B. 기단외부 점토판축단면도 : 토석 혼축토층연결부 : ① 다광색 사질점토
                    ㄴ 미사점토판축부 : ②③ 연친 황갈색 사질점토
                                      ④ 암갈색 미사토
                                      ⑤ 적갈색 점토
                                      ⑥ 회갈색 점토
                                      ⑦⑧ 연갈색 미사사질토
                                      ⑨ 흑갈색 점토
B. 기단내·외부의 자연퇴적층 : ⑩ 흑갈색 점토
                          ① 회색 미세활토
                          ② 회갈색 사질토
                          ③ 회황색 미사사질토
                          ④ 연회갈색 미사토
                          ⑤ 분파양반층

그림 74. 익산 미륵사지 동탑지 축기부

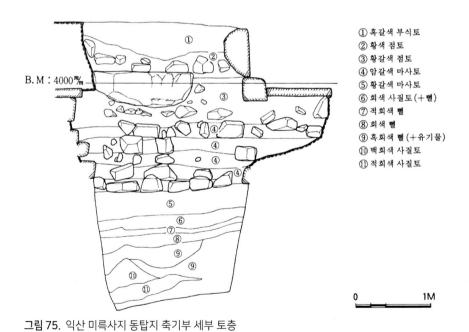

① 흑갈색 부식토
② 황색 점토
③ 황색 점토
④ 암색 마사토
⑤ 황갈색 마사토
⑥ 회색 사질토(+뻘)
⑦ 적회색 뻘
⑧ 회색 뻘
⑨ 흑회색 뻘(+유기물)
⑩ 백회색 사질토
⑪ 적회색 사질토

그림 75. 익산 미륵사지 동탑지 축기부 세부 토층

에서 기단부 안쪽을 향해 경사지게 축기부를 조성하였다. 축기부 굴광선의 범위는 북면기단의 경우 40cm, 동면과 남면은 1.1m, 80cm 내외의 외측에 위치하고 있다. 축기부 상면의 너비는 약 12.6m이고, 하층기단 한 변의 길이는 12.5m 내외로 계측되고 있다.

축기부 내부의 토석혼축(그림 74・75)[80]은 상면에서부터 기저부까지 모두 14개 층으로 나타나고 있다. 사용된 석재는 위에서 아래로 내려오면서 점차 커지고 있는데 큰 것은 100×75×45cm의 크기를 보이고 있다. 큰 돌 사이에는 격지석과 작은 할석 들을 채워 넣어 수평을 유지하고 있다.

토・석혼축층의 높이는 3.2~3.4m로 추정되고, 기저부에는 검은 펄흙과 진황색 점토가 약 20cm 두께로 성토다짐 되어 있다. 그리고 이 층 아래에는 연회색의 굵은 모래층이 두텁게 형성되어 있다.

(2) 서탑[81]

서탑(그림 76)은 639년에 조성되었다. 대지조성토와 축기부는 동서층의 탐색구덩이를 통해 검출되었다. 서측의 경우 대지조성토는 할석이 혼입되지 않은 10개 층으로 축토되었으며, 층위별 두께는 6~32cm로 계측되었다. 바닥면에서부터 위로 7번째 층위까지는 갈색계 사질토로 조성되었고, 나머지 현 지표면까지의 3개 층은 황갈색계 사질점토 등으로 축토되었다.

서측면의 축기부(그림 77)[82]는 하층기단 지대석(면석)으로부터 서쪽으로 97.3cm 떨어진 지점에서 약 67° 경사도로 되파기(굴토)되었다. 축기부토는 13~16개 층으로 구분되었고, 사질토 혹은 사질점토에 지름 30cm 내외의 할석을 혼축하여 성토다짐하였다. 층위별 두께는 5~31cm로 다양하며, 하부에서 상부로 올라갈수록 할석의 크기가 작아지고, 토층의 두께가 얇아지는 양상을 보여주고 있다. 바닥면에서 약 31cm까지는 명황갈색 사질점토층으로 이루어졌고, 다음 층위부터 1.38m 높이까지는 흑갈색 또는 암회갈색 등의 사질토층으로 축토되었다. 그리고 그 이상부터 초반석 하부 높이까지는 사질점토층과 사질토층을 교대로 축토하였다.

---

80) 扶餘文化財硏究所・全羅北道, 1992,『益山彌勒寺址 東塔址 基壇 및 下部調査報告書』, 93쪽 도면 4 및 96쪽 도면 7-②.

81) 국립문화재연구소・전라북도, 2012,『彌勒寺址 石塔 기단부 발굴조사 보고서』, 65~72쪽.

82) 국립문화재연구소・전라북도, 2012,『彌勒寺址 石塔 기단부 발굴조사 보고서』, 67쪽 도면 4-12.

그림 76. 익산 미륵사지 서탑

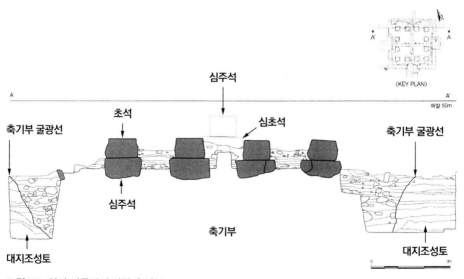

그림 77. 익산 미륵사지 서탑 축기부

이에 반해 동측의 축기부는 하층기단 지대석으로부터 1.903m 떨어진 지점에서 약 54° 경사도로 대지조성토가 굴토되었다. 이로부아 동측면이 서측면보다 축기부의 범위가 90cm 정도 더 넓었음을 알 수 있다. 축기부는 12~14개의 토석이 교축되었으며, 층위별 두께는 9~34cm로 다양하다. 그리고 서측면과 같이 하부에서 상부로 올라갈수록 할석의 크기가 작아지고, 토층의 두께가 얇아지는 양상은 확인되지 않았다. 이러한 축조기법의 차이는 한편으로 동일 공간에서 서로 다른 장인들로 하여금 별도 작업이 이루어졌음을 판단케 한다. 서탑 축기부의 동서 폭은 15.488m로 확인되었다.[83]

IV. 맺음말

삼국~통일신라시기의 대표적인 권위건축으로 사찰을 들 수 있다. 이곳에는 부처님의 진신사리를 봉안한 탑파와 부처님을 모셔놓은 금당이 자리하고 있다. 사찰 내 다른 건축물과 비교해 금당과 탑파는 훨씬 더 장엄하였고, 이러한 상징성은 건물의 하중을 많이 나가게 하는 하나의 요인이 되었다.

사찰과 같은 건축물을 조성하기 위해선 먼저 대지를 마련하여야 한다. 이는 절토나 성토, 정지 등과 같은 일정한 프로세스를 요구하였고, 또 기능적 측면에서 건물의 하중을 지탱하기 위한 별도의 토목시설이 필요하였다. 특히 금당과 탑은 강당이나 중문, 회랑 등과 비교해 하중의 정도가 심하였다. 이러한 하중을 지탱하기 위해선 대지조성 후 이를 되파기하고 축조한 축기부의 존재가 필수적이었다. 이는 단계상 대지조성 이후이나 기단석이나 기단토의 축토보다는 선행되는 작업이다.

신라의 축기부 유적은 그 동안 사찰유적의 금당지나 목탑지, 석탑지 등에서 주로 검출되었다. 그리고 축기부 내부는 돌과 흙을 교대로 쌓아 건물의 하중을 지탱하도록 하였다. 백제가 판축토 및 성토다짐토, 돌+흙 등을 이용하였다는 점에서 비교적 단출함을 보여준다.

지금까지 발굴조사된 신라 최고의 축기부 유적은 584년 무렵의 경주 황룡사지 중금당지를 들 수 있다. 중금당지는 이중기단으로 하층기단 상면에서 차양칸 초석이 확인되었고, 이

---

83) 배병선·조은경, 2012, 「V. 고찰」『彌勒寺址 石塔 기단부 발굴조사 보고서』, 국립문화재연구소·전라북도, 227쪽 도면 5-6.

중기단 중 상층은 가구식기단으로 축조되었다. 그런데 이러한 기단 형식과 축기부는 백제의 경우 567년 무렵의 부여 능산리사지와 군수리사지 등에서 이미 조사된 바 있다. 이와 같은 유적 상호간의 시기 차는 결과적으로 신라의 축기부가 백제의 토목기술 전파로 축조되었음을 파악케 한다.

백제에서 신라로의 토목건축기술 전파는 가구식기단이나 축기부 외에 와적기단, 제와술(製瓦術), 당김석, 은장, 치석, 결구 등 다양한 분야에서 엿볼 수 있다. 이는 백제 토목건축기술의 신라 전파가 활발하였음을 보여주는 한편, 백제 멸망 후에는 이의 장인들이 신라 사회에서 적극적으로 활약하였음을 말해준다.

앞으로 신라 사찰유적에 대한 발굴조사가 진행됨에 따라 더욱 더 많은 축기부가 발견될 것이다. 그리고 이에 따라 새로운 축조기법이나 재료들이 검출될 것이다. 축기부가 대지조성과 마찬가지로 토목공사의 가장 기초적인 요소라는 점에서 향후 좀 더 다양한 유적에서 축기부가 확인되기를 기대해 본다.

제2장

고고자료로 본
통일신라시대 사찰 조영과 의미

임종태
한혜리티지센터

Ⅰ. 머리말

불교는 서기전 5세기경 인도의 석가모니에 의해 창시된 종교로 석가모니가 35세 때 보리수 아래에서 도를 깨치면서 성립되었다. 석가모니는 당시의 브라만교에 반기를 들고 고행을 통해서 인간의 생로병사의 고통과 죽음으로부터 자유로워질 수 있었다. 이러한 불교가 중국을 거쳐 우리나라에 들어오게 된 것은 4세기경이다.

삼국시대에 불교를 수용한 한반도는 한국의 고대 신앙을 흡수, 융화하고 교화하였기에 그 결과 삼국은 모두 불교를 최고의 문화요, 사상이요, 종교로 받아들이고 신앙화한 것으로 이해한다.[01] 고구려의 불교전래는 372년(소수림왕 2)에 전진(前秦)의 왕 부견이 사신과 승(僧) 순도를 보내 불상과 경문을 전하였고, 374년에 승 아도가 들어왔으며, 이듬해에 소문사와 이불란사를 지어 순도와 아도를 머물게 하였다는 내용이 공식 전래 기록[02]이다. 백제는 384년 (침류왕 1) 동진(東晉)에서 호승 마라난타가 오자 왕이 대궐로 모셔 예를 갖추고 이듬해에는 한산주에 절을 짓고 열 명의 승려를 배출하였다고 전하는데 이와 같이 고구려와 백제는 공식적인 외교관계를 통해 불교를 받아들이고 있다.[03]

우리나라에서 불교를 처음 받아들인 나라는 고구려로, 초기 고구려에 전해진 불교는 「인과적 교리로서의 불교」·「복으로서의 불교」의 성격이었다. 이는 재래의 토착신앙과 일맥상통하는 점이 있었기 때문이다. 백제는 고구와 비슷한 시기인 384년에 불교가 전래되었고,[04] 백제 왕실은 큰 거부감 없이 불교를 수용하였다. 그러나 신라의 경우는 눌지마립간 때 고구려 승려인 묵호자가 신라의 서북지방인 일선군(지금의 선산)에 들어옴으로써 불교가 전파되기 시작했다. 이후 신라 왕실은 불교를 국교화하기 위한 시도를 하지만 귀족들의 반대로 실패를 거듭하다가 법흥왕 때 이차돈의 순교를 계기로 국교화하는 데 성공한다. 이는 중앙집권 강화를 시도하는 왕실세력과 자신들의 세력을 지속하고자 했던 귀족과의 알력이 반영된 것으로 추정된다.

---

01) 김영태, 2002, 『한국불교사』, 경서원, 19쪽.
02) 『삼국사기』 권18, 『삼국유사』 권3 興法 第3 順道肇麗, 『해동고승전』 권1 釋阿道條에 전한다.
03) 김남윤, 2007, 『신앙과 사상으로 본 불교 전통의 흐름』, 국사편찬위원회, 25쪽.
04) 『삼국사기』에 침류왕(枕流王) 원년(384) 9월에 호승(胡僧) 마라난타(摩羅難陀)가 진(晉)으로부터 오니, 왕이 궁에 맞아들이고 존경과 예를 극진히 하니 이로부터 불법이 비롯되었고, 다음 해에 한산(漢山)에 사찰을 창건하고 도승(度僧) 10인을 두었다고 하였다.

한편 신라는 서역 승인 묵호자가 일선군 모례의 집에 머무는 것을 초전의 기록으로 전하고 있으나, 공식적인 전래는 두 국가보다 늦은 527년(법흥왕 14)에 이차돈의 순교 시점으로 보는 것이 학계의 일반적인 의견이다. 신라 불교의 초전설화와 공식적인 전래에서 보이는 양상은 고구려, 백제와는 달리 불교수용을 둘러싼 구성원들의 갈등으로 기록되어 있는 것이 특징이다.[05]

고고학적으로 고구려, 백제, 신라 등 고대 삼국의 불교 전래 초기 사원유적은 아직 그 흔적이나 위치 등을 알 수 없지만, 고구려는 평양으로, 백제는 공주로 천도한 이후인 5세기 이후부터,[06] 신라는 6세기 후반의 황룡사가 건립되면서 본격적인 사찰 조영이 시작된 것으로 볼 수 있다. 즉 고고학적으로는 우리나라에 불교가 전래된 이후 약 2세기가 지난 시점부터 사찰 조영이 본격적으로 이루어진 것을 알 수 있다.

고대 우리나라의 사찰 조영은 6세기 초 무렵부터 시작되었지만, 지역적으로는 각 국가의 수도인 도성 내에 제한적으로 조성되었다. 그러나 668년 신라가 삼국을 통일하면서 정치 · 사회 · 문화 · 종교 등이 통합됨에 따라 전국적으로 사찰 조성이 시작되었다. 『삼국사기』나 『삼국유사』 등 문헌기록을 제외하고서라도 전국에 분포해 있는 사찰들 중 대부분은 창건연대를 통일신라시대로 기록하고 있고, 고고학적으로도 통일신라시대에 창건된 사찰들이 다수 확인되었다.

특히 통일신라 말경에는 유학승을 통해 선종이 유입되면서 산문 가람이 각 지역에 창건되고 이를 통해 전국적으로 사찰 조영이 확산되는 양상을 보인다. 이러한 사찰 조영의 흐름은 고려시대 초까지 유행하게 되고 전국적으로 많은 사찰이 조영되게 된다.

이처럼 고대 삼국시대에는 수도인 도성을 중심으로 제한적 사찰 조성이 시작되었고, 통일신라시대에 이르러서는 유학승과 선종이 유입되면서 전국에 사찰 조영이 활발하게 진행된다. 그러나 통일신라시대에 많은 사찰이 창건되었음에도 이에 대한 구체적인 현황을 알 수 있는 자료는 극히 드물다. 또한 통일신라시대에 전국적으로 사찰이 건립된 배경과 목적, 특징 등에 대한 논의나 연구 등은 이루어진 바가 없다.

따라서 본고에서는 통일신라시대 사찰 조성과 관련해 전국적으로 조사된 보고자료 등을 토대로 그 현황을 살펴보고 통일신라시대 전국적으로 확산된 사찰의 건립 배경과 목적, 특징 등에 대해 논해보고자 한다.

---

05) 신동하, 2013, 「고대의 불교와 국가」 『한국불교사연구입문』 상, 218쪽.
06) 최근 공주에서 대통사와 관련된 유적이 확인되고 있다.

II. 통일신라시대 불교의 확산과 사찰 건축

약 4세기경 한반도로 유입된 불교와 사찰 건축은 삼국시대에는 고대 왕실의 신성화 또는 정치에 활용되는 등 전통의 민간신앙과 대비되는 행보와 역할을 하였다. 그러다 신라에 의해 삼국이 통일되고 점차 안정기에 접어들면서 왕실과 귀족의 전유물이었던 불교가 민간에 확산되기 시작하였고, 한반도 곳곳에 사찰이 조성되기 시작한다.

특히 통일신라시대 전국 각지에 조성된 사찰은 당시 불교의 확산이라는 시대적 상황을 방증하는 주요 물질 증거로써 중요한 의미를 담고 있다. 따라서 통일신라시대 전국에 창건된 사찰(지)에 대한 현황을 조사하여 구체적인 분포양상을 파악해 보고 이를 토대로 검토 및 분석을 진행해 보고자 한다.

1. 전국 사찰(지) 전수조사 개요

2010년에 문화재청과 (재)불교문화재연구소는 전국에 분포한 폐사지 조사를 위해 현황을 파악하였고,[07] 본격적인 조사에 착수하였다. 2010년도부터 시작된 "폐사지 기초조사사업"은 전국의 5,738개소를 대상으로 실시되었으며, 2020년에 마무리되었다.[08]

---

07) 문화재청 · (재)불교문화재연구소, 2010,『한국사지총람 上』, ㈜조계종출판사.
　　문화재청 · (재)불교문화재연구소, 2010,『한국사지총람 下』, ㈜조계종출판사.

08) 문화재청 · (재)불교문화재연구소, 2010,『韓國의 寺址 사지(폐사지)현황조사보고서 上 -서울, 인천, 경기북부』: 문화재청 · (재)불교문화재연구소, 2010,『韓國의 寺址 사지(폐사지)현황조사보고서 下 -경기남부』: 문화재청 · (재)불교문화재연구소, 2011,『韓國의 寺址 사지(폐사지)현황조사보고서 上 -전라남도 1』: 문화재청 · (재)불교문화재연구소, 2011,『韓國의 寺址 사지(폐사지)현황조사보고서 下 -전라남도 2, 광주광역시, 제주특별자치도, 부산광역시』: 문화재청 · (재)불교문화재연구소, 2012,『韓國의 寺址 사지(폐사지)현황조사보고서 上 -대구광역시, 경상북도 1』: 문화재청 · (재)불교문화재연구소, 2012,『韓國의 寺址 사지(폐사지)현황조사보고서 下 -경상북도 2』: 문화재청 · (재)불교문화재연구소, 2012,『韓國의 寺址 사지(폐사지)현황조사보고서 下 -경상북도 3』: 문화재청 · (재)불교문화재연구소, 2013,『韓國의 寺址 사지(폐사지)현황조사보고서 上 -강원도, 전라북도』: 문화재청 · (재)불교문화재연구소, 2013,『韓國의 寺址 사지(폐사지)현황조사보고서 下 -울산광역시, 경상남도』: 문화재청 · (재)불교문화재연구소, 2014,『韓國의 寺址 사지(폐사지)현황조사보고서 上 -세종특별자치시, 충청남도』: 문화재청 · (재)불교문화재연구소, 2014,『韓國의 寺址 사지(폐사지)현황조사보고서 下 -대전광역시, 충청북도』: 문화재청 · (재)불교문화재연구소, 2015,『韓

사찰(지) 현황조사는 현장조사와 문헌조사로 나누어 시행하였는데, 먼저 현장조사는 사찰 (지)의 위치 및 유물 산포범위 확인 등 지표조사 방식으로 실시하였다. 현장조사에서 수집된 정보는 수기로 기록하였고 소재문화재가 있는 경우 간략한 실측조사를 병행하였다. 특히 유구가 잔존해 있는 사찰(지)은 식생환경 조사를 실시하여 자연환경에 의한 유구 훼손도 및 현황을 별도 기록하였다. 또한 GPS 정보 수집, 디지털 촬영, 드론을 활용한 항공촬영 등 각종 디지털 기기를 적극 활용하여 가급적 많은 정보를 축적하고자 노력하였으며, 중요 사지·소재문화재는 전문작가가 사진을 촬영하여 정보의 질을 높였다. 그리고 사지에서 이동된 소재 문화재에 대해서는 소장처 허가 하에 별도 조사·촬영을 진행하였다.[09]

현장조사 결과 보고서에는 기존에 보고된 다양한 조사 정보와 관찬·사찬 지리지를 포함한 각종 문헌, 일제강점기 조사자료, 최신 조사자료 등을 폭넓게 수집하여 개별 사지의 연혁을 정리하였다. 또한 사지현황, 산포유물, 소재문화재, 사진, 사지 현황 요약, 보존관리를 위한 조사자 견해 등을 항목으로 하여 간략하게 기록하였다.[10]

문헌조사는 사지 위치를 알 수 없거나, 이동되어 원위치를 알 수 없는 소재문화재, 전통사찰 등을 선별하여 실시하였고, 문헌조사 사지에 대해서는 사서, 지리지 등 역사 기록과 각종 조사·연구자료를 수집하여, 연구자료로 활용할 수 있도록 정리하고 있다.

國의 寺址 사지(폐사지)현황조사보고서 上 -대구광역시, 경상북도』: 문화재청·(재)불교문화재연구소, 2015,『韓國의 寺址 사지(폐사지)현황조사보고서 下 -경상북도, 부록』: 문화재청·(재)불교문화재연구소, 2016,『韓國의 寺址 사지(폐사지)현황조사보고서 上 -전라북도』: 문화재청·(재)불교문화재연구소, 2016,『韓國의 寺址 사지(폐사지)현황조사보고서 下 -강원도, 부록』: 문화재청·(재)불교문화재연구소, 2017,『韓國의 寺址 사지(폐사지)현황조사보고서 上 -대전광역시, 세종특별자치시, 충청남도 1』: 문화재청·(재)불교문화재연구소, 2017,『韓國의 寺址 사지(폐사지)현황조사보고서 下 -충청남도 2, 부록』: 문화재청·(재)불교문화재연구소, 2018,『韓國의 寺址 사지(폐사지)현황조사보고서 上 -충청북도』: 문화재청·(재)불교문화재연구소, 2018,『韓國의 寺址 사지(폐사지)현황조사보고서 下 -충청남도, 부록』: 문화재청·(재)불교문화재연구소, 2019,『韓國의 寺址 사지(폐사지)현황조사보고서 上 -경상남도』: 문화재청·(재)불교문화재연구소, 2019,『韓國의 寺址 사지(폐사지)현황조사보고서 下 -대구광역시, 부산광역시, 울산광역시, 경상북도, 부록』: 문화재청·(재)불교문화재연구소, 2020,『韓國의 寺址 사지(폐사지)현황조사보고서 上 -특별시·광역시, 강원도, 경기도, 충청북도, 충청남도』: 문화재청·(재)불교문화재연구소, 2020,『韓國의 寺址 사지(폐사지)현황조사보고서 下 -전라북도, 전라남도, 경상북도, 제주특별자치도, 부록』.

09) 문화재청·(재)불교문화재연구소, 2020(上), 앞의 보고서, 4쪽.
10) 문화재청·(재)불교문화재연구소, 2020(上), 앞의 보고서, 4쪽.

2. 전국 통일신라시대 사찰(지) 현황과 분석

문화재청과 ㈜불교문화재연구소는 2010년도부터 2020년까지 약 11년간 전국의 5,738개소의 폐사지에 대한 전수조사를 진행하였다. 이 중 기록은 존재하나 위치 및 현황을 알 수 없는 사찰(지)도 다수 확인되었고, 기록은 없으나 현황이 확인된 사찰(지)도 다수 확인되었다.

이 전수조사에서 확인된 전국의 통일신라시대 사찰은 총 632개소에 이른다. 위치나 현황을 알 수 없는 사찰도 많아 전체 대상 대비 비중은 평가할 수 없지만, 상당히 많은 사찰이 통일신라시대 전국에 조성된 것으로 확인되었다. 특히 현 행정구역 기준인 광역시와 광역도를 기준으로 구분해 보면 광역도에 602개소, 광역시에 30개소 정도가 확인되었다.

통일신라시대 조성된 전국의 사찰(지)은 보고서에 기록된 결과를 토대로 사찰명, 지역, 창건시기, 입지, 조사현황, 조사결과, 존속기간 등을 항목으로 설정하여 표로 정리하였다. 이중 조사결과는 발굴조사가 실시된 사찰(지)과 지표조사만 실시된 사찰(지)로 구분하였고, 이를 명확히 하고자 조사결과에서는 발굴조사에 따른 출토유물, 지표조사에 따른 산포유물로 표기하여 이해를 돕고자 하였다.

표 1. 통일신라시대 건립된 사찰 현황표

순번	사찰명	지역	창건시기	입지	조사현황		조사결과	존속기간
					발굴	지표		
1	굴산사지	강원 강릉	847년	산지 구릉	○		승탑, 건물지 등	847년 ~조선시대
2	탑동리사지	강원 고성	통일신라후기	산지 구릉		○	석탑재, 산포유물	통일신라후기 ~고려전기
3	건봉사지	강원 고성	통일신라시대	산지 구릉	○		능파교, 승탑, 탑비, 극락전지, 출토유물	통일신라 ~조선시대
4	삼화사지	강원 동해	통일신라후기	평지		○	산포유물	통일신라후기 ~조선후기
5	지상사지	강원 동해	통일신라후기	평지	○		건물지, 석렬유구, 출토유물	통일신라후기 ~조선전기
6	죽장사지	강원 삼척	통일신라시대	산지 구릉	○		출토유물	통일신라 ~고려후기
7	흥전리사지	강원 삼척	통일신라후기	산지 구릉		○	석축, 석탑부재, 산포유물	통일신라후기 ~조선후기
8	설악동사지2	강원 속초	통일신라시대	산지 구릉		○	산포유물	통일신라 ~고려전기

순번	사찰명	지역	창건시기	입지	조사현황		조사결과	존속기간
					발굴	지표		
9	오색석사지	강원 양양	통일신라시대	산지 구릉		○	석탑재, 연화대석, 석사자, 산포유물	통일신라 ~고려후기
10	서림리사지	강원 양양	통일신라시대	산지 구릉		○	산포유물	통일신라 ~고려후기
11	선림원지	강원 양양	통일신라시대	산지 구릉	○		석탑, 석등, 승탑, 석축, 금당지, 출토유물	통일신라 ~고려전기
12	진전사지	강원 양양	통일신라시대	산지 구릉	○		석탑, 도의선사탑, 석축, 건물지, 출토유물	통일신라 ~조선전기
13	무릉리사지1	강원 영월	통일신라시대	산지 구릉		○	석탑, 산포유물	통일신라 ~조선후기
14	흥교사지	강원 영월	통일신라시대	산지 구릉	○		건물지, 석렬, 집수지, 출토유물	통일신라 ~조선후기
15	도천리사지	강원 영월	통일신라시대	산지 구릉		○	석탑, 산포유물	통일신라 ~고려후기
16	용석리사지1	강원 영월	통일신라시대	산지 구릉		○	석탑, 산포유물	통일신라 ~조선후기
17	하송리사지1	강원 영월	통일신라후기	평지		○	산포유물	통일신라후기 ~조선후기
18	흥월리사지	강원 영월	통일신라시대	산지 구릉		○	산포유물	통일신라 ~조선전기
19	대안리사지	강원 원주	통일신라시대	산지 구릉		○	석탑부재, 산포유물	통일신라 ~조선후기
20	봉산동사지1	강원 원주	통일신라시대	산지 구릉		○	석조보살입상, 산포유물	통일신라 ~고려후기
21	사천왕사지	강원 원주	통일신라시대	평지	○		건물지, 축대, 출토유물	통일신라 ~고려전기
22	석남사지	강원 원주	통일신라시대	산지 구릉		○	승탑, 승탑기단석, 산포유물	통일신라 ~고려후기
23	황산사지	강원 원주	통일신라시대	산지 구릉		○	석탑, 석등하대석, 마애불, 승탑, 산포유물	통일신라 ~조선후기
24	봉산동사지1	강원 원주	통일신라시대	산지 구릉		○	석조보살입상, 산포유물	통일신라 ~고려후기
25	거돈사지 (사적)	강원 원주	통일신라시대	산지 구릉	○		석축, 건물지, 출토유물	통일신라 ~조선시대
26	흥법사지	강원 원주	통일신라시대	산지 구릉	○		석탑, 탑비, 석축, 출토유물	통일신라 ~조선시대
27	한계사지	강원 인제	통일신라시대	산지 구릉	○		석탑, 금당지, 건물지, 출토유물	통일신라 ~조선후기

순번	사찰명	지역	창건시기	입지	조사현황 발굴	조사현황 지표	조사결과	존속기간
28	조면사지	강원 춘천	통일신라시대	산지 구릉		○	석탑, 산포유물	통일신라 ~조선전기
29	본적사지	강원 태백	통일신라시대	평지		○	석탑, 석렬, 산포유물	통일신라 ~조선후기
30	소도동사지	강원 태백	통일신라시대	산지 구릉		○	치석재, 산포유물	통일신라 ~조선후기
31	대상리사지	강원 평창	통일신라시대	평지	○		석탑재, 기단석렬, 출토유물	통일신라 ~조선후기
32	창리사지	강원 평창	통일신라시대	산지 구릉		○	산보유물	통일신라 ~조선중기
33	수항리사지	강원 평창	통일신라시대	산지 구릉	○		석탑, 축대, 출토유물	통일신라 ~조선전기
34	물걸리사지	강원 홍천	통일신라시대	평지	○		석조여래좌상, 석조비로자나불좌상, 석조대좌, 석탑, 출토유물	통일신라 ~조선후기
35	위라리사지	강원 화천	통일신라시대	평지		○	석탑, 산포유물	통일신라 ~고려후기
36	상동리사지	강원 횡성	통일신라시대	평지		○	석불좌상, 산포유물	통일신라 ~조선중기
37	신대리사지	강원 횡성	통일신라시대	평지		○	석탑, 산포유물	통일신라 ~조선후기
38	관악산육봉 일명사지	경기 과천	통일신라 후기	산지 구릉	○		석탑부재, 연화문대석, 출토유물 등	통일신라후기 ~조선후기
39	지월리사지	경기 광주	통일신라후기	평지		○	산포유물	통일신라후기 ~고려후기
40	아천동사지	경기 구리	통일신라시대	산지 구릉		○	석탑, 산포유물	통일신라 ~조선시대
41	미학사지	경기 수원	통일신라후기	산지 구릉		○	산포유물	통일신라후기 ~조선중기
42	봉업사지	경기 안성	통일신라후기	평지	○		건물지, 보도시설, 부석시설, 출토유물 등	통일신라후기 ~고려후기
43	석수동사지	경기 안양	통일신라후기	평지		○	산포유물	통일신라후기 ~조선초기
44	중초사지	경기 안양	통일신라시대	평지	○		건물지, 당간지주, 석탑, 출토유물 등	통일신라 ~조선중기
45	대원사지	경기 양평	통일신라후기	평지		○	산포유물	나말려초

순번	사찰명	지역	창건시기	입지	조사현황 발굴	조사현황 지표	조사결과	존속기간
46	고달사지	경기 여주	764년	산지 구릉	○		건물지, 출토유물 등	통일신라후기 ~조선초기
47	삼합리사지	경기 여주	통일신라후기	산지 구릉		○	산포유물	통일신라후기 ~조선초기
48	외평리사지	경기 여주	통일신라후기	산지 구릉		○	산포유물	통일신라후기 ~조선후기
49	원향사지	경기 여주	통일신라후기	평지	○		건물지 18동, 담장지, 암거, 출토유물 등	통일신라후기 ~조선후기
50	도림사지	경기 용인	통일신라후기	산지 구릉		○	산포유물	통일신라후기 ~조선중기
51	마북동사지 1	경기 용인	통일신라후기	평지	○		건물지, 석축, 석탑지, 출토유물	통일신라후기 ~고려중기
52	문수사지	경기 용인	통일신라후기	산지 구릉		○	산포유물	통일신라후기 ~조선후기
53	서봉사지	경기 용인	통일신라후기	산지 구릉		○	석축, 산포유물	통일신라후기 ~조선후기
54	관고동사지 1	경기 이천	통일신라시대	산지 구릉	○		석축, 기단시설, 아궁이, 출토유물 등	통일신라~조선
55	관고동사지 2	경기 이천	통일신라시대	산지 구릉		○	산포유물	통일신라~조선
56	선읍리사지	경기 이천	통일신라후기	평지		○	산포유물	나말려초
57	감악사지	경남 거창	통일신라후기	산지 구릉		○	부도, 석조여래좌상, 산포유물	통일신라후기 ~조선전기
58	농산리사지	경남 거창	통일신라후기	산지 구릉		○	석조여래입상, 산포유물	통일신라후기 ~고려전기
59	상림리사지	경남 거창	통일신라후기	산지 구릉		○	석조보살입상, 산포유물	통일신라후기 ~조선후기
60	양평리사지	경남 거창	통일신라후기	산지 구릉		○	석조여래입상, 초석, 산포유물	통일신라후기 ~고려전기
61	임불리사지	경남 거창	통일신라시대	평지		○	석탑, 산포유물	통일신라후기 ~고려후기
62	교사리사지	경남 고성	통일신라후기	평지		○	석불, 광배, 석사자상, 산포유물	통일신라후기 ~조선전기
63	법천사지	경남 고성	통일신라후기	산지 구릉		○	부도, 승탑, 산포유물	통일신라후기 ~조선후기
64	광덕리사지	경남 고성	통일신라시대	산지 구릉		○	석축, 산포유물	통일신라 ~조선후기

순번	사찰명	지역	창건시기	입지	조사현황 발굴	조사현황 지표	조사결과	존속기간
65	나선리사지	경남 고성	통일신라시대	산지 구릉		○	석축, 산포유물	통일신라 ~조선후기
66	신리사지	경남 고성	통일신라시대	산지 구릉		○	산포유물	통일신라 ~조선후기
67	연화리사지	경남 고성	통일신라시대	산지 구릉		○	석조여래입상, 석축, 산포유물	통일신라 ~조선후기
68	본산리사지	경남 김해	통일신라후기	산지 구릉		○	마애불, 산포유물	통일신라후기 ~조선전기
69	팔성암지	경남 김해	통일신라후기	산지 구릉		○	마애불, 산포유물	통일신라후기 ~조선후기
70	대청동사지	경남 김해	통일신라시대	산지 구릉		○	석축, 석렬, 산포유물	통일신라 ~고려후기
71	삼방동사지1	경남 김해	통일신라시대	평지		○	석탑재, 치석재, 산포유물	통일신라 ~조선전기
72	생철리사지1	경남 김해	통일신라시대	산지 구릉		○	석탑재, 산포유물	통일신라 ~조선후기
73	입현리사지	경남 남해	통일신라시대	산지 구릉		○	산포유물	통일신라 ~조선후기
74	덕은암지	경남 밀양	통일신라후기	산지 구릉		○	석탑재, 산포유물	통일신라후기 ~조선중기
75	범도리사지	경남 밀양	통일신라시대	산지 구릉		○	승탑, 산포유물	통일신라 ~조선후기
76	소태리사지1	경남 밀양	통일신라후기	산지 구릉		○	석탑, 석탑재, 산포유물	통일신라후기 ~조선후기
77	숭진리사지	경남 밀양	통일신라시대	산지 구릉		○	석탑, 산포유물	통일신라 ~조선후기
78	요고리사지	경남 밀양	통일신라후기	산지 구릉		○	석축, 산포유물	통일신라후기 ~조선전기
79	봉성사지	경남 밀양	통일신라시대	산지 구릉	○		출토유물	통일신라 ~조선전기
80	영원사지	경남 밀양	통일신라후기	산지 구릉	○		보감국사부도, 보감국사묘응탑비, 석축, 장대석, 출토유물	통일신라후기 ~조선전기
81	배방사지	경남 사천	통일신라시대	산지 구릉		○	산포유물	통일신라 ~고려중기
82	본촌리사지	경남 사천	통일신라시대	산지 구릉		○	석불좌상, 석탑재, 산포유물	통일신라 ~고려시대

순번	사찰명	지역	창건시기	입지	조사현황 발굴	조사현황 지표	조사결과	존속기간
83	대포리사지	경남 산청	통일신라후기	산지 구릉		○	석탑, 석등재, 산포유물	통일신라후기 ~조선후기
84	범학리사지	경남 산청	통일신라후기	산지 구릉		○	석탑, 산포유물	통일신라후기 ~조선중기
85	삼장사지	경남 산청	통일신라시대	산지 구릉		○	석탑, 석축, 산포유물	통일신라 ~조선후기
86	소괴사지	경남 산청	통일신라후기	산지 구릉		○	석조여래좌상, 산포유물	통일신라후기 ~조선중기
87	지곡사지	경남 산청	통일신라시대	산지 구릉	○		귀부, 승탑, 건물지, 석축, 우물, 출토유물	통일신라 ~조선후기
88	단속사지	경남 산청	통일신라시대	산지 구릉	○		석탑, 당간지주, 건물지, 초석, 출토유물	통일신라 ~조선중기
89	용담동사지1	경남 양산	통일신라시대	산지 구릉		○	석탑재, 산포유물	통일신라 ~조선후기
90	보천사지	경남 의령	통일신라후기	산지 구릉		○	석탑, 승탑, 산포유물	통일신라후기 ~조선후기
91	중교리사지	경남 의령	통일신라후기	평지		○	석조여래좌상, 산포유물	통일신라후기 ~고려후기
92	보리사지	경남 의령	통일신라시대	산지 구릉		○	금동여래입상, 석축, 건물지, 산포유물	통일신라 ~조선후기
93	묘엄사지	경남 진주	통일신라후기	평지		○	석탑, 석등재, 산포유물	통일신라후기 ~고려후기
94	용암사지	경남 진주	통일신라후기	산지 구릉		○	승탑, 석탑재, 산포유물	통일신라후기 ~조선전기
95	원내리사지	경남 진주	통일신라후기	산지 구릉		○	석조여래좌상, 산포유물	통일신라후기 ~고려전기
96	무촌리사지	경남 진주	통일신라시대	산지 구릉		○	석탑, 산포유물	통일신라 ~고려후기
97	청원사지	경남 진주	통일신라후기	산지 구릉		○	석축, 기단, 호안석축, 산포유물	통일신라후기 ~조선후기
98	감리사지	경남 창녕	통일신라후기	산지 구릉		○	마애여래좌상, 산포유물	통일신라후기 ~고려전기
99	도천리사지	경남 창녕	통일신라시대	산지 구릉		○	석탑, 석등, 산포유물	통일신라 ~조선후기
100	교리사지	경남 창녕	통일신라후기	산지 구릉	○		안양사조성비, 건물지, 담장지, 출토유물	통일신라후기 ~고려후기
101	말흘리사지	경남 창녕	통일신라시대	산지 구릉	○		건물지, 출토유물	통일신라 ~고려중기

순번	사찰명	지역	창건시기	입지	조사현황 발굴	조사현황 지표	조사결과	존속기간
102	보림사지	경남 창녕	통일신라후기	산지 구릉		○	석탑, 부도, 산포유물	통일신라후기 ~조선중기
103	송현리사지	경남 창녕	통일신라후기	평지		○	마애여래좌상, 산포유물	통일신라후기 ~조선전기
104	술정리사지1	경남 창녕	통일신라후기	평지	○		건물지, 축대시설, 출토유물	통일신라후기 ~고려후기
105	옥천리사지	경남 창녕	통일신라시대	산지 구릉		○	산포유물	통일신라 ~고려후기
106	옥천사지	경남 창녕	통일신라후기	산지 구릉		○	석탑재, 건물지, 석축, 담장지, 산포유물	통일신라후기 ~고려후기
107	고현리사지	경남 창원	통일신라후기	산지 구릉		○	석조여래좌상, 산포유물	통일신라후기 ~조선전기
108	마산리사지	경남 창원	통일신라후기	산지 구릉		○	산포유물	통일신라후기 ~조선중기
109	월계리사지	경남 창원	통일신라후기	산지 구릉		○	석탑, 석탑재, 산포유물	통일신라후기 ~조선전기
110	월백리사지	경남 창원	통일신라후기	산지 구릉		○	석축, 산포유물	통일신라후기 ~조선중기
111	오서리사지	경남 창원	통일신라시대	산지 구릉		○	석탑재, 산포유물	통일신라후기 ~조선중기
112	의림사지	경남 창원	통일신라후기	산지 구릉			석탑, 승탑, 대좌편	통일신라후기 ~조선후기
113	천선동사지1	경남 창원	통일신라후기	산지 구릉		○	석조여래좌상, 석탑재, 산포유물	통일신라후기 ~고려전기
114	하천리사지	경남 창원	통일신라후기	산지 구릉		○	석조여래좌상, 산포유물	통일신라후기 ~조선전기
115	대흥사지	경남 창원	통일신라시대	평지		○	석조광배, 석조대좌, 승탑, 산포유물	통일신라 ~조선후기
116	봉림사지	경남 창원	통일신라시대	산지 구릉	○		진경대사탑 및 탑비, 석탑, 출토유물	통일신라 ~조선후기
117	남사지	경남 창원	통일신라시대	산지 구릉		○	석탑재, 마애석불좌상, 산포유물	통일신라 ~조선후기
118	산흥사지	경남 하동	통일신라시대	산지 구릉		○	철조여래좌상, 석불, 승탑, 산포유물	통일신라 ~조선중기
119	직전리사지	경남 하동	통일신라시대	산지 구릉		○	마애여래좌상, 석탑, 석굴지, 석축, 산포유물	통일신라 ~조선후기
120	강명리사지1	경남 함안	통일신라후기	산지 구릉		○	석축, 산포유물	통일신라후기 ~조선전기

순번	사찰명	지역	창건시기	입지	조사현황		조사결과	존속기간
					발굴	지표		
121	강명리사지2	경남 함안	통일신라후기	산지 구릉		○	석조여래좌상, 석축, 산포유물	통일신라후기 ~조선후기
122	월촌리사지	경남 함안	통일신라후기	산지 구릉		○	산포유물	통일신라후기 ~조선후기
123	주리사지	경남 함안	통일신라시대	산지 구릉		○	석탑, 석축, 산포유물	통일신라후기 ~조선중기
124	하림리사지	경남 함안	통일신라후기	산지 구릉		○	마애약사여래삼존입상, 산포유물	통일신라후기 ~조선후기
125	대덕리사지	경남 함양	통일신라후기	산지 구릉		○	마애여래입상, 산포유물	통일신라후기 ~고려중기
126	벽송암지	경남 함양	통일신라시대	산지 구릉		○	석탑, 목장승, 승탑, 석등재, 산포유물	통일신라~현대
127	화장사지	경남 함양	통일신라시대	산지 구릉		○	산포유물	통일신라 ~조선후기
128	등구사지	경남 함양	통일신라시대	산지 구릉		○	석탑, 석축, 산포유물	통일신라 ~조선후기
129	승안사지	경남 함양	통일신라후기	산지 구릉		○	석탑, 산포유물	통일신라후기 ~조선중기
130	신천리사지	경남 함양	통일신라후기	평지		○	산포유물	통일신라후기 ~고려후기
131	엄천사지	경남 함양	통일신라시대	산지 구릉		○	승탑, 초석, 산포유물	통일신라 ~조선후기
132	거덕사지	경남 합천	통일신라후기	산지 구릉		○	건물지, 석축, 산포유물	통일신라후기 ~조선후기
133	반야사지	경남 합천	통일신라후기	산지 구릉		○	원경왕사비, 초석, 계단석, 산포유물	통일신라후기 ~고려중기
134	중봉사지	경남 합천	통일신라후기	산지 구릉		○	마애여래입상, 석축, 산포유물	통일신라후기 ~조선후기
135	치안리사지3	경남 합천	통일신라후기	산지 구릉		○	석조여래입상, 산포유물	통일신라후기 ~조선중기
136	백암리사지	경남 합천	통일신라후기	산지 구릉		○	석등, 석조여래좌상, 건물지, 석축, 산포유물	통일신라후기 ~조선전기
137	오도리사지	경남 합천	통일신라후기	산지 구릉		○	석조여래좌상, 산포유물	통일신라후기 ~고려전기
138	월광사지	경남 합천	통일신라후기	산지 구릉		○	석탑, 석탑재, 석등재, 산포유물	통일신라후기 ~조선전기
139	죽전리사지	경남 합천	통일신라후기	산지 구릉		○	산포유물	통일신라후기 ~고려후기

순번	사찰명	지역	창건시기	입지	조사현황 발굴	조사현황 지표	조사결과	존속기간
140	둔내리사지	경남 합천	통일신라시대	산지 구릉	○		출토유물	통일신라 ~조선전기
141	몽계사지	경남 합천	통일신라시대	산지 구릉		○	석축, 산포유물	통일신라 ~조선후기
142	봉서사지	경남 합천	통일신라시대	산지 구릉		○	석축, 석렬, 산포유물	통일신라 ~조선후기
143	영암사지	경남 합천	통일신라시대	산지 구릉	○		쌍사자석등, 석탑, 금당지, 석축, 건물지, 출토유물	통일신라 ~조선중기
144	오도리사지2	경남 합천	통일신라시대	산지 구릉		○	석조여래좌상, 산포유물	통일신라 ~조선후기
145	용계리사지	경남 합천	통일신라시대	산지 구릉		○	석탑, 석축, 석렬, 산포유물	통일신라 ~조선후기
146	우곡리사지	경남 합천	통일신라시대	산지 구릉		○	건물지, 석축, 산포유물	통일신라 ~조선후기
147	진정리사지	경남 합천	통일신라시대	산지 구릉		○	석축, 산포유물	통일신라 ~고려후기
148	대곡사지	경북 경산	통일신라후기	산지 구릉		○	석탑, 산포유물	통일신라후기 ~조선전기
149	대한리사지	경북 경산	통일신라시대	산지 구릉		○	마애여래좌상, 석축, 우물지, 산포유물	통일신라 ~조선후기
150	괘릉리사지	경북 경주	통일신라시대	산지 구릉		○	석불좌상, 초석, 산포유물	통일신라
151	근계리사지1	경북 경주	통일신라후기	평지		○	입불상, 산포유물	통일신라후기
152	근계리사지2	경북 경주	통일신라시대	산지 구릉		○	석조여래좌상, 대좌, 불상편, 산포유물	통일신라 ~조선전기
153	나원리사지1	경북 경주	통일신라시대	산지 구릉		○	석탑, 사리장엄구, 우물, 산포유물	통일신라 ~고려후기
154	남사리사지1	경북 경주	통일신라시대	산지 구릉		○	석탑, 석축, 석렬, 산포유물	통일신라 ~고려후기
155	남사리사지2	경북 경주	통일신라시대	평지		○	석탑, 산포유물	통일신라 ~고려후기
156	도지동사지2	경북 경주	통일신라시대	평지		○	석조여래좌상, 석불좌상, 산포유물	통일신라 ~조선중기
157	동방동사지2	경북 경주	통일신라시대	평지		○	석탑, 산포유물	통일신라 ~조선후기
158	동천동사지1	경북 경주	통일신라시대	평지		○	사방불탑신석, 산포유물	통일신라

순번	사찰명	지역	창건시기	입지	조사현황 발굴	조사현황 지표	조사결과	존속기간
159	마동사지	경북 경주	통일신라시대	평지		○	석탑, 산포유물	통일신라 ~고려후기
160	명계리사지	경북 경주	통일신라시대	산지 구릉		○	마애불입상, 돌확, 우물, 산포유물	통일신라
161	배반동사지2	경북 경주	통일신라후기	산지 구릉		○	마애보살삼존좌상, 산포유물	통일신라후기 ~고려후기
162	보문동사지 (사적)	경북 경주	통일신라시대	평지	○		석조, 당간지주, 금당지, 목탑지, 출토유물	통일신라 ~고려후기
163	보문동사지2	경북 경주	통일신라시대	평지		○	당간지주, 석탑재, 산포유물	통일신라
164	서악동사지1	경북 경주	통일신라시대	산지 구릉		○	석탑, 초석, 산포유물	통일신라
165	안계리사지	경북 경주	통일신라후기	산지 구릉			석조석가여래좌상, 석탑재	통일신라후기 ~조선후기
166	숭복사지	경북 경주	통일신라시대	산지 구릉		○	석탑, 금당지, 산포유물	통일신라 ~조선후기
167	서악동사지4	경북 경주	통일신라시대	산지 구릉		○	마애여래삼존입상, 석조여래좌상, 산포유물	통일신라
168	오야리사지	경북 경주	통일신라후기	산지 구릉		○	석탑, 산포유물	통일신라후기
169	용강동사지1	경북 경주	통일신라시대	산지 구릉		○	마애삼존불좌상, 산포유물	통일신라
170	용명리사지	경북 경주	통일신라시대	평지		○	석탑, 산포유물	통일신라 ~고려시대
171	원원사지 (사적)	경북 경주	통일신라시대	산지 구릉	○		석탑, 금당지, 강당지, 회랑지, 출토유물	통일신라 ~19세기
172	율동사지1	경북 경주	통일신라시대	산지 구릉		○	마애여래삼존입상, 산포유물	통일신라
173	율동사지2	경북 경주	통일신라후기	산지 구릉		○	석불입상, 석축, 산포유물	통일신라후기
174	장항리사지	경북 경주	통일신라시대	산지 구릉		○	석탑, 금당지, 산포유물	통일신라
175	정혜사지	경북 경주	통일신라시대	평지		○	석탑, 산포유물	통일신라 ~조선후기
176	효현동사지	경북 경주	통일신라시대	평지		○	석탑, 산포유물	통일신라 ~고려후기
177	배반동 미륵곡사지	경북 경주	통일신라전기	산지 구릉		○	석조여래좌상, 마애석불, 산포유물	통일신라전기 ~조선전기

순번	사찰명	지역	창건시기	입지	조사현황		조사결과	존속기간
					발굴	지표		
178	남산동 봉화곡사지1	경북 경주	통일신라시대	산지 구릉		○	마애불상군, 석축, 산포유물	통일신라 ~고려전기
179	남산동 봉화곡사지2	경북 경주	통일신라후기	산지 구릉		○	마애보살반가상, 산포유물	통일신라후기 ~조선후기
180	배동 삼을계사지2	경북 경주	통일신라시대	산지 구릉		○	마애관음보살상, 석렬, 산포유물	통일신라
181	배동 삼을계사지3	경북 경주	통일신라시대	산지 구릉		○	육존불, 석탑재, 산포유물	통일신라
182	배동 삼을계사지5	경북 경주	통일신라시대	산지 구릉		○	선각여래좌상, 산포유물	통일신라 ~고려시대
183	배동 삼을계사지6	경북 경주	통일신라시대	산지 구릉		○	석조여래좌상, 선각마애불, 산포유물	통일신라 ~조선후기
184	배동 삼을계사지9	경북 경주	통일신라후기	산지 구릉		○	마애석가여래좌상, 산포유물	통일신라후기 ~조선후기
185	배동 삿갓곡사지1	경북 경주	통일신라시대	산지 구릉		○	입곡석불두, 초석, 산포유물	통일신라
186	노곡리 새갓곡사지3	경북 경주	통일신라시대	산지 구릉		○	석불좌상, 마애여래입상, 건물지, 산포유물	통일신라 ~조선후기
187	배동 선방곡사지1	경북 경주	통일신라시대	산지 구릉		○	석조여래삼존입상, 석탑, 산포유물	통일신라 ~조선후기
188	남산동 오산곡사지1	경북 경주	통일신라시대	평지		○	석탑, 산포유물	통일신라
189	용장리 약수곡사지5	경북 경주	통일신라시대	산지 구릉		○	마애입불상, 초석, 석축, 산포유물	통일신라 ~조선후기
190	용장사지	경북 경주	통일신라시대	산지 구릉		○	석탑, 석조여래좌상, 석축, 산포유물	통일신라 ~조선후기
191	천룡사지	경북 경주	통일신라시대	평지		○	석탑, 석탑재, 산포유물	통일신라 ~조선후기
192	노곡리 침식곡사지	경북 경주	통일신라시대	산지 구릉		○	석불좌상, 석축, 산포유물	통일신라 ~조선중기
193	배동 윤을곡사지1	경북 경주	통일신라시대	산지 구릉		○	마애불좌상, 산포유물	통일신라
194	배반동 탑곡사지2	경북 경주	통일신라시대	산지 구릉		○	마애불상군, 석탑, 산포유물	통일신라 ~고려후기
195	갈곡리사지	경북 경주	통일신라시대	산지 구릉		○	석축, 산포유물	통일신라 ~조선후기
196	감산리사지	경북 경주	통일신라시대	산지 구릉		○	산포유물	통일신라 ~조선중기

순번	사찰명	지역	창건시기	입지	조사현황 발굴	조사현황 지표	조사결과	존속기간
197	갑산리사지	경북 경주	통일신라시대	산지 구릉		○	석탑부재, 산포유물	통일신라 ~조선중기
198	검단리사지	경북 경주	통일신라시대	산지 구릉		○	초석, 산포유물	통일신라 ~조선전기
199	구황동사지2	경북 경주	통일신라시대	평지	○		건물지, 석탑, 당간지주, 출토유물 등	통일신라 ~고려시대
200	구황동사지3	경북 경주	통일신라시대	평지		○	석탑부재, 문주석, 산포유물	통일신라 ~고려시대
201	나원리사지2	경북 경주	통일신라시대	산지 구릉		○	석탑부재, 산포유물	통일신라시대
202	단구리사지	경북 경주	통일신라후기	산지 구릉		○	석조여래좌상, 산포유물	통일신라후기 ~고려후기
203	덕동사지1	경북 경주	통일신라시대	산지 구릉		○	산포유물	통일신라 ~조선전기
204	도지동사지	경북 경주	통일신라시대	산지 구릉		○	산포유물	통일신라 ~고려전기
205	동방동사지	경북 경주	통일신라후기	산지 구릉		○	석조, 산포유물	통일신라후기
206	동천동사지6	경북 경주	통일신라시대	평지		○	석탑부재, 석등부재, 산포유물	통일신라 ~고려전기
207	망성리사지	경북 경주	통일신라시대	산지 구릉		○	산포유물	통일신라후기 ~고려중기
208	모량리사지	경북 경주	통일신라후기	평지		○	산포유물	통일신라후기 ~고려후기
209	미탄사지	경북 경주	통일신라시대	평지	○		석탑, 건물지, 출토유물 등	통일신라시대
210	밀곡사지	경북 경주	통일신라시대	산지 구릉		○	석등부재, 산포유물	통일신라시대
211	방내리사지1	경북 경주	통일신라시대	산지 구릉		○	산포유물	통일신라 ~고려후기
212	방어리사지	경북 경주	통일신라시대	평지		○	석탑부재, 산포유물	통일신라 ~조선전기
213	배반동사지	경북 경주	통일신라시대	평지		○	초석, 산포유물	통일신라 ~고려전기
214	보문동사지3	경북 경주	통일신라후기	산지 구릉		○	석탑부재, 산포유물	통일신라후기
215	북명사지	경북 경주	통일신라시대	평지		○	초석, 산포유물	통일신라 ~조선전기

순번	사찰명	지역	창건시기	입지	조사현황 발굴	조사현황 지표	조사결과	존속기간
216	사정동사지2	경북 경주	통일신라시대	평지	○		건물지, 석등부재, 출토유물	통일신라 ~조선전기
217	산대리사지	경북 경주	통일신라시대	산지 구릉		○	산포유물	통일신라 ~고려중기
218	석장동사지1	경북 경주	통일신라시대	산지 구릉		○	산포유물	통일신라 ~조선중기
219	석장동사지2	경북 경주	통일신라시대	산지 구릉	○		건물지, 사리공양석상, 출토유물 등	통일신라시대
220	시동사지	경북 경주	통일신라시대	평지		○	석탑부재, 산포유물	통일신라 ~조선중기
221	신계리사지	경북 경주	통일신라시대	산지 구릉		○	산포유물	통일신라 ~조선전기
222	월산리사지	경북 경주	통일신라시대	산지 구릉		○	산포유물	통일신라시대
223	율동사지3	경북 경주	통일신라후기	산지 구릉		○	불상대좌, 산포유물	통일신라 후기 ~고려후기
224	입실리사지	경북 경주	통일신라시대	평지		○	석탑부재, 산포유물	통일신라 ~고려후기
225	제내리사지	경북 경주	통일신라시대	평지		○	산포유물	통일신라 후기 ~고려후기
226	진현동사지	경북 경주	통일신라후기	산지 구릉		○	석탑부재, 산포유물	통일신라 후기 ~고려후기
227	천군동 피막곡사지	경북 경주	통일신라시대	평지	○		건물지, 석렬유구, 출토유물	통일신라시대
228	청령리사지	경북 경주	통일신라시대	산지 구릉		○	산포유물	통일신라 ~조선후기
229	충효동사지2	경북 경주	통일신라시대	산지 구릉		○	석탑부재, 산포유물	통일신라 ~고려후기
230	하곡리사지2	경북 경주	통일신라시대	평지		○	산포유물	통일신라 ~고려시대
231	하구리사지	경북 경주	통일신라시대	산지 구릉		○	석탑부재, 산포유물	통일신라 ~조선전기
232	화천리사지2	경북 경주	통일신라시대	산지 구릉		○	산포유물	통일신라 ~고려후기
233	황용동사지2	경북 경주	통일신라후기	산지 구릉		○	석탑부재, 산포유물	통일신라 후기 ~고려후기
234	황룡사지2	경북 경주	통일신라시대	산지 구릉		○	석탑부재, 산포유물	통일신라 ~조선후기

순번	사찰명	지역	창건시기	입지	조사현황 발굴	조사현황 지표	조사결과	존속기간
235	골굴암지	경북 경주	통일신라시대	산지 구릉		○	마애여래좌상, 산포유물	통일신라 ~조선후기
236	동천동사지7	경북 경주	통일신라시대	산지 구릉		○	초석, 산포유물	통일신라 ~조선전기
237	감은사지	경북 경주	682년	평지			석탑, 금당지, 강당지 등	682년~조선시대
238	굴사찰이지	경북 경주	경덕왕대	산지 구릉	○		석조사면불상, 건물지, 출토유물	경덕왕대 ~조선시대
239	무장사지	경북 경주	8세기	산지 구릉			아미타불조상사적비, 석탑 등	8세기~조선시대
240	사천왕사지	경북 경주	679년	평지			금당지, 강당지, 목탑지 등	679년~조선시대
241	호원사지	경북 경주	통일신라후기	평지		○	석탑재, 산포유물	통일신라후기 ~고려후기
242	대평리사지	경북 고령	통일신라시대	산지 구릉		○	석조여래입상, 산포유물	통일신라 ~조선중기
243	지산리사지	경북 고령	통일신라시대	평지			당간지주	통일신라
244	낙산리사지2	경북 구미	통일신라시대	평지		○	초석, 석등재, 우물, 산포유물	통일신라 ~고려전기
245	낙산리사지3	경북 구미	통일신라시대	평지		○	석탑, 치석재, 산포유물	통일신라 ~고려전기
246	보봉사지	경북 구미	통일신라시대	산지 구릉		○	마애여래입상, 산포유물	통일신라 ~조선후기
247	오로리사지2	경북 구미	통일신라시대	평지		○	마애불, 산포유물	통일신라 ~고려후기
248	주륵사지	경북 구미	통일신라시대	산지 구릉	○		폐탑, 석등재, 석탑재, 금당지, 탑지, 출토유물	통일신라 ~조선중기
249	죽장사지	경북 구미	통일신라시대	평지		○	석탑, 당간지주, 산포유물	통일신라 ~조선후기
250	해평리사지	경북 구미	통일신라시대	산지 구릉		○	석조여래좌상, 우물, 산포유물	통일신라 ~조선후기
251	황상동사지	경북 구미	통일신라후기	산지 구릉		○	마애여래입상, 산포유물	통일신라후기
252	죽림사지	경북 구미	통일신라시대	산지 구릉		○	석탑, 산포유물	통일신라 ~조선시대
253	하곡리사지	경북 군위	통일신라시대	산지 구릉		○	석조여래입상, 석탑, 산포유물	통일신라 ~조선중기

순번	사찰명	지역	창건시기	입지	조사현황 발굴	조사현황 지표	조사결과	존속기간
254	남산리사지	경북 군위	통일신라후기	평지		○	석굴, 모전석탑, 산포유물	통일신라후기
255	인각사지	경북 군위	통일신라시대	평지	○		보각국사탑 및 비, 석탑, 금당지, 탑지, 출토유물	통일신라~현대
256	갈항사지	경북 김천	통일신라시대	산지 구릉		○	석탑, 석조여래좌상, 산포유물	통일신라 ~조선전기
257	서부리사지	경북 김천	통일신라시대	평지		○	석탑, 산포유물	통일신라 ~조선전기
258	신안리사지	경북 김천	통일신라시대	평지		○	석불입상, 산포유물	통일신라 ~고려후기
259	태화리사지2	경북 김천	통일신라시대	산지 구릉		○	석조보살입상, 석탑, 산포유물	통일신라 ~조선전기
260	옥율리사지	경북 김천	통일신라후기	산지 구릉		○	석조아미타여래입상, 산포유물	통일신라후기 ~조선전기
261	동부리사지	경북 김천	통일신라후기	산지 구릉		○	마애불, 산포유물	통일신라후기 ~조선전기
262	과곡리사지	경북 문경	통일신라시대	산지 구릉		○	산포유물	통일신라 ~고려시대
263	갈평리사지	경북 문경	통일신라후기	평지		○	석조약사여래좌상, 석탑재, 산포유물	통일신라후기 ~조선후기
264	봉서리사지	경북 문경	통일신라후기	산지 구릉		○	석탑, 치석재, 석축, 산포유물	통일신라후기 ~조선후기
265	봉정리사지2	경북 문경	통일신라후기	산지 구릉		○	약사여래좌상, 관세음보살입상, 산포유물	통일신라후기 ~조선후기
266	서중리사지	경북 문경	통일신라시대	산지 구릉		○	석탑, 산포유물	통일신라 ~조선후기
267	화장사지	경북 문경	통일신라시대	평지		○	석탑, 초석, 산포유물	통일신라 ~조선시대
268	금림리사지	경북 문경	통일신라시대	산지 구릉		○	산포유물	통일신라후기 ~고려후기
269	대승사 사불암지	경북 문경	통일신라시대	산지 구릉		○	사면석불, 석축, 산포유물	통일신라후기 ~조선후기
270	반곡리사지	경북 문경	통일신라시대	산지 구릉		○	마애불, 산포유물	통일신라후기 ~고려시대
271	봉정리사지	경북 문경	통일신라시대	산지 구릉		○	석탑부재, 산포유물	통일신라후기 ~여말선초
272	생달리사지	경북 문경	통일신라시대	산지 구릉		○	석조비로자나불좌상, 초석, 석축, 산포유물	통일신라후기 ~조선전기

순번	사찰명	지역	창건시기	입지	조사현황 발굴	조사현황 지표	조사결과	존속기간
273	오정사지	경북 문경	통일신라후기	평지	○		금동불상, 건물지, 축대, 출토유물	통일신라후기 ~조선후기
274	문촌리사지1	경북 봉화	통일신라후기	산지 구릉		○	산포유물	통일신라후기 ~여말선초
275	서벽리사지	경북 봉화	통일신라후기	산지 구릉		○	석탑부재, 우물지, 산포유물	통일신라후기 ~조선후기
276	소천리사지	경북 봉화	통일신라후기	산지 구릉		○	석조대좌, 산포유물	통일신라후기 ~고려후기
277	청량사 치원암지	경북 봉화	통일신라시대	산지 구릉		○	산포유물	통일신라 ~조선후기
278	서동리사지	경북 봉화	통일신라시대	산지 구릉		○	석탑, 석조여래좌상, 불상대좌, 산포유물	통일신라 ~고려시대
279	오전리사지1	경북 봉화	통일신라시대	평지		○	석조아미타여래좌상, 산포유물	통일신라 ~고려중기
280	운계리사지	경북 봉화	통일신라시대	평지		○	폐탑, 산포유물	통일신라 ~고려후기
281	반야사지	경북 상주	통일신라후기	산지 구릉		○	산포유물	통일신라후기 ~고려후기
282	낙상동사지	경북 상주	통일신라시대	산지 구릉		○	폐탑, 산포유물	통일신라 ~고려시대
283	동방사지	경북 상주	통일신라시대	산지 구릉		○	당간지주, 석조여래좌상, 산포유물	통일신라 ~조선전기
284	상안사지	경북 상주	통일신라시대	평지		○	석조여래입상, 석조여래좌상, 석탑, 산포유물	통일신라 ~조선후기
285	상오리사지	경북 상주	통일신라시대	산지 구릉		○	석탑, 산포유물	통일신라 ~여말선초
286	인평동사지2	경북 상주	통일신라시대	산지 구릉		○	석조여래좌상, 석탑, 석축, 산포유물	통일신라 ~조선후기
287	화달리사지	경북 상주	통일신라후기	평지		○	석탑, 석조여래좌상, 산포유물	통일신라후기 ~고려전기
288	서곡동사지3	경북 상주	통일신라후기	산지 구릉		○	범종, 산포유물	통일신라후기 ~조선전기
289	안용리사지2	경북 상주	통일신라후기	산지 구릉		○	석축, 산포유물	통일신라후기 ~조선후기
290	안용리사지3	경북 상주	통일신라후기	산지 구릉		○	연화대좌, 산포유물	통일신라후기 ~조선전기
291	인평동사지1	경북 상주	통일신라후기	산지 구릉		○	산포유물	통일신라후기 ~조선중기

순번	사찰명	지역	창건시기	입지	조사현황 발굴	조사현황 지표	조사결과	존속기간
292	장곡리사지	경북 상주	통일신라후기	산지 구릉		○	대좌, 산포유물	통일신라후기 ~고려시대
293	지사리사지	경북 상주	통일신라후기	산지 구릉		○	모전석탑지, 산포유물	통일신라후기 ~조선전기
294	진불암지	경북 상주	통일신라후기	산지 구릉		○	산포유물	통일신라후기 ~조선후기
295	평지리사지	경북 상주	통일신라시대	산지 구릉		○	마애여래좌상, 산포유물	통일신라시대
296	문창리사지	경북 상주	통일신라시대	산지 구릉		○	석축, 산포유물	통일신라 ~고려후기
297	봉강리사지2	경북 상주	통일신라시대	산지 구릉		○	석축, 석렬, 산포유물	통일신라 ~조선후기
298	장백사지	경북 상주	통일신라후기	평지		○	석탑재, 산포유물	통일신라후기 ~고려후기
299	금당사지	경북 성주	통일신라시대	산지 구릉		○	산포유물	통일신라 ~조선후기
300	법전리사지	경북 성주	통일신라시대	산지 구릉		○	석탑부재, 산포유물	통일신라 ~조선중기
301	금봉리사지	경북 성주	통일신라후기	산지 구릉		○	석조비로자나불좌상, 석축, 석렬, 산포유물	통일신라후기 ~조선후기
302	보월리사지	경북 성주	통일신라시대	산지 구릉		○	석탑, 석등재, 석축, 산포유물	통일신라 ~조선중기
303	법수사지	경북 성주	통일신라시대	평지		○	석탑, 당간지주, 석축, 건물지, 산포유물	통일신라 ~조선중기
304	기사리사지	경북 안동	통일신라시대	산지 구릉		○	산포유물	통일신라 ~고려중기
305	나소리사지2	경북 안동	통일신라시대	산지 구릉		○	산포유물	통일신라 ~여말선초
306	월전리사지	경북 안동	통일신라시대	산지 구릉		○	산포유물	통일신라 ~여말선초
307	남연리사지	경북 안동	통일신라후기	산지 구릉		○	산포유물	통일신라후기 ~조선전기
308	백안방사지	경북 안동	통일신라후기	산지 구릉		○	석조여래입상, 산포유물	통일신라후기 ~조선후기
309	외하리사지	경북 안동	통일신라후기	산지 구릉		○	석탑, 산포유물	통일신라후기 ~조선후기
310	위리사지	경북 안동	통일신라후기	산지 구릉		○	산포유물	통일신라후기 ~고려후기

순번	사찰명	지역	창건시기	입지	조사현황 발굴	조사현황 지표	조사결과	존속기간
311	이하리 절골사지	경북 안동	통일신라시대	산지 구릉		○	산포유물	통일신라시대 ~조선전기
312	임하사지	경북 안동	통일신라후기	산지 구릉		○	산포유물	통일신라후기 ~조선중기
313	하회리사지2	경북 안동	통일신라후기	산지 구릉		○	석탑, 산포유물	통일신라후기 ~조선후기
314	마애리사지	경북 안동	통일신라시대	평지		○	마애석조비로자나불좌상, 초석, 산포유물	통일신라 ~조선전기
315	복림사지	경북 안동	통일신라후기	평지		○	석탑, 산포유물	통일신라후기 ~조선중기
316	법림사지	경북 안동	통일신라시대	평지		○	전탑, 당간지주, 산포유물	통일신라 ~조선후기
317	법흥사지	경북 안동	통일신라시대	평지		○	전탑, 치석재, 산포유물	통일신라 ~조선중기
318	안기동사지	경북 안동	통일신라후기	평지		○	석조여래좌상, 석탑, 산포유물	통일신라후기 ~조선후기
319	옥산사지	경북 안동	통일신라후기	산지 구릉		○	마애약사여래좌상, 전탑지, 산포유물	통일신라후기 ~조선후기
320	태장리사지	경북 안동	통일신라시대	산지 구릉		○	연화문석재, 불상, 산포유물	통일신라 ~조선후기
321	원천리사지	경북 안동	통일신라후기	평지		○	석탑, 산포유물	통일신라후기 ~조선후기
322	임하리사지1	경북 안동	통일신라시대	평지		○	석탑, 산포유물	통일신라 ~조선후기
323	임하리사지2	경북 안동	통일신라시대	평지		○	석탑, 석불좌상, 산포유물	통일신라 ~조선시대
324	조탑리사지	경북 안동	통일신라시대	산지 구릉		○	전탑, 석탑재, 산포유물	통일신라 ~조선전기
325	태자사지	경북 안동	통일신라시대	평지		○	귀부, 이수, 낭공대사탑비, 산포유물	통일신라 ~조선전기
326	평화동사지	경북 안동	통일신라시대	평지		○	석탑, 석불좌상, 산포유물	통일신라 ~조선시대
327	하리리사지1	경북 안동	통일신라시대	평지		○	석탑, 치석재, 산포유물	통일신라 ~조선전기
328	하리리사지2	경북 안동	통일신라시대	평지		○	석탑, 상륜부재, 산포유물	통일신라 ~조선전기
329	묘장사지	경북 영덕	통일신라시대	산지 구릉	○		건물지, 축대, 출토유물 등	통일신라 ~조선전기

순번	사찰명	지역	창건시기	입지	조사현황 발굴	조사현황 지표	조사결과	존속기간
330	남호리사지	경북 영덕	통일신라후기	산지 구릉		○	석탑부재, 석등재, 석조, 산포유물	통일신라후기 ~조선후기
331	칠성리사지	경북 영덕	통일신라시대	산지 구릉		○	산포유물	통일신라 ~고려후기
332	산해리사지	경북 영양	통일신라후기	평지		○	석탑, 산포유물	통일신라후기 ~조선전기
333	삼지리사지	경북 영양	통일신라시대	산지 구릉		○	모전석탑, 산포유물	통일신라 ~조선전기
334	신구리사지	경북 영양	통일신라시대	평지		○	석조여래좌상, 석탑, 산포유물	통일신라 ~조선전기
335	연당리사지	경북 영양	통일신라후기	평지		○	석불좌상, 산포유물	통일신라후기 ~조선전기
336	현리사지2	경북 영양	통일신라시대	평지		○	석탑, 당간지주, 산포유물	통일신라 ~조선후기
337	현리사지3	경북 영양	통일신라시대	평지		○	석탑, 장대석, 산포유물	통일신라 ~조선후기
338	화전리사지	경북 영양	통일신라시대	평지		○	석탑, 산포유물	통일신라 ~조선전기
339	무진리사지	경북 영양	통일신라후기	산지 구릉		○	석조물, 광배석, 복련석, 산포유물	통일신라후기 ~여말선초
340	단곡리사지	경북 영주	통일신라후기	산지 구릉		○	산포유물	통일신라후기 ~고려전기
341	북지리사지	경북 영주	통일신라후기	평지		○	석조여래좌상, 석탑, 산포유물	통일신라후기 ~여말선초
342	삼가리사지	경북 영주	통일신라후기	산지 구릉		○	석탑재, 석축, 건물지, 석렬, 암거, 산포유물	통일신라후기 ~조선전기
343	석교리사지	경북 영주	통일신라시대	산지 구릉		○	석조여래입상, 석조여래좌상, 산포유물	통일신라 ~조선후기
344	욱금리사지	경북 영주	통일신라시대	산지 구릉			석조여래입상, 석탑재	통일신라
345	공덕사지	경북 영천	통일신라후기	산지 구릉		○	석탑, 산포유물	통일신라후기 ~조선후기
346	선원리사지	경북 영천	통일신라후기	산지 구릉		○	철조여래좌상, 석탑재, 산포유물	통일신라후기 ~조선전기
347	신원리사지	경북 영천	통일신라후기	산지 구릉		○	석탑재, 석축, 산포유물	통일신라후기 ~조선후기
348	신월리사지	경북 영천	통일신라시대	평지		○	석탑, 산포유물	통일신라 ~조선전기

순번	사찰명	지역	창건시기	입지	조사현황 발굴	조사현황 지표	조사결과	존속기간
349	은해사 구지	경북 영천	통일신라시대	산지 구릉		○	산포유물	통일신라 ~조선중기
350	정각사지	경북 영천	통일신라시대	산지 구릉		○	석탑, 석축, 산포유물	통일신라 ~조선후기
351	화남리사지	경북 영천	통일신라후기	산지 구릉		○	석조여래좌상, 석탑, 산포유물	통일신라후기 ~조선전기
352	용호리사지	경북 영천	통일신라후기	평지		○	석탑, 산포유물	통일신라후기 ~조선후기
353	효리사지	경북 영천	통일신라시대	산지 구릉		○	석조여래좌상, 석조보살입상, 산포유물	통일신라 ~조선후기
354	간방리사지	경북 예천	통일신라시대	평지		○	석탑, 우물, 산포유물	통일신라 ~고려후기
355	승본리사지	경북 예천	통일신라시대	산지 구릉		○	석불입상, 석탑재, 산포유물	통일신라 ~고려전기
356	개심사지	경북 예천	통일신라시대	평지		○	석탑, 산포유물	통일신라 ~조선중기
357	동본리사지	경북 예천	통일신라후기	평지		○	석탑, 석조여래입상, 산포유물	통일신라후기 ~고려후기
358	선리사지	경북 예천	통일신라후기	평지		○	석조여래좌상, 석조 비로자나불좌상, 산포유물	통일신라후기 ~조선후기
359	와룡리사지	경북 예천	통일신라시대	산지 구릉		○	석조여래입상, 석축, 산포유물	통일신라 ~조선후기
360	향석리사지	경북 예천	통일신라시대	평지		○	석조여래좌상, 석탑, 산포유물	통일신라 ~고려후기
361	흔효리사지	경북 예천	통일신라시대	평지		○	석조여래입상, 석등재, 산포유물	통일신라 ~조선후기
362	현포리사지	경북 울릉	통일신라시대	산지 구릉		○	석주, 산포유물	통일신라 ~고려전기
363	구산리사지1	경북 울진	통일신라시대	평지	○		석탑, 석등재, 건물지, 출토유물	통일신라 ~조선후기
364	관덕리사지	경북 의성	통일신라시대	산지 구릉		○	석탑, 석사자, 석조보살좌상, 산포유물	통일신라 ~조선전기
365	내산리사지	경북 의성	통일신라후기	산지 구릉		○	석불좌상, 석조여래좌상, 산포유물	통일신라후기 ~조선전기
366	빙산사지	경북 의성	통일신라시대	산지 구릉		○	석탑, 치석재, 산포유물	통일신라 ~고려후기
367	산제리사지	경북 의성	통일신라시대	산지 구릉		○	석조여래좌상, 석탑, 산포유물	통일신라 ~고려후기

순번	사찰명	지역	창건시기	입지	조사현황		조사결과	존속기간
					발굴	지표		
368	석탑리사지	경북 의성	통일신라시대	산지 구릉		○	방단형적석탑, 승탑재, 석축, 산포유물	통일신라 ~조선후기
369	쌍호리사지	경북 의성	통일신라시대	산지 구릉		○	석탑, 석탑재, 산포유물	통일신라 ~고려후기
370	안사리사지2	경북 의성	통일신라후기	산지 구릉		○	석조여래좌상, 석탑재, 산포유물	통일신라후기 ~조선후기
371	정안리사지	경북 의성	통일신라시대	평지		○	석조여래입상, 산포유물	통일신라 ~조선후기
372	중률리사지	경북 의성	통일신라시대	산지 구릉		○	석불좌상, 산포유물	통일신라 ~고려후기
373	탑리리사지	경북 의성	통일신라후기	평지		○	석탑, 산포유물	통일신라후기 ~조선전기
374	소보갑사지	경북 청도	통일신라시대	평지		○	산포유물	통일신라시대
375	소작갑사지	경북 청도	통일신라시대	산지 구릉		○	석불대좌, 석탑재, 산포유물	통일신라 ~조선전기
376	천문갑사지	경북 청도	통일신라시대	산지 구릉		○	산포유물	통일신라시대
377	덕양리사지1	경북 청도	통일신라후기	산지 구릉		○	석탑, 산포유물	통일신라후기 ~조선중기
378	박곡리사지	경북 청도	통일신라후기	평지		○	석조여래좌상, 석탑, 산포유물	통일신라후기 ~조선후기
379	봉기리사지2	경북 청도	통일신라후기	평지		○	석탑, 석등재, 산포유물	통일신라후기 ~고려중기
380	장연사지	경북 청도	통일신라시대	산지 구릉		○	석탑, 당간지주, 석조, 석불, 산포유물	통일신라 ~조선후기
381	합천리사지	경북 청도	통일신라시대	산지 구릉		○	석조아미타여래입상, 산포유물	통일신라 ~조선후기
382	감연리사지	경북 청송	통일신라후기	산지 구릉		○	산포유물	통일신라후기 ~고려시대
383	도리사지	경북 청송	통일신라시대	산지 구릉		○	산포유물	통일신라 ~조선후기
384	청운리사지	경북 청송	통일신라후기	산지 구릉		○	산포유물	통일신라후기 ~조선후기
385	법광사지	경북 칠곡	통일신라시대	산지 구릉	○		불상대좌, 석탑, 석축, 건물지, 출토유물	통일신라 ~조선후기
386	관천리사지	경북 포항	통일신라후기	산지 구릉		○	석탑재, 산포유물	통일신라후기 ~조선후기

순번	사찰명	지역	창건시기	입지	조사현황 발굴	조사현황 지표	조사결과	존속기간
387	성정리사지	경북 포항	통일신라후기	평지		○	석불좌상, 산포유물	통일신라후기 ~조선후기
388	오덕리사지2	경북 포항	통일신라후기	평지		○	석불좌상, 초석, 산포유물	통일신라후기
389	장동리사지	경북 포항	통일신라후기	산지 구릉		○	산포유물	통일신라후기 ~조선전기
390	학야리사지	경북 포항	통일신라후기	산지 구릉		○	산포유물	통일신라후기 ~조선전기
391	호리사지	경북 포항	통일신라후기	산지 구릉		○	산포유물	통일신라후기 ~고려전기
392	금마리사지	전남 고흥	통일신라시대	산지 구릉		○	석탑부재, 산포유물	통일신라 ~조선후기
393	매곡리사지	전남 고흥	통일신라시대	산지 구릉		○	석축, 산포유물	통일신라 ~고려중기
394	당동리사지1	전남 곡성	통일신라시대	산지 구릉		○	석축, 산포유물	통일신라 ~고려후기
395	옥룡사지	전남 광양	통일신라후기	산지 구릉	○		건물지, 탑비전지, 출토유물	통일신라후기 ~조선후기
396	옥천사지	전남 광양	통일신라후기	산지 구릉		○	산포유물	통일신라후기 ~조선후기
397	운평리사지	전남 광양	통일신라후기	산지 구릉		○	쌍사자석등, 삼층석탑, 산포유물	통일신라후기 ~근대
398	추산리 운암골사지	전남 광양	통일신라후기	산지 구릉		○	비좌, 석축, 산포유물	통일신라후기 ~조선후기
399	만봉리사지	전남 나주	통일신라후기	산지 구릉		○	산포유물	통일신라후기 ~조선후기
400	행성리사지2	전남 담양	통일신라후기	산지 구릉			석축, 기와편 등	통일신라후기 ~조선
401	금현리사지	전남 담양	통일신라후기	산지 구릉		○	산포유물	나말려초
402	성동리사지	전남 무안	통일신라후기	평지		○	석불입상 및 산포유물	통일신라후기 ~조선
403	총지사지	전남 무안	통일신라시대	산지 구릉	○		석축, 출토유물	통일신라 ~조선후기
404	봉능리사지	전남 보성	통일신라후기	산지 구릉		○	석조인왕상, 석탑, 산포유물	통일신라후기 ~조선
405	봉천리사지	전남 보성	통일신라후기	산지 구릉		○	석탑, 산포유물	통일신라후기 ~고려후기

순번	사찰명	지역	창건시기	입지	조사현황		조사결과	존속기간
					발굴	지표		
406	우천리사지	전남 보성	통일신라후기	산지 구릉			석탑 등	통일신라후기 ~조선
407	유신리사지	전남 보성	통일신라후기	산지 구릉		○	마애불, 산포유물	통일신라후기 ~조선
408	정흥사지	전남 보성	통일신라후기	산지 구릉		○	석탑부재, 산포유물	통일신라후기 ~조선
409	계산리사지	전남 보성	통일신라후기	산지 구릉		○	산포유물	통일신라후기 ~고려중기
410	월곡리사지	전남 보성	통일신라후기	산지 구릉		○	석축, 산포유물	통일신라후기 ~조선후기
411	금둔사지	전남 순천	통일신라시대	산지 구릉			석축, 건물지 10동, 통일 신라시대 유구층 등 확인	통일신라 ~조선후기
412	판교리사지	전남 순천	통일신라시대	산지 구릉		○	산포유물	통일신라 ~조선전기
413	무심사지	전남 신안	통일신라후기	평지		○	산포유물	통일신라후기 ~고려후기
414	도갑사 몽영암지	전남 영암	통일신라시대	산지 구릉		○	마애불, 산포유물	통일신라후기 ~조선후기
415	쌍계사지	전남 영암	통일신라후기	산지 구릉		○	석축, 건물지, 산포유물	통일신라후기 ~조선후기
416	용암사지	전남 영암	통일신라후기	산지 구릉			석탑, 마애여래좌상, 석축 등	통일신라후기 ~조선후기
417	안노리사지	전남 영암	통일신라시대	산지 구릉		○	석탑, 산포유물	통일신라 ~조선후기
418	법화사지	전남 완도	810~828년	평지	○		건물지, 석축, 출토유물 등	9세기경 ~17세기경
419	고산사지	전남 장흥	통일신라후기	산지 구릉		○	산포유물	나말려초
420	등촌리사지	전남 장흥	통일신라후기	평지		○	산포유물	통일신라후기 ~고려후기
421	불자사지	전남 장흥	통일신라후기	산지 구릉		○	산포유물	통일신라후기 ~고려후기
422	옥룡사지	전남 장흥	통일신라후기	산지 구릉		○	석탑부재, 석축, 산포유물	통일신라후기 ~조선후기
423	상만리사지	전남 진도	통일신라후기	산지 구릉		○	산포유물	통일신라후기 ~조선초기
424	대흥사 만일암지	전남 해남	통일신라후기	산지 구릉		○	산포유물	통일신라후기 ~조선초기

순번	사찰명	지역	창건시기	입지	조사현황 발굴	조사현황 지표	조사결과	존속기간
425	청신리사지	전남 해남	통일신라후기	평지		○	석탑, 건물지, 산포유물	통일신라후기 ~고려중후기
426	공림사지	전남 화순	통일신라후기	평지	○		건물지, 기와가마터, 출토유물 등	통일신라후기 ~조선중기
427	신율리사지	전남 화순	통일신라후기	산지 구릉		○	석탑, 산포유물	통일신라후기 ~조선초기
428	계당리사지	전북 고창	통일신라후기	산지 구릉		○	마애불, 석탑재, 산포유물	통일신라후기 ~조선후기
429	무송리사지	전북 고창	통일신라후기	산지 구릉		○	석탑, 산포유물	통일신라후기 ~조선후기
430	부곡리사지	전북 고창	통일신라시대	평지		○	불상편, 석탑재, 산포유물	통일신라 ~조선후기
431	수월사지	전북 고창	통일신라후기	평지		○	산포유물	통일신라후기 ~조선후기
432	용천사지	전북 군산	통일신라후기	산지 구릉		○	산포유물	통일신라후기 ~조선후기
433	죽산리사지	전북 군산	통일신라후기	산지 구릉		○	산포유물	통일신라후기 ~조선후기
434	청도리사지	전북 김제	통일신라후기	산지 구릉		○	석탑, 산포유물	통일신라후기 ~고려시대
435	금산리사지	전북 김제	통일신라시대	산지 구릉		○	석탑, 석축, 산포유물	통일신라 ~조선후기
436	백장암지	전북 남원	통일신라후기	산지 구릉	○		건물지, 출토유물	통일신라후기 ~조선후기
437	사율리사지	전북 남원	통일신라후기	산지 구릉		○	석불좌상, 산포유물	통일신라후기 ~조선후기
438	신계리사지	전북 남원	통일신라시대	산지 구릉		○	마애여래좌상, 산포유물	통일신라 ~조선후기
439	신파리사지	전북 남원	통일신라후기	산지 구릉		○	석조여래입상, 산포유물	통일신라후기 ~고려시대
440	아곡리사지	전북 남원	통일신라시대	산지 구릉		○	산포유물	통일신라 ~조선전기
441	용담사지	전북 남원	통일신라시대	산지 구릉		○	석조여래입상, 석탑, 산포유물	통일신라 ~고려시대
442	유곡리사지	전북 남원	통일신라후기	산지 구릉		○	산포유물	통일신라후기 ~조선시대
443	태평리사지	전북 남원	통일신라후기	산지 구릉		○	석축, 산포유물	통일신라후기 ~조선시대

순번	사찰명	지역	창건시기	입지	조사현황 발굴	조사현황 지표	조사결과	존속기간
444	효기리사지	전북 남원	통일신라후기	평지		○	미륵암석불입상, 석불좌상, 석탑, 산포유물	통일신라후기 ~고려후기
445	성리사지	전북 남원	통일신라시대	산지 구릉		○	산포유물	통일신라 ~조선전기
446	유암리사지	전북 남원	통일신라후기	산지 구릉		○	석불입상, 산포유물	통일신라후기 ~조선후기
447	백련사지	전북 무주	통일신라시대	산지 구릉		○	부도, 승탑, 산포유물	통일신라 ~조선후기
448	선계사지	전북 부안	통일신라후기	산지 구릉		○	산포유물	통일신라후기 ~조선후기
449	남포리사지	전북 부안	통일신라후기	평지		○	산포유물	통일신라후기 ~조선전기
450	동중리사지2	전북 부안	통일신라시대	산지 구릉		○	돌확, 산포유물	통일신라 ~조선전기
451	내령리사지	전북 순창	통일신라후기	산지 구릉		○	산포유물	통일신라후기 ~고려후기
452	세룡리사지	전북 순창	통일신라시대	산지 구릉		○	마애삼존불상, 석탑재, 산포유물	통일신라 ~조선후기
453	순화리사지	전북 순창	통일신라시대	평지		○	석탑, 산포유물	통일신라 ~조선중기
454	보광사지	전북 완주	통일신라후기	산지 구릉		○	석탑재, 석등재, 산포유물	통일신라후기 ~조선중기
455	봉림사지	전북 완주	통일신라후기	산지 구릉		○	석등, 석탑, 삼존석불, 산포유물	통일신라후기 ~조선후기
456	수만리사지	전북 완주	통일신라후기	산지 구릉		○	마애불, 산포유물	통일신라후기 ~조선후기
457	항가리사지	전북 완주	통일신라후기	산지 구릉		○	마애여래좌상, 산포유물	통일신라후기 ~조선전기
458	경복사지	전북 완주	통일신라시대	산지 구릉	○		건물지, 우물지, 초석, 담장, 출토유물	통일신라 ~조선시대
459	소향리사지	전북 완주	통일신라시대	산지 구릉		○	산포유물	통일신라 ~조선후기
460	덕기동사지	전북 익산	통일신라시대	산지 구릉		○	석조여래입상, 산포유물	통일신라 ~조선전기
461	도신사지	전북 익산	통일신라시대	산지 구릉		○	금동불상, 석축, 산포유물	통일신라 ~조선후기
462	제남리사지	전북 익산	통일신라시대	산지 구릉		○	산포유물	통일신라 ~조선후기

순번	사찰명	지역	창건시기	입지	조사현황 발굴	조사현황 지표	조사결과	존속기간
463	용두리사지	전북 익산	통일신라시대	산지 구릉		○	산포유물	통일신라 ~조선전기
464	갈마리사지	전북 임실	통일신라시대	산지 구릉		○	산포유물	통일신라 ~조선후기
465	대정리사지	전북 임실	통일신라시대	산지 구릉		○	산포유물	통일신라 ~조선중기
466	성굴암지	전북 임실	통일신라시대	산지 구릉		○	석축, 박석유구, 산포유물	통일신라 ~조선후기
467	오지리사지	전북 임실	통일신라시대	산지 구릉		○	마애여래좌상, 산포유물	통일신라 ~조선후기
468	진구사지	전북 임실	통일신라전기	산지 구릉	○		건물지, 석축, 탑지, 출토유물	통일신라전기 ~근대
469	용계리사지	전북 장수	통일신라시대	산지 구릉		○	기단석, 산포유물	통일신라 ~조선후기
470	대성동사지1	전북 전주	통일신라시대	산지 구릉		○	산포유물	통일신라 ~조선후기
471	대성동사지2	전북 전주	통일신라시대	산지 구릉		○	우물, 산포유물	통일신라 ~조선후기
472	중인동사지	전북 전주	통일신라시대	산지 구릉		○	초석, 산포유물	통일신라 ~조선후기
473	남고사지	전북 전주	통일신라시대	산지 구릉		○	돌확, 산포유물	통일신라 ~존속
474	만성동사지	전북 전주	통일신라후기	평지		○	마애불, 산포유물	통일신라후기 ~조선후기
475	서서학동 사지2	전북 전주	통일신라시대	평지		○	석불입상, 산포유물	통일신라 ~조선중기
476	내장사지	전북 정읍	통일신라시대	산지 구릉		○	석축, 산포유물	통일신라 ~1951년
477	상동사지	전북 정읍	통일신라시대	산지 구릉		○	당간지주, 산포유물	통일신라 ~조선전기
478	영은사지	전북 정읍	통일신라시대	산지 구릉		○	석탑, 승탑, 산포유물	통일신라 ~현대
479	망월사지	전북 정읍	통일신라시대	산지 구릉		○	초석, 산포유물	통일신라 ~조선후기
480	망제동사지	전북 정읍	통일신라시대	평지		○	석탑, 산포유물	통일신라 ~조선후기
481	오공동사지	전북 정읍	통일신라후기	산지 구릉		○	승탑재, 산포유물	통일신라후기 ~조선후기

순번	사찰명	지역	창건시기	입지	조사현황 발굴	조사현황 지표	조사결과	존속기간
482	용흥리사지1	전북 정읍	통일신라후기	산지 구릉		○	석탑, 석불입상, 산포유물	통일신라후기 ~조선후기
483	용흥리사지2	전북 정읍	통일신라후기	산지 구릉		○	석불, 석탑재, 산포유물	통일신라후기 ~조선전기
484	은선리사지	전북 정읍	통일신라시대	평지		○	석탑, 산포유물	통일신라 ~조선전기
485	장문리사지	전북 정읍	통일신라시대	산지 구릉		○	석탑, 산포유물	통일신라 ~조선시대
486	강정리사지	전북 진안	통일신라시대	산지 구릉		○	석탑, 산포유물	통일신라 ~고려후기
487	운봉리사지	전북 진안	통일신라시대	산지 구릉		○	산포유물	통일신라 ~조선시대
488	동촌리사지	전북 진안	통일신라시대	산지 구릉		○	건물지, 산포유물	통일신라 ~조선후기
489	동원리사지	충남 공주	통일신라후기	산지 구릉		○	석탑, 산포유물	통일신라후기 ~조선전기
490	상원사지	충남 공주	통일신라후기	산지 구릉		○	석탑, 거북이초석, 산포유물	통일신라후기 ~조선후기
491	신영리사지	충남 공주	통일신라후기	산지 구릉		○	산포유물	통일신라후기 ~조선중기
492	신흥리사지	충남 공주	통일신라후기	산지 구릉		○	석조보살입상, 산포유물	통일신라후기 ~조선전기
493	정치리사지	충남 공주	통일신라후기	산지 구릉		○	불상편, 대좌, 치석재, 산포유물	통일신라후기 ~조선중기
494	구룡사지	충남 공주	통일신라시대	산지 구릉	○		당간지주, 석등재, 장대석, 출토유물	통일신라 ~조선전기
495	남혈사지	충남 공주	통일신라시대	산지 구릉	○		석탑재, 초석, 석축, 기단시설, 출토유물	통일신라 ~조선후기
496	수원사지	충남 공주	통일신라시대	산지 구릉	○		석탑재, 석조나한상, 건물지, 탑지, 출토유물	통일신라 ~조선전기
497	안영리사지	충남 공주	통일신라시대	산지 구릉		○	산포유물	통일신라 ~조선후기
498	웅진동사지	충남 공주	통일신라시대	산지 구릉		○	산포유물	통일신라 ~조선전기
499	주미사지	충남 공주	통일신라시대	산지 구릉	○		석등재, 식딥재, 건물지, 석축, 출토유물	통일신라 ~조선중기
500	중장리사지1	충남 공주	통일신라후기	산지 구릉		○	승탑, 승탑비, 석축, 산포유물	통일신라후기 ~조선후기

순번	사찰명	지역	창건시기	입지	조사현황 발굴	조사현황 지표	조사결과	존속기간
501	중장리사지3	충남 공주	통일신라후기	산지 구릉		○	천진보탑, 산포유물	통일신라후기 ~조선후기
502	아인리사지	충남 금산	통일신라후기	산지 구릉		○	석탑, 산포유물	통일신라후기 ~고려후기
503	중도리사지	충남 금산	통일신라후기	평지		○	석탑, 산포유물	통일신라후기 ~조선중기
504	관촉동사지	충남 논산	통일신라후기	산지 구릉		○	비로자나석불입상, 방형석재, 산포유물	통일신라후기 ~고려후기
505	어린사지	충남 논산	통일신라시대	산지 구릉		○	석탑, 산포유물	통일신라 ~조선후기
506	성동리사지	충남 당진	통일신라시대	산지 구릉		○	산포유물	통일신라 ~고려전기
507	산성리사지	충남 당진	통일신라후기	산지 구릉		○	산포유물	통일신라후기 ~조선후기
508	교성리사지2	충남 보령	통일신라후기	산지 구릉		○	산포유물	통일신라후기 ~조선후기
509	대천리사지	충남 보령	통일신라시대	산지 구릉		○	산포유물	통일신라 ~조선전기
510	성주사지	충남 보령	847년 무염	산지 구릉			석탑, 금당지, 강당지 등	847년 ~조선중기
511	세탑리사지	충남 부여	통일신라후기	산지 구릉		○	석탑, 산포유물	통일신라후기 ~고려후기
512	현내리사지	충남 부여	통일신라시대	산지 구릉		○	부도, 산포유물	통일신라 ~조선전기
513	홍양리사지	충남 부여	통일신라후기	산지 구릉		○	석탑, 산포유물	통일신라후기 ~조선전기
514	무량사구지	충남 부여	통일신라후기	산지 구릉	○		불상대좌하대석, 출토유물	통일신라후기 ~조선중기
515	임강사지	충남 부여	통일신라시대	산지 구릉		○	산포유물	통일신라 ~조선후기
516	금암리사지	충남 부여	통일신라후기	평지		○	석탑, 산포유물	통일신라후기 ~조선전기
517	장요리사지2	충남 서산	통일신라시대	산지 구릉		○	석축, 산포유물	통일신라 ~조선후기
518	보원사지	충남 서산	통일신라시대	산지 구릉	○		석조, 당간지주, 석탑, 금당지, 건물지, 출토유물	통일신라 ~조선후기
519	봉남리사지2	충남 서천	통일신라후기	산지 구릉		○	석탑, 치석재, 산포유물	통일신라후기 ~조선전기

순번	사찰명	지역	창건시기	입지	조사현황		조사결과	존속기간
					발굴	지표		
520	대등리사지	충남 서천	통일신라시대	산지 구릉		○	산포유물	통일신라 ~조선후기
521	신봉리사지1	충남 아산	통일신라후기	산지 구릉		○	석불입상, 치석재, 산포유물	통일신라후기 ~고려후기
522	신봉리사지3	충남 아산	통일신라후기	산지 구릉		○	마애여래좌상, 산포유물	통일신라후기 ~조선후기
523	덕암리사지2	충남 아산	통일신라후기	산지 구릉		○	석탑, 치석재, 산포유물	통일신라후기 ~조선후기
524	강당리사지2	충남 아산	통일신라시대	산지 구릉		○	석축, 석렬, 산포유물	통일신라 ~조선후기
525	아산리사지2	충남 아산	통일신라후기	산지 구릉		○	석탑, 석불, 산포유물	통일신라후기 ~조선중기
526	아산리사지4	충남 아산	통일신라후기	평지		○	초석, 산포유물	통일신라후기 ~조선후기
527	동산리사지	충남 예산	통일신라후기	산지 구릉		○	석탑재, 석축, 산포유물	통일신라후기 ~조선중기
528	석곡리사지	충남 예산	통일신라후기	산지 구릉		○	석탑, 산포유물	통일신라후기 ~고려후기
529	광시리사지2	충남 예산	통일신라후기	산지 구릉		○	석탑, 산포유물	통일신라후기 ~조선후기
530	가야사지	충남 예산	통일신라후기	산지 구릉	○		미륵불, 석탑, 석등, 건물지, 출토유물	통일신라후기 ~조선후기
531	상중리사지	충남 예산	통일신라후기	산지 구릉		○	수조, 돌확, 산포유물	통일신라후기 ~조선후기
532	옥계리사지	충남 예산	통일신라시대	산지 구릉		○	석탑, 산포유물	통일신라 ~조선후기
533	이티리사지2	충남 예산	통일신라시대	산지 구릉		○	산포유물	통일신라 ~조선중기
534	화산리사지	충남 예산	통일신라시대	산지 구릉		○	산포유물	통일신라 ~조선후기
535	대덕리사지	충남 예산	통일신라시대	산지 구릉		○	산포유물	통일신라 ~고려후기
536	개천사지	충남 천안	통일신라후기	산지 구릉		○	초석, 치석재, 산포유물	통일신라후기 ~조선중기
537	동리사지	충남 천안	통일신라후기	산지 구릉		○	석조여래입상, 석탑, 산포유물	통일신라후기 ~조선중기
538	봉양리사지	충남 천안	통일신라후기	산지 구릉		○	석탑재, 산포유물	통일신라후기 ~조선전기

순번	사찰명	지역	창건시기	입지	조사현황		조사결과	존속기간
					발굴	지표		
539	월산사지	충남 청양	통일신라시대	산지 구릉		○	석탑재, 석축, 산포유물	통일신라 ~조선후기
540	대흥리사지	충남 청양	통일신라후기	산지 구릉		○	산포유물	통일신라후기 ~조선전기
541	도림사지	충남 청양	통일신라시대	산지 구릉	○		석탑, 석등, 석축, 배수구, 석등재, 출토유물	통일신라 ~조선후기
542	와촌리사지1	충남 청양	통일신라후기	산지 구릉		○	석축, 석렬, 산포유물	통일신라후기 ~조선후기
543	몽산리사지	충남 태안	통일신라후기	산지 구릉		○	석가여래좌상, 산포유물	통일신라후기 ~조선전기
544	상하리사지2	충남 홍성	통일신라후기	산지 구릉		○	초석, 석조여래입상, 산포유물	통일신라후기 ~조선중기
545	용봉사지	충남 홍성	통일신라후기	산지 구릉		○	마애여래입상, 마애불, 석조, 부도, 산포유물	통일신라후기 ~조선후기
546	신곡리사지1	충남 홍성	통일신라시대	산지 구릉		○	산포유물	통일신라 ~조선후기
547	청광리사지	충남 홍성	통일신라시대	산지 구릉		○	산포유물	통일신라 ~조선후기
548	동산리사지	충남 홍성	통일신라시대	산지 구릉		○	산포유물	통일신라 ~조선후기
549	덕천사지	충북 괴산	통일신라시대	산지 구릉		○	초석, 석탑재, 산포유물	통일신라 ~조선전기
550	용부원리 사지	충북 괴산	통일신라시대	산지 구릉		○	석조여래입상, 연화대석, 산포유물	통일신라 ~조선후기
551	향산리사지	충북 괴산	통일신라시대	산지 구릉		○	석탑, 초석, 산포유물	통일신라 ~조선후기
552	강평리사지	충북 괴산	통일신라시대	산지 구릉		○	산포유물	통일신라 ~고려시대
553	비마리사지	충북 단양	통일신라시대	산지 구릉		○	석축, 산포유물	통일신라 ~조선후기
554	사내리사지1	충북 보은	통일신라후기	산지 구릉		○	건물지, 석축, 산포유물	통일신라후기 ~조선후기
555	사내리사지2	충북 보은	통일신라시대	산지 구릉		○	석축, 산포유물	통일신라 ~조선전기
556	사내리사지 32	충북 보은	통일신라시대	산지 구릉		○	석축, 산포유물	통일신라 ~조선후기
557	사내리사지 23	충북 보은	통일신라후기	산지 구릉		○	석탑재, 산포유물	통일신라후기 ~고려중기

순번	사찰명	지역	창건시기	입지	조사현황 발굴	조사현황 지표	조사결과	존속기간
558	사내리사지 24	충북 보은	통일신라후기	산지 구릉		○	석탑, 팔각석재, 석재, 산포유물	통일신라후기 ~조선후기
559	교사리사지	충북 보은	통일신라시대	산지 구릉		○	석탑재, 산포유물	통일신라 ~조선후기
560	눌곡리사지	충북 보은	통일신라시대	산지 구릉		○	산포유물	통일신라 ~조선후기
561	신정리사지	충북 보은	통일신라시대	산지 구릉		○	석축, 산포유물	통일신라 ~조선후기
562	웅임사지	충북 보은	통일신라시대	산지 구릉		○	석축, 산포유물	통일신라 ~조선후기
563	부용리사지	충북 영동	통일신라시대	산지 구릉		○	석조여래좌상, 연화대석, 산포유물	통일신라 ~고려중기
564	신향리사지	충북 영동	통일신라시대	산지 구릉		○	석조여래입상, 산포유물	통일신라 ~조선중기
565	심원리사지	충북 영동	통일신라후기	산지 구릉		○	승탑, 산포유물	통일신라후기 ~조선후기
566	금계리사지	충북 영동	통일신라시대	산지 구릉		○	치석재, 산포유물	통일신라 ~조선후기
567	난곡리사지	충북 영동	통일신라후기	산지 구릉		○	산포유물	통일신라후기 ~조선후기
568	박계리사지	충북 영동	통일신라시대	산지 구릉		○	산포유물	통일신라 ~조선전기
569	서산리사지	충북 영동	통일신라시대	산지 구릉		○	산포유물	통일신라 ~조선후기
570	어촌리사지2	충북 영동	통일신라후기	산지 구릉		○	산포유물	통일신라후기 ~조선후기
571	하도대리 사지	충북 영동	통일신라시대	산지 구릉		○	산포유물	통일신라 ~조선중기
572	유전리사지	충북 영동	통일신라시대	산지 구릉		○	산포유물	통일신라 ~조선후기
573	심묘사지	충북 영동	통일신라시대	산지 구릉		○	석탑재, 연화대석, 산포유물	통일신라 ~조선후기
574	현리사지	충북 옥천	통일신라시대	산지 구릉		○	석탑, 산포유물	통일신라 ~조선중기
575	장위리사지	충북 옥천	통일신라후기	평지		○	석탑재, 산포유물	동일신라후기 ~조선후기
576	강청리사지	충북 옥천	통일신라시대	산지 구릉		○	산포유물	통일신라 ~조선후기

순번	사찰명	지역	창건시기	입지	조사현황 발굴	조사현황 지표	조사결과	존속기간
577	무극리사지	충북 음성	통일신라시대	산지 구릉		○	석조관음보살의좌상, 초석, 산포유물	통일신라 ~조선전기
578	읍내리사지	충북 음성	통일신라후기	산지 구릉		○	석탑, 산포유물	통일신라후기 ~조선중기
579	중동리사지	충북 음성	통일신라시대	산지 구릉		○	석탑재, 산포유물	통일신라 ~조선전기
580	평곡리사지	충북 음성	통일신라시대	산지 구릉		○	석조보살입상, 석탑, 산포유물	통일신라 ~조선중기
581	쌍정리사지	충북 음성	통일신라시대	산지 구릉		○	석탑, 산포유물	통일신라 ~고려시대
582	두학동사지	충북 제천	통일신라후기	산지 구릉		○	석조여래입상, 산포유물	통일신라후기 ~조선중기
583	명암리사지	충북 제천	통일신라시대	산지 구릉		○	석조여래입상, 산포유물	통일신라 ~조선전기
584	장평리사지	충북 제천	통일신라후기	산지 구릉		○	산포유물	통일신라후기 ~조선후기
585	월광사지	충북 제천	통일신라시대	산지 구릉	○		승탑, 탑비, 석축, 출토유물	통일신라 ~조선전기
586	남하리사지1	충북 증평	통일신라후기	산지 구릉		○	석탑, 마애불상군, 석축, 산포유물	통일신라후기 ~조선전기
587	교성리사지	충북 진천	통일신라후기	평지		○	연화대좌, 산포유물	통일신라후기 ~조선중기
588	사곡리사지1	충북 진천	통일신라시대	산지 구릉		○	마애여래입상, 우물지, 산포유물	통일신라 ~조선중기
589	사곡리사지2	충북 진천	통일신라시대	산지 구릉		○	석등재, 산포유물	통일신라 ~조선후기
590	옥성리사지1	충북 진천	통일신라후기	산지 구릉		○	석조보살좌상, 산포유물	통일신라후기 ~조선전기
591	용정리사지1	충북 진천	통일신라시대	산지 구릉		○	산포유물	통일신라 ~고려후기
592	흥덕사지	충북 청주	통일신라시대	산지 구릉	○		연화대좌, 금당지, 강당지, 건물지, 출토유물	통일신라 ~조선전기
593	계산리사지	충북 청주	통일신라후기	산지 구릉		○	석조신장상, 석탑, 산포유물	통일신라후기 ~조선전기
594	괴정리사지	충북 청주	통일신라후기	산지 구릉		○	석조여래입상, 산포유물	통일신라후기 ~조선전기
595	목우암지	충북 청주	통일신라시대	산지 구릉		○	치석재, 석축, 산포유물	통일신라 ~조선후기

순번	사찰명	지역	창건시기	입지	조사현황 발굴	조사현황 지표	조사결과	존속기간
596	수동사지1	충북 청주	통일신라시대	산지 구릉		○	석조여래입상, 석조여래좌상, 산포유물	통일신라 ~조선전기
597	탑동사지	충북 청주	통일신라후기	평지		○	석탑, 산포유물	통일신라후기 ~조선전기
598	천룡사지	충북 충주	통일신라후기	산지 구릉		○	산포유물	통일신라후기 ~조선중기
599	추평리사지	충북 충주	통일신라후기	산지 구릉		○	석탑, 산포유물	통일신라후기 ~조선전기
600	하구암리 사지	충북 충주	통일신라후기	산지 구릉		○	석조여래입상, 석탑, 산포유물	통일신라후기 ~조선전기
601	김생사지	충북 충주	통일신라시대	산지 구릉		○	장대석, 산포유물	통일신라 ~조선후기
602	사문리사지1	충북 충주	통일신라시대	평지		○	산포유물	통일신라 ~조선후기
603	증각암지	광주	통일신라후기	산지 구릉		○	산포유물	통일신라후기 ~조선후기
604	금곡동사지4	광주	통일신라후기	산지 구릉		○	산포유물	통일신라후기 ~조선중기
605	금화사지	대구	통일신라시대	평지	○		건물지, 출토유물 등	통일신라 ~조선시대
606	봉덕동사지	대구	통일신라시대	산지 구릉		○	석탑, 석탑재, 석축, 산포유물	통일신라 ~조선후기
607	부인사지	대구	통일신라시대	산지 구릉	○		석탑, 석등, 부도, 석축, 탑전건물지, 출토유물	통일신라~현대
608	신무동사지6	대구	통일신라시대	산지 구릉		○	마애불좌상, 산포유물	통일신라 ~조선후기
609	신무동사지7	대구	통일신라시대	산지 구릉		○	석탑재, 초석, 석축, 탑지, 산포유물	통일신라 ~조선후기
610	용수동사지3	대구	통일신라시대	산지 구릉		○	석조약사여래입상, 산포유물	통일신라 ~조선전기
611	용수동사지4	대구	통일신라시대	산지 구릉		○	마애약사여래좌상, 대좌편, 석축, 산포유물	통일신라 ~조선전기
612	대견사지	대구	통일신라시대	산지 구릉		○	석탑, 우물지, 석축, 산포유물	통일신라 ~조선후기
613	대일리사지	대구	통일신라시대	산지 구릉		○	석축, 산포유물	통일신라 ~조선후기
614	도동리사지	대구	통일신라시대	평지		○	석렬, 산포유물	통일신라 ~조선전기

순번	사찰명	지역	창건시기	입지	조사현황 발굴	조사현황 지표	조사결과	존속기간
615	교촌동사지	대전	통일신라후기	평지		○	석조보살입상, 산포유물	통일신라후기 ~조선후기
616	석문사지	대전	통일신라후기	산지 구릉		○	산포유물	통일신라후기 ~조선후기
617	만덕사지	부산	통일신라후기	산지 구릉	○		금당지, 강당지, 회랑지, 석축, 출토유물 등	통일신라후기 ~조선전기
618	장의사지	서울	669년	평지		○	당간지주	669~1506년
619	청담사지	서울	통일신라시대	산지 구릉	○		석조보살입상, 아미타불좌상, 출토유물	통일신라 ~조선전기
620	운당리사지1	세종	통일신라후기	산지 구릉		○	불상편, 산포유물	통일신라후기 ~조선중기
621	유천리사지	세종	통일신라시대	산지 구릉		○	산포유물	통일신라 ~조선전기
622	어물동사지	울산	통일신라시대	산지 구릉		○	마애여래좌상, 산포유물	통일신라 ~조선후기
623	중산동사지	울산	통일신라시대	산지 구릉		○	산포유물	통일신라 ~고려중기
624	개곡리사지	울산	통일신라시대	산지 구릉		○	산포유물	통일신라 ~고려후기
625	대복리사지	울산	통일신라후기	산지 구릉		○	석조여래좌상, 산포유물	통일신라후기 ~조선중기
626	덕신리사지	울산	통일신라후기	산지 구릉		○	석조여래좌상, 산포유물	통일신라후기 ~조선전기
627	망해사지	울산	통일신라시대	산지 구릉		○	승탑, 석탑재, 산포유물	통일신라 ~조선후기
628	발리사지	울산	통일신라시대	산지 구릉		○	석조여래좌상, 산포유물	통일신라 ~조선중기
629	청송사지	울산	통일신라후기	산지 구릉		○	석탑, 부도, 승탑재, 산포유물	통일신라후기 ~조선후기
630	간월사지	울산	통일신라시대	평지	○		석조여래좌상, 석탑, 금당지, 강당지, 건물지, 출토유물	통일신라 ~조선후기
631	영축사지	울산	통일신라시대	평지	○		석탑, 귀부, 석등하대석, 건물지, 출토유물	통일신라 ~조선후기
632	운흥사지	울산	통일신라시대	산지 구릉	○		부도, 승탑, 건물지, 석축, 석렬, 출토유물	통일신라 ~조선후기

통일신라시대 전국에 창건된 사찰의 현황을 조사한 결과 총 632개소가 확인되었다. 물론 정밀발굴조사를 통해 유구와 유물의 확인이 전제되어야 하고 이를 통해 구체적인 연혁을 확정해야 할 것이다. 그러나 현실적으로 전체 사찰에 대한 조사가 불가능하고 현재까지는 일부만 진행된 상황을 고려하여 지표조사 등을 통해 대략적으로 창건 시점이 확인 가능한 사찰로 제한하여 목록을 구성하였다.

3. 전국 통일신라시대 사찰(지) 현황 분석

앞서 정리한 전국의 통일신라시대 창건 사찰 목록을 토대로 먼저 광역도를 기준으로 구체적인 현황을 살펴보면, 경상북도가 가장 많은 244개소가 확인되었으며, 경기도가 19개소로 가장 적은 수가 확인되었다. 광역도 중 제주도에서는 통일신라시대 사찰(지)은 확인되지 않았다. 광역시를 기준으로 보면, 울산이 가장 많은 11개소가 확인되었고, 부산이 1개소로 가장 적었다. 광역시 중 인천에서는 통일신라시대 사찰(지)은 확인되지 않았다.

통일신라시대 사찰의 입지는 산지구릉과 평지로 구분할 수 있다. 산지구릉은 산지 또는 산지 구릉 경사면 등에 조성된 입지 유형, 평지는 평탄대지 또는 도심지 등에 조성된 입지를 구분한 것이다. 다만 현재의 지형과 사찰이 조성될 당시의 지형이 동일할 수 없고, 보고서의 조사 사진으로 토대로 구분한 것이어서 정확한 수치라 단정할 수는 없다. 이 점을 감안하여 정리하면 산지구릉에 조성된 통일신라시대 사찰(지)은 494개소이며, 평지에 조성된 통일신라기 사찰(지)은 138개소이다. 비율로 보면 산지구릉이 78%이며, 평지가 22%로 산지구릉에

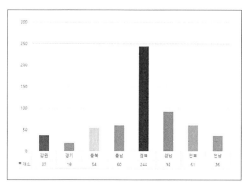

그림 1. 광역도 통일신라시대 사찰(지) 현황

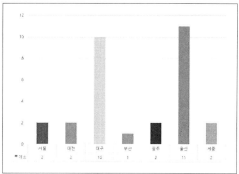

그림 2. 광역시 통일신라시대 사찰(지) 현황

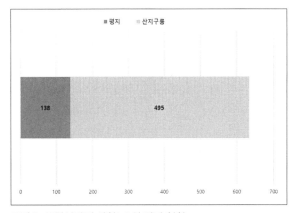

그림 3. 통일신라기 사찰(지)의 입지 현황

그림 4. 통일신라기 사찰(지)의 입지 비율

입지한 통일신라기 사찰(지)이 다수를 차지하고 있다.

전국에 분포해 있는 통일신라기 사찰(지) 619개소에 대한 조사현황을 보면 발굴조사 된 사찰(지)이 69개소이며, 지표조사를 통해 확인된 사찰(지)이 550개소로 확인되었다. 비율로 보면 지표조사(89%)가 발굴조사(11%)보다 압도적으로 많은 수치가 확인되었다. 사찰(지)의 구체적인 연혁과 규모, 건물 현황, 출토유물 등을 확인하기 위해서는 정밀발굴조사가 진행되어야 하는 것을 감안할 때 아직 550개소에 대해서는 추후 정밀발굴조사를 통해 구체적인 현황을 확인하여야 할 것이다.

이상 통일신라시대에 창건된 사찰의 현황 분석을 종합하면, 전국적으로 통일신라시대 창

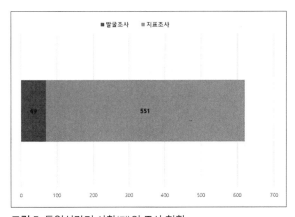

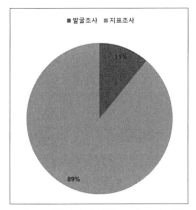

그림 5. 통일신라기 사찰(지)의 조사 현황

그림 6. 통일신라기 사찰(지)의 조사 비율

건된 사찰이 확인되지만 특히 경북지역(대구와 울산 포함)에 밀집하여 분포하는 양상을 보인다. 이는 당시 신라의 중심지였던 경주를 중심으로 그 반경 안에 사찰이 조성된 것을 알 수 있다.

또한 통일신라시대에 창건된 사찰은 평지보다는 산지에 가람 조성이 집중되는 특징을 보인다. 이는 통일신라 후기 유행한 선종의 영향에 따라 산지 가람이 대대적으로 조성되었다는 사실을 알 수 있다.

그럼에도 통일신라시대 사찰에 대한 발굴조사는 미비한 실정이다. 약 89%에 해당하는 통일신라시대 사찰은 지표조사를 통해 주변에서 수습된 유물이나 잔존 건축물을 토대로 대략적인 연혁을 추정한 것이다. 따라서 전체적인 통일신라시대 사찰의 현황을 파악하기 위해서는 통일신라시대에 창건된 것으로 추정되는 사찰에 대한 정밀발굴조사가 선행되어야 할 것이다.

한편 통일신라시대에 창건된 사찰은 조사유무와 관계없이 전국적으로 분포된 양상을 보인다. 당시의 사찰 조영에는 대규모 인력과 기술, 자재 등이 필요할 것이며, 이를 뒷받침할 경제적 상황도 고려되어야 할 것이다. 이러한 전제가 성립되려면 국가의 대대적인 지원이 필요했을 것이고, 이를 통해 이루려는 목적이 분명 있었을 것이다. 반대로 중앙의 지원 없이 각 지역의 경제력을 기반으로 사찰이 조성되었을 가능성도 있다. 이를 파악하기 위해서는 당시의 정치적·사회적·종교적 상황 전반에 대한 이해가 필요하다.

따라서 다음 장에서는 통일신라시대 전국 각지의 사찰 조성 배경과 특징을 살펴보도록 하겠다.

III. 통일신라시대 선종사찰 검토

1. 통일신라시대 선종 사찰의 창건

삼국시대 신라의 불교는 왕도를 중심으로 발전하였고, 통일 후에 약간의 지역적 확장을 보였지만 근본적인 면에서 왕도 중심의 불교에서 크게 벗어나지 못했다. 그러나 선종의 성립은 이런 지역적 편중을 극복하게 만들었다. 신라 하대부터 고려 초에 걸쳐 수많은 선승들은 각각 인연있는 곳이나 전란 중의 피난지를 찾아 전국을 유람하면서 각처에 독립적 선문을 개창하였다. 선승들이 선문의 터로서 새로 선정한 장소는 이전에 교종 사찰들이 주로 위치한 지역이 아니었다. 당시의 선문 가운데 대표적 존재인 구산선문의 위치가 거의 중대 이전 불교계에서는 권외의 변방에 있었다는 사실은 이를 단적으로 말해준다. 이 선문들은 희양산과 봉림산을 제외하고는 모두 오악인 태백산, 계룡산, 지리산, 토함산을 연결하는 선의 바깥에 위치하였던 것이다.

구산선문의 개창 장소는 해주 수미산 광조사, 보령 성주산 성주사, 장흥의 가지산 보림사, 곡성 동리산 태안사 등 주로 서쪽으로 태백 및 소백산지의 범위를 벗어나고 있었다. 태백산과 소백산지에서는 실상사, 봉암사, 흥령사 등에서 보듯이 선문의 분포 외곽선이 화엄십찰보다 내륙 산간으로 상향 이동되었다. 이 선문들은 신라의 국토에서 지리적으로 중요한 위치, 즉 외곽의 요충지에 입지하고 있었다. 해주의 수미산문(須彌山門)은 송악의 왕건, 패강진과 매우 가까이 위치하였고, 충남 보령의 성주산문(聖住山門)은 당성진(화성)과 가까울 뿐만 아니라 김헌창이 난을 일으킨 웅천주(공주)와 매우 가까우며, 장흥의 가지산문(迦智山門)은 청해진과 매우 가까운 거리에 있었다. 그리고 곡성의 동리산문(銅裏山門), 남원의 실상산문(實相山門), 창원의 봉림산문(鳳林山門)은 강주(진주)와 가까우며, 영월의 사자산문(獅子山門)은 북원경(원주)과 가까운 거리에 위치하고 있고, 강릉의 굴산산문(堀山山門)은 명주(강릉)에 위치하고 있다. 문경의 희양산문(曦陽山門)은 상주의 인근에 위치해 있다.

이처럼 구산선문의 개창 장소는 변경지역의 요충지로서 왕경으로부터 매우 멀리 떨어진 곳이었다. 따라서 중앙정부의 통치력이 용이하게 작용하지 못한다는 점을 특징으로 들 수 있다. 그리고 산문과 가까운 거리에는 신라 말의 대표적 호족들이 성장하고 있었다. 자신의 세력을 확장하려는 지방의 호족들은 종교적 면에서 공감을 느꼈을 뿐만 아니라 정치적 면에서도 선종과의 연대가 필요했던 것이다. 선종의 입장에서도 신라 왕실이나 중앙귀족과 결합한 사상 체계인 교종에 대항할 수 있을 만큼 기반을 닦는 데에는 지방호족의 후원과 보호가 필요하였을 것으로 판단된다.

이리하여 각 선문은 그 지방에 있어서 새로운 교화의 중심지가 되었을 뿐만 아니라 나아가 지방문화의 구심점 구실도 하게 되었다. 신라 중대 이전에는 주로 왕실이나 중앙귀족에 국한되었던 풍수지리설이 지방에 전파됨에 따라 왕도를 중심으로 일부에 국한되었던 명승지 개념도 변방지역에까지 확대되어 전국적으로 새로운 명승지들이 많이 탄생하였다. 이와 같이 신라 하대에 와서 선승들을 통해 전파된 풍수지리설은 그 수용 계층인 지방호족세력들에게는 진골귀족들의 지역적 폐쇄성에 반발할 수 있는 이론적 근거를 마련해 주었다. 지방호족들은 자신의 본거지를 명당으로 내세우고 그 독립적 세력 형성을 합리화하는 근거로서 풍수지리설을 수용하였다. 따라서 선종 사찰의 개창은 사상적 면에서 교종의 모순을 극복하는 과정이었고 지역적 면에서는 도시 중심의 불교를 각 지방으로 확장 발전시켰다는 의의를 가진다.

종합해보면 당시에 개창된 대표적인 선문을 합쳐 구산선문(九山禪門)이라 하였고, 구산선문이란 명칭은 선승들이 개창한 절이 모두 산 속(희양산, 성주산, 사자산, 동리산 등)에 자리잡고 있었기 때문에 붙여진 것이다. 그리고 이때 지어진 사찰들은 대부분이 풍수에서 말하는 좋은 땅(吉地)의 조건을 두루 갖추었고 실제로 풍수에 의해 절터가 선정되었던 것을 알 수 있다.

2. 통일신라시대 구산선문 유적과 특성

통일신라 후기에서 고려 초에 형성된 대단위 선종 산문을 흔히 구산선문이라 한다. 그러나 구산선문의 형성과 그 시점에 관한 학계의 정설은 없는 상태이다. 다만 기왕에 이루어진 연구성과들을 바탕으로 해서 구산선문의 형성과 전개, 그리고 발굴조사된 유적 등을 검토하여 그 특성을 살펴보도록 하겠다.

구산선문 중 발굴조사가 진행되었거나 진행되고 있는 유적은 실상사, 굴산사지, 성주사지, 봉림사지, 흥녕사지인데 가람의 규모를 비교적 명확하게 파악할 수 있는 것은 굴산사지, 성주사지, 실상사 정도이며, 봉림사지와 흥녕사지는 전체 규모를 파악하기에는 범위나 구조가 명확하지 않다

이러한 조건에서 구산선문 가람의 입지에 대해서는 많은 연구성과가 있고, 여러 현상들에서 왕도를 벗어난 지방이라는 점과 가급적 산간지역에서도 하천이 인접한 완만한 사면이거나 평지(도성가람의 조건과 유사한)에 건립되고 있음은 보편적 인식이다.[11] 이러한 입지 조건에 대한 해석으로는 화엄과 선종의 양대 구조적 입장에서의 해석,[12] 왕권과 호족의 배경 차이, 산수와 관련된 입지를 가진 사찰[13] 등으로 종합된다. 이 중, 왕권과 호족의 배경 차이가 반드시 평지와 산지를 결정짓는 것은 아닌 것이 아님은 구산선문의 입지에서도 확인된다.

---

11) 봉림사지는 다른 선문가람과 달리 산으로 둘러쌓인 곳에 입지한다.

12) 양정석, 2012, 「구산선문의 가람 인식에 대한 고찰」『新羅文化』40, 동국대학교 신라문화연구소.

13) 洪光杓, 2005, 「韓國 九山禪門의 空間美學」『韓國傳統造景學會誌 23-3』, 한국전통조경학회.

표 2. 구산선문의 개요와 조형조건

구산선문[14]	사료에서의 창건 특징	고고학적 비고
가지산문 보림사	• 헌안왕 3년(859) 개창 • 道義 초조, 廉居, 普照禪師 體澄(804~880) 개창 • 도의(823) 진전사 주석 • 체징 장곡사 주석, 가지산사에 주석(859) • 가지산사(보림사): 당시 화엄종 사찰 • 체징 개창시 비로자나철불, 3층 쌍탑, 석등 조성 • 진감 혜소 쌍계사에 六祖影堂 건립 • 쌍봉사의 선찰적 기능 수행	• 전라남도 장흥군 봉덕리 • 진전사: 교학가람으로 존재 • 기존가람에 증축 • 9C 철불 쌍탑 석등 • 조사당 건립이 선문사찰 특징 • 가지산 완사면의 넓은 산지에 입지 • 사찰 전면에는 완만한 구릉성 산지가 형성
수미산문 광조사	• 고려 태조 15년(932) • 利嚴선사 869년 가야갑사(보원사)에서 출가 • 당 유학 후 911년 귀국 • 해주에 태조가 廣照寺 창건 후 이엄선사가 개창	• 황해도 해주군 금산면 냉정리 • 명칭: 보원사(가야갑사) • 유적을 확인할 수 없음
실상산문 실상사	• 신라 구산선문 중 최초 산문 • 흥덕왕 3년(828) 洪陟大師 개창 • 홍척 유학전 화엄공부 • 귀국 후 실상사 창건 • 수철화상(814~893) • 혜소선사 쌍계사 창건	• 전북 남원시 산내면에 위치 • 창건가람: 교학(발굴결과) • 개창가람의 거대화 • 창건금당 7x4간(30x18m) • 철조여래불 건립 • 해발 320~315m에 입지 • 산간분지의 완사면을 배경으로 한 평지가람 • 발굴조사 실시(국립부여문화재연구소)
희양산문 봉암사	• 智證대사 道憲(824~882) 개창 • 비 유학파 부석사에서 화엄수학, 북종선으로 선회 • 왕실호의로 안락사에 거주 • 심층의 토지 기증에 의해 봉림사를 창건(심충의 땅을 희사받아 선사를 지으십시오. 기와집을 짓고 사방으로 추녀를 드리워 지세를 누르고 철불상 2구를 주조하여 위호하다)	• 경북 문경군 원북리 • 철불상 조성이 선종사찰의 표식처럼 인식 • 창건가람의 구조는 불명 • 봉림사 지증대사 적조탑비 • 해발263m 산간분지에 위치
동리산문 태안사	• 문성왕 9년(847) 慧徹(785~861)선사가 개창 • 혜철 부석사에서 화엄학 수련, 839 당에서 귀국 • 무주 쌍봉사 기거 • 840년 무주 대안사에서 842년 수리하여 개창함 • 윤다 도선 경보로 계승	• 전남 곡성군 죽곡면 원달리 • 대안사: 기존사찰을 수리하여 개창하였을 가능성 • 해발 280~300m에 위치 • 좌향은 남서향

14) 曺凡煥, 1990, 『羅末麗初 禪宗山門 開倉 研究』, 경인문화사 : 金煐泰, 2008, 『韓國佛敎史槪說』, 경서원 : 金相永, 2007, 『高麗時代 禪門 研究』, 동국대학교 박사학위논문의 기존 연구를 인용하여 개창 인물, 시기, 가람의 축조 여부, 대표적 사건 위주로 정리하였으며, 일부는 수정 보완하였다.

구산선문[14]	사료에서의 창건 특징	고고학적 비고
성주산문 성주사지	• 문성왕 9년(849) • 無染禪師 朗慧(800~888)개산 성주사에서 창건 • 845 귀국, 847 무렵 개창 • 1,000여 간의 거찰 건립(숭암산성주사사적) • 김인문의 원당인 오합사를 중건하여 개창 • 무염의 조사당 건립	• 충남 보령시 성주면 • 기존의 원찰을 중건하여 개창(교학가람일 가능성) • 성주산록 남동 구릉에 입지 • 해발 155m 넓은 대지에 조성 • 13차례 발굴조사 실시 　(충남대학교박물관, 백제문화재연구원)
굴산산문 굴산사지	• 문성왕 13년(851) • 梵日(810~889) 개창 • 출가 후 화엄공부 • 847 귀국 선문가람 개창	• 강원도 강릉시 구정면 학산리 • 범일 부도의 매장법 • 창건가람 규모는 불명 • 해발 60~70m로 계곡에 입지 • 발굴조사 실시(국립중원문화재연구소)
봉림산문 봉림사지	• 眞鏡 審希선사(854~923) 890 개창 • 심희 선사는 현욱이 있던 고달사에서 출가 • 봉림사 개창 관련 기록鳳 林寺 비문에 경치가 빼어난 곳, 이 절은 산맥으로 이어져 있으나, 문은 담장밑까지 기울어 있었다. 작은 절을 鳳林이라 고치고 선우를 열었다.	• 경남 창원시 봉림동 • 산 계곡에 위치 • 기존의 작은 절을 고쳐 중건 • 해발 160m 산간계곡에 입지 • 발굴조사 실시(국립창원문화재연구소)
사자산문 흥녕선원지	• 당 유학 후, 847 쌍봉사에 도윤이 주석 • 쌍 봉사 중심의 사자산문이 940년 이후 증효철중이 興寧禪院에 주석하면서 사자산문 개창 • 澈 鑒 道允(798~864)개산조 헌강왕 8년(882) 절중 개창	• 강원도 영월군 법흥리 • 쌍봉사의 구조 불명 • 10세기 興寧禪院 개창 • 사자산 연화봉 기슭에 위치 • 해발 460~475m 산간평지에 입지 • 발굴조사 실시(강원문화재연구소)

1) 강릉 굴산사지(굴산문)

강릉 굴산사지(사적 제448호)는 우리나라 선종구산(禪宗九山) 가운데 하나인 굴산문(崛山門)의 본산으로 행정구역상 강릉시 구정면 학산2리 일대에 위치하고 있다. 굴산사는 개창조인 범일이 847년에 입당구법(入唐求法)하고 돌아와 창건했거나, 851년 명주도독(溟洲都督)의 청에 의해 주석(駐錫)한 사찰로 전하고 있다.[15] 『삼국유사(三國遺事)』와 『조당집(祖堂集)』의 내용에 다

---

15) 『三國遺事』卷第三 塔像第四 洛山二大聖 觀音 正趣 調信 條, "會昌七年丁卯還國 先創崛山寺而傳教"
『祖堂集』第十七, "會昌六年丁卯八月還大中五年五月於自達山宴坐 溟州都督金公 仅請住崛山寺 一坐林中四十餘載 列松爲行道人之廊..."

소 차이가 있어 굴산사의 창건 시점이 명확하진 않지만 851년 이전에 굴산사가 창건되었을 것으로 추정하고 있다. 현재 굴산사지에는 승탑(보물 제85호)과 당간지주(보물 제86호), 석불좌상 3구(강원도 문화재자료 제38호) 등 석조물만이 남아 있어 당시의 사세를 대변해 주고 있다.

우리나라 불교사에서 굴산사는 당대 선종의 발전에 지대한 영향을 미친 상징적인 사찰로 인식되고 있지만, 범일의 입적 이후 굴산사에 대한 기록은 거의 확인되지 않는다. 다만 사역 안에서 조선시대 이후의 유물이 극히 적은 점, 『신증동국여지승람(新增東國輿地勝覽)』 불우조 (佛宇條) 및 그 이후에 편찬된 문헌에 굴산사에 대한 기록이 존재하지 않는 점으로 미루어 보아 여말선초 어느 시점에 폐사된 것으로 추정하고 있다.

굴산사지는 1936년 대홍수로 인해 유구 일부가 드러나면서 사찰의 존재가 인식된 이래로, 2010년 이전까지 간헐적이고 단편적인 조사가 수차례 이루어진 바 있다. 1975년에는 관동대학교박물관 주도로 지표조사를 진행하여 명주도독(溟洲都督)명 탑비편과 굴산사(崛山寺)명 기와를 수습한 바 있으며, 1983년에는 사역을 관통하는 농업용수로관 매설공사를 하면서 공사구간에서 드러난 축대와 기단시설 등의 유구를 긴급조사한 바 있다. 한편 1998년에는 사역 서편 구릉상에 위치한 승탑의 정확한 양식을 복원하기 위한 학술조사가 진행되었는데, 승탑 주변에서 운문석, 노반석 등을 수습하여 현재의 모습으로 복원하였다. 2002년에는 영동지역을 강타한 태풍 루사에 의해 유적의 상당부가 유실되는 피해를 입게 되었다. 이때 긴급조사가 진행되어 건물지, 보도시설 등의 유구를 확인하였으며, 이 과정에서 유적의 역사적 중요성이 인정되어 2003년 6월 국가사적 제448호로 지정되었다.

이러한 굴산사는 개창된 이래 범일의 문하에서 개청(開淸)과 행적(行寂), 신의(信義)를 비롯한 많은 문도들이 배출되었다. 하지만 범일의 사후 굴산문의 중심도량으로서 굴산사의 위상이 지속적으로 유지되었는지의 여부는 분명치 않다. 주요 제자인 개청과 행적이 각각 지장선원(地藏禪院)과 석남산사(石南山寺)에 주석하는 등의 기록은 있으나, 범일 이후 굴산사를 이끌어간 승려에 대한 역사적 사실을 알 수 없기 때문이다.

다만 『전등록(傳燈錄)』(1331)의 서문에 굴산사의 주지 혜식(惠湜)이 참여한 것으로 기록되어 있어 14세기경에 굴산사가 존재했음을 알 수 있으며, 『신증동국여지승람』에 굴산사의 기록이 보이지 않는 것으로 보아 여말선초에는 폐사되었을 것으로 추정된다.

발굴조사16)를 통해 확인된 강릉 굴산사지의 사역은 2010년도 시굴조사에서 확인된 어단

---

16) 국립중원문화재연구소, 2015, 『강릉 굴산사지 (사적 제 448호) 발굴조사보고서 I』.

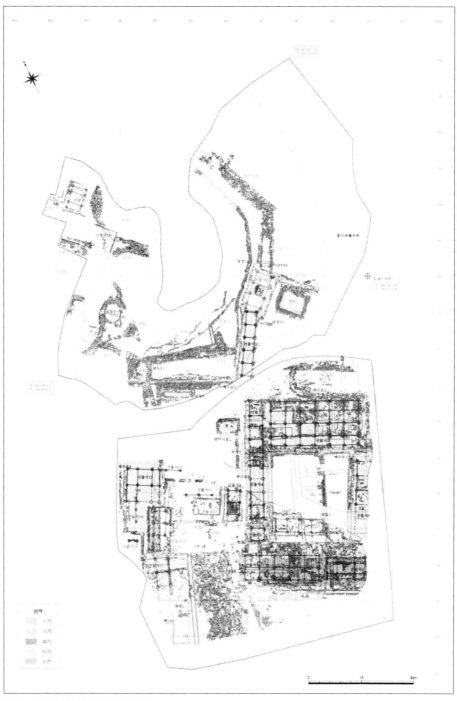

그림 7. 강릉 굴산사지 유구현황도

천 서편의 남북방향 담장과 사적지 서편의 칠성산 능선 하단을 경계로 동서 135m 이상의 규모를 지닌 것으로 보인다.

굴산사를 구성하는 세 공간은 시설물의 성격과 기능 변화에 따라 선대 유구에 잇대어 별도의 시설물을 중복 조성하거나 추가로 구축하면서 변화되어 공간별로 다양하고 복잡한 변화양상을 보인다. 이는 단계별로 대대적이고 일률적인 변화과정을 거치는 대신 짧은 기간 동안 여러 차례의 국지적인 변화가 있었음을 의미한다. 굴산사지의 세 공간은 유구 간 중복관계와 연결 양상을 통해 적어도 5번의 변화과정을 거쳤을 것으로 추정되고 있다. 이를 간략히 정리하면 1단계는 범일이 입적하면서 범일국사의 승탑 조성과 관련하여 구릉 구역에 시설물이 조성된 단계로 시기는 9세기 후반~10세기로 추정되며, 2~4단계는 굴산사가 대규모로 중창되어 현 사적지정구역에 중심공간과 생활공간, 선종 공간이 완성된 단계로 중심연대는 11세기 후반부터 12세기를 중심으로 한 시점에 공간별로 짧은 기간 동안 여러 번의 증·개축이 이루어졌을 것으로 보인다. 5단계는 13세기 전반의 몽골의 침략 이후 소실된 굴산사가 작은 규모로 중창된 시기로 고려 말로 추정된다. 굴산사는 현 사역의 서남편 일대에 작은 규모로 축소되어 운영되었으며, 여말선초에 폐사된 것으로 보인다.

굴산사지의 통일신라 하대 가람과 12세기 고려시대의 가람은 하나의 사역에서 위치상 차이를 보이고 있다. 또한 고려시대의 가람구조에서도 중심사역이 명확하게 확인되지 않아 '중정'의 표현으로 그 구조를 밝히고 있다. 가람배치도 상에서 동-서로 긴 주요건물과 이들을 에워싼 회랑식의 구조가 확인되고 있는 까닭으로 교학가람에서의 불지와의 영역 구분인 회랑이 고려시대임에도 여전히 존재하고 있으며, 이 회랑식 구조물이 북편의 새로이 확인된 귀부와 연지가 있는 사역과도 구분하는 형태로 확인됨을 살펴볼 수 있다. 굴산사에서는 사상적으로 사굴산문의 선을 수용하고 있음에도 11~12세기를 전후하는 시기에는 선종 칠당식의 가람 형식은 아닌 것을 알 수 있다.[17]

2) 영월 흥녕선원(사자산문)

흥녕선원(興寧禪院)은 강원도 영월군 무릉도원면 법흥리 사자산의 남쪽 산자락에 위치한

국립중원문화재연구소, 2017, 『강릉 굴산사지 (사적 제 448호) 발굴조사보고서 Ⅱ』.

17) 최태선, 2016, 『신라·고려전기 가람의 조영 연구 -經典儀範과 공간조성을 중심으로-』, 부산대학교 박사학위논문, 189쪽.

사찰로 소위 구산선문(九山禪門) 중 사자산문(獅子山門)을 일으킨 사찰이다. 현재 창건시기와 연혁에 대한 자세한 기록이 확인되지 않고 있으나 징효(澄曉)가 이미 창건된 사찰에 사자산문을 개산(開山)하였음을 「징효대사보인탑비(이하 보인탑비)」를 통하여 알 수 있다. 보인탑비에 의하면, 882년 전(前) 국통(國統) 대법사(大法師) 위공(威公)이 속산사(俗山寺)에 주지하도록 주청(奏請)하므로 마지못해 잠시 주석하였고 석운대선사(釋雲大禪師)[18]가 수제자를 보내 사자산에 올 것을 요청하자 선중을 이끌고 와서 주석하였으며,[19] 이에 헌강왕이 사자산 흥녕선원을 중사성(中使省)에 예속시켜 대사를 머물게 하였다고 한다.[20] 나라가 혼란해지자 891년 상주 남쪽 조령(鳥嶺)으로 피신하였고 사자산은 병화(兵火)로 전소되었다. 즉, 징효가 조령으로 피신하였을 당시에는 이미 불에 타서 소실되고 말았던 것이다. 이후에 흥녕선원에 관한 별도의 기록은 보이지 않는다.

통일신라~고려시대 사찰의 전각 구성과 배치를 살펴보면 일반적인 형식을 두지 않고 다양하게 나타나며, 몇몇 사지에서 칠당가람의 영향으로 보이는 전각 구성이나 배치를 한 예도 있으나 그 연원은 불분명하다. 흥녕선원 4차 발굴조사 지역을 구성하는 3단의 공간은 건물지의 성격과 기능 변화에 따라 선대 유구에 잇대어 별도의 시설물을 중복 조성하거나 추가로 구축하면서 다양하고 복잡한 변화양상을 보인다. 양쪽에 계곡부를 두고, 중간에 위치한 평탄면에 전각을 구성해야 했으므로 상·중·하단의 공간배치가 가장 효율적이었을 것으로 추정된다.

발굴조사 결과 영월 흥녕사지는 신라 말~고려 초부터 사찰이 존재하였으며, 법등이 조선 후기까지 이어지고 있었음을 확인하였다.

3) 보령 성주사지(성주산문)

보령 성주사지는 충남 보령시 성주면 성주리 72번지 일원에 위치한 대규모 사찰지로 현재는 사적 307호로 지정되어 있다. 성주사지에 대한 조사는 사역 전체를 대상으로 총 13차례 진행되었으며, 사역 내에는 「낭혜화상백월보광탑비」를 비롯한 국보와 보물(석탑 등), 시도지

---

18) 한국역사연구회편, 1996, 『역주 나말려초금석문』 下, 혜안, 209쪽에서는 釋雲大禪師를 雲乂禪師로 보았다.

19) 이를 통해서 흥녕선원의 개창 시기가 882년 이전임을 알 수 있다.

20) 中事省의 誤記로 추정하고 있다.

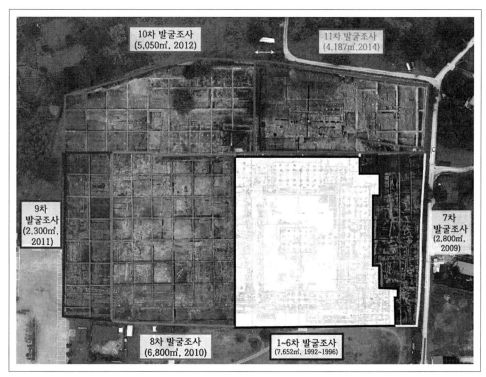

그림 8. 성주사지 전체 발굴조사 현황(百濟文化財研究院 2014a)

정문화재 등이 8개나 포함된 대단위 유적이기도 하다.

　성주사는 백제시대 오합사로도 알려진 사찰이었는데, 최근 연구성과를 반영하면 사역 내에서 오합사와 관련된 유구의 흔적은 확인되지 않아 실체가 불분명하다.[21] 다만 발굴조사 결과로 확인된 사역 전역의 소토·폐기층과 유구의 분석에 따라 성주사 창건 이전에 가람이 존재한 것은 분명하다.

　한편 성주사지는 발굴조사 결과와 연구성과를 종합해 보면 총 3차례의 가람 변천이 확인된다.[22] 먼저 Ⅰ기는 성주사 창건 이전의 선대가람이고, Ⅱ기는 성주사 창건기 가람, Ⅲ기는 성주사 중건기 가람으로 구분할 수 있다.

---

21) 임종태, 2013, 「聖住寺 創建 以前의 先代伽藍에 대한 檢討」 『韓國古代史研究』 72, 한국고대사학회.

22) 임종태, 2014, 「보령 성주사지의 가람변천 연구」 『선사와 고대』 42, 한국고대학회.

먼저 Ⅰ기에 해당하는 성주사 창건 이전의 선대가람은 현 사역 가람 중심부의 한정된 공간에 조성된 가람이며, 기존에 구분된 1·2차의 흔적이 층위에서 뚜렷하게 확인되지 않았다. 아울러 남아 있는 유구의 현황과 주변 출토유물을 종합한 결과, 성주사지 Ⅰ기 가람의 조성 시점은 7세기 중반 이전으로 소급하기는 어려울 듯하다. 자세히는 초기가람의 주요 기단시설인 전석혼축기단이 경주 사천왕사지에서도 확인된 점, 이들 전석혼축기단 건물에 즙와된 연화문수막새가 7세기 중·후반기 경으로 편년되는 점을 고려할 때 초기가람이 조영된 중심 연대는 백제 말기 또는 통일신라 초기에 해당하는 7세기 중·후반기 경일 가능성이 크다. 고고학적인 견해에 따라 도출된 창건시점에 사료적 가치가 있는 문헌자료의 역사적 정황 증거에 착안하여 결론을 내리면, Ⅰ기 가람의 창건은 '임해군공(臨海郡公)'에 봉해지는 668년을 상한연대로 『성주사비(聖住寺碑)』편에 기록된 '재초2년(載初二年)'인 691년을 하한연대로 설정해 볼 수 있다.

또한 성주사 Ⅰ기 가람의 성격은 『성주사비』에 '인문대각간(仁問大角干)'과 함께 '추자일칠승(追者一七僧) 청거차정사(請居此精舍)'라 한 것으로 보아 대각간인 김인문을 위한 원찰일 가능성이 크며, 이는 그의 후손들에 의해 운영·관리되었던 것으로 보인다.

Ⅱ기의 성주사 창건기 가람은 회랑으로 사역의 경계를 설정한 것이 주요 특징으로 확인되었으며, 구체적으로는 가람 중심부를 기점으로 서편부에 최소 3개의 구역이 존재하였다는 사실을 발굴조사를 통해 알 수 있다. 아울러 성주사 창건기 금당의 좌우에는 익랑이 조성되었는데, 이는 신라 가람의 영향을 받은 것으로 추정된다. 또한 성주사 창건기 중요 건물의 기단은 수직횡렬식 대석기단이며, 이는 주변 건물과 위계에 차이를 두기 위한 것으로 보인다. 한편 성주사 창건기를 대표하는 중층식 금당은 장륙세존상을 봉안하기 위한 기능성과 성주사를 대표하는 상징성을 갖춘 건물로, 이를 통해 성주사의 창건에 막대한 경제력과 노동력은 물론 중앙의 고급기술력이 투입되었음을 짐작할 수 있다. 이러한 성주사의 창건 배경은 두 가지로 압축해 볼 수 있는데, 먼저 전자인 표면적 배경은 지역민들에게 실추된 김인문계의 위상을 되찾고자 하는 것을 보여주기 위함이고, 후자인 내재적 배경은 이 지역이 갖는 불안감을 해소하여 정국을 안정시키기 위한 것으로 해석되었다. 이는 결국 김양, 문성왕과 같은 당대 실권자의 의도가 결합하여 성주사의 창건으로 이어진 것을 알 수 있다. 즉 통일신라 하대에 선종 가람으로 창건된 성주사는 사상성보다 김양을 중심으로 한 가문의 원찰적 성격이 짙게 베어있는 것을 알 수 있다.

Ⅲ기에 해당하는 성주사 중건기 가람은 성주사지 사역 전역에서 확인된 2차 소결흔적을 통해 대몽항쟁이 종결된 1256~1301년 사이인 13세기 말경에 중건이 이루어진 것으로 추정

된다. 고고학적으로 확인되는 중건기 가람의 특징은 기존의 정형화된 건물배치가 붕괴되고 경내에 불전과 주거목적의 건물이 함께 조성되며, 사역의 경계를 이루는 회랑이 폐기되면서 이를 대체한 담장이 조성된 것을 알 수 있었다. 또한, 사역 내부에 기와가마와 같은 생산시설을 조성하는 특징을 보인다. 이러한 성주사 중건을 후원한 세력은 성주사의 창건기 가람과 혈연적으로 긴밀한 관계에 있던 김인문의 후손들일 가능성이 크며, 이들은 시주와 같은 경로로 성주사에 지속적인 후원을 하였던 것으로 추정된다.

이처럼 약 900여 년간 번성한 성주사는 조선시대 중기 무렵인 16세기 말경~17세기 초경에 최종적으로 폐사되는데, 이와 관련해 조선 후기 현종대의 성리학자 조성기의 詩에 의하면 성주사를 17세기 무렵에 이미 폐허가 되어 사람이 살지 않는 것으로 묘사한 것으로 보아 최종 폐사되었음을 알 수 있다.[23]

4) 남원 실상사[24]

남원 실상사는 통일신라의 증각대사 홍척(洪陟)이 흥덕왕 3년(828)에 개창한 최초의 선종 사찰로 기록상 숙종 6년(1680)에 중창되었다. 이후 고종 21년(1884)에 재건되어 현재 대한불교조계종 제17교구의 본사인 금산사의 말사이다. 경내에는 보광전(1884), 약사전(1700), 극락전(1684), 명부전(1821), 칠성각(1932) 등의 불전을 비롯해 다수의 승방이 있으며 백장암, 약수암, 서진암 등의 여러 암자가 소속되어 있다.

실상사의 중요문화재로는 백장암 삼층석탑(국보 제10호, 통일신라), 수철화상능가보월탑(보물 제33호, 905년), 수철화상능가보월탑비(보물 제34호, 905년), 석등(보물 제35호, 통일신라 흥덕왕대), 실상사 부도(보물 제36호, 고려), 삼층석탑 2기(보물 제37호, 통일신라 헌강왕대), 증각대사응료탑(보물 제38호, 통일신라 경문왕대), 증각대사응료탑비(보물 제39호, 통일신라 경문왕대), 백장암 석등(보물 제40호, 통일신라), 철조약사여래불(보물 제41호, 통일신라), 청동은입사향로(보물 제420호, 1584년), 약수암 목조탱화(보물 제421호, 1782년) 등 국보 1점과 보물 11점이 있으며 이 외에 중요민속자료 1점, 지방유형문화재 3점 등 다수의 문화재가 있다.

실상사에 대한 발굴조사는 실상사의 정확한 역사성과 가람배치의 변천내용을 밝히고, 학술연구 및 복원 정비자료를 수집하기 위해서 남원시가 1996년 9월 12일에 「96년 실상사 보

---

23) 임종태, 2015, 『고고자료로 본 성주사의 변천과 시대상』, 서경문화사.
24) 국립부여문화재연구소, 2006, 『실상사 II 발굴조사보고서』.

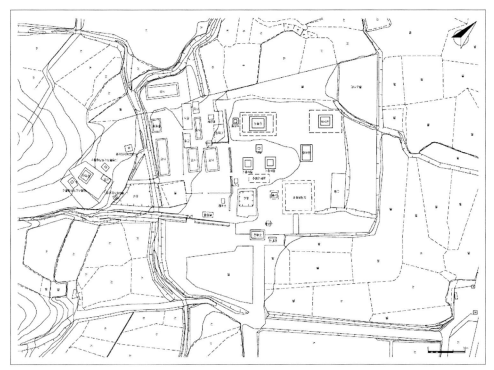

그림 9. 실상사 전체 배치도

수·정비사업」에 따라 국립부여문화재연구소에 사전조사를 요청하면서 이루어졌다. 이에 따라 국립부여문화재연구소는 「5개년 조사계획서」를 작성, 1997년부터 제1차 조사를 시작하였다. 이후 지난 2005년까지 창건 당시의 가람구조를 밝히는 것을 포함, 역사적 변천과정을 고고학적으로 규명하여 향후 실상사의 정비복원 자료 및 학술연구 자료를 수집하고자 10여 년간 8차례 발굴조사를 실시하였다.

발굴조사 결과 실상사는 여러 차례 중창된 것이 확인되었고, 시기에 관련된 유구 확인은 출토유물과 조사된 토층에 따라 가람의 변천을 통일신라, 고려, 조선 3시기로 분류할 수 있다. 또한 실상사는 수차례 폐사와 복원을 거듭하였는데 조선 말 유생들의 방화로 폐사된 흔적과 홍수 피해를 층위에서 확인할 수 있다.

Ⅳ. 통일신라시대 사찰 조영과 특징

1. 통일신라시대 선종 유입과 전국적 확산

삼국을 통일한 신라는 중대 이후 많은 불교 사찰을 창건하였다. 또한 이때부터 신라 불교 문화가 크게 발달하였고, 이를 통해 불교의 대중화가 이루어져 일반인들의 불교 신앙이 보편화되었던 것으로 보인다. 통일신라 하대에 이르러 치열해진 왕위쟁탈전으로 귀족층에서 분란이 계속되었고 잦은 자연재해로 기근이 만연하여 사회 불안이 고조되었는데, 이러한 사회적 위기감을 극복하고 일반백성의 현실적 고통과 이에 따른 불안감에서 벗어나고자 불교의 다양한 신앙이 사회 전반에 확산된 것이다.

특히 신라 사회는 9세기에 접어들면서 잦은 왕위 교체와 귀족의 분열로 지방세력들이 크게 들고 일어나는 변혁기를 맞이하게 된다. 그동안 신라 사회의 지도이념이던 화엄과 유식 중심의 교종 불교는 새로운 진보적 이념으로 탈바꿈하지 못하고 새롭게 등장한 선종에게 그 지도력을 잠식당하게 되었고,[25] 하대 선종의 유입과 성행으로 귀족적이며 관념적으로 변질된 교종 교단은 큰 충격을 받게 된다.

통일신라 하대에 이르러 중국으로부터 선종이 수용되면서 국내 불교계는 크게 변화하였다. 경전의 이해를 통해 깨달음을 추구하는 교종에 비해 선종은 구경의 목표로 이끌어주는 방편인 문자를 넘어선 선(禪)의 구체적 실천 수행을 통해 직접 깨달음을 얻는다는 실천 불교 사상으로 교종과는 지향점이 달랐다. 즉 각자의 마음속에 내재하는 불성을 곧바로 깨닫는다는 선의 주장은 경전을 중심으로 한 기존의 교종체제를 부정하는 혁신적인 것이었고, 신라 사회의 변화 요구에 상응하는 불교계의 근본적 개혁 요망에 부응하는 것이었다.

신라 하대 선종의 성행은 중앙집권 체제가 무너지고 각지에서 지방호족이 득세하는 정치적 변화와, 지나치게 이론에만 치중하고 왕실귀족과 연계된 교종의 내부적 문제 등을 배경으로 하여 나타난 현상이었다. 중대 시기의 사회 문화적 통합이라는 역사적 과제에 부응하는 창조적인 시대정신을 선도하던 교종의 면모는 퇴색되었다. 선종에서 이를 두고 말법시대에 교학이 분분하니 참다운 종지에 맞기 어렵고 편견에 서로 집착해 물을 쪼개서 달을 구하는

---

25) 정병삼, 2016, 「교종계의 동향과 불교 신앙」 『신라 불교계의 새로운 동향과 선종 -신라 천년의 역사와 문화 연구 총서 14』, 경상북도문화재연구원.

것과 같다고 비판하기도 하였다. 그래서 화엄 사찰에서 수행하다 교종이 진실이 아님을 깨닫고 선종으로 나아간 이도 여럿이었다. 무염(無染), 혜철(慧徹), 도윤(道允), 도헌(道憲), 도선(道詵) 등 각자 독자의 선문을 이룬 이들 외에도 많은 사람들이 화엄에서 공부하다가 선종으로 길을 바꾸었다. 교종의 한계를 극복하기 위해서는 실질적이고 실천적인 신앙이 필요했던 것이다. 그리고 이 시기 새로운 주도세력으로 등장한 호족들이 주로 지원하였던 선종이 이를 충족해 주었다.[26]

이러한 통일신라 하대 선 사상은 불교사상의 산물인 가람에서 나타나는 보수적이고 엄격한 교학적인 면에서도 자연히 변화하게 되는 양상을 맞이하였다. 4세기경 한반도에 불교가 전래되어 가람이 조성된 지 5세기가 지난 시점의 변화이며 신라 중심으로는 3세기 만의 변화이다. 삼국 가람의 틀은 신라에서 몇몇 예[27]만 남기고 7세기 후반대의 불상 신앙 중심의 쌍탑가람으로 변화한 이후, 선문가람이 등장하면서는 사상적으로 지배층과 피지배층 간의 사회적 간격을 메우고 불교의 대중화를 위한 시도와 함께, 그동안의 교학적인 가람에서 불지와 승지 간의 격식을 허물기 위한 여러 변화가 시도되는 시기이기도 하다. 또한, 불상 중심의 신앙(신앙대상) 틀도 율에서 명시한 '시좌'격인 승려의 지위가 신앙대상으로 변화되는 단계로도 볼 수 있다.[28]

이와 같은 통일신라 하대의 사찰 건립 주체는 여전히 왕실과 귀족이 중심을 이루지만 지방 호족이 등장한 것도 새로운 변화이다. 무장사는 원성왕의 부친이 세웠고 봉은사는 원성왕이 건립을 지원하였다. 갈항사는 원성왕의 외가가 경영한 원당이었다. 해인사는 애장왕의 조모, 실상사는 선강태자, 창림사는 문성왕, 봉암사는 단의장옹주, 숭복사는 경문왕, 망해사는 헌강왕이 창건에 기여하였다. 또 성주사는 김인문의 후손인 김흔, 굴산사는 명주도독 김공이 지원하여 건립되었다. 용암사는 왕건의 선대인 원창왕후가 단월이 되었고 봉암사는 지증대사와 가은 호족 심충이 땅을 시주하여 이루어졌으며 무위사는 무주소판이 지원하여 창건되었다. 그런가 하면 804년(애장왕 5)에 조성한 선림원종은 지방 유력자와 인근 사람들이 참여하여 만들었고 도피안사의 비로자나불은 철원 지역의 일반인 1,500명이 힘을 모아 조성하였다. 호족 등 지방 유력자와 지방민이 대거 참여하여 절을 새로 짓고 불상을 조성하며 종

---

26) 정병삼, 2016, 앞의 논문, 90~91쪽.

27) 중고기의 가람조성은 흥륜사를 시작으로 금광사까지 32개소로 알려져 있지만 실제 발굴조사되어 분명하게 가람배치 내용을 알 수 있는 곳은 황룡사지와 분황사 정도이다. 최태선, 157쪽.

28) 최태선, 2016, 앞의 논문, 157쪽.

을 만들어 사찰 건립을 지원하였던 것이다. 특히 하대에 많이 건립되기 시작한 지방의 선종사찰은 호족의 지원으로 건립된 경우가 많았다. 이런 현상은 지방에 새로운 유력자로 호족이 성장하였고 농민층의 성장으로 사찰에 시주할 경제력이 생겨난 데에 그 원인이 있다.[29]

특히 중국 남종선의 전래로 인해 신라에서 독자적인 산문(구산선문)이 개창되었고, 이들 구산선문은 기존의 교종 사찰을 장악하기도 하고 국왕이 교서를 내려 마련해 주기도 하였으며 중앙귀족이나 지방세력의 지원으로 개창되기도 하였다. 당시의 선승들은 중앙의 지배층에서 탈락한 6두품 이하의 하급 귀족 출신이거나 중앙 진출이 불가능했던 지방호족 출신이 많았다. 나말려초 선종 승려 30여 명의 비문이 전하는데, 그중 절반 정도가 金氏(김씨)이며, 이 중 왕도 출신이 아닌 경우는 6두품 이하였을 것으로 추측된다. 그러나 굴산사 범일의 조부 술원은 명주도독을 지냈고, 실상사 수철화상의 증조부는 소판을 지냈으며, 낭혜의 가계도 진골이었으나 아버지 범청 때 6두품으로 족강되었다. 이들은 조부 때만 하여도 진골이었으나, 6두품으로 탈락한 것이다. 선승의 신분을 보면 지방 출신이며 6두품 이하인 경우가 70% 정도나 된다. 그리고 이들은 다수가 당 유학을 경험하였다. 이러한 배경에서 그들은 새로운 의식으로 신라 사회의 신분 변화와 사회 변동을 추동하는 경향을 지녔다. 선승의 출현은 신라하대 신분변동과 지방세력의 성장을 반영하는 것이라 하겠다.[30]

이처럼 당시 선승들이 6두품 이하의 하급 귀족 출신이었음에도 신라 하대 왕들은 이들에게 선종사찰을 제공하거나, 국사로 예우하면서 국정에 대한 자문을 요청하였다. 선종의 대중성, 집단성에 주목하고 정치적 배경으로 삼으려는 의도가 있었기 때문이다. 선종 교단 역시 사찰의 확보와 문도의 결속 및 유지를 위해 승탑과 탑비를 건립하려는 목적에 따라 국왕의 요청에 호응한 것이라 생각된다. 이러한 현상은 신라 말에 이르기까지 지속되었다.

한편 당시 구산선문의 조사들로 대표되는 선승들은 당나라에서 귀국한 후 지방에 거주하며 지방 호족 등의 지원을 받아 산문을 개창하여 종지를 펼쳤다. 선승들이 개창한 산문은 당시 수도였던 경주와 멀리 떨어진 변방에서 성립되었으나 그들은 중앙에까지 그 영향력을 미쳤다. 지방에 근거를 두고 일어난 선종은 모든 사람에게 성불의 방법을 제공하였으며, 왕실 불교의 권위를 축소하였다. 왕실은 선종 사찰에 대해 많은 관심을 두었고 경제적 지원을 하

---

29) 정병삼, 2016,「승려의 활동과 사찰의 운영」『신라의 불교 수용과 확산 -신라 천년의 역사와 문화 연구 총서 13』, 경상북도문화재연구원, 338~339쪽.

30) 한기문, 2016,「선종의 수용과 전개」『신라 불교계의 새로운 동향과 선종 -신라 천년의 역사와 문화 연구 총서 14』, 경상북도문화재연구원, 163~164쪽.

는 한편 통제하려는 의도도 가졌다. 구산선문은 최초의 선종 산문인 가지산문을 비롯하여 실상산문, 사굴산문, 동리산문, 성주산문, 사자산문, 희양산문, 봉림산문, 수미산문 9개 산문을 말하는데, 이 산문들은 신라 말 고려 초 불교계에 커다란 영향력을 행사하였다. 선종의 풍미와 함께 문화도 바뀌었다. 선승들의 차 문화가 왕실이나 진골귀족들의 일상생활에도 영향을 주었다.

이렇듯 통일신라시대 선종의 수용은 육두품과 지방 호족과 같은 새로운 세력이 신라 사회의 근본적인 개혁을 선도하고 이들이 후원하여 세운 선종사찰이 지방문화 확산에 기여하였다는 점에 그 역사적 의의가 있다.

2. 통일신라시대 사찰 조영의 특징과 의미

통일신라 하대에 창건된 사찰은 문헌에 따르면 96개 사찰이 건립되었고, 이 중 17개가 당시 수도인 경주 지역에 건립되었고 나머지는 지방에 세워졌다. 앞서 고고학적으로 확인 가능한 통일신라시대 사찰이 전국에 632개소에 이르니 문헌에 기록되지 않고 창건된 사찰은 더 많은 것이다. 이처럼 통일신라시대에 들어서 일어난 불교계의 큰 변화는 전국 각지에 사찰 건립이 급격하게 늘어났다는 것이다. 지방 중에서도 당시 수도였던 경주를 중심으로 경북 일대와 대구, 울산 등에 집중되다가 하대에 들어서는 구산선문으로 대표되는 산문이 등장함으로써 전국에 확대된다. 이 산문은 각 지역의 호족들과 중앙의 지원을 받아 창건하게 되지만 지역사회의 거점이면서 구심점의 역할도 하게 된다.

특히 신라 문화의 절정기라 할 수 있는 경덕왕대에 사찰의 건립이 가장 두드러졌다. 중대에는 지방에 건립된 사찰이 증가하기는 하였으나 아직 경주 지역에 건립된 사찰이 지방 사찰보다 많았다. 영주·봉화지역의 여러 마애불 조성이나 안동 일대의 불탑 조성 등은 이 시기에 차츰 성행해가던 지방 불교의 면모를 말해 준다. 이는 지방민의 경제력이 성장해서 이 사찰들을 지원하였음을 의미하는 것이기도 하다. 훗날 의상의 제자로 활동한 진정(眞定)이 경제력이 미약한 기층민 출신이라 집집마다 돌아다니며 시주를 구하는 이에게 부러진 솥을 시주했다는 일화는 일반민들의 시주 경향을 잘 알려주는 사례이다.[31]

한편 통일신라 하대의 선종사찰 개창은 이전의 교종사찰과는 구조나 규모면에서 확연한

---

31) 정병삼, 2016, 앞의 논문, 336쪽.

차이를 보인다. 특히 구산선문으로 대표되는 선종사찰은 이전의 가람 규모와 구조에서 많은 차이를 보이는데, 이는 사상적으로 추구하는 방향이 다름에 있었다.

불교사에서 선(禪) 사상 자체가 '중세의 지성'으로까지 표현될 정도로 획기적인 변화라면 이러한 사상은 가람 조영에 있어서도 당연히 변화가 있었던 것을 가정할 수 있을 것이다. 그러나 이러한 변화에 대해서는 경전에서는 찾아보기 힘들다. 다만 승려의 율장이나 청규[32]에 단편적으로 언급하고 있는 정도인데, 이는 승단에서 신조류를 수용해서 가람 구조를 변화시키고 새로운 수행법과 이에 따른 새로운 형식을 신앙화하는 것에는 표면적으로 제약이 있었기 때문으로 생각된다.[33]

기존의 보수적인 교학과 이를 더욱 세밀하게 장엄하는 밀교적인 가람의 구성원리 속에서 새로운 가람의 형태가 나타나므로 시기에 따른 변화상을 획일화하기 어렵다는 특징이 있다. 그리고 선문, 선종이 내면적 수행을 기조로 하고 있으므로 교학 불교와 같이 외형을 엄격하게 장엄하거나 제도화하는 것은 더욱 아니어서 외형변화 요인을 정형화하기 어려운 부분도 있었을 것이다.[34]

선종의 확산은 선사들이 이끌었던 선중, 곧 제자들의 규모를 통해 짐작할 수 있다. 먼저 대안사 적인선사 혜철 문하에 100여 명, 보림사 보조선사 체징 문하에 800여 명, 성주사 낭혜화상 무염 문하에 2,000명, 봉림사 진경대사 심희 문하에 500여 명, 보리사 대경대사 여엄 문하에 500여 명, 비로암 진공대사 문하에 400여 명, 흥법사 진공대사 충담 문하에 500명, 경청선원 자적선사 홍준 문하에 100여 명, 정토사 법경대사 현휘 문하에 300여 명, 흥녕사 징효대사 절중 문하에 1,000여 명, 태자사 낭공대사 행적 문하에 500명, 고달사 원종대사 찬유 문하에 500여 명 등으로 알려져 있다.

이상의 예로 보면 당시 성주산문의 무염 문하가 가장 규모가 큰 2,000명이고, 작아도 100여 명은 되는 규모의 산문이 운영된 것이다. 이는 이미 당대 동산법문에서부터 나타난 현상이며, 마조도일의 제자 백장회해의 단계에 오면 선원 청규가 마련되어 공동 노동이라는 집단 농장 운영의 형태로 나아간다. 성주사의 예가 그러하다. 성주사의 무염이 항상 대중과 같은 음식을 들고 같은 옷을 입었으며, 사찰의 수리와 심지어 물 긷고 나무 지는 일에까지 다른 사

32) 崔法慧 역주, 2001, 『高麗板 禪苑清規 譯註』, 가산불교문화연구원.
33) 최태선, 2016, 앞의 논문, 157쪽.
34) 최태선, 2016, 앞의 논문, 158쪽.

람보다 앞섰다는 것은 이러한 영향을 받아 선종 사찰에서 실행을 한 사실을 보여준다. 이는 선종 사찰에서 지세의 보처를 자처하고 험한 토지를 개척할 수 있었던 노동력의 원천이 되었을 것이다.

당시의 선문 가람의 구조적인 특징은 '불지 영역', '경계 영역', '승지 영역'으로 구분하는 데 있고, 이러한 구조적 특징은 발굴조사를 통해 확인된 굴산사지나 성주사지를 통해서도 알 수 있다. 특히 승지 영역을 다시 세분화하여 '생활처'와 '수행 및 의례처'로 나누어 문헌당우를 배치하였다.[35] 이러한 승지는 점차 수행처와 생활처로 구분되며, 수행처는 선방, 수계를 위한 계단 등 의례화된 공간을 의미하며, 생활처는 일상생활과 관련된 공간으로 창고, 식당, 욕실, 화장실, 승려들의 위계에 따라 명칭이 다른 승방들을 범주에 포함할 수 있다.

승지에서의 수행처는 법당, 불전(교학가람의 불지에 해당)을 중심으로 주로 서편(불전 우측)에 위치하며, 생활처는 상대적으로 동편(욕실, 변소)과 강당(교학가람의 북측 회랑)의 북편(식당, 고방)에 위치하는 것으로 확인된다. 이러한 사실은 청규해제에서도 나타난다. 중국과 일본학계에서 사용하는 '선종(禪宗) 칠당(七堂)' 가람의 도식적 배치는 국내의 고고사례와도 거의 일치하는 편이며, 최근 실상사의 동편에서 확인된 추정 연지와 북동편에서 확인된 대형 옹기가 매납된 건물지(식사관련 공간)에서도 승지공간의 생활처와 수행처가 영역을 달리하고 있는 사실을 확인할 수 있다.

승지에서 선당, 선방과 함께 외형적으로 두드러지는 또 하나의 구조물은 별도의 영역에 담장으로 구획되어 조영되는 계단시설을 들 수 있다. 계단은 교학에서 중요시되어 온 것이지만 승려공간의 외지에 별도의 공간으로 자리하고 있으므로, 여기서는 승지영역 수행(의식)처 범주에 포함하였다. 계단의범과 관련해서는 건립을 위한 단의 장엄과 규격이 율장에 잘 표현되어 있다. 계단의 위치는 실제 승려의 수행 영역에서 서편이나 대웅전의 우측 편에 담장이나 높은 토단 위의 별원이 위치하고 있는 특징을 보인다.[36]

한편 당시 선종사찰은 대집단을 수용한 만큼 사찰이 자리 잡은 곳에 경계 표시를 하였다. 그 경계의 범위는 어느 정도인지 잘 알 수 없지만, 배타적 사찰 공간으로서 설치되었을 것이다. 그 예는 가지산 보림사에 원표대덕이 거처할 때 이미 설치된 장생표(長桂標)가 있었다는 데서 알 수 있다. 그리고 성주사에도 방생경계(放生境界)를 표하였다 한다. 안락사에 농장과

---

35) 최태선, 2016, 앞의 논문, 162쪽.
36) 최태선, 2016, 앞의 논문, 163쪽.

토지가 희사되자 별서로 표지를 하게 하고 금살표(禁殺標)를 구획하였다. 또 봉암사가 창건되자 강역을 표시하여 정하였다. 이로 보아 선종 사찰에는 배타적 경계 표시가 있었다. 사찰 주변은 물론 그에 딸린 원격지의 농장에 대해서도 그러한 표지가 있었던 것이다.

당시 산문의 건물은 대규모의 승려 거주 공간을 확보한 특징이 있다. 집회와 설법을 위한 선법당(選法堂)이 있었다는데, 이는 비문에 흔히 쓰인 '도마성렬(稻麻成列)'이라는 설법을 듣기 위해 모여든 선중이 많았음을 의미한다. 그리고 이들을 수용하기 위한 사찰 시설이 선법당인 것이다. 고승들 거의 대부분이 법당에서 입적하는 것으로 보아 선종사찰의 중요시설이자 특징은 바로 이 법당이었다. 그리고 승려의 인맥인 법계를 중시하는 경향 때문에 '영당(影堂)'을 중요시설로 삼았다. 그래서 성주사의 칠조사당(七祖師堂)이나 쌍계사의 육조, 그리고 도의선사의 진영이 모셔진 진전사의 사당은 그러한 대표적 예이다. 또한 당시의 선종사찰에는 선사들의 승탑과 비의 건립이 유행한 특징이 있다. 곧 이들을 '조사'로 우대하여 그 죽음을 예우한 것으로 승탑의 제작에는 공장이 참여한 점과 그 예술성으로 보아 왕실의 지원이 뒷받침되었음이 짐작된다. 이는 비의 건립과 짝을 이루기 때문이다. 비의 경우 그 건립 과정을 보면 비문의 찬술, 비의 제작에 왕실의 권위와 재력이 투여되는 사찰이었다. 따라서 비의 건립은 신라 왕실과의 돈독한 관계를 통해 왕실의 권위를 배경으로 사찰의 존재와 영속성을 보장받는 데 중요한 요소였다.

이러한 선종사찰의 대집단화와 이를 수용할 각종 시설이 성립함에 따라 이를 자체적으로 운영할 조직 또한 갖추어졌을 것이다. 신라 말 선종사찰 가운데 그러한 예를 볼 수 있는 사찰은 봉암사이다. 지증대사비의 음기에 이 비의 건립에 관여한 승려들의 직임을 나열한 가운데 '원주(院主) 대덕(大德) 능선(能善) 통준(通俊) 도유나등(都唯那等) 현일(玄逸) 장해(長解) 명선(鳴善)'이라 한 것은 봉암사 자체 조직을 말함이 아닌가 한다. 여기에서 원주, 도유나는 각각 직임을 가지고 있었다. 원주는 사찰 내부 조직의 책임자로 생각된다. 도유나는 사찰 내 승려들의 일상생활에 필요한 잡다한 일을 처리해 주며, 한편으로 대중의 규율을 단속하고 통솔하는 임무를 가지고 있었던 것으로 추정된다. 또 하나의 사례로 성주사에도 그러한 조직이 있었음은 무염이 사무를 맡긴 대통의 예로 알 수 있다. 대통은 원주와 같이 사찰 업무를 총괄하는 역할을 하였을 것이다. 문도의 대집단화는 이를 수용하기 위한 계열 사찰들을 낳았다. 법맥이 드러나지 않아 산파로 확인되지 않은 사찰도 다수 있었다. 산파의 사찰들은 계열성과 본말 관계를 가졌다. 그 예로서 봉림산파의 삼랑사에서 심희가 찬유에게 선백을 맡을 것을 말한 예, 성주산파의 성주사와 그 별관인 심묘사 그리고 문도 중 '색거이칭좌도량자'의 예, 사자산파의 흥녕선원과 그 별관인 원향사의 예, 사굴산파의 태자사와 행적의 제자 9사(師)가 주석한 사찰들의 관계 등이 있다. 830년대에 성립된 실상산파, 가지산파, 동리산파의 사찰이 가장 먼저 세워졌다. 선종사찰 수로 보면 규모는 성주산파, 사굴산파가 비교적 컸다. 산파의 계열 사찰 분포는 일정한 지역성은 보이지 않고 분산적이었다. 계열 사찰은 선승들이 유력을 하면서 문도를 늘리고 종언지소(終焉之所)를 확보하는 가운데 마련되었기 때문이었을 것으로[37] 추정된다.

이상과 같이 통일신라시대 선종사찰의 개창과 배경, 주요 특징을 살펴보았다. 한반도에 불교가 전래된 이후 신라의 삼국통일을 기점으로 불교는 대중화되기 시작하였고, 선종의 유입으로 전국 각지에 사찰이 조영되었다. 선종사찰은 획일화되고 일률적이었던 교종사찰에 비해 다양한 공간 구성과 비교적 큰 규모의 사찰으로 창건되었다. 그리고 이들 선종사찰은 각 지역의 호족과 지역민들의 구심점이 되었고, 신라에 고려 왕조로 전환되는 계기를 마련하게 되었다.

V. 맺음말

고대 삼국시대에는 수도인 도성을 중심으로 제한적 사찰 조성이 시작되었고, 통일신라시대에 이르러서는 유학승과 선종이 유입되면서 전국에 사찰 조영이 활발하게 진행되었다. 본고에서는 통일신라시대 사찰 조성과 관련해 전국적으로 조사된 보고자료 등을 토대로 그 현황을 살펴보고 통일신라시대 전국적으로 확산된 사찰의 건립 배경과 목적, 특징 등에 대해 논해 보았다. 특히 통일신라기 전국 각지에 조성된 사찰은 당시 불교의 확산이라는 시대적 상황을 방증하는 주요 물질 증거로서 중요한 의미를 담고 있다.

현황조사로 확인된 전국의 통일신라시대 사찰(지)은 총 632개소에 이른다. 위치나 현황을 알 수 없는 사찰(지)도 많아 전체 대상 대비 비중은 평가할 수 없지만, 상당히 많은 사찰이 통일신라기 전국에 조성된 것으로 확인되었다. 특히 현 행정구역 기준인 광역시와 광역도를 기준으로 구분해 보면 광역도에 602개소, 광역시에 30개소 정도가 확인되었다. 즉, 통일신라시대에는 불교가 성행하여 전국적으로 많은 사찰이 창건되었음을 알 수 있었다.

---

37) 한기문, 2016, 「선종의 수용과 전개」 『신라 불교계의 새로운 동향과 선종 –신라 천년의 역사와 문화 연구 총서 14』, 경상북도문화재연구원, 156~157쪽.

삼국을 통일한 신라는 중대 이후 많은 불교 사찰을 건립하였다. 이때부터 신라 불교 문화가 크게 발달하게 되었고, 이를 통해 불교의 대중화가 이루어져 일반인들의 불교 신앙이 보편화되었던 것으로 보인다. 이러한 배경에는 통일신라 하대에 이르러 치열해진 왕위쟁탈전으로 귀족층에서 분란이 계속되었고 잦은 자연재해로 기근이 만연하여 사회 불안이 고조되었는데, 이러한 사회적 위기감을 극복하고 일반백성의 현실적 고통과 이에 따른 불안감에서 벗어나고자 불교의 다양한 신앙이 사회 전반에 확산된 것이다.

신라 하대 선종의 성행은 중앙집권체제가 무너지고 각지에서 지방호족이 득세하는 정치적 변화와, 지나치게 이론에만 치중하고 왕실귀족과 연계된 교종의 내부적 문제 등을 배경으로 하여 나타난 현상이었다. 통일신라시대 선종의 수용은 육두품과 지방 호족과 같은 새로운 세력이 신라 사회의 근본적인 개혁을 선도하고 이들이 후원하여 세운 선종사찰이 지방문화 확산에 기여하였다는 점에 그 역사적 의의가 있다.

그리고 한반도에 불교가 전래된 이후 신라의 삼국통일을 기점으로 불교는 대중화되기 시작하였고, 선종의 유입으로 전국 각지에 사찰이 조영되었다. 선종사찰은 획일화되고 일률적이었던 교종사찰에 비해 다양한 공간 구성과 비교적 큰 규모의 사찰으로 창건되었다. 그리고 이들 선종사찰은 각 지역의 호족과 지역민들의 구심점이 되었고, 신라에 고려 왕조로 전환되는 계기를 마련하게 되었다.

제3장

통일신라시대 성곽

안성현
재단법인 중부고고학연구소

I. 머리말[01]

성곽의 사전적 의미는 연구자에 따라 다소 차이가 있지만 규모의 대소를 막론하고 적대세력의 침입으로부터 공동체를 방어하기 위하여 축조한 건축물[02]이라고 요약할 수 있다. 이에 따라 우리나라에는 고대로부터 성곽이 축조되었음을 알 수 있으나 정확한 출현 시기를 알려주는 자료는 없다. 문헌에서 확인되는 최초의 성곽은『史記』朝鮮列傳에 보이는 위만조선의 왕성인 왕검성으로 최소한 B.C. 1세기 이전에 축성되었음을 시사한다.[03] 이 성의 정확한 형태는 알 수 없으나 장기간의 수성전을 고려할 때 산성으로 추정할 뿐이다. 이후 3세기 전후의 우리나라 사정을 알려주는『三國志』魏書東夷傳 韓傳에 弁韓, 辰韓, 馬韓 지역에 성곽이 존재하였다는 기록이 보인다.[04] 또한『三國史記』와『三國遺事』를 비롯한 고려~조선시대의 각

---

01) 이글은 필자가 작성한 원고를 수정·보완하였음을 밝혀 둔다(안성현, 2013,「방어시설 성벽 –석성-」『한국성곽조사방법론』, 한국문화재조사연구기관협회; 2016a,「남한지역 토성벽에 잔존하는 석축부에 대한 연구」『야외고고학』제25호, 한국문화재조사연구기관협회; 안성현·최광훈, 2018,「연천 대전리산성의 성격 연구」『文物研究』第34號, 동아시아문물연구학술재단; 2020,『경남지역 고대성곽의 고고학적 연구』, 창원대학교대학원 박사학위논문; 2021,「경기도·서울·인천지역 성곽유산 개설」『한국의 성곽유산 I』, 경기문화재연구원).

02) 성곽의 사전적 의미는 적을 막기 위하여 목책이나 흙, 돌 따위로 높이 쌓아 만든 담, 또는 그런 담으로 둘러싼 일정한 구역을 일컫는 것으로 이해하거나(차용걸, 2011,『한국고고학전문사전 –성곽·봉수-』, 657쪽), 이와 달리 심봉근은 '성은 외부 침입에 대해서 국경지대나 전술상의 요해지에 설치하는 일종의 장애물'(심봉근, 2000,『하동 고소성 시굴조사보고서』, 동아대학교 박물관)로, 손영식은 현존하는 성곽유적의 성격과 여러 정의로 미루어 성곽을 '군사적·행정적 집단이 공동목적을 갖고 거주주체의 일정한 공동 활동공간을 보호하고 그 구조물이 연결성을 갖는 전통건조물'로 정의하였다(孫永植, 1987,『韓國城郭의 研究』, 문화재관리국, 14~15쪽).

03)『史記』卷115 朝鮮列傳 第55.
「其秋 遣樓船將軍 齊兵七千人 先至王險 右渠城守」.
「太史公曰 右渠負固 國以絶祀」.

04)『三國志』魏書東夷傳 韓傳.
夫餘傳「作城柵皆圓 有似牢獄」.
高句麗「於二東界一築二小城」.
馬韓「散在山海間 無城郭 ……… 其國中有所爲及官家 使築城郭」.
辰韓「有城柵」.
弁韓「亦有城郭」.

종 문헌 기록에서도 성곽의 축성이나 수축 관련 기록이 확인된다.

이를 반증하듯 2003년 문화재연구소의 조사 결과 남한지역에만 2,130개소의 성곽이 확인되었으며,[05] 우리나라 곳곳에서 새로운 성곽들이 확인되고 있다는 점에서 성곽의 개수는 늘어날 것임은 분명해 보인다.[06] 하지만, 우리나라의 성곽은 동시기·동일 국가에 의해서 축성된 것이 아니라 삼국시대부터 조선시대까지 지속적으로 축조되었다는 점[07]을 유념해 두어야 한다.

한편, 이 글의 대상인 통일신라시대 성곽 또한 다른 고고학 자료와 동일하게 명확히 정의하기 어려운데 그 이유는 우리나라의 시대구분과 연동되기 때문이다. 즉, 성곽사에서 시대구분에 대한 논쟁이 거의 이루어지지 않으므로 인해 삼국시대에서 조선시대까지의 구분이 명확하지 않다. 즉, 한국사 서술에서 일반적으로 사용되는 시대구분법을 그대로 수용할 것인지, 아니면 성곽의 변천을 고려하여 선별적인 시대구분을 적용할 것인지[08]의 문제로 귀결된다.

널리 알려진 바와 같이 우리나라 성곽의 변천은 왕조교체와 일치하지 않는다.[09] 현재까지 자료만으로 한정할 때 삼국시대 말기와 통일 직후에 축조된 성곽을 구분할 수 없다. 이와 더불어 나말여초에 축조된 성곽의 특징은 모두 통일신라 말기의 분열과 혼란을 극복하면서 고려왕조의 양식을 성립시켰을 것이라는 일반적인 추측을 할 수 있으나, 그 구체적인 계통과 변화의 양상을 이해하기 위한 기초 작업은 아직 충분한 근거가 마련되지 못하였다.[10] 따라서 통일신라시대 성곽의 상한은 삼국시대 말과 중복될 수밖에 없으며, 하한은 나말여초까지 포함시킬 수 있다. 하지만, 후자의 경우 고려시대 초기의 사회상까지 반영해야 하므로 대상의

---

05) 이춘근, 2006, 「중부내륙 옛 산성군의 세계문화유산 등재 방법」 『한반도 중부내륙 옛 산성군 UNESCO 세계문화 유산 등재 추진 세미나 발표집』, 한국성곽학회, 6~7쪽.

06) 안성현, 2021, 「경기도·서울·인천지역 성곽유산 개설」 『한국의 성곽유산 I -경기도·서울·인천지역-』, 경기문화재연구원, 9~10쪽.

07) 안성현, 2013, 「방어시설 성벽 -석성-」 『한국성곽조사방법론』, 한국문화재조사연구기관협회, 244~247쪽; 2017a, 「덕진산성의 축조 연대와 의미」 『百濟文化』 第56輯, 百濟文化研究所, 164쪽.

08) 유재춘, 2002, 「중부내륙지역 중세 산성의 현황과 특징」 『江原文化研究』 第12輯, 江原鄕土文化研究會, 131~157쪽; 2007, 「中世 山城의 特徵的 類型과 變遷」 『江原史學』 第17·18合輯, 江原史學會, 7쪽.

09) 안성현, 2017b, 「경기 남부지역 중세 성곽연구」 『한국중세사연구』 51, 한국중세사학회, 503~539쪽.

10) 차용걸, 2009, 「고려시대 성곽연구의 현황과 과제」 『한국성곽학회 2009년도 추계학술회의』, 한국성곽학회, 2쪽.

범위가 확장될 우려가 있다. 이러한 관점에서 통일신라시대 성곽의 범위를 삼국시대 말기와 고려시대 이전까지 한정한다. 이 시기에는 석축산성을 비롯해 평지에 다수의 토성이 축조되므로 이 둘을 나누어서 살펴보고자 한다.

II. 성곽유적 해석의 전제

기왕의 연구에서는 성곽 유적을 어떻게 해석할 것인가?라는 근본적인 문제와 성곽 해석을 위한 전제에 대해서 논의된 적이 없는듯하며, 논의 이전 두 가지 사실을 유념해야 한다.

첫째, 성곽은 유적의 특성상 축성 이후 단기간에 폐기되는 경우도 있지만, 대부분 장기간 동안 사용되거나 아니면 필요에 의해서 재사용되는 것이 일반적이다. 당연하지만 성벽과 부속시설 등은 수·개축이 지속적으로 이루어지므로 초축성벽을 확인하기 어려운 경우가 많다. 또한, 성 내부에는 사용시기의 유물들과 더불어 축성 이전이나 이후의 유물들이 출토되는 경우가 있으므로 고분이나 주거지와는 다른 관점에서 접근하는 것이 옳다. 그리고 삼국의 국경은 현대와 같이 고정적인 것이 아니라 유동적이라는 점에서 국경지역과 그렇지 않은 지역과도 차이를 두어야 한다.

자세한 내용은 후술하겠지만, 성곽유적에 대한 연구를 고고학적 관점에서 접근하게 되면 성곽에 대한 안정적인 편년체계를 세운 후 개별 성곽의 초축 시기와 시기별 경관을 밝히는 작업이 우선되어져야 한다. 성곽에서 가장 중요한 부분을 차지하는 성벽의 축조수법은 시기적으로 차이를 보인다고 알려져 있다. 하지만, 비슷한 시기에 축성된 성곽들 중에서도 축조수법은 차이가 있다는 점 역시 유념해야 한다.

둘째, 성곽유적 연구의 범위와 한계에 관한 것으로 2000년대 초반 학계의 관심이 집중된 풍납토성과 몽촌토성 성벽의 축조공정과 시기별 경관이 어떠하였는지에 대한 명백한 자료는 확보하지 못하였으며, 서벽에 대한 조사결과 기왕에 알려진 것과 다른 축조수법이 확인되었다.[11] 풍납토성 동벽을 재분석하면 기왕의 연구에서 밝혀진 변천 및 구조와는 전혀 다른 해석이 가능하다. 또한, 축성에 참여한 인원들을 어디서·어떻게 동원 하였는지와 동원된 인

---

11) 양숙자 외, 2021, 「2021년 풍납토성 서성벽 복원지고 조사 성과」 『풍납토성 축성기술의 비밀을 풀다』, 국립강화문화재연구소, 21~32쪽.

원이 어디서, 어떠한 방법으로 생활하였는지에 대한 자료 역시 알지 못한다. 다만, 진해 자은 동유적의 발굴조사 결과 진해 구산성을 축조하기 위한 생활유적이 확인됨[12]에 따라 단편적으로 이해할 수 있지만 이를 일반화시킬 수 있는지는 단언하기 어렵다.

5세기 후반 이전 신라석축 산성의 형태와 육로 및 해로의 방어체계가 어떠하였는지에 대한 구체적인 자료를 가지고 있지 못한다. 6세기 중·후반 이후 경남 남해안 지역의 신라성곽만으로 한정할 때 김해를 중심으로 서쪽은 연안을 따라 소형의 석축산성이 주로 축조되는데 반해, 동쪽과 북쪽은 대형과 소형의 산성들이 혼재되었음을 알 수 있을 뿐이다.[13] 이러한 양상은 다른 지역에도 적용될 수 있지만 지역마다 차이가 존재하였음은 분명한 것 같다.

한편, 어느 한 지역이 복속되었을 때 점령국의 축성에 피점령국의 기술력이 어느 정도 반영되었는지에 대한 검토 역시 이루어지지도 않았는데, 경남지역의 호상성문과 서울·경기 지역의 기단보축에서 단편적인 내용을 파악 할 수 있을 뿐이다. 또 특정 산성들이 왜 가야와 신라, 백제 산성인지에 재논의가 필요하다. 기왕의 조사에서 가야성으로 알려진 합천 초팔성과 대야성의 석축성벽을 축조한 주체가 가야인지, 아니면 의령 호미산성과 동일하게 가야 토성을 통일신라시대에 개축한 것인지 분명하지 않다. 이중 초팔성은 가야의 산성으로 보고 된[14] 이후 비판적 검토 없이 인용되고 있다.[15] 그러나 초팔성은 고려시대에도 성곽으로서의 기능을 수행하였으므로 조사된 성벽은 가장 늦은 시기인 고려시대 성벽이거나 아니면 여러 시기 성벽이 중복된 상태라고 보는 것이 합리적이다. 그리고 합천 성산토성과 아라가야 추정 왕성-가야리유적-, 김해 봉황토성, 고령 연조리토성이 왜 가야의 왕성으로 해석해야하는지, 이와 더불어 설봉산성과 설성산성·반월산성이 왜 백제성이어야만 하는지에 대해서도 재검토가 필요하다. 이를 반증하듯 필자는 대가야 궁성으로 알려진 연조리토성의 조사결과를 재분석한 결과 이 토성의 성벽으로 알려진 구조물은 통일신라시대에 축조된 것임을 밝힌바 있다.[16]

특히 당대인들의 축성에 대한 인식이 어떠하였는지는 문제제기 조차 되고 있지 않은 실정

12) 東亞細亞文化財研究院, 2011a, 『鎭海 自隱 採石遺蹟』.

13) 안성현, 2017c, 「김해지역 삼국시대 성곽의 축성 배경」 『문물』 제7호, 한국문물연구원, 47~84쪽.

14) 경남발전연구원 역사문화센터, 2007, 『합천 전초팔성』.

15) 심광주, 2020, 「加耶 城郭으로 본 土木 技術」 『가야인의 技術』, 국립가야문화재연구소, 90~91쪽.

16) 안성현, 2020, 앞의 책, 58~60쪽.

이다. 물론, 성곽 축성에 적용된 관념과 건물과 고분 구축의 관념 차이를 밝히는 것은 어려운 작업이다. 다만 필자는 고총 고분과 성벽 축조에 적용된 기술력은 차이가 있었음을 피력한 바 있다.[17] 결국 성곽유적에 대한 고고학적 접근법은 경관 변천과 유구의 동시성 문제로 귀결된다고 할 수 있다.

이상의 내용에서 알 수 있듯이 성곽의 해석은 상당히 복잡한 문제이며, 지역에 따라 일반론과 특수성을 동시에 고려해야 한다. 이 문제는 졸고에서 부분적으로 다룬바 있으므로 몇 가지를 추가로 살펴보고자 한다.[18]

1. 성곽 연구의 접근법

성곽유적의 성격을 파악하는 접근법은 문헌사적 관점과 고고학적 관점, 건축학적 관점으로 나누어진다. 어느 관점으로 접근하느냐에 따라 대상 유적의 분석 방법을 달리해야 하며, 각 관점에서 밝혀지는 사실 역시 다를 수밖에 없다. 특히 우리나라의 성곽은 동시기·동일 국가에 의해서 축성된 것이 아니라 삼국시대부터 조선시대까지 지속적으로 축조되었으므로 동일지역에는 여러 시기 성곽들이 혼재되어 있다고 보는 것이 합리적이다. 따라서 성곽유적을 분석할 경우 어느 관점에서 접근하는지를 명확하게 밝혀야 한다. 성곽유적을 고고학적으로 접근할 경우 한 지역 내 성곽을 축성 시기별로 나누어 분석해야 한다.[19] 이와 병행하여 성벽 및 부속시설 역시 성곽과 동일하게 접근한 후 각 유적의 경관 변천과 성격을 파악하는 것이 순리적이다.[20]

이러한 관점에서 성곽 연구는 축성사적 접근법과 관방사적 접근법으로 나누어진다. 전자는 동일한 시기 성곽의 속성들을 분석한 후 특징을 밝히는 것으로 이제까지 이루어진 대부분의 연구가 여기에 속한다. 이 관점으로 접근할 경우 당대의 축성된 성곽의 특징을 파악할 수

17) 안성현, 2015a, 「거창지역 성곽연구 -신라산성을 중심으로-」 『거열산성의 역사적 가치 조명』, 경남발전연구원 역사문화센터, 63~92쪽.

18) 안성현, 2015a, 앞의 글, 56~64쪽.

19) 안성현, 2017c, 앞의 글, 47~83쪽.

20) 안성현, 2017d, 「토론문 -발해의 성벽 축조방식에 대해-」 『발해 동경용원부 팔련성의 도성 조영과 역할』, 동북아역사재단 · 고구려발해학회, 200쪽.

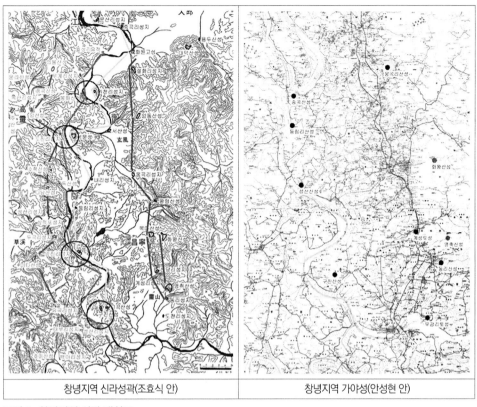

| 창녕지역 신라성곽(조효식 안) | 창녕지역 가야성(안성현 안) |

그림 1. 창녕지역 성곽 배치도

있지만 관방체계를 밝히는 데에는 무리가 있다.

이에 반해 후자는 대상 시기에 사용된 모든 성곽을 다루어야 하므로 귀납법으로 접근해야 한다. 이와 더불어 성곽 이외의 봉수와 군사제도, 경제, 문화 및 시기별 주적 등에 대한 종합적인 분석이 이루어져야 한다. 그러므로 분석 대상을 선정하는 작업이 힘들뿐만 아니라 연구의 범위가 너무 넓기 때문에 일개 연구자가 접근하기에는 현실적으로 어렵다. 특히 미시적 관점-성벽의 수·개축과 변천 등-에 대한 분석이 선결되지 않은 상황에서 이루어지는 거시적 관점의 정치사적 해석은 오류가 발생할 수밖에 없다.[21] 하지만, 상기의 문제의식이 반영

---

21) 안성현, 2016a, 「홍련봉 1·2보루의 축조방식과 구조에 대한 연구」 『백제문화』 제55집, 公州大學校 百濟文化硏究所, 115쪽.

된 조사와 연구는 찾기 어렵다.

　따라서 성곽유적의 고고학적 연구를 거칠게 정의하면 "현재 잔존하는 성벽과 부속시설을 시기적으로 어떻게 나눌 것인가"로 요약할 수 있다. 성곽을 구성하는 가장 중요한 성벽과 부속시설의 축조시기를 어떻게 구분하여 분석할 수 있는 가로 환언할 수 있으며, 유구의 동시성 문제로 귀결된다.

　기왕의 연구는 성곽유적의 조사결과에 대한 면밀한 검토나 재분석 없이 이루어지고 있어 당대의 사회상을 그리는데 지장을 주고 있다는 점은 부정하기 어렵다. 이 문제를 해결하기 위해서는 대상 유적에 대한 철저한 재분석과 타 유적과의 비교·검토가 이루어져야 한다. 당연하지만, 조사결과를 비판적 검토 없이 인용할 경우 분석 대상에 대한 검증이 불가능하게 된다. 그러므로 조사에 오류가 있으면, 그 결과를 분석한 연구 역시 동일한 문제가 발생하게 된다.[22] 다만, 분석 대상의 유구를 구분하는 작업은 자의적일 수 있으므로 그 근거를 반드시 제시해야 한다.

2. 성곽과 주변 유적과의 관계

　성곽과 주변 유적과의 관계는 성곽의 성격을 파악하는 중요한 작업임과 동시에 성곽 해석의 초보적인 담론과 연동되는 측면이 강하다. 이러한 형태의 연구는 고분과의 관계를 중심으로 이루어져 왔다. 성곽과 고분을 set 관계로 본 최초의 연구는 1970년대 홍사준에 의해서 시도되었다.[23] 그러나 후속연구가 이루어지지 않고 있다는 점에서 산성과 고분군의 상관관계를 입증하는 것이 굉장히 어려운 작업임을 알게 해 준다. 최근 전남 동부지역과 경남 지역에서 고분군과 성곽을 set 관계로 설정하는 연구들이 속속 발표되고 있다.[24] 이 연구의 문제

22) 안성현, 2020, 앞의 책, 15쪽.

23) 洪思俊, 1971, 「百濟城址硏究 -築城을 중심으로-」『百濟硏究』 2집, 충남대학교 백제연구소, 115~136쪽.

24) 곽장근, 2008, 「湖南 東部地域 山城 및 烽燧의 分布樣相」『嶺南學』 13, 경북대학교 영남문화연구원, 221~261쪽.
　조효식, 2008, 「영남지역 삼국시대 성곽의 지역별 특징」『영남고고학보』 45, 영남고고학회, 41~74쪽.
　정인태, 2010, 「가야지역 고분과 고대 산성의 조사현황 및 관계」『韓國의 都城 -三國~朝鮮, 發掘

는 세 가지 정도로 나누어서 살펴볼 수 있다.

① 고분군과 인접한 성곽들을 도식적으로 연결시키고 있을 뿐 양 유적간의 유기적인 관계에 대해서는 별다른 관심을 두지 않는듯하다. 주지하다시피 성곽은 단기간에 축성되는데 반해 고분군은 오랜 기간 조영되기 때문에 분기를 나누어 설명하는 것이 일반적이다. 즉, 성곽이 점이라면 고분군은 선에 비유할 수 있으므로 고분군의 어떤 분기 및 시기와 연결시킬 것인가에 대한 면밀한 검토가 이루어져야 한다. 하지만 기왕의 연구에서 이러한 검토가 이루어진 논문은 찾기 어렵다.

② 성곽과 주변 유적과의 관계, 특히 고분군과의 관계를 지나치게 강조함으로써 확대해석의 여지가 높다. 그 예로 이현혜는 김해지역의 성곽을 적극적으로 해석하여 주변의 고대 취락 및 고분군과 set 관계로 설명하였지만 그 근거는 제시하지 않았다.[25] 이에 비해 남재우는 안라국의 화염문투장고배의 분포권과 함안지역 성곽의 분포를 근거로 안라국의 영역을 설정한 것은 기왕의 연구와 달리 색다른 접근법이며,[26] 성곽의 시기를 세부적으로 나누지 않았다는 점에서 후학들의 연구에 참고가 될 수 있다고 본다. 이에 대해서 필자도 공감하며, 시·발굴조사가 이루어지지 않아 정확한 축성시기를 알 수 없는 상황에서 분기를 나누어 설명하는 것 역시 고대사를 복원하는데 지장을 줄 수 있다는 점을 명심해야 한다.

③ 고분의 축조를 가야의 한 국가나 소국 내 소집단과 연결시키는 것은 일반적인 경향인 듯하며, 이를 확대해 소집단과 성곽을 아울러 설명하고 있다.[27] 그러나 축조시기가 불분명한 성곽과 고분군을 연계하여 해석하였다는 점에서 문제가 있다. 필자는 신라와 가야 성곽을 구분하는 것은 일정 부분 가능하다고 생각한다. 그러나 가야의 성곽 축조에 참여한 집단과 고분의 조영주체가 동일한지를 밝히는 작업은 현재까지 파악된 자료로서는 불가능할 뿐 아니라 그럴 수도 없다. 최근의 연구 경향은 신라와 가야성곽을 구분하는데 별다른 문제의식을 보이지 않는다는 점에서 당대의 시대상과 다른 결론이 도출될 수밖에 없다.

....
　　調査와 成果-」, 국립경주문화재연구소, 219~240쪽.

25) 이현혜, 1996, 「金海地域의 古代 聚落과 城」『韓國古代史論叢』8, 韓國古代社會研究所, 147~198쪽.

26) 남재우, 2003, 『安羅國史』, 혜안, 177~202쪽.

27) 鄭昌熙, 2005, 「5~6世紀 大邱 洛東江沿岸 政治體의 構造와 動向」, 慶北大學校 文學碩士學位論文, 7~71쪽.

3. 고총 고분과 석축성벽 축조수법

고총 고분과 성곽을 축조하는 기술력을 동일시하고 있는 듯하다. 고분 전공자 중 석성의 축조 기술이 석재를 가공한 후 쌓는 것이므로 묘제의 구축 기술과 동일하다고 전제한다.[28] 필자는 이러한 주장에 동의할 수 없으며, 고총 고분과 축성에 적용되는 기술은 근본적으로 차이가 있다고 본다. 고분은 매장주체부와 봉토로 구성되어 있으므로 이 둘을 나누어 살펴보면 다음과 같다.

① 고총의 매장주체부는 지하식과 반지하식, 지상식으로 구분된다. 이중 지하식은 원지형을 굴착한 후 면석과 적심을 동시에 쌓은 형태로 적심의 두께가 얇다. 복천동 22호분과 같이 면석 부근에만 석재로 돌을 채운 경우도 확인된다.[29] 지상식 역시 면석과 봉토 및 호석을 동시에 쌓은 구조인데, 면석과 인접한 곳은 할석으로 채우기도 하므로 성벽과 유사한 구조라고 할 수도 있다. 하지만, 매장주체부의 대부분을 흙으로 다졌다는 점에서 나동욱이 주장하는 석축형토성[30]과 유사하게 볼 여지도 있지만, 면석과 적심을 할석으로 동시에 쌓아 올라가는 전형적인 석축성벽과의 차이는 분명하다. 그 예로 면석 뒤에 적심을 채운 계남리 1·4호분은 면석과 인접한 부분에만 돌로 채우고 나머지는 흙으로 다졌는데, 이러한 양상은 송현동 6·7호분, 경주 방내리 1호 석실 등을 비롯한 대부분의 석곽 및 석실묘에서도 동일한 양상을 보인다.[31] 특히 발굴조사가 이루어진 석실묘와 석곽묘 중 상부가 잔존하는 경우 벽석이 붕괴되거나 배부림현상을 확인되는 사례가 드물다. 또 적심의 범위를 고려할 때 고총 고분은 의외로 하중을 많이 받는 구조가 아니었음을 반증한다.

성벽은 고총 고분의 벽석과는 달리 지상으로 높게 쌓아 올리는데 삼국시대의 경우 높이와

28) 趙晶植·金旼撤, 2006, 「대가야 성곽의 연구 -고령 대가천 주변 성곽을 중심으로-」『伽倻文化』第十九號, 伽倻文化研究院, 91~142쪽.
최재현, 2014, 「발굴조사 성과로 본 대가야 주산성」『대가야의 고분과 산성』, 고령군 대가야박물관·(재)대동문화재연구원, 187~224쪽.

29) 김두철, 2007, 「소위 四方式積石木槨墓의 검토」『考古廣場』創刊號, 釜山考古學研究會, 299~254쪽.

30) 羅東旭, 1996, 「慶南地域의 土城 研究 -基壇石築型 版築土城을 中心으로-」『博物館研究論集』5, 부산광역시립박물관, 15~109쪽.

31) 홍보식, 2010, 「수혈식석곽과 조사방법」『중앙고고연구』6, 중앙문화재연구원, 1~59쪽.
김강남, 2012, 「5~6세기 신라 고분의 매장주체부 위치에 따른 봉토 구조와 변화 -낙동강과 금호강의 중·하류 유역을 중심으로-」『야외고고학』제15호, 한국문화재조사연구기관협회, 139~174쪽.

폭이 최소 4~5m 이상이며, 면석과 적심을 맞물게 축조한다. 면석의 축조수법은 유사하다고 판단할 수 있으나 적심은 고총 고분과 차이를 보일 수밖에 없다. 일반적으로 성벽의 견고성을 높이는 가장 중요한 속성을 외벽의 축조수법이라고 생각하지만 필자는 외벽 못지않게 중요한 것은 적심이라고 본다. 실제 성벽 조사 중 면석이 붕괴된 상태에서도 면석과 연접하는 적심만은 붕괴되지 않고 면을 맞추고 있는 사례를 종종 볼 수 있다. 그 이유는 외벽과 적심을 맞물리게 쌓지 않으면 성벽은 붕괴될 수밖에 없기 때문이다. 따라서 매장주체부와 성벽은 다른 기술이 적용되었음을 알 수 있다.

② 봉토는 매장주체부를 보호하기 위하여 흙으로 층층이 다진 구조물을 지칭한다. 단면형태는 반구형을 이루는 것이 일반적이며, 전남지역에는 말각장제형도 확인된다. 이 중 가야지역의 고총 고분은 신라의 영향에 의해서 축조되었다는 견해와 자체 발생하였다는 견해로 나누어지는 듯하다. 고총 고분의 기원은 차치하더라도 고총 고분이 사라질 때까지 성토기법이 적용되는 점은 동일하다.

이와 달리 고대의 토성은 성토토성 → 순수판축토성 → 기단석축형토성으로 발전한다고 알려져 있다. 물론, 성벽의 발전방향이 도식적으로 이루어졌다고 보기는 어렵다. 즉, 나말여초에 축조된 토성 중 청주 태성리토성과 아산 신법리토루, 파주 덕진산성 외성의 축조에 성토기법으로 적용된 사례도 있지만, 위의 형태로 변하는 경향성은 부정할 수 없다.

영남지역만으로 한정할 때 성토토성이 확인된 바 없었으나 최근 합천 성산토성[32]과 경주 도당산토성, 창원 성산토성 등이 조사되었다. 이러한 양상은 중부지역의 길성리토성과 소근리산성, 증평 이성산성, 안성 도기동산성의 성토토성[33](보고서 토루 1) 등에서 확인된다는 점에서 영남지역(가야 및 신라의 고지) 역시 한반도 중부지역과 유사하게 성토토성이 축조되었음을 반증한다.

경상도 지역만 한정할 때, 순수판축토성은 5세기 중~후반경에 축조된 양산 순리지토성,[34] 임당토성,[35] 봉황토성[36] 등이다. 축조 시기는 양산 순리토성과 봉황토성이 5세기 중·후반,

32) 慶尙大學校博物館, 2011, 앞의 책.
    東西文物硏究院, 2013, 앞의 책.
33) 한양문화재연구원, 2021, 앞의 책.
34) 동아대학교박물관, 1983, 『梁山 蓴池里土城』.
35) 영남문화재연구원, 1999, 『慶山林堂遺蹟 I -F, H地區 및 土城-』.
36) 경남고고학연구소, 2005, 『鳳凰土城 -金海 會峴洞事務所~盆城路間 消防道路 開發區間 發掘調査

| 보은 삼년산성 | 홍련봉 2보루 성벽 |
| 하남 감일동 백제 석실묘 | |

그림 2. 성벽 및 석실묘

임당토성이 6세기 대이다.[37] 이중 양산 순지리토성의 성벽은 2열의 영정주를 설치하고 판축
식으로 쌓았지만, 내·외벽에 협판을 사용하지 않았으므로 영정주 외부까지 다짐토가 이어
진다는 점에서 전형적인 순수판축토성과는 차이가 있다. 기단석축 형판축토성은 7세기 전반
경에 축성된 남해 대국산성 외성에서 확인되었다.[38] 이러한 관점에서 신라와 백제의 토성은

報告書-』.

37) 임당토성은 순수판축토성으로 내벽을 이중으로 쌓았으며, 공정상의 차이로 이해하고 있다. 임당
토성의 축성시기에 대해서는 4세기 정도로 보는 것이 일반적이다. 다만, 보고서에서는 내벽의 주
혈에서 6세기대의 토기편이 출토되었다고 기술하고 있다. 따라서 임당토성의 시기를 기왕에 알려
진 바와는 달리 6세기로 보는 것이 합리적이다(안성현, 2020, 앞의 책, 258~262쪽).

38) 경남문화재연구원, 2005, 『南海 大局山城 -南門址 및 蓮池-』.

시기 차이는 있지만 유사한 양상으로 발전하였다는 점은 분명하다.[39]

따라서 봉토와 토성은 동일한 성토기법으로 출발하였으나 성벽에 판축토성이 도입됨으로써 다른 방향으로 변화·발전하게 된다. 그 이유는 여러 가지가 있겠으나 가장 중요한 것으로 단면형태(기울기)라고 생각한다. 봉토의 단면 형태는 반구형이므로 내·외벽을 수직에 가깝게 쌓아 올리는 판축기법이 적용될 수 없다. 토성 역시 성토기법으로 축조될 당시에는 완만한 경사를 이루지만 순수판축토성으로 변화된 이후부터는 수직에 가까운 구조로 바뀌게 된다.[40]

이상의 내용을 종합해보면 고총 고분의 매장주체부와 석축성벽은 기술적으로 계통이 달랐음을 알 수 있다. 이와 달리 봉토와 토성의 성벽은 동일한 기술에서 출발하였으나 성벽의 경우 방어력을 높이기 위해 다른 방향으로 발전하였음을 알 수 있다.

4. 성벽의 수·개축

성곽 유적의 해석 과정에서 수·개축은 많은 연구자들에게 傳家의 寶刀로 사용되어지고 있다. 이를테면 논의의 대상이 현재와 같은 축조수법인 이유는 수·개축이 이루어졌기 때문이라고 주장함으로써 논쟁의 중심에서 벗어난다. 그에 따라 잔존하는 성벽을 토대로 축조수법을 파악할 수밖에 없다. 필자는 이러한 해석에 대해 지속적으로 비판한 바 있으며,[41] 이남석 역시 사비도성의 경관을 이야기 하면서 "잔존하는 경관은 백제 멸망기에 정립된 것으로 보아야 한다."고 기술하였다는 점[42]에서 수·개축의 개념과 그에 따른 생활면의 변화를 인식하고 있었다는 점은 분명한 것 같다.

성벽의 수·개축에 대해서는 남산신성비의 비문을 참고 할 수 있다. 비는 다양한 내용을

---

39) 이혁희, 2013, 「漢城百濟期 土城의 築造技法」, 한신대학교 대학원 석사학위논문, 15~27쪽.

40) 약사동 유적이나 구위양지 등의 예로 보아 제방 역시 성토기법이 통일신라시대까지 적용되는데, 그 이유는 제방의 기능과 관련이 있을 가능성이 크다. 제방은 내부에 물을 저장해야 하므로 토성보다 쉽게 붕괴될 수밖에 없는 구조이며, 이를 방지하기 위하여 완만한 경사나 계단상으로 쌓은 후 점토나 할석을 피복하는 것이 유리하였을 것이다. 약사동 유적의 경우 기저부에 토제가 확연하다는 점에서 이를 반증한다.

41) 안성현, 2013, 앞의 글, 120~126쪽.

42) 이남석, 2014, 『泗沘時代의 百濟考古學』, 서경문화사, 65~72쪽.

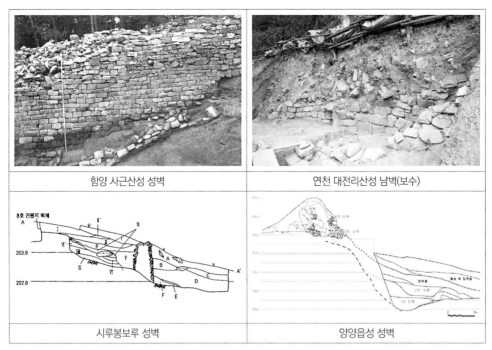

| 함양 사근산성 성벽 | 연천 대전리산성 남벽(보수) |
| 시루봉보루 성벽 | 양양읍성 성벽 |

그림 3. 석성 및 토성 성벽에 나타나는 수축흔

담고 있는데, 첫머리는 "591년(신해) 2월 26일 남산신성을 쌓을 때, 법에 따라 쌓은 지 3년 만에 무너지면 죄로 다스릴 것을 널리 알려 서약케 한다."라는 공통된 문장으로 시작한다.[43] 비의 내용에서 알 수 있듯이 남산신성의 축성이 완료된 이후 3년 이내에 붕괴되면 죄를 받는다는 것이다. 널리 알려진 것과 같이 남산신성은 신라의 왕경을 방어하기 위해 축조되었는데, 이 산성이 축조 후 3년 이내에 붕괴되면 처벌 받는 다는 것은 지방에 축조된 다수의 성곽이 3년 이내에 무너졌음을 시사한다. 따라서 고고학적 조사에서 확인되는 성벽에는 다수의 수·개축흔이 남아있다고 보는 것이 합리적이다.

성벽에는 수차례나 그 이상의 수·개축흔이 나타나기 마련이지만 현재까지 이에 대한 연구는 거의 이루어지지 않았다. 필자는 석축성벽을 정의하는 과정과 토성의 성벽 분석 결과 6

---

43) 국립경주문화재연구소, 2009, 『浦項 中城里新羅碑』, 70~74쪽.

가지 정도의 수·개축흔적이 잔존함을 밝힌 바 있다.[44] 하지만, 최근까지도 고고학적 조사가 이루어진 성벽을 분석하는데 있어 현재 남아 있는 성벽으로 축조공정을 복원하는 사례를 쉽게 찾을 수 있다. 이러한 방법으로 분석하면, 성벽의 구조가 복잡해 질 뿐 아니라 대상 시기의 기술을 복원하는데 지장을 줄 수 있다.

5. 성곽 내부 출토유물의 해석

성곽의 축조 시기는 내부에서 출토된 가장 이른 시기의 유물을 근거로 설정하는 것이 일반적이다. 필자는 이러한 관점으로 축성 시기를 파악하는 것은 상당히 위험하다는 견해를 밝힌 바 있다. 실제 성곽 조사 과정에서 성곽의 축조 시기보다 이른 시기의 유물이 출토되는 상황을 자주 겪게 된다.

그 예로 6세기 중반의 이른 시기와 7세기 중반에 축조되었을 가능성이 높은 김해 분산성과 양동산성에서 점토대토기가 출토되지만 점토대토기와 동시기로 볼 수 없다. 안성 망이산성의 경우 산정상부를 두르는 백제의 테뫼식 토성과 그 외부에는 통일신라시대 석축산성이 축조되었으므로 다양한 시기의 유물이 출토된다. 또한, 양주 대모산성과 남한산성에서는 백제의 수혈유구와 백제 유물이 확인되지만 현재의 성벽을 백제와 연계해서 해석하는 것은 무리가 있다. 이러한 양상은 조선시대에 축조된 창원 진례산성의 경우 문헌기록과 내부에서 출토된 유물을 근거로 삼국사기에 기록된 진례성으로 비정하고 있지만, 통일신라시대로 볼 수 있는 근거는 어디에도 없다.[45] 최근 진례성을 김해 송정리토성으로 비정하는 견해도 제시되었다.[46]

이와 더불어 성곽에서 출토되는 기와의 해석에 대해서도 주의 깊게 접근하는 것이 타당하다. 기왕의 연구에서는 성 내부에서 출토된 기와를 건물과 연결시켜 해석하는 것이 당연시 되어왔다. 하지만, 기와의 용도는 다양하다는 점에서 신중한 해석이 필요하며, 두 가지 관점에서 접근할 수 있다.

---

44) 안성현, 2013, 앞의 글, 120~124쪽; 2016b, 「남한지역 토성벽에 잔존하는 석축부에 대한 연구」 『야외고고학』 제25호, 한국문화재조사연구기관협회, 7~29쪽.

45) 안성현, 2015a, 앞의 글, 94~95쪽.

46) 정의도, 2010, 「進禮城의 考古學的 硏究」 『한국성곽학보』 제18집, 한국성곽학회, 2~19쪽.

㉠ 건물과 관련 없는 기와들이 출토될 가능성도 있다. 그 예로 통일신라시대 평지토성의 성벽 내·외부에서 출토되는 기와는 건물과 관련 없고, 성벽의 상부 시설과 관련 있다.[47] 이러한 양상은 석축산성의 성벽에서도 확인된다. 창원 진례산성 서문지와 남문지에서 '鳳林寺' 명 기와를 바닥에 깔았는데 봉림사가 폐사된 이후에 가져다 사용한 것이다. 시기는 다르지만 사천 선진리왜성의 성벽에서 '固城'銘 기와편이 출토되었으므로 고성지역의 기와를 가져다 사용하였음을 알 수 있다.

특히 최근 조사가 이루어진 고양 행주산성의 석축성벽과 연접해서 출토된 기와들은 중요한 사실을 알게 해 준다. 산성은 동-서 방향으로 긴 덕양산 정선부를 두르는 테뫼식 석축산성으로 축조되었다가 고려시대에 토성으로 증축이 이루어졌다. 이 중 석축산성 내벽과 연접한 부분의 생활면은 최소 3차례 이상 높아졌다. 2차 및 3차 생활면에는 기와편을 약 4~5m 폭으로 깔았으며, 시기는 8~9세기에 해당한다. 성 내부에 해당하는 덕양산은 너비 30m 정도로 좁고, 북동쪽 평탄지에 설치한 트렌치에서는 소량의 기와편이 출토되었다. 따라서 내벽과 연접해서 출토된 기와는 산성 내부의 건물이나 초축 시기와는 관련이 없고, 다른 곳에서 가져와서 사용하였음을 알 수 있다. 거창 거열산성 외성 내벽, 창원 진례산성 남문지 및 서문지 주변, 사천 선진리왜성의 본환에서 와적층 역시 동일한 관점에서 해석할 수 있다.

이와 달리 파주 덕진산성 내성의 대지조성층에서 기와편들이 혼입된 층이 확인되었으며, 당연하게 문화층으로 해석하였다.[48] 이후 내성 내부에 대한 조사결과 기와와 동시기의 유구는 소형의 건물지가 확인되었을 뿐이므로 건물지와는 관련이 없다. 덕진산성 내성에서 출토된 기와들은 성격은 크게 2가지로 나누어진다. 하나는 통일신라시대 개축성벽 내벽 최하단석과 맞물려 일정한 폭으로 깐 것으로 행주산성과 동일하다. 다른 하나는 대지조성층 내부에서 기와편들이 불규칙하게 노출되는 것으로 다짐층의 충전재로 사용한 것으로 판단된다.

㉡ 성곽에 사용된 기와의 제작과 공급방식에 대해서는 논의가 이루어진 바 없다. 청원 남성골유적[49]과 안성 도기동[50]에서 토기 가마가 조사되었을 뿐이므로 기와의 수급과는 관련이 없다. 기왕의 연구에 의하면 기와가 제작된 가마에서 기와를 사용한 유적의 건물(사용처)

47) 안성현, 2017e, 「경남지역 통일신라시대 토성에 대한 재검토」 『경남연구』 11, 경남발전연구원 역사문화센터, 120~122쪽.

48) 안성현, 2017a, 앞의 글, 164쪽.

49) 忠北大學校 博物館, 2004, 『淸原 南城谷 高句麗遺蹟』.

50) 한양문화재연구원, 2019b, 「안성 도기동산성 유적 정밀발굴조사 약식보고서」.

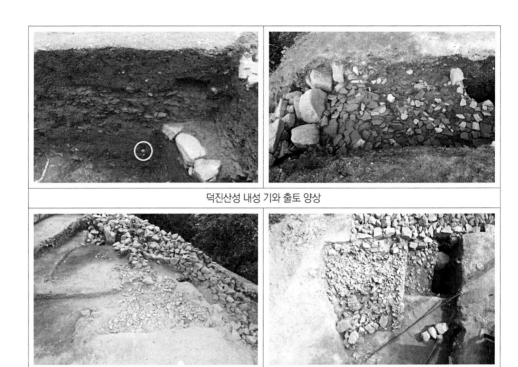

덕진산성 내성 기와 출토 양상	
고양 행주산성 3-1구역 와적층	고양 행주산성 4구역 와적층

그림 4. 성 내부 기와 출토양상

간의 교류관계를 살펴볼 수 있게 되었으며, 專用瓦, 共用瓦, 交流瓦, 再活用瓦로 구분할 수 있다.[51] 성곽 내부에 공급되는 기와는 비교적 대량이므로 전용와이거나 공용와, 그리고 폐기된 건물에 즙와된 것들을 재활용하였을 가능성도 배제할 수 없다. 전용와가 사용된 사례는 아차산성인데, 남벽과 서벽의 회절부 내측 교란층에서 수습된 '北漢受蟹'銘 기와편은 인근의 하남 선리 출토 기와와 동일하다.[52] 또 고봉산성 주변에서 통일신라시대 기와가마가 확인되었다.[53] 즉, 주변의 기와 생산처에서 산성으로 공급되는 시스템이 존재한 지역도 있었으나 산

51) 차순철, 2007, 「한국과 일본의 명문와 생산과 공급방법에 대한 검토」 『한일문화재논문집Ⅰ』, 국립문화재연구소, 165~167쪽.

52) 윤성호, 2018, 「아차산성 출토 명문기와와 신라의 북한산성 운영」 『아차산성 발굴 성과와 출토 기와』, 한국기와학회, 68~69쪽.

53) 한국토지박물관, 1999, 『고양시의 역사와 문화유적』.

성의 초축시기와 동일하지 않은 경우도 있다. 따라서 성곽에서 출토된 기와들은 다양한 방법으로 공급되므로 출토맥락과 편년작업을 병행해야 한다.

이상의 내용에서 알 수 있듯이 성곽 내부에서 출토되는 유물은 성곽의 상한을 알려줄 뿐이며,[54] 출토 맥락을 종합적으로 고려해야 한다. 성 내부에서 출토된 유물들로 초축 시기를 논한다면 경남지역에 있는 다수의 성곽은 가야성곽으로, 서울·경기지역 산성들은 백제산성으로 해석할 수밖에 없다. 필자 역시 성 내부에서 출토되는 유물이 초축 시기나 운영 시기를 파악하는데 중요한 근거임을 부정하는 것은 아니다. 다만, 최근의 성곽 연구의 경향이 성 내부에서 출토된 유물의 출토맥락을 고려하지 않는 상태에서 축성 시기를 설정함으로써 혼란을 줄 수 있다. 성 내부에서 출토되는 유물 역시 성곽의 축조시기를 파악하는 속성 중 하나에 지나지 않는다. 유물의 출토맥락을 고려하지 않을 경우 성곽의 초축 시기가 불분명해짐에 따라 주변 유적과의 관계설정이 어렵게 된다.

이 이외에도 산성의 시기별 경관을 파악하는 연구와 안정적인 편년구축, 성벽 축조수법의 시기적 변화양상, 삼국을 비롯한 가야와 마한 성곽의 일반적인 특징에 대해서도 논의가 이루어져야 한다.

6. 유적에 대한 재검토

성곽은 유적의 특성상 지상에 노출되어 있으므로 지속적인 수·개축이 이루어진다. 다만, 조사자의 수준이 차이가 있다는 점에서 기왕의 조사 결과 밝혀진 성벽과 부속시설의 구조 및 축조시기에 대한 철저한 재분석이 필수적이다. 하지만, 시·발굴조사에서 확인된 내용을 검증한 후 논지를 전개하는 연구는 찾기 어렵다. 유구의 변천에 대한 철저한 재검토가 이루어지지 않는 상황에서 이루어지는 논지 전개는 당대의 사실과 다른 역사상을 그릴 수밖에 없다. 그 예로 필자가 분석한 임진강과 아차산 일대의 고구려 보루, 경남지역의 토성을 중심으로 살펴보면 다음과 같다.

임진강 유역의 고구려 성곽은 강의 북안을 따라 선상으로 배치되었다고 알려져 왔다. 최근 발굴조사가 이루어진 파주 덕진산성의 조사결과 내성과 외성으로 이루어진 복합성임이 밝혀졌으며, 고구려 유구는 내성의 토성벽과 석성벽, 수혈건물지와 집수지가 조사되었다. 즉,

---

54) 심광주, 2003, 앞의 글, 166~169쪽.

내성의 성벽은 고구려가 순수판축토성으로 축조한 이후 석축성벽으로 개축되었으며, 통일신라시대에는 내성 전체가 석축성벽으로 축조되었다. 토성은 석축성벽이 축조되면서 외벽부가 유실되어 정확한 축조수법은 파악할 수 없으나 북동쪽 성우(城隅)에서 확인된 내벽은 영정주를 뽑아 올려가면서 성벽을 쌓았으며, 고구려 수혈건물지는 한 차례 높아진 생활면을 굴착하고 조성하였다. 이러한 양상은 북서쪽 및 서쪽 성벽에서도 동일하다. 석축성벽은 현재까지 조사결과 서쪽 곡부 인근에서만 확인되었는데, 선축된 토성을 굴착한 후 성벽을 축조하였다. 외벽은 가구목을 세우고 20~40cm 정도의 치석되지 않은 할석으로 허튼층쌓기를 하였으며, 면석 사이는 사질점토로 메워서 보강하였다. 가구목의 간격은 209cm, 크기는 너비 18~30cm, 높이 109cm와 361cm이다.

덕진산성 성벽의 변천을 임진강 유역의 다른 고구려성과 비교해보면 흥미로운 사실을 알게 해 준다. 연천 호로고루의 성벽은 목책에서 석축성벽으로 변했으며, 석축성벽은 토심석축공법으로 축조되었다고 알려져 왔다.[55] 하지만, 그림 5에서 보는 것과 같이 호로고루 성벽의 단면을 살펴보면 통설에 동의하기 어렵다. 석축부가 토축부를 보강하기 위해 축조되었다면, 토성벽의 기저부 부터 쌓는 것이 자연스럽지만 석축부는 중상단에 위치한다. 또, 석축부와 연접한 곳의 사질점토는 토축부 중앙과의 차이가 분명한 것으로 보아 토성에서 석성으로 개축되었다.[56] 뿐만 아니라 토성의 외측 기저부는 흙으로 표시되어 있으며, 상부에 석축성벽의 적심이 위치한다. 따라서 토성의 성벽이 붕괴된 이후에 석축성벽이 축조되었음을 알수 있다. 당포성의 성벽 역시 덕진산성과 호로고루와 유사한 구조가 조사되었다.[57] 따라서 임진강 유역의 고구려 성곽은 목책단계를 차치하더라도 토성에서 석축성벽으로 개축되었음은 분명하다.

아차산 일대 고구려 보루의 발굴조사 결과 보루의 성격에 대해서 다양한 견해가 제시되었다. 하지만, 토층양상과 중복관계를 포괄적으로 적용된 성곽의 변천에 대해서는 별다른 관심이 없었다. 당연하지만 성곽의 변천을 파악하는 작업은 고구려가 이 지역을 어떠한 방식으로 지배하였는지를 밝힐 수 있는 중요한 단서를 제공한다.

---

55) 심광주, 2014a, 「德津山城과 臨津江 流域 高句麗와 新羅의 築城法 比較」『波州 德津山城 -1·2次 學術發掘調査-』, 中部考古學研究所, 333~337쪽.

56) 안성현, 2021, 「덕진산성의 조사성과 및 전망」『덕진산성의 과거·현재·미래』, 역사문화재연구원, 17~30쪽.

57) 경기도박물관, 2008,『연천 당포성Ⅱ -시굴조사 보고서-』.

세부적으로 살펴보면 구의동보루의 정확한 변화 시기는 알 수 없으나 최소한 두 시기나 그 이상의 시기로 나누어진다. 초축 당시의 성벽은 최하단에 지대석을 두고 그 할석으로 허튼층쌓기를 하였으며, 외부의 돌출부는 설치되지 않았다. 내부의 정확한 구조는 알 수 없으나 보루의 규모와 내부에 토광 및 배수로가 설치되었음을 고려할 때 다수의 인원이 상주하였다고 보기 어렵다.

이후 개축이 이루어지면서 보루는 이전 시기와 상당히 다른 경관으로 변모하게 된다. 성벽은 초축성벽을 진행 방향으로 절개한 후 천석을 이용하여 허튼층쌓기를 하였고, 외부에는 돌출부가 설치되었다. 이중 돌출부 C는 할석으로 쌓았다고 기술하고 있으므로 천석으로 쌓은 돌출부 A·B보다 이른 시기로 추정된다. 다만 성벽에 가축되어 있을 뿐 아니라 축조수법도 차이를 보이므로 성벽과는 동시기로 보기는 힘들며, 축조순서는 초축성벽 → 돌출부 C → 1차 수축벽·돌출부 A순으로 정리할 수 있다. 내부는 선축된 유구-토광·배수로-의 상부를 정지한 후 수혈주거지를 조성하였다. 다만 이러한 구조가 구의동 보루의 폐기 시점까지 유지되었는지 아니면 수혈주거지 역시 수축이 이루어졌는지는 알 수 없다.

홍련봉 1보루와 2보루 역시 유사한 양상을 보인다. 1보루는 보고서에서 4기로 나누어서 설명하고 있는데,[58] 보고자 역시 내부의 유구를 동시기로 파악하지 않았음을 추정케 한다. 홍련봉 2보루의 내부는 명확하지는 않지만 4기 정도로 나누어지는 듯하다. 1기에서 3기는 고구려, 4기는 신라에 의해서 활용되었다. 보루의 성벽과 내부시설은 동시기로 볼 수 없다.[59]

아차산 3보루는 조사가 완료되지 않아 정확한 변천은 알 수 없으나 유구의 잔존상태로 보아 중복이 이루어졌음은 분명하다. 출입시설로 보고한 유구의 기저부 양상만으로 보아 최소 2차례 이상 개축이 이루어졌다. 그러므로 다른 보루와 동일하게 생활면이 높아졌다고 보는 것이 합리적이다.

---

58) 高麗大學校 考古環境研究所, 2007a, 『紅蓮峰 第1堡壘 -發掘調査綜合報告書-』.
   이정범, 2014, 「홍련봉 1·2보루의 축조 방법에 관한 고찰」 『한국 성곽의 최근 조사 연구성과』, 한국고고학회.

59) 2017년도 조사 중 현재 잔존하는 건물지의 하부에서 다양한 유구가 확인되었으므로 필자가 구분한 4기보다 더 많은 생활면이 있었을 가능성이 높다. 따라서 보루의 정확한 변화양상은 보고서의 발간을 기다릴 수밖에 없을 것으로 생각된다. 기왕의 연구와 같이 보루가 설치된 이후 구조적으로 변화가 이루어지지 않았다는 것과는 상반되며, 필자의 주장과 부합한다.

이러한 양상은 시루봉 보루와 아차산 4보루에서도 동일하게 나타난다. 홍련봉 1보루는 보고서의 내용과 같이 4기로 나누어진다. 구지표는 지속해서 높아지며, 내부의 건물지는 동일 구지표-생활면-에서도 중복이 확인된다. 전자의 성벽은 최소 2~3차례 정도 수·개축 흔적이 확연하며, 상부의 건물지들은 수축 이후 높아진 구지표를 절개하고 설치되었으므로 초축과는 상당한 시기 차이가 있음을 알 수 있다.

즉, 아차산 일대 고구려 보루는 초축 이후 지속적인 수·개축이 이루어졌다. 그리고 구지표-생활면- 역시 높아지면서 많은 부속시설이 설치되었을 뿐만 아니라 동일 시기에도 중복이 이루어졌음을 알 수 있다. 구지표를 굴착하고 설치된 저장 및 저수시설과 수혈유구는 구의동보루를 제외하고 자연퇴적 되었다는 점은 시사하는 바가 크다. 따라서 이 일대 고구려 보루는 축성 이후 지속적으로 사용된 것이 아니라 존폐가 거듭되었으며, 임진강 유역이나 최소한 한강 유역에서 일정기간 철수한 것은 분명한 것 같다. 또한, 폐기된 기간에 대해서는 단언하기 어려우나 유구가 완전히 매몰되는 정도였다.[60]

이러한 양상은 다른 성곽에도 적용할 수 있다. 풍납토성의 동성벽은 중심토루를 축조한 후 내·외피 토루를 덧대어 쌓았다고 보고된 이후 판축토성의 구조를 파악하는데 중요한 근거가 되어왔다. 하지만 최근에는 분할선을 근거로 수·개축이 이루어졌다는 견해와 2011년 동벽 조사에서 해리스 매트릭스를 활용한 고고층서학적 정보를 통해 내벽에만 증축이 이루어졌다는 견해도 제시된바 있다. 하지만, 필자의 재분석결과 5차례나 그 이상의 대규모 개축과 그와 별개로 부분적인 보수도 이루어졌다.[61]

한편, 연조리토성은 대가야궁성으로 알려져 있다. 그러나 보고된 토성과 기와의 출토맥락을 재분석해보면 대가야와는 관련이 없고 통일신라시대 유구임이 분명하다.[62] 또 홍천 신금성을 재분석한 결과 통일신라시대 토성이 축조되기 이전 백제 토성의 존재를 확인한 바도 있다.[63] 이 이외 다수의 성곽에서도 유사한 양상이 확인된다. 유적에 대한 재분석이 이루어져

60) 안성현·박동선, 2019,「아차산 일대 고구려 보루의 구조에 대한 재검토」『韓國古代史探究』第32輯, 한국고대사탐구학회, 481~484쪽.

61) 안성현, 2019,「한성백제기 하남지역 관방체계」『河南』하남역사총서 1, 하남역사박물관, 188~195쪽.

62) 안성현, 2020, 앞의 책, 56~59쪽.

63) 이혁희, 2017,「홍성 신금성의 구조와 성격 재검토」『야외고고학』30, 한국문화유산협회, 101~142쪽.

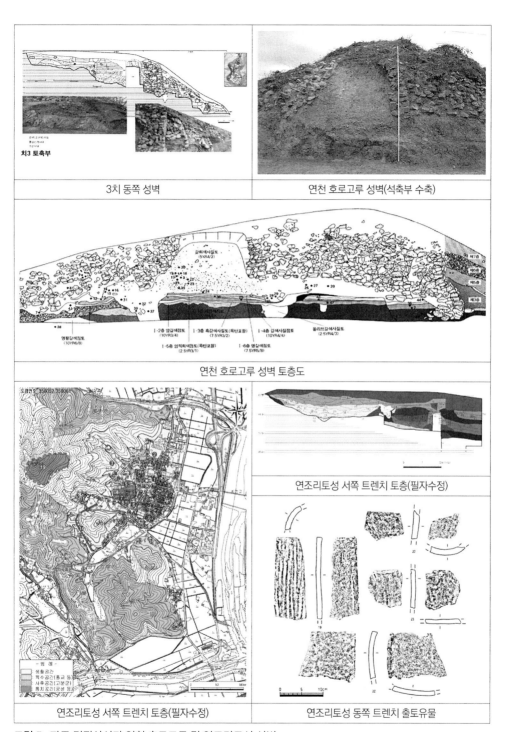

3치 동쪽 성벽	연천 호로고루 성벽(석축부 수축)

연천 호로고루 성벽 토층도

	연조리토성 서쪽 트렌치 토층(필자수정)
연조리토성 서쪽 트렌치 토층(필자수정)	연조리토성 동쪽 트렌치 출토유물

그림 5. 파주 덕진산성과 연천 호로고루 및 연조리토성 성벽

야하는 이유는 성곽조사 방법론의 발전과 자료의 축적으로 인해 초기의 성곽 조사 및 연구보다 세밀한 분석이 가능해졌기 때문이다. 이에 따라 현장조사와 논문작성 시 분석 대상 성곽에 대한 철저한 재분석이 이루어져야 한다.

7. 성곽 축조 기술력의 수용

성곽 축조 기술력의 수용 점령국의 축성에서 피점령국의 기술력 수용문제는 현재까지 성곽 연구자 사이에서 인식하지 못한 영역이지만, 김해 양동산성 성문의 모서리 처리 방식과 서울 · 경기지역의 기단보축에서 약간의 단서를 파악할 수 있다.

전자는 김해지역의 산성 중 특이하게도 양동산성 성문은 현문식이지만 모서리 부분을 호형으로 처리하였다.[64] 성문의 모서리를 직각으로 마무리하는 전형적인 신라산성과는 차이를 보이며, 호형을 이루는 것은 백제산성의 특징이라고 알려져 왔다.[65] 최근에 호형으로 처리한 성문이 고구려에서 발생하여 백제를 거쳐 신라(가야)지역에 전파되었고, 방어력을 높이기 위한 것으로 파악한 견해가 피력되었다.[66] 하지만 호상의 성문이 방어력 증대와 어떤 연관이 있는지에 대한 설명이 없으므로 다른 곳에서 이유를 찾아야 한다.

양동산성 이외에도 성문의 모서리가 호상으로 처리된 산성은 하동 고소성,[67] 창녕 구진산성 수축성벽 내벽,[68] 거제 다대산성[69] 등으로 시기적으로는 6세기~통일신라시대이다. 분포상에서 정형성을 찾을 수 없을 뿐 아니라 지역적으로 백제의 영향을 받기 힘든 곳도 있다. 이 산성들의 성벽은 전형적인 신라산성의 축조수법이므로 유독 성문만 백제의 영향을 받았다

---

64) 경남문화재연구원, 2006, 『김해 양동산성 지표조사 보고서』.
　　東亞細亞文化財硏究院, 2013c, 『金海 良洞山城 東門址 · 楊平 道谷里 遺蹟』.

65) 차용걸, 2003, 「한성시대 백제산성의 제문제」 『호서지역의 성곽』, 호서고고학회, 5~20쪽.
　　최인선, 2014, 앞의 글, 137쪽.

66) 順天大學校博物館, 2011, 『光陽 馬老山城Ⅲ -성벽 · 문지 · 치-』.
　　구형모, 2012, 「삼국시대 석축성의 호상측벽 문지 계통 연구」, 동아대학교 고고미술사학과 석사학위논문.

67) 동아대학교 박물관, 2000, 『하동 고소성지 시굴조사보고서』.

68) 창녕군, 1997, 『창녕 구진산성 지표조사 보고서』.

69) 東西文物研究院, 2012, 『巨濟 多大山城 -지표조사 보고서-』.

고 볼 수 없다. 따라서 호형을 이루는 성문은 백제 산성만의 특징으로 보기 어렵고 극히 이례적이기는 하지만 신라산성에도 설치되었으며,[70] 가야 소국의 기술이나 그 지역의 전통적인 축성술이 반영되었을 가능성이 높다.[71]

후자는 기단보축 축조에 사용된 재료와 형태에서 단서를 찾을 수 있는데, 서울·경기지역만 한정할 때 석축과 토축으로 나누어진다. 석축 기단보축은 이 지역 산성 대부분에서 확인되며, 적심은 흙과 석재로 구분된다. 적심을 흙으로 다진 산성들은 연천 대전리산성, 파주 오두산성·덕진산성 등이다. 이중 덕진산성의 1차 기단보축 적심은 흙으로 상부의 2차 기단보축은 할석으로 쌓았다. 이와 달리 할석으로 채운 것은 이 지역 대부분의 산성에서 확인된다.

부분적이라도 토축으로 쌓은 것은 화성 당성 1차 산성[72]과 하남 이성산성,[73] 행주산성 석축산성[74] 등이다. 당성은 석축과 토축 보축이 모두 확인되는데 적갈색 사질점토를 단면 삼각형 형태로 다져서 보강하였으며, 붕괴된 성석과 유물들이 다짐층 상부에 위치한다는 점에서 초축 성벽과 관련된 것임은 분명하다.

이성산성은 기왕의 조사결과 기단보축이 설치되지 않았다고 알려져 왔으나 최근에는 기단보축이 설치되었다는 견해가 새롭게 제시되었다.[75] 하지만 절개 조사가 이루어진 8차 보고서를 면밀히 검토해보면 석축 기단보축과 초축산성의 붕괴석들이 성벽 기저부가 아닌 사질점토층 상부에 퇴적되었다. 기저부와 붕괴부 사이의 점토층은 초축 성벽과 관련지어 해석할 수밖에 없다. 이 점토층의 명확한 성격은 파악하기 어렵지만, 성벽 기저부 보강하기 위한 다짐층이었을 가능성이 높다. 행주산성 역시 사질점토를 다져서 성벽 기저부를 보강하였으며, 구간마다 다른 형태의 보강시설이 설치되었음을 알 수 있다.

즉, 서울·경기지역 산성의 성벽에는 기저부 보강을 위한 다양한 형태의 보축이 확인된다는 점이 주목된다. 기왕의 연구에서는 백제 산성의 특징으로 알려진 흙으로 기저부를 보강하

---

70) 안성현, 2017c, 앞의 글, 74쪽.

71) 안성현, 2007, 앞의 글.

72) 한양대학교 문화재연구소, 2016, 「당성 3차 발굴조사 현장설명회 자료집」.

73) 漢陽大學校博物館, 2001b, 『二城山城 -第8次 發掘調査 報告書-』.

74) 佛教文化財研究院, 2017, 「고양 행주산성 정비사업부지 내 유적 발굴(시굴)조사 자문회의 자료집」.
한양문화재연구원, 2021, 앞의 책.

75) 심광주, 2018, 「하남 이성산성의 축성법과 축성시기」 『이성산성의 공간구조와 활용방안 -하남역사정체성 찾기 학술심포지엄-』, 한국성곽학회, 63~74쪽.

는 것[76]과 적심을 흙 및 할석으로 채우는 방법이 모두 나타나는 것은 이 지역의 특징으로 볼 수 있다. 이에 반해 경남지역의 기단보축은 단면형태는 다양하지만 면석과 적심을 할석으로 축조하였다는 점과는 분명한 차이가 있다.

그 이유는 현재까지의 연구 성과만으로 밝히기 어렵지만, 서울·경기지역 성벽의 기저부에 다양한 형태의 보축이 나타나는 이유 중 하나로 지정학적 위치에서 찾을 수 있다. 이 지역은 마한과 백제, 고구려, 신라가 순차적으로 지배한 곳이므로 여러 국가의 성벽 축조기술이 잔존하였으며, 신라의 축성에 영향을 주었다고 보는 것이 합리적이다.

이상의 내용을 종합해보면 점령국은 피점령국의 기술력을 일정부분 수용하였음을 알 수 있으며, 쟁패가 지속적으로 이루어진 삼국시대의 현실을 고려한다면 당연한 결과로 여겨진다. 성곽에 대한 조사나 분석과정에서 이러한 부분도 염두에 두어야 할 것으로 본다.

8. 성벽과 건축물 축조에 적용된 관념

성곽유적은 널리 알려진 것과 같이 대규모의 토목공사이므로 국가의 역량이 동원되었다고 알려져 왔다. 이를테면 성곽에 대한 기술 과정에서 연간 투입된 인력과 물자를 제시하면서 그 중요성을 부각시킨다. 하지만, 이러한 주장은 현대의 자본주의적 관념을 고대에 적용한다는 점에서 문제가 있다. 그 예로 보은 삼년산성은 3년 만에 축조되었다고 붙여진 명칭인데,[77] 규모는 삼국시대 산성 중 최대형에 속한다. 이 산성보다 소형은 3년 이전에 축성되었다고 보는 것이 합리적이다. 시기는 달리 하지만 한양도성의 경우 태조 5년(1396) 음력 1월 9일부터 2월 28일까지 49일간, 이어서 8월 6일부터 9월 24일까지 49일간, 모두 98일 동안 전국 백성 19만 7천 4백여 명을 동원하여 쌓았다. 전체 공사구간(총 59,500척)을 600척씩 97구간으로 나누고 각 구간을 천자문 순서에 따라 이름 분인 뒤 군현(郡縣)별로 할당하였다. 태조 때 처음 축성할 당시 평지는 토성으로 산지는 석성으로 축조하였으나, 세종 때 개축하면서 흙으로 쌓은 구간도 석성으로 바꾸었다. 성곽의 축성은 시기나 성격에 따라 동원된 인원은 차이가 있었으며, 국가별로 적용된 관념도 차이가 존재하였다고 보는 것이 타당하다.

---

76) 최인선, 2014, 「호남지방의 백제산성」『韓國城郭硏究의 新傾向』, 심정보박사 정년퇴임 기념논총 간행위원회, 136쪽.

77) 한국성곽학회, 2008, 『삼년산성』.

이에 따라 성곽의 축조에 적용된 관념이 다른 건축물의 축조와 동일하였는지 여부에 대해서는 논의되지 않은 분야이므로 그 근거를 찾기 어렵다. 앞에서 살펴본 것과 같이 신라의 경우 성곽과 고총 고분의 축조에 적용된 축조수법은 동일하였다고 보기 어렵다. 또 5세기 후반에서 6세기 초반 변경 지역을 중심으로 석축산성과 토성을 축조하였으므로 이 둘을 나누어서 살펴보면 다음과 같다. 이 시기 석축산성은 보은 삼년산성, 문경 고모산성, 영월 정양산성 등 다수가 축조되었으며, 6세기 중반경에는 경기지역을 포함한 신라가 점령한 지역의 전역에서 석축산성을 쌓았다. 이에 반해 경주지역에서 5세기 후반에서 6세기 전반의 석축유구는 전랑지를 제외하고는 찾기 어렵다. 이후 6세기 중반경에는 다수의 사찰이 조영되지만 성벽과 동일한 축조수법을 보이는 유구는 확인되지 않는다.

토성은 경주 월성과 도당산토성, 양산 순지리토성, 상주 이부곡토성, 옥천 이성산성, 경산 임당토성, 강릉 강문동토성 등이 해당된다. 월성은 현재 조사가 진행 중에 있어 정확한 축조수법은 알 수 없다. 그 이외 도당산토성은 성토기법, 순지리토성은 내·외벽에 협판을 설치하지 않아 판축토가 목주 바깥으로 이어진다. 이부곡토성은 토성으로 알려져 왔으나 발굴조사결과 목책성임이 밝혀졌다.[78] 이성산성과 임당토성, 강문동토성은 순수판축토성이지만 축조수법의 차이는 확연하다. 임당토성 성벽의 축조수법에 대해 보고서에서는 3개 공정으로 이루어졌으며, 3열의 영정주를 동시기가 아닌 것으로 판단하였고, 내부에서 출토된 유물을 근거로 4세기대 토성으로 보고하였다. 하지만 보고서에 제시된 성벽 토층을 재분석하면 내벽쪽 영정주는 동시기로 볼 수밖에 없으므로 내벽에서 출토된 단각고배를 기준으로 토성의 축조시기를 설정해야 하며, 6세기대에 축조되었음을 알 수 있다. 이후 7세기 전반 남해 대국산성 외성에서 기단석축형 판축토성으로 축성된 이후 이 형태로 정형화 되었다.[79]

백제는 두 차례 천도가 이루어졌으므로 신라와 달리 복잡한 양상이 확인되지만, 결국 석축산성의 축조유무와 연동된다. 기왕의 연구에서 백제 석축산성의 축조 시기는 크게 3가지로 나누어진다.

첫째, 백제의 마지막 왕성인 부소산성이 토성이라는 점을 감안할 때, 백제는 사비기까지 석성을 축조하지 않았다는 견해.[80]

---

78) 상주박물관, 2021, 「상주 이부곡토성 유적 문화재 학술발굴조사 -현장공개설명회-」.

79) 안성현, 2020, 앞의 책, 294~301쪽.

80) 심광주, 2005, 「高句麗와 百濟의 城郭文化」『고구려발해연구』, 고구려발해학회, 269~304쪽.

풍납토성 내벽 석축성벽	고모리산성 석축성벽
설봉산성 성벽	이성산성 초축성벽(심광주, 2017, 65쪽 전재)
풍납토성 성벽	왕궁리유적 성토부
왕궁리유적 동벽(상층)	왕궁리유적 동벽(하층)

그림 6. 신라 및 백제 석축성벽

둘째, 경기 지역 석축산성들 중 성벽 기저부와 성 내부에서 출토되는 백제 토기를 근거로 한성 백제기부터 석축산성이 축조되었다는 견해.[81]

셋째, 한성 백제시대에는 석축산성이 축조되기 어렵고, 백제에서 가장 이른 시기의 석축산성을 성흥산성(가림성: 501년 축조)으로 보고 6세기 전반경이나 그 이후인 웅진·사비기부터 축조하였다는 견해[82] 등으로 나누어지지만 아직까지 합의점을 찾지 못하고 있는 실정이다.

세부적으로 살펴보면, 백제 한성기 석축산성의 축조 여부는 우리나라 성곽 연구에 있어 가장 뜨거운 쟁점 중의 하나이다. 이 논쟁은 2000년대 초·중반까지 활발하게 이루어진 후 소강국면에 들어섰으나 최근 긍정론의 재반론[83]이 이루어지고 있는 모양새다. 백제 산성이 분명한 풍납토성의 석축 내벽과 연천 고모리산성 및 의왕 모락산성 서벽에서 조사된 축조수법과 한성기 백제 산성으로 주장하고 있는 성성산성·설봉산성·반월산성 및 석실묘의 측벽과 차이는 분명하다. 다만, 풍납토성 동벽의 역경사 다짐층은 웅진 및 사비기 건물의 대지조성에서도 나타난다는 점이 주목된다.

이와 더불어 왕궁리유적의 궁장을 주목할 필요가 있으며, 성벽은 상층과 하층으로 나누어진다. 하층은 소형의 할석으로 허튼층쌓기를 하였으며, 공주 공산성 석축성벽과 세종 이성, 부여 석성산성 백제성벽, 전남 동부지역의 백제산성과 임실 성미산성에서 조사된 성벽과 축조수법이 동일하다. 이에 반해 상층은 잘 치석된 대석으로 쌓았으며, 면석 사이의 빈틈은 확인되지 않고, 생활면은 한 차례 높아졌다. 즉, 하층을 기저부 조성을 위해 축조한 것이라면 백제도 성곽과 건축물에 적용된 관념이 동일하지 않았다고 볼 수 있다. 하지만 하층이 백제, 상층이 통일신라시대 것이라면 동일하였다고 볼 수밖에 없다.

---

81) 박경식, 2002, 앞의 글.
   심정보, 2001, 「百濟 石築山城의 築造技法과 性格에 대하여」『韓國上古史學會』 제35집, 한국상고사학회, 117~161쪽.
   차용걸, 2004, 「漢城時期 百濟山城의 諸問題」『湖西考古學』 第10輯, 湖西考古學會, 5~20쪽.
   백종오, 2004, 앞의 글, 135~176쪽.
   서영일, 2005, 「漢城百濟時代 石築山城의 築造 背景 硏究」『文化史學』, 韓國文化史學會, 99~123쪽; 2009, 앞의 글, 55~397쪽.

82) 忠南發展研究院·忠淸南道, 2006, 『聖興山城 -門址發掘調査報告書-』.

83) 단국대학교 석주선기념박물관, 2017, 『경기도 백제산성의 성격과 역사적 의미』.

Ⅲ. 통일신라시대 석성

신라는 삼국을 통일한 후 새롭게 점령한 지역의 방어와 안정적인 지배를 위해 다수의 성곽을 축조하였다. 그에 따라 신라 성곽에 대한 다양한 연구가 진행되었지만 문헌기록에 보이는 주·군·현과 비교검토를 통한 지방지배에 천착하고 있다는 점은 부정하기 어렵다.[84] 물론 다른 관점이 없었던 것은 아니다. 고려시대 성곽의 특징이 모두 통일신라 말기의 분열과 혼란을 극복하면서 고려왕조의 양식을 성립시켰을 것이라고 추측 할 수 있으나, 그 구체적인 계통과 변화의 양상을 이해하기 위한 기초 작업은 아직 충분한 근거가 마련되지 못하였다는 반성도 있었다.[85] 따라서 이 시기의 축성을 이해하기 위해서는 세 가지의 전제가 필요하다.

첫째, 7세기 후반은 나·당 전쟁기에 해당하며, 당의 군대를 방어하기 위한 축성이 전국적으로 이루어졌다.[86] 전쟁 대상국인 당나라는 당대 최강국이었다는 점에서 이전 시기의 일반적인 축성과는 차이가 있었을 것이다.

둘째, 나당연합군은 668년 고구려를 멸망시킨 후 나·당 전쟁으로 이어졌으며, 이 전쟁은 676년에 신라의 승리로 끝나게 된다. 삼국을 통일한 신라의 영토는 이전보다 약 3배 정도 넓어졌을 뿐 아니라 중국 및 발해와 국경을 마주하게 되므로 통일 이전과 방어시스템이 달라졌다고 보는 것이 합리적이다. 이에 따라 삼국의 통일을 기점으로 새로운 방어체계에 맞춘 성곽이 축조되었을 것으로 본다.

셋째, 확장된 영토와 연동하여 늘어난 교통로(육상·해상)의 통제와 안정적인 조세 확보를 위한 축성이 이루어졌다. 이 시기 연안이나 강안에 면한 구릉과 평지에 토성이 집중적으로 축조된다는 점은 이를 반증하며, 자세한 내용은 후술한다.

이러한 관점에서 통일신라시대의 석성과 토성은 새롭게 축성되는 예도 있으나 대부분 삼국시대 성곽을 재활용하므로 몇몇 속성들은 삼국시대와 유사하다.

---

84) 안성현, 2020, 앞의 책, 62쪽.

85) 차용걸, 2009, 「고려시대 성곽연구의 현황과 과제」 『한국성곽학회 2009년도 추계학술회의』, 한국성곽학회, 2쪽.

86) 『三國史記』 卷7, 新羅本紀7 文武王 13年(673).
十三年 … 二月 增築西兄山城 … 八月 … 增築沙熱山城 九月 築國原城[古薍長城]·北兄山城·召文城·耳山城·首若州走壤城[一名迭巖城]·達含郡主岑城·居烈州萬興寺山城·歃良州骨爭峴城 ….

1. 입지

통일신라시대의 산성은 삼국시대에 비해 높은 고도에 축성된다는 것이 통설이다. 하지만, 하동 정안산성과 전주 동고산성 등은 이전시기와 유사한 상대고도에 축조되었다. 다만, 삼국시대보다 높은 산정이나 오지에 성곽이 축성되기 시작하는데, 이러한 현상이 나타나는 이유는 소위 입보용산성의 출현과 연동되므로 그 배경을 살펴보는 것 역시 의미 있는 작업이다.

기왕의 연구에서 입보용산성은 고려시대인 중세성곽의 가장 큰 특징으로 알려져 왔다. 그 이유는 여러 가지가 있겠으나 중세성곽 연구가 삼국 및 통일신라시대 성곽과의 차이점을 밝히는 데 중점을 둔 경향 때문이라고 추정될 뿐이다. 특히 몽골 침입 이후 성곽의 변화양상을 파악하는 것을 중심으로 연구가 이루어지면서[87] 통일신라시대 성곽과의 비교·분석하는 것에 별다른 관심이 없었다. 최근 이러한 연구 경향에 대한 반성[88]과 입보용 산성으로 알려진 성곽들의 축조시기가 나말여초까지 소급될 가능성이 제시되었다.[89] 주지하다시피 고고학에서의 편년은 유구나 유물이 점진적으로 변해간다는 전제하에 가능하며, 성곽의 구조와 축조수법 역시 이와 동일하다. 이러한 관점에서 보면 입보용산성이 등장하는 축성사적 배경에 주목해야 한다.

입보용산성의 기원을 파악하는 방법은 여러 가지가 있겠으나 가장 효율적인 접근법은 기왕의 연구에서 주로 분석이 이루어진 성곽을 중심으로 축조시기를 파악하는 것이다. 중세성곽 연구에서 주 대상으로 삼은 산성들을 살펴보면 다음과 같다. 유재춘은 중부 내륙지역 중세산성의 특징을 파악하기 위해 춘천 삼악산성, 인제 한계산성, 원주 영원산성, 동해 두타산성, 횡성 덕고산성, 포천 운악산성, 괴산 미타산성, 제천 와룡산성 등을 대상으로 하였다.[90] 이와 달리 조순흠은 석축산성 들 중 성벽에 기둥 홈이 있는 보은 성점산성,[91] 제천 와

---

87) 柳在春, 2002, 「중세 산성의 특징적 유형과 변천」『추가사학』 17·18합집, 추가사학회, 131~157쪽.
    김호준, 2013, 『高麗 大蒙抗爭期의 築城과 立保』, 忠北大學校 大學院 博士學位論文, 118~119쪽.
    오강석, 2008, 「추가지역 입보용산성의 현황과 특징」『추계학술대회 -추가지역의 역사고고학-』, 중부고고학회, 45~63쪽.

88) 차용걸, 2008b, 「고려와 조선초기의 성곽에 대한 관견」『한국성곽학보』 제14집, 한국성곽학회, 1~18쪽.

89) 노병식, 2010, 「羅末麗初 昧谷山城의 經營」『한국성곽학보』 제18집, 한국성곽학회, 41~66쪽.

90) 유채춘, 2002, 앞의 글, 131~157쪽.

91) 忠北大學校 中原文化財研究所, 1999a, 『報恩 昧谷山城地表調査 報告書』.

룡산성,[92] 단양 독락산성,[93] 충주 대림산성,[94] 춘천 삼악산성,[95] 영월 태화산성,[96] 강릉 삼한성[97]·금강산성, 문경 고모산성,[98] 봉화 청량산성[99] 등을 분석한 후 그 특징을 파악하고 있다.[100]

김호준은 입보용산성을 해도와 내륙으로 크게 구분하였고, 내륙성은 주현성과 입보용산성으로 세분하여 분석하였다. 해도에는 강도·진도 용장산성·제주 항파두리성 등이다. 내륙 입보용산성 중 주현성은 남한산성·용인 처인성·안성 죽주산성·춘천 봉의산성·양양 양주성·충주 충주읍성이며, 입보용산성은 양평 양근성·원주 해미산성·원주 영원산성·원주 금두산성(금권성)·충주 천룡산성·충주 대림산성·제천 월악산성·춘천 삼악산성·속초 권금성·인제 한계산성·영월 정양산성·영월 태화산성·상주 성주산성·괴산 미륵산성·정읍 입암산성·담양 금성산성·장흥 수인산성 등이다.[101]

이상의 내용을 정리해보면 세 가지 사실을 알 수 있다.

① 입보용산성으로 분류된 유적 중 삼국시대와 통일신라시대에 축성된 것들이 많은 수를 차지한다. 이에 해당하는 성곽은 남한산성·안성 죽주산성·춘천 봉의산성·원주 해미산성·충주 대림산성·영월 정양산성·문경 고모산성 등이다.

② 입보용산성에 대한 접근법적 한계인데, 대상유적을 선정하는 기준의 모호하다. 이에 따

---

92) 忠北大學校 中原文化財硏究所, 2000a, 『堤川 城山城·臥龍山城·吾峙烽燧』.

93) 차용걸, 1990, 「竹嶺路와 그 부근 嶺路沿邊의 古城址 硏究調査」 『國史觀論叢』 16, 國史編纂委員會, 117~134쪽.

94) 祥明大學校, 1997, 『忠州 大林山城-地表調査報告書-』.

95) 忠北大學校 中原文化財硏究所, 2000b, 『春川 三岳山城』.

96) 忠北大學校 中原文化財硏究所, 2000c, 『寧越 王儉城』.

97) 江陵大學校 博物館, 1998, 『江陵 正東津 高麗城址 地表調査 報告書』.

98) 中原文化財硏究院, 2006a, 『聞慶 老姑山城 -地表調査 報告書-』.

99) 中原文化財硏究院, 2006, 앞의 책.

100) 조순흠, 2007, 「韓國 中世의 기둥 홈을 가진 石築山城 城壁에 대한 硏究」, 忠北大學校 大學院 碩士學位論文.
목주를 가구목으로 본 조순흠의 관점은 적절하다고 판단된다. 다만, 대림산성의 경우 초축 성벽이 아닌 수축성벽, 대성산성 소문봉 부근의 고구려 성벽에서는 초축과 수축성벽에서 기둥홈이 잔존하므로 초축과 수축성벽을 나누어 분석하는 것이 타당하다고 본다.

101) 김호준, 2013, 앞의 책, 118~119쪽.

라 축성사적 관점과 관방사적 관점이 혼용됨으로써 중세(고려시대) 성곽의 특징을 파악하는 데 혼란을 주고 있다.

③ 대상유적이 확대되고 있는데 그 이유는 성곽에 대한 고고학적 조사의 증가와 궤를 같이한다.

따라서 이 산성들의 초축 시기를 파악한다면 입보용산성의 기원과 전개의 단서를 파악할 수 있다. 즉, 문경 고모산성[102]과 안성 죽주산성[103] · 영월 정양산성[104]은 신라의 북진과 관련이 있는 것들로 5세기 후반에서 6세기대의 신라 산성의 입지와 고도, 형태, 축조수법 등이 동일하므로 입보용산성으로 볼 수 없다.

입보용산성의 기원을 살펴보는 데에는 남한산성을 주목할 필요가 있다. 이 산성은 나 · 당 전쟁기에 축성된 주장성이라는 견해[105]가 제시된 이후 별다른 이견 없이 받아들여지고 있으며, 경기지역 삼국시대 신라산성들과 여러 면에서 차이가 있다. 기왕의 연구에 의하면 서울 · 경기지역 신라산성의 입지는 대부분 조망이 잘되는 해발 100~200m 정도의 야트막한 산에 구축되었다. 또한, 일반적인 군현성의 규모가 1km, 한산주의 치소로 알려진 이성산성이 1.7km 정도이다. 하지만 주장성은 해발 500m가 넘는 산정에 축조되었으며, 규모도 8km에 달한다. 남한산성의 입지와 규모는 신라시대에 축성한 성이라기보다는 오히려 높고 험준한 산꼭대기에 큰 규모로 쌓은 고려시대나 조선시대 피난성의 입지와 유사한 점이 많다.[106] 그러므로 남한산성은 당나라의 침입에 방비하기 위하여 삼국시대 산성과 전혀 다른 입지와 형태로 축성되었다는 점에서 입보용산성으로 볼 수 있다.

한편, 원주 해미산성과 충주 대림산성은 대표적인 입보용 산성으로 고려시대에 축성되었다고 알려져 있으나 보고서 내용을 분석해보면 동의하기 어렵다. 해미산성은 원주와 체천을 잇는 교통로의 북쪽 산 정상부를 두르며, 원주시가지와 인접한다. 산성에서 북동쪽으로 약 2km 지점에 영원산성이 위치한다. 대림산성은 충주시청에서 남쪽으로 6.1km 지점의 산정과 서쪽의 곡부를 두르는 포곡식 석축산성으로 서쪽의 달천과 인접한다. 이 산성들의 시기는

---

102) 中原文化財研究院, 2008, 『聞慶 姑母山城 1』.

103) 단국대학교 매장문화재연구소, 2001a, 『안성 죽주산성 지표조사 보고서』.

104) 김진형, 2013, 「추가의 신라성곽」 『흙에서 깨어난 추가의 신라문화』, 국립춘천박물관, 269쪽.

105) 심광주, 2012, 「주장성 축성기술과 남한산성」 『한국성곽학보』 21집, 한국성곽학회, 131쪽.

106) 한국토지공사 토지박물관, 2001, 『남한산성 -발굴조사보고서-』.

축조수법과 출토유물을 통해 알 수 있다. 먼저 축조수법은 최하단에 지대석을 두고 그 위로 방형 및 장방형의 잘 치석된 석재로 바른층쌓기를 하였다. 이러한 축조수법은 삼국시대 신라 산성에서는 확인된 바 없고, 통일신라시대의 하남 이성산성 2차 성벽,[107] 양천고성지 개축성 벽,[108] 행주산성 석축산성 1차・2차 치,[109] 남원 교룡산성, 세종 운주산성 에서도 조사된 바 있다. 일반적으로 통일신라시대 전형적인 축조수법으로 알려져 있다.

산성 내부에서 출토된 유물은 대림산성의 경우 인화문 개편과 단판 및 중판 선문의 기와 편, 해미산성에서 출토된 기와 역시 대림산성과 유사하다. 기왕의 견해에 따르면 장판 기와 의 출현 시기에 대해서 9세기 이전[110]과 847년 이전[111] 등이며, 최근 강원지방 나말여초기 (羅末麗初期)의 평기와를 분석한 결과에서도 장판 타날판은 9세기 중반부터 나타난다.[112] 따라 서 대림산성과 해미산성은 통일신라시대에 축성되었음이 분명하다. 기왕의 연구에서 고려시 대 입보용산성으로 분석된 성곽 중 통일신라시대에 축성된 것이 다수를 차지함을 알 수 있 다. 그 기원에 대해서는 단언하기 어렵지만, 나・당 전쟁기에 축조된 주장성인 남한산성으로 보는 것이 타당하다. 이 형태의 산성은 나・당 전쟁기인 7세기 말에 처음으로 축성된 후 통일 신라시대에도 지속적으로 축조되었으며, 고려시대에 가장 적극적으로 활용된 것으로 보인다.

주지하다시피 삼국시대 산성들은 군사적 기능과 행정적 기능을 동시에 수행해야 한다. 그 러므로 해발고도가 낮은 정상부에 축조되면 방어력이 떨어지고 너무 높은 산정상부에 축조 되면 행정적 기능이 약해지기 때문에 비교적 상대고도가 낮은 산정을 선호하였다. 그러나 삼 국이 통일된 이후에는 평지 및 평지와 야트막한 구릉에 입지하는 토성들이 집중적으로 축조

---

107) 漢陽大學校博物館, 2000a, 『二城山城 -7次發掘調查報告書-』; 2000b, 『二城山城 -8次發掘調查報告書-』.

108) 한얼문화재연구원, 2019, 『서울 양천고성지 II』.

109) 한양문화재연구원, 2021, 『고양 행주산성 -석성정비구간 내 발굴조사-』.

110) 최태선, 1996, 「평와 제작법의 변천에 대한 연구」, 경북대학교 대학원 석사학위논문.

111) 이인숙은 '會昌七年(847)' 이후부터 연호명 기와부터는 타날판에 새겨지는 글자 수에 관계없이 모두 장판 타날판을 사용하였으므로 중판 타날판 기와의 하한은 847년 이하로 내려갈 수 없다 고 보았다(이인숙, 2004, 「통일신라~조선시대 평기와 제작기법의 변천」, 『韓國考古學報』 第35輯, 韓國考古學會, 76~77쪽).

112) 朴東祐, 2011, 「羅末麗初期 강원지방 평기와 연구」, 『先史와 古代』 第35號, 한국고대학회, 249~ 277쪽.

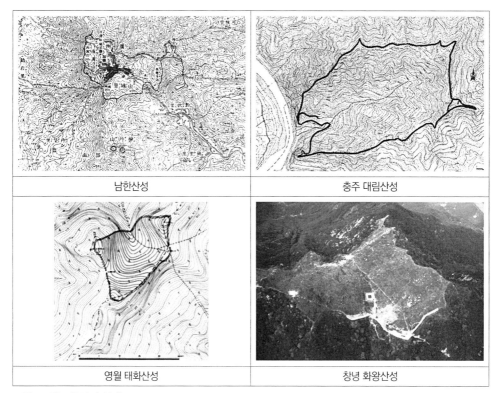

| 남한산성 | 충주 대림산성 |
| 영월 태화산성 | 창녕 화왕산성 |

그림 7. 입보용산성 형태

되는 점을 주목할 필요가 있다. 토성들은 행정적 치소[113]와 육상 및 연해 교통로를 통제하는 기능을 수행하였으나 전자의 비율이 높다.[114] 이 시기 산성들은 행정 치소의 기능보다는 배후산성의 역할을 담당하였다.[115] 삼국이 통일된 이후 성곽의 축조는 행정적 기능과 해안 및

---

113) 박순발, 2003, 「湖西地域 平地·野山城에 대하여 -築造時點 및 性格을 중심으로-」『호서지역의 성곽』, 호서고고학회.
9세기를 전후한 시점에 평지나 낮은 구릉에 토성이 집중적으로 축조되는 점도 주목된다. 이러한 토성들은 행정적 치소의 기능을 하였을 가능성이 높다고 알려져 있다. 하지만 필자의 분석 결과 토성들의 축조주체는 국가나 지방호족인 경우로 나누어진다. 또한, 통일신라신라 후기에 축조되는 모든 토성을 치소로 보기에는 어렵다.
114) 안성현, 2017e, 앞의 글, 120~122쪽.
115) 徐程錫, 2002, 「百濟山城의 立地와 構造」『淸溪史學』16·17, 淸溪史學會, 159~201쪽.

강안을 통제하였던 평지·평산성인 토성과 인접한 산정에 위치하는 산성으로 나누어짐에 따라 입보용산성이 출현하였음을 알 수 있다.

2. 형태

통일신라시대 석축산성의 형태는 입보용산성의 출현과 연동된다. 즉, 통일신라시대에는 삼국시대와 유사한 산성들이 축조되거나 아니면 이전 시기의 산성들도 활용될 뿐 아니라 입보용산성이 새롭게 등장함으로써 다양한 형태가 확인된다. 이 시기 산성의 형태 역시 다른 시기와 동일하게 테뫼식과 포곡식으로 구분이 가능하다.

테뫼식은 삼국시대 산성들이 지속적으로 활용되고 있으므로 통일신라시대에 축조된 석축 산성만을 축출하는데 한계가 있다. 이러한 관점에서 테뫼식 산성은 해안에 조망하기 유리한 곳에 축성된 무안 봉대산성과 양구 비봉산성, 내륙에는 양산 북부동산성, 하동 정안산성 등이 축조되었다.

포곡식산성은 안성 망이산성과 용인 석성산성, 청주 상당산성, 전주 동고산성과 충주 대림산성, 원주 해미산성, 고성 거류산성, 남원 교룡산성이며, 이중 대림산성과 해미산성, 교룡산성은 입보용산성에 해당한다.

특히 삼국시대에 축조된 것들을 재사용한 성곽이 다수 확인되며, 크게 두 가지로 나누어진다. 평면 형태가 변화 없이 사용되는 것인데, 테뫼식은 의령 유곡산성·호미산성, 창녕 화왕산성, 창원 성산산성 등이다. 이 산성들은 대체적으로 토성에서 석축산성으로 개축되었다.

평면 형태가 변화하는 것으로 파주 덕진산성과 합천 대야성, 함안 성산산성, 장성 진원성이 해당된다. 이중 덕진산성은 나말여초 내성인 석축산성의 동쪽 곡부를 두르는 토성이 축조되었다. 합천 대야성의 경우 황강 북안의 구릉에 토성으로 축조된 후 통일신라시대에 석축성을 쌓으면서 남쪽 사면부까지 증축되었다.

따라서 통일신라시대 석축산성의 형태는 삼국시대에 비해 다양하였음을 알 수 있다. 그 이유는 입보용산성의 등장과 이전 시기 산성을 재활용하면서 증축이 이루어졌기 때문이다.

3. 성벽 및 적심석 축조수법

축성은 당대의 토목기술과 관념-정치상황과 국가 간의 관계, 사회의 발전 정도와 관방체계-을 반영하므로 동일한 주체에 의해서 동시기에 축성된 성곽들의 형태는 기능에 따라 차이를 보이지만 성벽의 축조수법은 유사하였을 가능성이 높다.[116] 물론, 동시기에 축조된 성곽들 중에도 정형적인 형태에서 벗어나는 것이 속속 확인되고 있다는 점을 유념해야 한다. 그럼에도 불구하고 성벽의 단면형태와 외벽 축조수법은 시기를 파악하는데 중요한 속성 중 하나임은 부정하기 어렵다. 다만, 성벽의 기저부 조성은 지형이나 지질적인 요인에 의해 다양한 방법으로 조성되었으므로 시기성을 반영하는 속성으로 보기 어려우므로 이글에서는 제외한다.[117]

1) 단면 형태

석축산성 성벽의 단면형태를 분석하기 이전 세 가지의 이해가 필요하다.

① 성벽의 단면 형태를 구분하는 문제인데, 필자는 단면 형태에 따라 협축과 편축, 산탁으로 구분하고 있다.[118] 협축과 편축성벽은 내벽과 외벽을 쌓는다는 점에서는 동일하지만 세부적으로 살펴보면 차이가 있다. 전자는 기저부를 굴착하기도 하였으나 능선 정상부는 내·외벽의 높이가 유사하다. 성 내부에서 별도의 등성시설 없이, 성벽으로 오르기 불가능할 정도까지 쌓는 것을 지칭하며, 보은 삼년산성과 단양 온달산성이 대표적이다.

후자는 내벽과 외벽을 동일한 높이로 쌓았다는 점은 동일하며, 원지형을 계단상이나 'ㄴ'자상으로 굴착한 뒤 기저부를 조성하였다. 성벽은 해발고도가 낮은 외벽부터 쌓아가다 내벽 기저부와 동일한 레벨부터는 협축으로 쌓은 후 내벽과 굴착부 사이의 공간은 흙으로 다져 붕괴를 방지하였으므로 내벽의 축조수법은 외벽보다 조잡하다. 협축식 성벽과의 가장 큰 차이는 내부의 회곽도에서 별다른 등성시설 없이 성벽으로 올라갈 수 있다는 점이다. 편축성벽은 삼국시대 대부분의 석축산성에서 확인된다. 시기적으로는 협축식 성벽보다 후대에 나타난다고 알려져 있다. 하지만, 동일 성곽에서 두 형태가 동시에 확인되는 사례가 늘고 있으므로 시

---

116) 안성현, 2013, 「방어시설 성벽-석성-」『한국성곽조사방법론』, 한국문화재조사연구기관협회, 120~126쪽.

117) 안성현, 2020, 앞의 책, 243~249쪽.

118) 편축과 협축성벽의 구분법에 대해서는 나동욱 견해를, 산탁에 대해서는 심봉근의 견해를 수용한 후 내용을 첨부하였음을 밝혀 둔다(안성현, 2013, 앞의 글, 245쪽). 편축성벽에서도 협축성벽의 내벽보다는 낮지만 등성시설이 없으면 성벽으로 올라가기 어려운 것들도 있다. 하지만, 현재까지의 자료만으로 세부적인 분류는 불가능하다.

기를 밝힐수 있는 속성으로 보기 어렵고, 자세한 내용은 후술한다.

산탁은 원지형을 굴착한 후 외벽만 석축을 하고 적심은 할석으로 채웠지만 별도의 내벽을 구축하지 않았다. 그리고 성벽 내부는 원지형과 비슷한 높이에 좁은 회곽도-보도-를 설치하였고, 상부에는 별다른 시설 없이 평여장을 쌓았다. 이러한 형태의 성벽은 의령 벽화산성 조선시대 성벽, 창원 진례산성, 함양 황석산성, 속초 권금성 등 주로 고려시대나 이후의 성곽에서 확인된다는 점을 고려하여 중·근세 성곽의 특징으로 알려져 왔다. 하지만, 삼국시대와 통일신라시대에 축성된 충주 남산성,[119] 안성 망이산성과 죽주산성 남벽 일부, 반월산성 북벽, 설봉산성 동벽, 창녕 영축산성 등에서도 확인되었으므로 삼국시대(6세기 중반)까지 소급될 가능성을 배제할 수 없다.

기왕의 연구에서 성벽의 단면형태에 대한 명칭은 현재까지 일치를 보지 못하고 있으며, 크게 협축과 편축, 산탁, 내탁으로 구분하는 것이 일반적이다. 이 중 내탁식 성벽은 조선시대 읍성 및 영진보성에서 주로 확인되며, 석축부와 토축부-토약-로 나누어진다. 석축부 단면은 계단식과 제형, 삼각형으로 축조한 후 내벽에 흙으로 다져서 마무리하였으므로 동시기에 축조된다. 따라서 내벽부에 설치된 등성시설 유무에 따라 협축과 편축, 별도의 내벽을 축조하지 않는 것을 산탁으로 지칭하는 것이 타당하다.

② 우리나라 산성의 성벽은 협축에서 편축으로 변화하였다는 견해가 통설이다. 하지만, 신라의 초기 산성으로 알려진 문경 고모산성과 보은 삼년산성, 청원 양성산성은 성벽이 높지만 능선의 사면부를 지날 경우 편축식으로 축조하였다. 이러한 양상은 신라의 초기 산성보다는 낮지만, 연천 대전리산성과 아차산성, 거창 거열산성, 함양 사근산성, 창녕 목마산성 등 능선 정상부와 사면부를 따라서 성벽을 쌓은 대부분의 산성의 성벽 역시 사면부는 편축식, 능선 정상부를 지날 때는 협축식으로 축조하였다. 이에 따라 편축과 협축식 성벽만으로 시기를 구분할 수 없다.[120]

③ 편축식 성벽의 내벽은 대부분 땅속에 묻히기 때문에 외벽보다 조잡하게 쌓는다. 내벽의 높이는 진해 구산성과 대국산성 남문지 주변, 함안 성산산성 동벽은 높이가 5m가 넘지만 지

---

119) 중원문화재연구원, 2018, 『忠州 南山城 -南門址 發掘調査-』.

120) 통설이 성립된 이유는 다양하겠지만 소규모 조사를 통해 얻어진 결론을 중심으로 논의가 진행되었기 때문으로 판단된다. 이러한 양상은 6세기 중·후반에 축성된 아차산성과 온달산성, 백제의 순천 검단산성의 성벽에서도 유사한 양상이 확인되므로 시기와 관계가 없다. 이에 대해서는 자료의 축적을 기대한다.

상에 노출된 높이는 낮다. 물론 성산산성 동벽의 경우 내벽에 토축부를 축조한 경우도 있으며, 청주 부모산성과 영월 정양산성에서도 유사한 형태의 토축부가 확인된 예가 있다. 이중 부모산성은 수축 내벽에 덧대어 쌓았으므로 토축부의 시기는 초축성벽과 차이가 있다.

이러한 관점에서 신라산성 성벽의 단면형태는 비교적 명확하게 정리할 수 있다. 5세기 후반경에 축성된 보은 삼년산성과 문경 고모산성·청원 양성산성 등은 동일 성곽에서 편축식과 협축식 성벽이 모두 보이지만 성벽의 높이는 최소 10m 이상이다. 특히 삼년산성의 경우 잔존 성벽이 24m 정도로 우리나라 성곽들 중 가장 높다. 하지만, 6세기대에 들어 10m 내외로 낮아지는데 경남과 중부지역(충청 및 서울·경기지역)에서 약간의 차이가 있다.

경남지역의 성곽 중 가장 이른 시기에 해당하는 부산 배산성과 양동산성, 진해 구산성, 거창 거열산성은 성벽 높이가 이전 시기에 비해 낮아진다. 이와 달린 중부지역은 이전의 전통이 이어지는 것과 그렇지 않은 것으로 나누어진다. 전자는 연천 대전리산성과 영월 정양산성 등이 대표적이다. 후자는 하남 이성산성·포천 반월산성, 양천고산성, 이천 계양산성, 김포 수안산성 및 삼국시대 문수산성, 고양 행주산성 석성 등인데 분포산성에서 정형성을 찾을 수 없다. 다만, 중부지역 산성들의 축성 시기는 대체적으로 6세기 중·후반에서 7세기 전반에 축성되었다는 점에서 큰 이견이 없다. 따라서 이 지역 산성의 성벽 높이는 시기적인 차이로 보기 어렵고, 산성의 기능이나 성격에 따라 달리하였을 가능성이 높다.

한편, 통일신라시대 축성된 것이 확실한 남한산성과 경주 신대리성·청주 상당산성, 안성 망이산성·무안 봉대산성, 전주 동고산성·남원 교룡산성·고부구읍성·고성 거류산성 등이 있다. 이중 남한산성의 정확한 성벽 높이는 알 수 없으나 외벽 바깥에는 상당한 높이로 보축성벽을 쌓았다.[121] 이 시기 산성의 성벽 높이가 대체로 4~7m 내외인 점을 고려할 때 이전 시기의 성벽보다 더 낮아짐을 알 수 있다.

이상의 내용에서 알 수 있듯이 성벽의 단벽형태는 삼국시대에서 통일신라시대로 갈수록 낮아지며, 이러한 경향성은 고려와 조선시대까지 이어진다.

2) 성벽-외벽 축조수법-

삼국시대에 축성된 산성의 성벽에 대한 기술은 대체적으로 상부와 하부를 비슷한 크기의

---

121) 심광주, 2012a, 「양주 대모산성 축조방법과 축성시기」 『양주대모산성 국가 사적 지정을 위한 전문가 학술회의』, 한림대학교박물관, 133쪽.

치석된 할석을 사용하였으며, 기저부에는 기단보축을 구축하여 성벽이 밀리는 것을 방지하였다고 하는 것이 일반적이다. 통일신라시대에 들어서면 성벽 최하단에 대형의 할석으로 지대석을 설치한 후 지대석에서 약간 들여서 성벽을 쌓는다고 알려져 왔다. 하지만, 이러한 통설을 통일신라시대 전 지역에 동일하게 적용할 수 있는지에 대한 검토는 이루어지지 않았다.[122] 이 시기 성벽의 축조수법상 특징은 크게 두 가지로 나누어서 살펴볼 수 있다.

① 잘 치석된 방형에 가까운 할석으로 바른층쌓기를 한 것으로 쐐기돌을 거의 사용하지 않았으며, 하부에 비교적 대형의 할석을 두었고, 외벽은 수직에 가깝게 쌓은 것으로 현재까지 조사된 예는 연천 대전리산성 보수된 성벽과 하남 이성산성 2차 성벽,[123] 사천 성황당산성이, 연천 대전리산성 보수된 성벽 등이다. 축조 시기는 성벽의 축조수법과 출토유물, 보고서의 연대 등을 고려하면 대체적으로 7세기 후반에서 8세기 중반 정도에 해당하는 것으로 알려져 있다.

② 외벽 기저부에 면석보다 대형의 지대석을 두고 들여서 외벽을 쌓은 것이다. 외벽은 들여쌓기를 한 것이 특징적이며, 외벽의 축조수법은 다양한 형태가 확인된다.

첫째, 지대석과 성벽을 동일한 석재를 경주 관문성이 대표적이며, 양산 신기산성과 창녕 화왕산성, 고성 거류산성과 서울 호암산성 개축성벽이 해당된다. 이중 신기산성은 관문성과 유사하지만 화왕산성(9세기 전반)과 고성 거류산성(9세기 중반)은 축조수법이 조잡하다. 따라서 이 형태의 성벽은 신라 하대로 갈수록 축조수법이 조잡해진다.

둘째, 지대석은 대형의 할석을 사용하였으나 외벽은 치석된 할석을 사용한 것으로 하남 이성산성 보축성벽-3차 성벽-, 무안 봉대산성, 장수 침령산성 통일신라시대 성벽 및 치, 안성 망이산성, 전주 동고산성, 고양 행주산성 석축산성 치 2와 보축성벽, 연천 대전리산성 보축성벽, 양구 비봉산성[124] 등 이 시기 가장 일반적인 축조수법이다. 이와 달리 파주 덕진산성

---

122) 안성현, 2020, 『경남지역 성곽의 고고학적 연구』, 창원대학교 박사학위논문, 250~260쪽.

123) 하남 이성산성의 조사보고서에서는 1차 성벽과 2차 성벽으로 나누어서 기술하고 있다. 하지만, 보고서를 분석해 보면 이성산성의 성벽 및 부속시설은 크게 세 시기로 구분된다. 초축성벽과 보고서에서 1차 성벽으로 본 동문지 주변성벽은 2차 성벽이다. 그리고 보고서에서 2차 성벽으로 기술한 것은 보축성벽으로 보는 것이 타당하며, 자세한 내용은 후술한다.

124) 江原考古文化研究院, 2018, 『楊口 飛鳳山城 -양구 비봉산성 정밀지표조사 보고서-』.
비봉산성은 지표조사만 이루어져 성벽 기저부에 설치된 기저부의 형태는 알 수 없으나 지상에 노출된 외벽의 축조수법이 정형적인 축조수법과 동일하므로 이 형태에 포함시켰다.

내성의 통일신라시대 석축성벽은 대형의 할석으로 지대석 1단을 두고 외벽은 지대석에서 들여서 (장)방형의 할석으로 치밀하게 쌓았다. 적심에서 중판타날고판의 선문과 격자문이 타날된 기와편들이 출토되었으므로 성벽의 축조시기를 8세기 전반~중반 이전으로 소급하기 어렵다. 따라서 8세기 전반 이후 성벽 축조에는 다양한 수법이 적용되었음을 알 수 있다.

셋째, 대형의 할석으로 지대석 1단을 두었고, 외벽은 지대석에서 들여서 (장)방형의 할석으로 치밀하게 쌓은 것으로 파주 덕진산성 내성의 통일신라시대 석축성벽과 연천 호로고루 및 당포성의 통일신라시대 석축성벽에서 확인되었다. 덕진산성의 석축성벽의 적심에서 중판타날 고판의 선문기와편들이 출토되었으므로 8세기 중반 이전으로 소급하기는 어렵다.

넷째, 성벽 축조에 치석되지 않은 대형의 할석을 사용하였으므로 외벽은 허튼층쌓기에 가깝게 보이는 것이다. 이 형태의 성벽은 홍성 석성산성[125]의 성벽과 의령 호미산성·유곡리산성, 합천 대야성 및 성산산성 석축성벽, 창원 성산산성 석축산성 등이 대표적인데, 축조시기에 대해서는 약간의 이견이 있으나 통일신라시대에 축조된 것은 분명하다. 유곡리산성은 가야의 성토토성 상부를 정지하고 축조하였다. 성벽은 별도의 지대석을 사용하지 않고 다양한 할석으로 성벽을 축조하였는데, 현재까지 확인된 유일한 사례이다. 이와 달리 천안 위례산성은 천안지역의 향토사학자들을 중심으로 백제의 초도지로 알려져 왔으나,[126] 발굴조사결과 석축성벽은 통일신라시대에 축조되었음이 밝혀졌다.[127] 초축성벽의 축조수법은 서문지에서 잘 나타난다. 문지는 반현문식으로 평면형태는 성내부로 내만한 'U'자상의 형태를 띤다. 외벽은 판석제 할석으로 조잡하게 쌓았는데, 허튼층쌓기에 가깝다.[128]

따라서 통일신라시대 석성의 성벽은 외벽 기저부에 대형의 할석으로 지대석을 두고 외벽은 잘 치석된 할석을 들여서 계단식으로 축조하는 것이 가장 일반적인 형태였다. 이러한 전형에서 벗어나는 형태도 동시에 확인되고 있다. 전형적인 형태가 나타나는 이유는 통일 초기에 영토가 확장됨에 따라 늘어난 세수를 바탕으로 관문성을 축조하게 되는데 이전 시기와는 전혀 다른 축성법이 나타나게 된다. 관문성과 비슷하거나 약간 늦은 시기에 지방에서는 동일

125) 서정석, 2008, 「洪城 石城山城에 대한 고찰」 『백제문화』 39, 공주대학교 백제문화연구소, 53~80쪽.
126) 서정석, 2012, 「백제 초기 도읍지와 天安 慰禮山城」 『漢文古典研究』 24, 한국한문고전학회, 14쪽.
127) 충청남도역사문화연구원, 2012, 『천안 성거산 위례성 학술발굴조사 보고서』.
128) 고온문화재연구원, 2020, 『천안 성거산 위례성 유적 -천안 성거산 위례성(목곽고 주변) 정비사업 부지 내 유적 발굴조사-』.

한 축조수법이 적용된 성벽과 외벽의 수법은 동일하지만 치석되지 않은 대형의 할석으로 지대석을 둔 사례도 확인된다. 그러므로 통일신라시대의 전형적인 축성법은 왕경에서 축성된 이후 지방으로 확산되었음을 알 수 있다. 즉, 변경에서 왕경으로 유입되는 5세기 후반과는

신대리성	하남 이성산성 2차 성벽
안성 망이산성	파주 덕진산성
위례산성 서문지 외벽	창원 성산산성 통일신라시대 성벽

그림 8. 통일신라시대 성벽

반대의 양상으로 전개되었음을 알 수 있다.[129]

이후 지대석을 두고 치석된 석재로 바른층쌓기를 한 것과 허튼층쌓기를 한 성벽 및 지대석을 설치하지 않고 허튼층쌓기를 한 성벽 등 다양한 축성법이 등장한다. 이중 후자는 고려시대 산성의 축조수법으로 연결된다. 기왕에 알려진 것과 달리 고려시대의 성벽 축성법은 통일신라시대 후기에 완성되었으므로 고대와 중세 성곽은 단절적인 것이 아니라 연속선상에서 계승·발전하였음을 알 수 있으며, 고려시대에 들어서 이전 시기보다 더 다양한 성벽이 등장하였다고 보는 것이 합리적이다.

3) 부속시설

통일신라시대에 축조되거나 활용된 성곽들에는 이전 시기와 달리 다양한 부속시설이 설치되거나 구조의 변화로 인해 성격과 방어체계가 변모하게 된다. 즉, 성벽에는 보축성벽[130]과 치가 적극적으로 활용되며, 성문은 현문식에서 평거식 및 개거식으로 변화되었다고 알려져 있다. 또한, 성 내부에는 창고와 제의를 위한 건물들이 본격적으로 축조됨에 따라 기와의 출토량이 급증한다. 따라서 이들을 나누어서 살펴보면 다음과 같다.

---

129) 안성현, 2020, 앞의 책.

130) 基壇補築은 '外壁基壇補築', '基壇外壁補築', '外壁補强構造物', '外壁 基底部 補强石築', '補築城壁 (基壇補築城壁)' 등 다양한 용어로 불리고 있다. 이 시설물들은 외벽 하부를 보강하기 위하여 성벽에 덧대어 설치한 구조물을 뜻한다. 기단보축이라는 용어에 대하여 비판이 이루어진 예도 있으며, 그에 대해서 일정 부분 동의한다. 하지만 구조물에 대한 용어가 정립되지 않은 상황에서 새로운 용어를 사용하면 혼란을 가중시킬 수 있다. 이에 따라 이글에서는 성벽 기저부를 보강하는 시설에 대하여 처음으로 사용된 명칭일 뿐 아니라 가장 널리 사용되고 있는 용어인 '基壇補築'을 사용하고자 한다.
이글에서 사용하는 기단보축은 명활산성, 대모산성, 충주산성 등에서 확인되는 성벽의 1/3 내지 1/2 이상까지 쌓아 성벽을 보강하는 구조물에 대응되는 기저부를 보강하거나 성벽 하부로 흐르는 유수를 속도를 줄이는 소형의 석축 구조물을 의미하는 것이다. 그 이상으로 쌓은 것은 보축성벽으로 지칭한다.
다만, 기단보축에 대한 분류는 자료의 축적을 기다려야 할 것으로 판단된다. 하지만 명활산성, 대모산성, 충주산성 등에서 확인되는 성벽의 1/3~1/2 이상까지 쌓아 성벽을 보강하는 구조물과 이에 비해 상대적으로 규모가 소형인 성벽 기저부를 보강하는 시설물과는 구분되어져야 한다. 전자는 성벽의 중단까지 설치됨으로써 성벽 기저부 및 성벽을 보강하는 기능적인 측면과 적에게 위압감을 주는 상징적인 의미도 가졌으며, 후자는 성벽의 유수 방지나 기저부를 보강하는 시설물이었을 가능성이 크기 때문이다.

(1) 기단보축 및 보축성벽

우리나라 고대 석축산성의 성벽 기저부에는 기단보축이 축조된다. 통일신라시대성벽의 외벽 기저부에 지대석이 설조되면서 소멸하는 방향으로 전개되지만 전개되지만 현재까지의 연구 결과만으로 한정할 때, 정확한 소멸시점은 알 수 없다. 이 시기에는 보축성벽이 새롭게 가축되므로 이 둘을 나누어서 살펴보는 것이 타당하다.

① 기단보축

기단보축의 축조 주체에 대한 견해는 크게 세 가지로 나누어진다. 첫째, 기단보축이 성벽과 동일한 시기에 축조되었다고 보는 견해로 기단보축이 축조된 산성들이 6세기 중반을 전후한 시기 신라의 영토 확장과 관련이 있는 지역에서 확인되는 점에서 신라산성의 특징으로 파악하고 있다.[131]

둘째, 기단보축이 성벽과 동일한 시기에 축조되지 않았다는 견해이다. 기단보축의 형태가 일정하지 않고, 사용된 석재가 면석과 다른 점 등으로 볼 때 성벽과 동일한 시점에 축조되지 않았으므로 기단보축을 신라산성 만의 특징으로 보기는 어렵다는 것이다.[132]

셋째, 보축은 가야산성인 함안 칠원산성에서도 확인됨으로써 신라산성에만 축조되는 것이 아니며, 설치시기 역시 성벽과 동일한 것과 동일하지 않은 것으로 나누어진다고 본 견해도 있다.[133]

기단보축은 삼국통일 전후에 축조된 산성에서 확인되지 않는 사례가 늘어나고 있다. 그 예로 하남 이성산성 2차 성벽과 연천 대전리산성 개축성벽, 사천 성황당산성 등의 조사결과 기단보축은 확인되지 않았다. 통일 이후에 축성된 관문성이나 상당산성, 망이산성, 무안 봉대산성, 남원 교룡산성, 충주 대림산성, 원주 해미산성, 세종 운주산성 등 대부분의 성곽에서 기단보축을 설치하지 않았다. 다만, 파주 덕진산성 내성의 통일신라시대 석축성벽에는 지대

---

131) 翰林大學校博物館·文化財研究所, 1990, 앞의 책, 42쪽.
    朴鐘益, 1993, 「三國時代의 山城에 대한 一考察 -新羅山城의 基壇補築을 중심으로-」, 東義大學校 碩士學位論文; 2005, 앞의 글, 231~249쪽.
    심광주, 2003, 앞의 글, 173~176쪽.

132) 沈正輔, 2004, 『백제 산성의 이해』, 주류성, 17쪽.
    趙晶植, 2005, 「洛東江 中流域 三國時代 城郭 研究」, 慶北大學校 大學院 碩士學位論文, 24~25쪽.

133) 안성현, 2007b, 「慶南地域 古代 石築山城 築造技法에 관한 연구 -基壇補築을 중심으로-」 『韓國城郭學報』 第11輯, 한국성곽학회, 135~166쪽.

| 인천 계양산성 | 포천 반월산성 |
| 파주 덕진산성 | 고양 행주산성(상부 석축 : 보축성벽 적심) |

그림 9. 기단보축 단면

석이 설치되었음에도 불구하고 기단보축을 설치하였으며, 한 차례 개축이 이루어졌다.

따라서 8세기 전반이나 중반 이후부터 축성된 성곽, 성벽 기저부에 지대석이 설치되면서 기단보축을 설치하지 않은 방향으로 전개되었음은 분명하나 모든 성곽에 적용할 수 없다.

② 보축성벽[134]

보축성벽은 통일신라시대의 성곽에 새롭게 나타나는 특징 중 하나이지만 모든 성곽에 확인되지는 않는다. 보축성벽이 확인된 대표적인 유적은 연천 호로고루 통일신라시대 석성과 당포성, 파주 덕진산성 내성 통일신라시대 성벽, 양주 대모산성, 하남 이성산성, 서울 아차산

---

134) 안성현, 2016, 「고찰」『漣川 大田里山城Ⅱ』, 고려문화재연구원, 130~131쪽.

성, 고양 행주산성 삼국시대 석성 등이다. 보축성벽에 대해서는 크게 4가지로 나누어서 살펴볼 수 있다.

첫째, 보축성벽이 성벽으로서의 기능을 수행하였는지 여부인데, 성벽으로 보는 것이 통설이다.[135] 보축을 성벽으로 보기 위해서는 기울기와 관계없이 선축된 성벽 상부까지 쌓아야 한다. 하지만 파주 덕진산성의 내성과 아차산성의 경우 잔존하는 성벽의 최상단에서 100~200cm 아래에서 마감되며, 대전리산성의 남벽은 앞의 산성들보다 아래에서 마무리된다. 이러한 양상은 호로고루·당포성, 이성산성 등 통일신라시대에 가축된 보축성벽과 유사하다.

이성산성에 대한 발굴조사 보고서에서는 1차와 2차 성벽으로 기술하고 있다. 그러나 기왕의 보고서를 재분석해보면 보고서와는 다른 해석이 가능하다. 즉, 1차 성벽은 편마암계 할석으로 바른층쌓기를 하였는데, 신라 북진기 신라산성과 동일하다. 문제는 보고서의 1차 성벽을 어떻게 정의할 것인가에 있다. 세부적으로 살펴보면 서문지 주변에서 1차 성벽으로 지칭한 외벽은 동문지에서도 확인된다.[136] 이 성벽은 잘 치석된 할석으로 바른층쌓기를 하였다는 점에서 1차 성벽과는 차이가 있으며, 상단으로 갈수록 들여쌓기는 확인되지 않는다. 이에 반해 보고서에서 2차 성벽으로 본, 일명 옥수수알 형태의 성돌은 지대석으로 두었다는 점은 동일하다. 하지만, 면석의 치석 정도와 들여쌓기를 하였을 뿐 아니라 치성과 동시에 축조하였으므로 전술한 성벽과는 확연한 차이가 있다. 서문지 및 동문지 주변에서 확인된 성벽과 동시기로 볼 수 없으며, 보축성벽으로 보는 것이 타당하다. 따라서 하남 이성산성은 1차 성벽과 개축된 2차 성벽, 옥수수알 형태의 면석을 이용해서 쌓은 보축성벽으로 나누어짐을 알 수 있다.

둘째, 보축성벽의 단면형태인데, 크게 세 가지로 나누어진다. 하나는 기저부는 수직에 가깝게 쌓다가 상부로 갈수록 급격하게 줄어드는 것으로 덕진산성과 대전리산성 등이 해당된다. 다른 하나는 규모가 기단보축에 비해 커졌을 뿐 단면 삼각형태로 축조한 것으로 양주 대모산성과 연천 호로고루가 대표적이다. 마지막으로 하부에 지대석을 두고 외벽은 치밀하게 쌓고, 상부로 갈수록 들여쌓기를 한 형태이다. 보축성벽의 외부는 사질점토를 다지는 것이 다수를 차지한다.

---

135) 심광주, 2015, 「덕진산성 축성법 검토」『파주 덕진산성의 역사적 가치와 보존 및 활용 방안』, 중부고고학연구소, 123~151쪽.
漢陽大學校博物館, 2001, 『河南 二城山城 -第8次 發掘調査 報告書-』.
136) 한양대학교 박물관, 2018, 『二聖山城 -13차 발굴조사 보고서-』.

셋째, 보축성벽의 가축시기인데, 대부분의 유물들이 보축 외부 퇴적층이나 수축부에서 출토되므로 정확한 편년을 하는데 무리가 있다. 따라서 보축성벽의 축조 시기는 유구의 중복관계와 출토유물을 중심으로 살펴 볼 수밖에 없다. 다만, 비교 대상의 성곽 역시 내부에서 유구의 연대를 파악할 수 있는 유물의 출토 예가 적어 정확한 시기를 파악하기 어려우므로 대략의 시기만을 추정하고자 한다.

기왕의 조사결과에 의하면 잘 치석된 할석으로 보축성벽을 축조한 형태는 연천 대전리산성, 하남 이성산성, 연천 호로고루 및 당포성, 파주 덕진산성 등이다. 덕진산성과 이성산성, 대전리산성의 변화 양상은 상당히 유사하다는 점이 주목된다. 먼저 파주 덕진산성은 대전리산성과 축성 주체와 시기는 다르지만 이후의 변화는 상당히 유사하다. 덕진산성은 고구려에 의해서 토성으로 축조 되후 8세기 중반경에 석성으로 개축되었다. 이 후 최소 2차례 이상의 기단보축이 설치되었으며, 최종적으로 보축성벽이 가축됨으로써 조사 당시의 성벽이 완성되었다. 보축에 사용된 석재는 성 내부의 통일신라시대 집수지와 동일하다. 보축의 시기는 9세기 정도로 보고하였으나,[137] 유구는 이보다 조금 내려 보는 것이 타당하므로 9세기 전반의 늦은 시기나 중반의 이른 시기로 보는 것이 타당하다고 본다. 또 하남 이성산성의 보축성벽 (보고서 2차 성벽) 역시 9세기대로 보고하였다.[138]

보축성벽과 유사한 축조수법이 확인되는 성곽은 경주 신대리성-관문성-과 안성 망이산성, 상당산성, 서울 양천고읍성, 정읍 고사부리성, 전주 동고산성, 양양고읍성, 무안 봉대산성 등에서 확인된다. 이중 경주 신대리성과 안성 망이산성, 상당산성, 정읍 고사부리성, 동고산성 등은 초축 성벽, 그 이외는 수축 및 개축 성벽이다. 대략적인 시기는 8~9세기대에 해당한다고 보고 한 점은 동일하다.

따라서 보축성벽의 축조 시기는 대체적으로 8세기 중반에서 9세기 중반 사이에 축조되었다고 보는 것이 타당하다.[139]

넷째, 보축성벽의 기능과 목적에 대한 것으로 이 문제는 통일신라시대 성곽들의 활용과 일정부분 연동된다는 점에서 중요하다. 주지하다시피 우리나라의 고대 성곽은 보축성벽이

---

137) 중부고고학연구소, 2014, 『파주 덕진산성』.

138) 심광주, 2006, 「삼국시대 산성과 이성산성」 『이성산성 -발굴 20주년 기념 특별전-』, 한양대학교 박물관.

139) 현재까지의 조사 자료로만으로 이보다 세부적인 편년을 설정하기 어렵다. 다만, 좀 더 세부적으로 시기를 부여한다면, 8세기 2/4분기~9세기 2/4분기 정도에 해당하는 것으로 볼 수 있다.

| 파주 덕진산성 보축성벽 | 아차산성 보축성벽 및 치성 |
| 양주 대모산성 보축성벽 | 대전리산성 보축성벽 |

그림 10. 보축성벽 외벽

축조되지 않은 것과 축조되는 것으로 나누어지며, 삼국시대에 축성되어 통일신라시대까지 성곽으로서의 기능을 수행하였던 성곽에서 주로 확인된다. 앞서 살펴본 바와 같이 보축 성벽은 8세기 중반에서 9세기 중반의 이른 시기까지 축성된다. 이 시기는 신라가 삼국을 통일한 후 전성기와 나말여초 이전 왕권이 유지되고 있었다. 그러므로 보축성벽은 성벽의 붕괴를 방지하는 본연의 기능에 더하여 신라인들의 축성과 산성에 대한 관념의 변화가 투영되었을 가능성이 높다. 즉, 격동기인 삼국시대의 성곽은 방어에 중점을 두었으며, 내부에도 와즙 건물지가 확인되는 경우가 드물다. 하지만 삼국이 통일된 이후에는 방어적인 기능과 더불어 성곽의 위계를 나타낼 수 있는 기재가 필요하였으며, 이 시기 중요하게 활용된 성곽에는 치석상태가 양호한 석재로 보축성벽을 쌓음으로써 일반 산성과는 차별성-위계- 부여하였을 가능성이 있다. 따라서 보축성벽이 설치된 성곽은 다른 성곽에 비해 위계가 높았다고 본다. 다만,

보축 성벽의 축조수법이나 형태가 다양하다는 점에서 가축 시기는 동일하지 않았을 가능성이 높다.

(2) 치성

치성은 성벽 아래의 적을 측면에서 방어하기 위해서 축조되는 돌출부를 지칭한다. 치의 효용성은 유성룡의 『懲毖錄』築城論에 따르면 '성이면서 雉가 없으면 비록 한 사람이 타 하나씩을 지킨다 하더라도 垛 사이에 방패를 세워서 밖에서 들어오는 화살을 막기 때문에 적이 성밑으로 붙는 것을 막아내지 못한다.'[140]라는 표현에 잘 나타나 있다. 하지만, 치의 가축 시기에 대해서는 면밀한 검토가 필요하다.

이를테면 고구려의 경우 아차산 일대 보루에서 초축 당시의 치는 토축부 외부로 돌출된 4보루의 치가 유일하며, 석성으로 개축된 이후에는 선축된 치 상부에 석축 치가 축조되었다.[141] 홍련봉 2보루에서는 7개소의 치가 확인되었으나 치와 외황의 진행방향을 중심으로 분석하면 동시기로 보기 어렵다. 즉, 외황의 돌출된 부분의 내부에 가축된 1호·2호·3호·4호·5호 치는 석축성벽과 동시기에 축조되었으며, 외황이 폐기된 이후 6호·7호 치가 가축되었다. 이 일대 고구려 보루는 동시기에 축조된 것이 아니며, 방어력을 높이는 방향으로 변화하였음을 알 수 있다.[142]

신라의 경우 초기성곽에는 곡성이 축조되었으며, 이후 (장)방형의 치로 변화했다는 것이 통설이었다. 그러나 최근 여주 파사성에서 곡성이, 단양 온달산성에서는 제형의 치성이 조사되었으므로 곡성의 축조 시기는 통설보다 하향 조정되어야 한다.[143] 즉, 삼국시대 신라산성에서 성벽과 동시기에 축조된 치가 확인되는 사례는 드물다. 백제산성의 치성에 대해서는 명확하게 밝혀진 바 없어 자세한 분석은 불가능하며, 부여 나성(동나성)에서 치성이 조사되었으

---

140) 柳成龍, 『築城論』 "城而無雉則雖人守一垛 而垛間立盾 以遮外面矢石 賊之來附城下者 不可見而禦之也 紀效新書 每五十垛置一雉 外出二三丈 雉相去五十垛 一雉各占地二十五垛 左右顧眄 便於發射 敵無緣來傳城下矣".

141) 안성현, 2016a, 앞의 글, 115~140쪽.
조인규는 아차산 일대 고구려 보루의 토축부를 판축토성으로 분류하고 있다는 점은 필자와 동일하다(조인규, 2019, 「南韓地域 版築土城의 築造技法에 관한 硏究」, 한림대학교대학원 석사학위논문, 33~81쪽).

142) 안성현, 2017a, 앞의 글, 124~126쪽.

143) 안성현, 2016, 「서울·京畿地域 성곽 발굴조사 성과」 『계간 한국의 고고학』 34호, 주류성.

나 축조주체는 불분명하다.

치의 형태는 두 가지로 나누어진다. 먼저, 덕진산성의 경우 북서쪽(1치), 남서쪽(2치), 북동쪽(3치) 등 3개소가 조사되었으며, 대체적으로 산성으로 진입하기 유리한 능선 정상부에 위치한다. 조사결과 확인된 치는 동시기에 축조된 것이 아니라 여러 시기에 걸쳐 조성되었다는

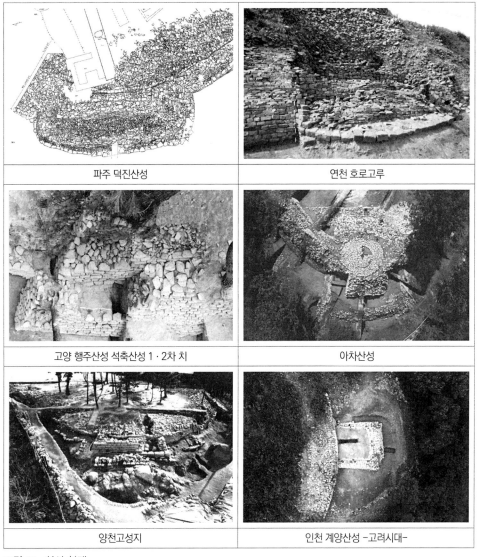

파주 덕진산성	연천 호로고루
고양 행주산성 석축산성 1·2차 치	아차산성
양천고성지	인천 계양산성 -고려시대-

그림 11. 치성 형태

점은 동일하지만, 세부적으로 살펴보면 약간의 차이가 있다. 평면의 변화는 1치와 2·3치가 다른 양상을 보인다. 즉, 1치는 통일신라시대 성벽 외부에 역제형에 가깝게 좁고 긴 석축을 쌓은 후 확장하여 2차 치와 기단보축을 쌓았다. 이에 반해 2치와 3치는 비교적 넓은 치를 선축한 후 좁혀서 2차 치를 축조하였다. 2치의 2차 치에는 1차 치 외벽에서 성 내부 쪽으로 기울여 쌓은 기단보축이 확인되지만, 1차 치에는 기단보축이 가축되지 않았다. 적심은 1치와 3치의 경우 석재를 사용하였다. 이에 반해 3치의 1차 치 및 기단보축은 흙을 주로 사용하여 다졌으며, 2차 치는 석재의 비율이 높다. 또 3치의 동쪽 부분은 다른 지역과 달리 보축성벽이 1차 치의 기단보축 상부에 위치하고 있다. 보축성벽이 축조되는 시기 생활면이 동일하지 않았다는 것을 시사한다.[144]

치는 (장)방형 및 부정형 할석으로 바른층쌓기를 하였으나 통일신라시대 성벽보다 축조수법은 조잡한 편이다. 치 1(2차 치) 및 2·3 치(1차 치)의 외벽 기저부에는 단면 삼각형의 기단보축을 설치하였다. 한편, 치 2에는 가설목인 목주흔 5개가 확인되었으며, 간격은 165~ 219cm(북쪽부터 간격: 219cm, 165cm, 209cm, 216cm) 정도이다.

그 이외의 산성들은 세장방형 및 장방형의 치성을 초축 성벽에 덧대어 쌓거나 개축 및 보축성벽과 동시기에 설치되었다는 공통점이 있다.

축조수법은 대부분 지대석을 두고 그 위에 외벽을 쌓은 구조로 통일신라시대 전형적인 축조수법과 연결되지만, 세부적으로 축조수법의 정조는 다양하다.

따라서 통일신라시대 석축성곽에는 치가 적극적으로 가축되기 시작하며, 위치와 형태는 다양하다. 치의 형태는 주로 장방형으로 성벽과 동시기인 것과 가축된 것으로 나누어지지만 보축성벽이 축조되는 경우는 동시에 쌓았음을 알 수 있다. 산성을 방어하는 기술적인 측면에서도 획기적인 변화를 상정할 수 있다.

(3) 성문

성문은 사람이나 물자가 이동하는 곳으로 방어에 취약하므로 방어력을 높이기 위해서 다양한 시설이 설치되었다. 성문의 형태는 현문과 평거식, 개거식으로 나누어진다. 신라의 경우

---

144) 1치는 1차 치에서 2차 치로 확장되었다고 판단하였다. 그 이유는 2치의 1차 치는 상단과 하단의 축조수법과 기울기가 차이가 있는데, 보고서에서는 1차 치가 폐기된 이후 2차 치가 설치되면서 1차 치의 상부는 기단보축의 기능을 하였다고 보았다. 하지만, 1치의 2차 치의 외벽은 축조수법과 기울기가 동일하다는 점에서 2치와 동일한 변화를 상정하기 어렵다.

삼국시대에는 현문, 그 이후에는 평거식으로 변한다고 알려져 있다. 고구려는 평거식 성문이 축조된다고 알려져 있으나 아차산 일대 고구려 보루 중 홍련봉 2보루에서 현문식 성문이 확인되었다. 이 일대 보루는 해발고도가 낮은 사면부에서 토성을 축조하는 구조이므로 현문식 성문이 설치되었을 가능성이 높다. 백제의 경우 평거식 성문이 일반적이었으며, 백령산성에서 현문식과 유사한 성문이 확인되었으나 신라의 전형적인 현문과는 차이가 있다. 다만, 통일신라시대 성문의 변천에 대해서는 알려진 바 없으며, 두 가지로 나누어서 접근할 수 있다.

첫째, 삼국시대에 축조된 후 통일신라시대까지 재사용되는 경우이다. 하남 이성산성과 장수 침령산성은 현문을 재활용하였으며, 이성산성은 보축성벽이 가축될 때까지 별다른 변화는 감지되지 않는다. 이와 달리 포천 반월산성과 함안 성산산성의 장방형의 등성시설이 설치됨으로써 방어보다 통행에 중점을 두었다.

둘째, 삼국 통일 직전이나 직후 및 통일신라시대 설치된 산성에서는 다양한 형태의 성문이 확인된다. ① 현문이 설치되는 것으로 파주 덕진산성 내성의 석축산성과 무안 봉대산성, 사천 성황당산성 등이다. 이중 덕진산성 내성은 성벽이 붕괴된 성석을 제거하지 않았으므로 생활면이 높아짐에 따라 조선시대 성문은 평거식이며, 통행시설을 설치하였다. 붕괴된 성석을 제거하지 않은 사례는 고양 행주산성과 용인 할미산성, 거창 분산성 등 많은 산성에서 조사되었으며, 붕괴부의 높이는 다양하다.

② 동일성곽 내에서 다른 형태의 성문이 확인된다. 밀양 추화산성의 남문은 평거식인데 반해 동문은 현문이 설치되었다. 전주 동고산성의 북문지는 어긋문에서 현문으로 개축되었으며, 서문지는 평거식, 동문지는 현문이다.[145]

③ 평거식이 확인되는 연기 운주산성의 경우 모든 성문은 평거식으로 축조되었으나 어긋문과 개거식으로 나누어진다.[146] 이 이외 남원 교룡산성과 창녕 화왕산성, 고성 거류산성 등이다. 이 시기 대부분의 산성에서 확인된다.

따라서 삼국통일을 전후한 시기부터 현문식에서 평거식으로 변화하는 것은 분명하다. 소수이지만 현문 역시 축조된다. 특히 동일 산성에서 현문과 평거식 성문이 동시에 축조되는 경우도 있었다. 물론 위의 사례는 조사가 늘어날수록 비슷한 사례는 증가할 것임이 분명하

---

145) 전주문화유산연구원, 2015, 『전주동고산성 서문지 -발굴조사 보고서-』.
146) 공주대학교박물관, 1998, 『연기 운주산성』.
　　충남발전연구원, 2002, 『연기 운주산성』.

| 하남 이성산성 동문지 | 전주 동고산성 서문지 |
| 추화산성 남문지 | 추화산성 동문 |

그림 12. 통일신라시대 성문

다. 그러므로 현문에서 평거식으로의 변화는 단절적이지 않고, 당대의 군사·정치·경제적인 문제 등의 시대상이 적극적으로 반영된 결과임을 알 수 있다. 현문에서 평거식으로의 변화는 단선적인 것이 아니라 축성당시의 시대상이 적극적으로 반영되었음을 알 수 있다.

한편, 삼국시대 성문은 방어에, 통일신라시대에는 통행에 중점을 두었다는 견해가 통설이다. 그러나 삼국이 통일된 이후에도 현문이 축조되었다는 점에서 동의하기 어렵다. 함안 성산성의 남문은 초축 당시에는 현문이었으나 통일신라시대에는 통행의 편리를 위해 등성시설이 가축되었을 뿐 아니라 추화산성 남문은 평거식이지만 외부는 급경사를 이룬다.

따라서 통일 후에도 방어에 대해서 어느 정도 염두에 두었음 알 수 있으며, 그 이유는 ㉠산성 외부가 급경사를 이루는 곳이 많다는 지형적 한계. ㉡통일 이후에서 대륙세력 및 해양세력의 침입에 대한 방비. ㉢이 시기부터 평지에 토성이 집중적으로 축조됨으로써 이전과 달리 배후 방어지로서의 역할을 수행하게 됨에 따라 이루어진 성곽의 분화 등에서 찾을 수 있다.

(4) 집수지

집수시설은 산성의 관리와 농성 등 병력이 상주할 때 꼭 필요한 식수 및 생활용수를 저장하는 시설로써 모든 성곽에 구축된다. 이 분야의 연구는 성곽-성벽 · 성문 · 집수지 · 보강시설-에 비해 늦게 출발하였으나 2000년대 후반부터 집수지에 관한 연구는 활발하게 이루어지고 있어 대략적인 변화양상을 파악할 수 있게 되었다.[147] 집수지를 분석하기 이전 네 가지 정도의 전제가 필요하다.

첫째, 집수지에 대한 연구는 전통적으로 실용적 측면에서 접근하였으나 최근 의례와 관련한 해석이 새롭게 제시되고 있다.[148] 집수지에서 의례 행위가 이루어진 것은 분명하지만, 축조목적과는 다른 관점에서 접근해야 한다. 즉, 집수지에서 확인되는 의례행위와 관련된 증거들은 대부분 초축과는 관련이 없고, 사용 도중에 행해지므로 집수지의 활용과 관계가 있다고 보는 것이 타당하다.

둘째, 집수지의 성곽을 동시기에 축조되었다고 보는 것이 일반적인 것 같다. 규모나 입지에 따라 차이는 보이겠지만 산성 내부에는 1~2개의 집수지가 설치되는 경우도 있다. 하지만 순천 검단산성과 여수 고락산성, 거창 거열산성, 파주 덕진산성 내성, 평택 자미산성 등에서는 다수의 집수지가 축조되었다. 덕진산성의 경우 고구려부터 조선시대의 집수지가 각 시기

147) 정의도, 2006, 「창녕 화왕산성 연지 연구」『한국성곽학보』제9집, 한국성곽학회, 151~174쪽; 2007, 「祭場으로서의 山城 研究」『文物研究』제12집, 동아시아문물연구학술재단, 31~103쪽.
    오승연, 2007, 「新羅 山城池古의 機能과 展開」『慶南論叢』, 경남문화재연구원, 32~62쪽; 2009, 「古代 山城의 水資源管理方式 研究」『고대의 목간 그리고 산성』, 국립가야문화재연구소 · 국립부여박물관, 397~421쪽.
    金允兒, 2007, 「古代 山城의 集水施設에 대한 研究」, 漢陽大學校 碩士學位論文.
    정인태, 2008, 「三國 統一新羅時代 山城 集水池에 관한 研究」, 동아대학교 석사학위논문.
    이명호, 2009, 「백제집수시설에 관한 연구」, 목포대학교 석사학위논문.
    최병화, 2010, 「百濟山城 用水施設에 대한 檢討」『한국상고사학보』제69집, 한국상고사학보, 157~190쪽; 2018, 「百濟城郭내 우물의 登場과 造成過程에 대한 研究」『先史와 古代』제55집, 한국고대학회, 295~339쪽.
    전혁기, 2017, 「古代 城郭 集水施設의 性格과 變遷」, 한신대학교대학원 석사학위논문.
148) 백종오, 2015, 「韓日古代集水遺構出土遺物의 儀禮性研究 -山城出土瓦當을 中心으로-」『先史와 古代』第46號, 한국고대학회, 235~276쪽.
    정의도, 2019, 「용인 할미산성 내 제사유적 -축성배경과 관련하여-」『용인 할미산성 문화재적 가치와 위상』, 한국문화유산연구원, 43~75쪽.

별 생활면-구지표-을 굴착하고 조성되었다. 다른 산성 역시 약간의 차이는 있지만 유사한 양상을 보인다. 따라서 모든 집수지를 초축 성곽과 관련하여 해석하기는 어렵다. 성곽과 집수지와의 동시성을 파악하기 위한 최소한의 근거를 마련해야 한다. 당연하지만 성벽과 집수지 간 토층을 파악하는 것이 선행되어져야 한다. 이 이외 집수지의 호안석축과 성벽의 축조수법이 동일한 것과 그렇지 않은 것으로 나누어지며, 전자를 동시기, 후자를 다른 시기로 구분하는 것이 타당하다.[149]

셋째, 집수지는 성 내부에 거주하는 병사들의 생존을 위해 반드시 필요한 시설물이다. 이에 따라 깨끗한 용수 확보를 위하여 준설작업 등을 통해 지속적으로 유지·관리된다. 집수지에서 출토되는 유물은 사용 도중에 유입되거나 아니면 의례행위에 의해 폐기되는 경우도 있지만 근본적으로 집수지 내부에서 출토된 유물들은 폐기된 이후에 유입되었을 가능성도 배제할 수 없다.

이러한 양상은 대부분의 집수지에도 동일하게 적용할 수 있으며, 호안석축의 붕괴층 내부의 유물 역시 사용 및 폐기 시점과 연동될 개연성이 있다. 따라서 집수지에서 출토된 유물은 집수지의 상한을 나타내며, 산성이 축조된 이전의 유물도 출토될 수 있음을 고려해야 한다.

넷째, 집수지의 상부 구조에 관한 것으로 유구 내부에서 출토되는 수막새와 평기와 등을 근거로 상부에 누각 등의 와적 건물지를 상정하는 경우도 있다.[150] 이 견해는 상당히 흥미로운 접근법이라는 점에서 의의가 있다. 하지만, 와가는 하중이 엄청나므로 기저부는 상부의 압력을 견디기 위한 다양한 공법이 적용되며, 대지를 조성한 후 적심과 초석을 설치하는 것이 일반적이다. 그리고 적심간의 간격은 다양하지만 200~300cm 내외에 집중적으로 분포한다.

현재까지 확인된 집수지의 바닥이나 주변에서 적심이나 목주의 흔적이 확인되지 않았을 뿐 아니라 내부에서 지붕을 상정할 정도의 와전류가 출토된 사례가 없다는 점에서 집수지 상부를 덮는 건물(지붕)을 상정하기 어렵다.[151] 다만, 왕궁리유적에서 조사된 집수지 주변으로

---

149) 후대에 축조된 집수지 중 성벽의 면석을 가져다 사용하였을 가능성도 있다는 점을 간과해서는 안 된다.

150) 성정용·박찬호, 2019, 「淸州 父母山城 貯水槽의 구조와 역사적 의미」 『청주의 산성과 부모산성 -한국성곽학회 2019년도 춘계학술대회-』, 한국성곽학회, 155~184쪽.

151) 안성현, 2019, 「토론문」 『청주의 산성과 부모산성 -한국성곽학회 2019년도 춘계학술대회-』, 한국성곽학회, 185~189쪽.

목주혈이 조사된 바가 있으므로 극히 이례적이기는 하지만 간단한 구조물이 설치되는 경우도 있었음을 알 수 있다.

이러한 관점에서 현재까지 조사에서 삼국 통일을 전후한 시기 및 통일신라시대 집수지는 문경 고모산성 최후대 집수지, 단양 온달산성, 거창 거열산성 외성, 창녕 화왕산성, 고사부리성, 영월 정양산성, 파주 덕진산성, 옥천 이성산성, 마로산성과 남원 교룡산성 등에서 확인되었다.

집수지의 입지는 구릉과 곡부로 나누어지며, 후자의 비율이 절대 다수를 차지한다. 평면 형태는 원형과 장방형 및 방형 등인데, (장)방형의 비율이 높다. 이 중 방형과 장방형이 다수를 차지한다. 이중 덕진산성의 내성에서는 2기의 집수지가 조사되었는데, 장방형과 원형이다. 마로산성 역시 원형과 방형의 집수지 각각 2기가 동일 곡부에서 확인된다는 점에서 다수의 집수지가 위치할 경우 동시기에 축조되지 않았을 가능성도 배제할 수 없다.

호안석축 단면과 축조수법으로 나누어서 살펴볼 수 있다. 단면은 대체적으로 들여쌓기를 하거나 사방향을 이룬다. 이에 반해 덕진산성의 원형 집수지는 수직, 마로산성은 원형 집수지 2기는 계단상으로 축조되었다.

축조수법은 크게 두 가지 정도로 나누어진다. ① 잘 다듬은 방형 및 장방형의 할석으로 바른층쌓기를 하였으므로 면석 사이에 빈틈이 거의 확인되지 않는다. 그리고 상부로 갈수록 들여서 쌓았다. 통일신라시대에 새롭게 축성된 성벽의 전형과 동일하며, 대부분의 집수지에서 확인된다.

② 이 시기 전형에서 벗어나는 것으로 온달산성의 집수지는 성벽과 유사한 장방형의 할석으로 바른층쌓기를 하였으며, 면석 사이의 빈틈에는 잔돌을 끼워 견고성을 높였다. 또 마로산성 3호와 4호 집수지(평면 원형)는 방형 및 장방형의 할석으로 바른층쌓기를 하였으나 평면 장방형의 1호와 5호 집수지의 호안석축보다 축조수법이 조잡하다. 이와 달리 옥천 이성산성의 집수지는 허튼층쌓기를 하였다.

한편, 통일신라시대 집수지는 호안석축의 붕괴를 방지하기 위해 무너미[152]와 배수로가 설치된 경우가 확인되었다. 무너미시설은 화왕산성 집수지와 온달산성·마로산성 1호 및 5호 집수지, 배수시설은 화왕산성과 온달산성 등에서 조사되었다.

따라서 통일신라시대 집수지의 평면 형태는 방형 및 장방형으로, 호안석축은 이 시기 전형적인 성벽과 유사한 방향으로 변해 갔으며, 호안의 축조수법 역시 다양하였음을 알 수 있다.

----

152) 오승현, 2007, 앞의 글, 176쪽.

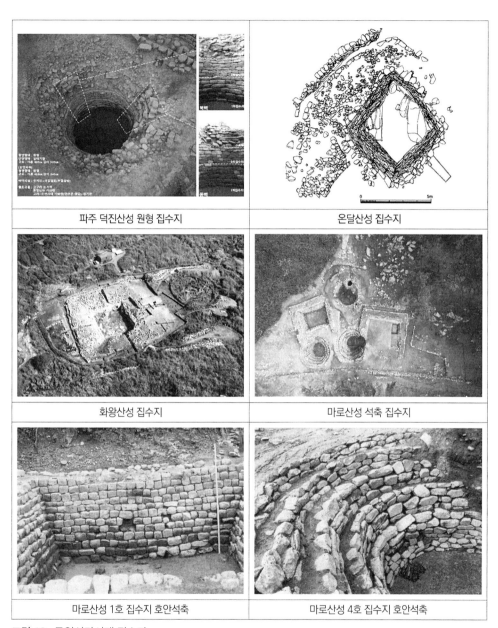

파주 덕진산성 원형 집수지	온달산성 집수지
화왕산성 집수지	마로산성 석축 집수지
마로산성 1호 집수지 호안석축	마로산성 4호 집수지 호안석축

그림 13. 통일신라시대 집수지

(6) 건물지

석축산성 내부에는 대형의 건물지가 축조되며, 건물지의 시기에 따라 다양한 해석이 이루어질 수 있다. 우리나라 성곽에서 즙와 건물지가 본격적으로 축조되는 시기는 통일신라시대로 알려져 있다. 현재까지 조사결과 삼국시대 산성의 내부에서 대형 건물이 확인된 예는 없으며, 용인 할미산성에서 단서를 찾을 수 있다. 산성은 6세기 중반에 축성된 이후 삼국이 통일되기 이전까지 수혈건물지와 수혈유구가 주로 조성되었으나 통일 이후 석벽 건물지와 이와 별개로 다각 건물지가 축조되었다. 이러한 양상은 다른 유적에서도 확인되고 있으며, 이와 연동하여 기와의 수량이 폭발적으로 증가한다. 이 시기 성곽 내부에서 주로 조사된 석벽 건물지와 다각 건물지를 중심으로 살펴보면 다음과 같다.

① 석벽건물지

석벽건물지는 통일신라시대 석축성곽에 주로 설치되는 것으로 알려져 있으며, 이에 대한 연구도 부분적으로 이루어졌다.[153] 건물지가 확인된 산성으로는 양주 대모산성, 남한산성, 인천 계양산성, 영월 정양산성, 연기 운주산성, 홍성 석성산성, 공주 공산성, 부여 부소산성, 전주 동고산성, 광주 무진고성, 진주 전송대산성 등이며, 최근 인천 계양산성과 영월 정양산성에서도 새롭게 조사되었다. 그러므로 조사의 증가에 따라 그 수는 늘어날 것임은 분명한 것 같다.

건물지의 시기에 대해서는 삼국시대와 통일신라시대, 성격은 행정적 업무를 보기 위한 중심건물지라는 견해와 물품을 보관하는 창고라는 견해로 나누어지지만, 현재까지 합의가 이루어진 상황은 아니다. 전자는 하남 이성산성의 C지구 건물지를 해석하는 과정에서 제시된 견해이다. 건물의 입지가 성 내부에서도 매우 중심적인 위치에 있으면서, 이 건물을 덮고 있었던 기와들이 대체로 단판 타날판으로 제작된 것으로 보았다. 또 건물지의 위치와 이른 시기의 대규모 초석 즙와 건물지라는 점 등을 고려하여 지방관의 정청으로 파악하였다.[154]

---

153) 조원창·방기영, 2006, 「통일신라기 석벽 건물의 건축고고학적 검토」 『한국성곽학보』 제10집, 121~131쪽.
   서정석, 2010, 「산성에서 발견된 石壁建物의 성격에 대한 試考」 『百濟文化』 第42輯, 146~172쪽; 2017, 「통일신라기 州 治所城의 구조와 물자유통 -全州 東固山城을 중심으로-」 『百濟文化』 第56輯, 54~76쪽.

154) 박성현, 2018, 「하남 이성산성의 역사적 성격」 『한국성곽학회 2018년도 추계학술대회』, 한국성곽학회, 29~47쪽.

그러나 보고서에서는 기둥 간격이 일반적인 건물지보다 좁다는 점을 고려하여 누각형 창고로 추정하였다.[155] 또 성 내부의 석벽 건물지는 통일신라시대에 주로 축조되었다고 알려져 있다.[156] 이를 반증하듯 출토된 유물은 표 1에서 알 수 있듯이 토기와 기와, 철기 등으로 다양하다. 이중 C지구 2호 건물지에서 출토된 단판의 어골문은 신라 기와 중 최초의 사례이다. 어골문기와 절대다수는 장판 타날판이며, 출현 시기에 대해서는 이견이 있으나 어골문은 통일신라시대 중기나 그 이후에 나타나는 것으로 알려져 있으며,[157] 벼루 역시 대부분 삼국이 통일된 이후에 제작된 것[158]이다. 유물의 출토맥락으로 보아 삼국시대 것도 있으나 대부분 통일 이후에 해당하므로 건물과 관계가 없다고 보는 것이 합리적이다. 이러한 양상은 다른 지역의 성곽에도 적용할 수 있다. 다만, 전송대산성은 성벽의 축조수법 및 출토유물로 보아 고려시대 초기에 해당한다. 따라서 석벽건물지는 주로 통일신라시대에 축조되었으며, 이례적으로 고려시대에도 축조되는 경우도 있었다.

표 1. 이성산성 C지구 1 · 2호 건물지(박성현, 2018, 앞의 글, 42쪽, 표 2)

건물지	규모	출토 기와	출토 유물
C지구 1호 건물지	정면 17칸 3,620cm(정면칸 213cm)	타날판 : 단판 등문양 : 격자문, 선문, 어골문, 복합문	유개 고배, ト자형 개, 入자형 개, 벼루 등
	측면 4칸 800cm(측면칸 199cm)		
C지구 2호 건물지	정면 17칸 3,400cm(정면칸 212cm)	연화문 와당, 단판 어골문	고배, 개, 벼루, 철촉 등
	측면 4칸 800cm(측면칸 199cm)		

석벽건물지의 성격은 입지와 구조를 종합적으로 고찰해야 한다. 이 건물지에 대해서는 서정석의 견해가 주목되며, 씨는 건물의 입지와 구조, 출토 유물을 중심으로 분석을 시도하였다.
석벽건물의 입지는 대체적으로 성문과 가까운 곳에 자리하고 있다는 점이 주목된다. 연기

155) 漢陽大學校, 1991,『二城山城 -三次發掘調査報告書-』.
156) 서정석, 2010,「산성에서 발견된 石壁建物의 성격에 대한 試考」『백제연구』 42, 공주대학교 백제문화연구소, 145~173쪽.
157) 김기민, 2008,「慶南地方 高麗기와 成立期의 樣相과 그 特徵」『文物硏究』 제35호, 동아시아문물연구학술재단, 72쪽.
    이재명, 2016,「경남지역 삼국~고려시대 평기와 연구」, 慶尙大學校 大學院 碩士學位論文, 78~95쪽.
158) 都라지, 2017,「삼국시대 벼루(硯) 연구」, 高麗大學校 碩士學位論文, 104~108쪽.

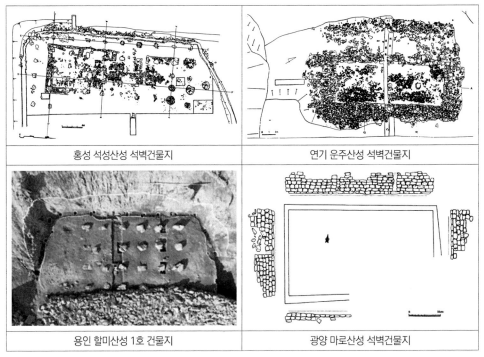

| 홍성 석성산성 석벽건물지 | 연기 운주산성 석벽건물지 |
| 용인 할미산성 1호 건물지 | 광양 마로산성 석벽건물지 |

그림 14. 석벽건물지

운주산성의 동문지에서 안으로 약 20m, 아산 학성산성은 서문지에서 안쪽으로 약 30m, 광양 마로산성은 동문지에서 약 15m 정도 이격된 지점에 위치한다. 이에 반해 양주 대모산성은 서문지에서 약 50m, 홍성 석성산성은 서문지에서 60m 지점에 자리한다.

평면 형태는 장방형 및 세장방형이며, 초석간 거리는 일반적인 건물보다 좁은 편이다. 내부에는 난방시설이 설치되지 않았다. 또한 초석 주변은 석벽을 쌓은 것과 건물지 벽체에 목주혈을 설치한 것-용인 할미산성·광양 마로산성-으로 나누어진다. 건물지 내부에서는 다량의 평기와가 출토되었다.[159)]

이상의 내용을 종합해보면 석벽건물지는 성문과 인접한 곳에 위치하므로 그 성격을 파악하는데 중요한 단서를 제공한다. 또, 내부에서 실제 건물에서 사용된 난방시설이나 유물이

---

159) 서정석, 2010, 앞의 글, 164~168쪽.

확인되는 경우가 드문데 반해 지붕은 기와로 덮었다. 따라서 서벽건물은 인간이 거주하거나 집무를 보는 곳이 아니라, 물품을 저장하는 창고로 사용되었다고 보여 진다.

② 다각형 건물지

성 내부에는 사람이 거주하거나 창고로 사용된 방형 및 장방형 건물지 이외의 특수한 형태의 다각건물지가 확인된다. 현재까지 조사된 다각 건물지는 용인 할미산성 2기, 하남 이성산성 4기, 안성 망이산성 1기, 공산성 2기, 순천 검단산성 1기 등이며, 최근 함안 무릉산성에서도 이 형태의 건물지 1기가 확인되었다. 이 이외 고구려의 도성인 환도산성에서 2기, 정릉사지 1기, 대성리사지 1기, 상오리사지 1기, 금강사지 1기, 무안 양장리유적 1기, 흥륜사 2기 등이 알려져 있다.[160]

다각형 건물지는 고구려와 백제, 신라 및 통일신라시대까지 고대의 모든 국가에서 확인되며, 입지는 평지-사찰 및 제의유적, 생활유적-와 산성으로 나누어진다. 산성에 위치하는 건물지 중 산정상부에 입지하는 검단산성과 무릉산성을 제외하고는 모두 사면부에 입지한다. 형태는 6각과 8각, 9각, 12각 건물지 등 다양하지만, 8각이 가장 많은 수를 차지한다.

건물지의 구조는 입지와 연관된다. 산사면부에 입지하는 것들은 해발이 낮은 경사면을 성토하여 기저부를 조성하였고, 그 위로 평면 형태에 맞게 일부 치석된 할석을 초석으로 사용하였다. 이에 따라 건물지 내부에는 실제 활용할 수 있는 공간은 거의 없으므로 누층건물임을 알 수 있다.

다각형 건물지의 성격에 대해서는 다양한 견해가 제시되었다. 하나는 고구려 불교의 영향을 받아 8각형 목탑이 등장했으며, 통일신라시대 이후에 빈번하게 나타나는 팔각원당형부도(八角圓堂形浮屠)와 연관성을 갖고 있다고 보았다. 팔각원당형부도의 기원이나 의의는 구체적으로 밝히기 어려우나 불교와 밀접한 관련이 있다. 또한, 8각형의 평면 구도를 가지는 불교적인 조형물은 이미 삼국시대 불교가 전래된 직후부터 축조되기 시작하였으며, 이를 계승한 것이 고려시대의 팔각원당형부도로 발전한 것으로 보았다.[161]

---

160) 순천 검단산성 건물지 내부와 주변으로 백제시대 유물만 출토되어 백제의 다각형 건물지로 판단하였다(順天大學校博物館, 2004, 『順天 劍丹山城Ⅰ』). 하지만, 백제의 고지, 특히 도성이나 그 주변 성곽에서 이 형태의 건물지가 확인된 바 없을 뿐 아니라 구조 역시 통일신라시대 유구와 동일하다. 따라서 검단산성 내 건물지는 백제와 관련 없을 가능성도 배제할 수 없다. 다만, 이 글에서는 보고서의 견해를 따랐음을 밝혀둔다.

161) 엄기표, 2003, 『신라와 고려시대 석조부도』, 학연문화사.

다른 하나로 이성산성 발굴조사단은 조사결과를 근거로 D지구 8각 건물지를 '사직단(社稷壇)', E지구 9각 건물지는 '천단(天壇)'의 기능을 수행하던 것으로 추정하였다. 이러한 관점에서 이성산성 내의 다각형 건물지와 남한산성의 축성과 연결하여 이성산성의 기능이 군사적 목적에서 문화적으로 변화되었다고 보았다.[162]

마지막으로 다각건물지의 기원과 구조를 분석한 후 이 형태의 건물은 권위적인 기능을 가졌음이 분명하지만 불교의 영향으로 보기 어렵다는 견해이다. 즉, 이 형태 건물의 가장 큰 특징은 중층이며, 지진에 의한 붕괴를 방지하기 위해서 축조되었다. 성격 역시 다양하였는데 이성산성의 경우 8각 건물지는 제사 목적으로 사용된 건물로, 9각형과 12각형은 전망대로 사용한 건물로 보고하였다.[163]

표 2. 다각형건물지 현황표(이상국, 2016, 앞의 글, 67쪽, 표 1 전재)

연번	유적명	형태	축조 주체 및 시기	출토유적 성격	면적 (㎡)	비고
1	丸都山城	팔각(2호 건물지)	고구려 5세기	산성 (궁전지)	111	중앙 +자 초석
2		팔각(3호 건물지)	고구려 5세기	산성 (궁전지)	111	중앙 +자 초석
3	定陵寺址	팔각-목탑지-	고구려 5세기 초	사지	219	기단 동측 5개의 적심
4	大城里寺址	팔각-목탑지-	고구려 5세기 초	사지	239	낙수받이 기단외곽 위치함
5	上五里寺址	팔각-목탑지-	고구려 5세기 후반	사지	240	실제 목탑은 방형으로 추정
6	金剛寺址	팔각-목탑지-	고구려 5세기 후반	사지	435	淸岩里寺址
7	순천 검단산성	십이각	백제 6~7세기	산성	87.5	2열 초석 옆 석환 배치
8	용인 할미산성	1호 다각건물지	신라 6세기 중반	산성	32.9	육각형건물지 가능성 있음
		2호 다각건물지			35.8	건물 내부 소토 흔적, 백색돌

162) 漢陽大學校博物館, 1991, 『二聖山城 三次發掘調査報告書』.

163) 金素亨, 2006, 「三國時代 多角形建物形態의 發生에 關한 硏究 -二聖山城 多角形建物址를 中心으로-」, 漢陽大學校 大學院 碩士學位論文.

연번	유적명	형태	축조 주체 및 시기	출토유적 성격	면적 (㎡)	비고
9	九黄洞 苑池	육각-건물지-	신라 7세기	원지	21.8	동측 배수로, 물 관련 제의
10	慶州 蘿井	팔각-건물지-	통일신라 8세기	제의유적	300.3	
11	이성산성	D지구 팔각-건물지-	통일신라 8세기	산성	55	1열 초석 내 난상석
		E지구 구각-건물지-			77	중앙적심 위 4매 판산성
		B지구 구각-건물지-			82	경사상부 초석렬 벽체 기단
		C지구 십이각-건물지-			91.2	경사면을 절토하여 대지 조성
12	務安 良將里	팔각-건물시-	통일신라 8세기	주거유적	21	중앙 적심과 1열의 기둥열 구성
13	안성 망이산성	팔각-건물지-	통일신라 9세기	산성	52.6	육각건물지 가능성 있음
14	공산성	십이각-건물지1-	통일신라	산성	105	건물지 중앙 공지
		십이각-건물지2-			105 이상	산지 경사면 정지 후 축조
15	흥륜사	팔각-서탑지-	통일신라 후기	사지	·	건체 면적 확인 어려움
		팔각-동탑지-			93	現 興輪寺, 靈廟之寺 명문와

이상의 내용을 종합해보면, 다각형건물지는 고구려와 백제, 신라에서 확인되었다. 이중 고구려는 도성 및 배후산성, 신라의 경우 삼국시대에는 도성에만 확인되었다. 이에 반해 통일신라시대에는 왕경을 포함한 전국에서 확인된다. 백제는 도성과 그 주변에서 조사된 적이 없으며, 전남동부지역의 검단산성에서만 확인된다. 평면 형태 역시 6각, 8각, 9각, 12각 등 다양할 뿐 아니라 가구식 건물이기는 하지만 기와를 사용한 것과 그렇지 않은 것으로 나누어진다. 따라서 다각형 건물지의 축조 배경에 대해서는 자료의 축적이 필요하다고 생각된다. 다만, 이 형태 건물지의 입지와 구조등을 고려할 때 동일한 종교적 관념을 기반으로 축조되었다고 보기에는 그 수가 적다고 판단되나 일반적인 (장)방형 건물보다 권위적 성격으로 축조되었다는 점은 부정하기 어렵다.[164]

---

164) 金素亭, 2006, 「三國時代 多角形建物形態의 發生에 關한 硏究 -二聖山城 多角形建物址를 中心으로-」, 漢陽大學校 大學院 碩士學位論文.
이상국, 2016, 「용인 할미산성 다각형 건물지의 구조와 특징」『용인 할미산성 발굴조사 성과와 보존활용 방안』, 한국문화유산연구원, 61~95쪽.
정의도, 2019, 앞의 글, 43~75쪽.

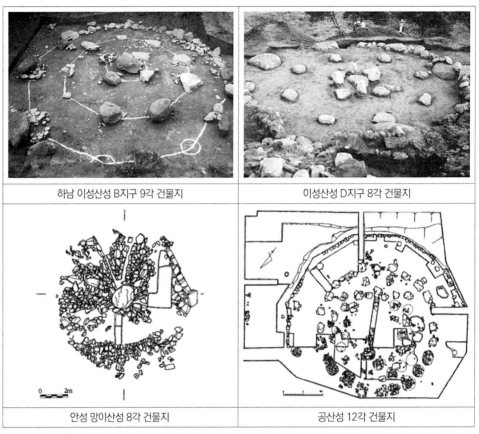

| 하남 이성산성 B지구 9각 건물지 | 이성산성 D지구 8각 건물지 |
| 안성 망이산성 8각 건물지 | 공산성 12각 건물지 |

그림 15. 다각형 건물지

Ⅳ. 통일신라시대 토성

신라는 삼국을 통일한 이후 이전보다 3배 이상의 영토가 늘어나는 것과 연동하여 지방에서 중앙으로 연결되는 교통로 역시 길어지게 된다. 또 삼국이 각축을 벌이던 시기와 주적이 북쪽의 대륙세력과 남쪽의 왜로 한정되므로 나당전쟁의 경험으로 인해 새롭게 형성된 대규모의 침입을 대비하는 동시 해적들의 약탈에 대한 대비도 필요하게 되었다. 즉, 격동기인 삼국시대와 다른 방어체계의 수립이 요구되었으며, 그 중 하나가 교통로-육로·해로-를 통제하기 위한 토성을 적극적으로 축조하였다.

1. 입지

토성의 입지는 크게 4개로 나누어진다. 첫째, 해안에 면하거나 근접한 곳에 위치하는 것으로 울산 화산리토성, 기장고읍성, 동래고읍성, 창원 성산토성, 사동리토성, 남해 성산토성, 사천 선진리토성, 순천 홍내동토성 등이 있으며, 이 이외 통일신라시대에 축조된 토성 중 다수가 여기에 속한다. 이 형태와 유사한 고려시대의 토성 회원현성과 강화 중성, 평택 농성 등이 바다에 면해서 위치한다.

둘째, 내륙에 위치하면서 강이나 하천에 면하여 축조된 것이다. 파주 덕진산성 외성은 임진강의 북안, 용인 처인성은 완장천 서쪽, 충주 견학리토성이 요도천의 남쪽,[165] 수촌리토성은 정안천과 인접한 구릉,[166] 홍성 신금성은 금곡천과 금리천의 합류점의 북쪽 구릉,[167] 나주 회진성은 영산강에 면하는 북쪽 구릉,[168] 홍내동토성은 순천 동천의 남쪽 및 서쪽에 인접한 구릉, 농성은 안성천의 남쪽으로 이격된 구릉을 두른다. 거창 정장리토성은 황강의 서안의 구릉, 진주토성은 남강의 북안에 축조되었다. 강주토성은 북쪽으로 화개천, 남쪽에는 중선포천이 남서쪽에서 합류하여 사천만으로 흘러든다. 토성과 사천만의 사이에는 야산이 솟아있어 직접 조망되지는 않는다. 또한, 사천만 중앙의 동쪽 연안에는 선진리토성이 위치하고 있으므로 방어에 유리한 조건을 갖추고 있었음을 알 수 있다.

흥미롭게도 삼국시대에 축조된 토성도 통일신라시대에 재활용되는데, 몽촌토성과 창원 성산산성, 합천 성산토성,[169] 의령 호미산성,[170] 합천 대야성[171] 등이다. 따라서 이 시기 축조된 토성들이 강안에 축성되었으며, 선대의 토성을 재활용한 것도 있음을 염두에 두어야 한다.

셋째, 내륙의 육상교통로를 통제하기 위해 축조된 것으로 김해 송정리토성이 대표적이며,

---

165) 충북대학교박물관, 1992, 『충주 견학리토성』; 2002, 『충주 견학리토성 II』.

166) 國立公州博物館, 2002, 『公州 水村里土城 I』.

167) 忠南大學校博物館, 1994, 『神衿城』.

168) 百濟文化開發研究院·全南大學校博物館, 1995, 『會津土城 I』.
    국립나주문화재연구소, 2010, 『羅州 會津城』.

169) 慶尙大學校博物館, 2011, 앞의 책.
    東西文物研究院, 2013, 앞의 책.

170) 경상문화재연구원, 2011, 앞의 책.

171) 동양문물연구원, 2011, 『합천 대야성 -정비·복원을 위한 학술조사-』.

주변에서 강과 같은 자연적인 방어물은 확인되지 않는다.

넷째, 삼국시대에 축성된 산성과 인접한 곳에 위치하는 평지에 토성이 집중적으로 축조된다. 이 형태의 토성은 크게 두 가지로 나누어진다. 하나는 산성과 인접한 구릉에 토성을 축조한 경우로 기장고읍성-기장산성, 동래고읍성-배산성, 김해고읍성-분산성, 남해 성산토성-대국산성 등과 이와 약간의 차이를 보이지만 정장리토성-거열산성, 함양 사근산성과 함양고읍성이다. 이 이외 교룡산성과 남원토성도 포함된다.

이중 대국산성은 내성인 석성과 외성인 토성으로 이루어진 복합성인데, 외성인 토성이 폐기된 이후에 내성 성벽 기저부에 기단보축이 설치되었으므로 성산토성은 대국산성의 외성이 폐기 이후 축성[172]되었음을 알 수 있다. 그 이유는 격동기인 삼국시대에는 방어가 우선이므로 산정상부에 대국산성을 축조하였으나 삼국이 통일된 이후에는 대 왜 방어와 함께 연안의 안정적인 통제가 당면 과제였을 것이다. 이 경우 산성은 접근성이 불리하므로 해안에 면하는 곳의 낮은 봉우리에 토성을 축성하였음을 알 수 있다.

다른 하나는 삼국시대 산성이었으나 통일신라시대에 토성을 가축하는 것으로 두 가지 형태로 세분된다. ① 석축산성을 폐기하고 새롭게 토성을 축조하는 경우로 화성 당성이 대표적이며, 고려시대의 고양 행주산성과 장성 진원성에서도 동일한 형태가 확인된다. ② 선축된 석축산성을 활용하면서 토성으로 확장이 이루어진 것으로 파주 덕진산성과 함안 성산산성 등이 있다.

이상의 내용을 종합해보면 이 시기 토성들은 강안의 서쪽이나 바닷가에 인접한 곳에 집중적으로 분포하는데, 그 이유는 해로나 강을 적극적으로 통제하기 유리한 곳에 우선적으로 축성이 이루어졌음을 시사한다. 이들 토성들의 주변은 배후습지나 갯벌이었을 것이므로 방어에도 유리할 뿐 아니라 동래고읍성과 김해고읍성은 배후에 삼국시대 산성이 위치한다. 기장고읍성과 김해고읍성, 사동리토성은 인접하여 조선시대 읍성이 축성되었다. 거창 정장리토성의 경우 현재 거창 분지 내에 위치하는 유일한 평지성이다. 이들 토성은 치소로 보는 것이 합리적이다. 그 외 화산리토성과 선진리토성은 바다를 통해서는 진입하기 유리하지만 육로로 입보하기 불리한 지형이며, 치소와는 멀리 떨어져 있다는 점에서 치소보다 해안 교통로를 통제하기 위해 축성되었다.

통일신라시대의 평지토성은 치소뿐만 아니라 교통로 통제 등 다양한 목적으로 축조되었음을 알 수 있다.

---

172) 안성현, 2011b, 앞의 글, 181~225쪽.

2. 형태

우리나라의 토성은 대부분 야트막한 구릉 정상부를 두르거나 배후의 산지를 둔 평지에 축조되었으므로 일반적인 산성의 분류안을 적용하기 어렵다. 필자는 이전에 석축산성과의 통일성을 부각시키기 위해 포곡식과 테뫼식, 평산성, 복합성으로 나누어서 분석한 바 있다.[173] 하지만, 포곡식과 평산성의 분류가 다소 모호하다는 점을 인식하게 되었으므로 평지성과 산성-테뫼식·포곡식-, 복합식으로 나누어서 살펴보고자 한다.

평지성은 성 내부와 성벽 진행 방향에 구릉이 없는 평지에 축조된 성곽을 지칭한다. 성 내부에 단차가 있더라도 성 내부와 외부의 고도 차이가 없다면 이 형식에 속한다. 평지성은 농성, 처인성, 동래고읍성 등으로 규모와 성격은 다양하다.

산성은 테뫼식과 포곡식으로 나누어진다. 테뫼식은 야트막한 구릉을 두르는 형태를 지칭하며, 남해 성산토성과 진주 강주토성이다. 전자는 방파제가 축조되기 이전에는 성산 바로 앞까지 바다가 들어왔으며, 북동쪽으로 약 1.6km 지점에 대국산성의 내성이 위치한다. 앞에서 살펴본 바와 같이 대국산성의 외성이 폐기된 이후 성산토성이 축조되었다. 후자는 사천만의 내륙 깊숙이 위치하며, 만의 중앙부 서쪽 구릉에는 선진리토성이 축조되어 있다. 강주토성과 선진리토성이 연계하여 운용되었음을 시사한다.

포곡식은 파주 덕진산성과 우암토성·예천 어림산성, 화산리토성·기장고읍성·김해고읍성·사동리토성·선진리토성·정장리토성으로 바닷가나 강안에 위치하며, 네 가지 형태로 나누어진다.

㉠ 기장고읍성과 화산리토성, 사동리토성 등은 배후의 능선 정상부와 곡부를 가로지르는 전형적인 형태인데, 평택 비파산성과 길성리토성 등과 그 이외에도 다수의 성곽에서도 확인된다.

㉡ 여러 구릉과 그 사이의 곡부를 두르는 형태로 선진리토성과 정장리토성 등으로 전형적인 포곡식과 차이가 있으며, 유사한 예로 울산 반구동토성과 순천 홍내동토성이 있다.

㉢ 김해고읍성은 산사면과 평지를 두르며, 평산성에 가깝고, 이와 유사한 사례는 충주 호암지구 내 토성이 있다.

㉣ 어림산성은 이 시기 일반적인 토성과 달리 깊은 산정에 위치한다는 점에서 입보용산성

---

173) 안성현, 2011b, 앞의 글, 181~225쪽.

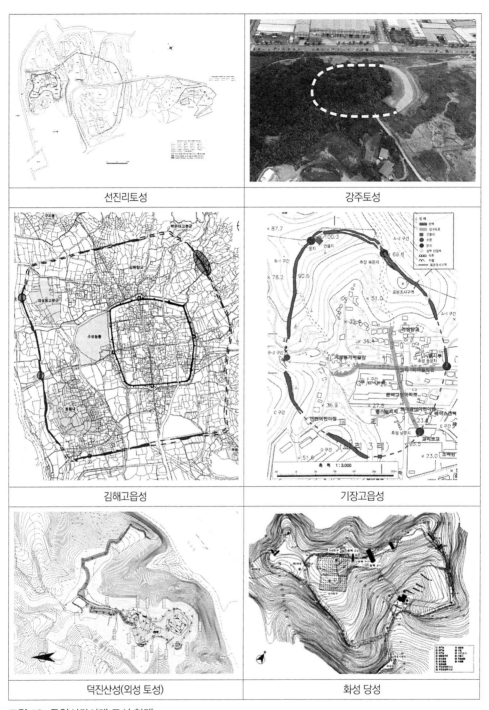

선진리토성	강주토성
김해고읍성	기장고읍성
덕진산성(외성 토성)	화성 당성

그림 16. 통일신라시대 토성 형태

과 동일하다. 고려시대에 축조된 독용산성 토성의 입지도 유사하다.[174]

복합성은 현재까지 확인된 것 중 송정리토성이 유일한데, 진영-진례-양동으로 이어지는 교통로 상에 위치한다. 주변에 하천과 같은 시설이 확인되지 않는 것으로 보아 방어력을 높이기 위한 축성으로 보인다.

3. 규모

이번 분석대상인 토성들의 규모는 길이 500m 이하와 길이 900~2,000m, 길이 2,000m 이상으로 구분된다.[175] 길이 500m 이하는 화산리토성과 강주토성, 견학리토성, 농성 등이며, 전자의 축조시기도 7~8세기, 후자는 9세기이다. 다만, 견학리토성과 농성 등의 예로 보아 고려시대에도 축성된 것은 분명한 것 같다.

길이 900~2,000m는 동래고읍성·송정리토성·사동리토성·선진리토성·정장리토성, 홍내동토성, 나주 회진성 등으로 다수를 차지하며, 위치 역시 해안과 내륙 등 다양한 곳에 축성되었다.

길이 2,000m 이상의 토성은 김해고읍성으로 규모가 5,200m로 최대이며, 고김해만에 인접한 곳에 축조되었다. 이 이외 우암토성과 충주 호암지구 내 토성 등, 충주 어림산성 등이 해당된다.

이 시기 토성은 규모만으로 정형성을 찾기 힘들며, 900~2,000m 내외의 토성의 비율이 가장 높다는 점이 주목된다. 이는 통일신라시대의 성곽이 삼국시대보다 대형화된다는 점을 고려할 때 이 정도 규모의 토성이 가장 많이 축성되었음은 분명하다.

4. 해발고도

토성의 해발고도는 비교적 낮은 산정이나 구릉에 축조되는 것이 일반적이다. 하지만 예외

---

174) 안성현, 2021, 「성주 독용산성과 인근 지역 성곽의 비교 연구」 『성주 독용산성 사적 지정을 위한 학술대회』, 성주군, 79~105쪽.

175) 이글의 분류는 소수의 토성을 대상으로 진행하였으므로 자의적임을 인정하지 않을 수 없으며, 이 시기 토성에 대한 고고학적 조사가 지속적으로 이루어진다면 보다 정밀한 분류가 가능할 것이다.

적으로 예천 어림산성처럼 입보용산성도 확인된다는 점을 주목할 필요가 있다.[176] 앞서 살펴본 바와 같이 우리나라의 입보용산성은 나당전쟁기에 처음으로 축조된 이후 통일신라시대에는 전국적으로 확산이 이루어지며, 고려시대에는 가장 적극적으로 축성되었다. 이 형태의 산성은 주로 험산대성(險山大城)이므로 주변에서 구하기 쉬운 석재를 이용하여 성벽을 쌓지만, 어림산성은 토성으로 축조하였다. 이와 유사한 성곽은 우암산성을 들 수 있으나 청주시와 인접한 우암산(348.4m) 정선부를 두르므로 전형적인 입보용산성에서 벗어난다.[177]

어림산성은 장군봉(821.4m)에서 뻗어 내린 능선은 남서쪽 능선과 북동쪽 능선을 따라 분기하여 어림산성과 풍기성을 감싸고 있다. 즉, 장군봉에서 남쪽으로 이어지는 능선으로 석축의 풍기성 서벽이 축조되어 있으며, 산성의 서쪽 산상분지에 축성된 어림산성의 동벽과 공유하고 있으며, 규모는 3,470.7m 정도이다. 성벽은 분지를 둘러싸고 있는 자연능성의 바깥쪽 사면은 비교적 경사를 이루고 있는 고험지의 자연 지세를 활용하여 기단석축형 판축토성을 축조하였다.

따라서, 통일신라시대 토성은 주로 해로와 육로를 연결하는 교통로 주변이나 낮은 산을 두르는 것이 일반적이지만 입보용산성과 동일한 형태도 있었으며, 성주 독용산성에서도 토성으로 축조된 고려시대 입보용산성이 조사되었다. 이 시대 토성은 교통로 주변의 낮은 곳에 축조되지만 이례적으로 산정상부에 축조되는 경우도 있다.

5. 축조수법

통일신라시대 토성은 기단석축형 판축토성이 축조되었으며, 이러한 축조수법은 고려시대까지 별다른 변화 없이 이어진다고 알려져 왔다. 최근, 통일신라시대 말기 및 고려 시대에 축성된 평택 용성리성, 아산 신법리토루[178]와 청원 태성리토성,[179] 처인성[180] 등에서 순수 판축토성과 성토토성이 조사되었으므로 모든 토성들에게 적용하기 어렵게 되었다. 하지만, 기

---

176) 中原文化財研究院, 2009, 『醴泉 御臨山城 -예천 양수#1·2호기 건설예정부지관련-』.

177) 안성현, 2021, 앞의 글, 99~101쪽.

178) 충청문화재연구원, 2010, 『牙山 新法里 土壘 遺蹟』.

179) 한국고고환경연구소, 2014, 『청원 태성리토성』.

180) 忠北大學校 中原文化研究所, 2002, 『龍仁 處仁城 試掘調査報告書』.

단석축형 판축토성이 절대 다수를 차지하므로 이를 중심으로 축조수법을 살펴볼 것이며, 그이전 두 가지 사실을 유념해야 한다.

첫째, 판축은 용어상으로 볼 때, '판(版)'은 성벽이나 담장 등을 쌓을 때 흙의 양쪽에 대고 쌓는 판자(牆版)를, '축(築)'은 흙을 다지는 방망이(저(杵), 공이)를 말한다. 일반적으로 성벽, 담장, 건물의 기단, 단상의 지형조성 등을 위한 판으로 틀을 만들어 가운데 흙이나 모래 등을 층상(層狀)으로 넣어 방망이로 찧어서 단단하게 하고 차례로 높게 흙을 쌓아 올리는 기법, 또는 그 쌓아 올린 흙 자체를 가리킨다. 중국에서는 '항토(夯土)(hangtu)'라고 한다. 이 방법은 수직에 가까운 성벽을 매우 높게 축조할 수 있는 장점이 있다.[181]

한편, 판축토성은 축조기법의 특성상 영정주를 세우고, 영정주를 고성시키기 위하여 횡장목과 종장목을 설치한 후 협판을 대고 다지는 과정을 반복하여 축조한다는 점에서 네 가지 전제가 필요하다.

㉠ 성벽의 상부가 붕괴되더라도 영정주의 기울기는 성벽의 기울기와 같아야 한다. 우리나라 토성 축조에 설치된 영정주의 기울기는 대부분 수직에 가까우므로 내·외벽 역시 이와 동일해야 한다.

㉡ 성벽은 평평한 협판을 올리면서 쌓아야 하므로 성벽의 경사도와는 상관없이 내·외벽은 직선에 가까워야 한다. 성벽의 내·외벽이 내부(적심방향)로 경사를 이룰 경우 성벽이 붕괴된 것이며, 그 외부의 흙은 붕괴토나 퇴적토로 해석하는 것이 타당하다.

㉢ 영정주와 협판을 조합한 후 내부를 다지는 구조이므로 성벽과 내·외피 토루는 명확하게 구분되어야 한다. 협판을 제거하지 않고 성벽 내부와 외부에 보강토를 설치할 경우 단면상에서 협판의 흔적이 남아 있어야 한다.

㉣ 기단석축의 유무를 차치하더라도 성벽의 내·외벽 기저부에는 목주흔이 정연하게 확인되어야 한다. 물론, 영정주 외부에 보조목이 설치되는 경우도 있으나 모든 토성에 나타나지는 않는다.

이 이외 횡장목과 종장목, 협판, 달구질 흔적이 명확해야 하지만 실제 발굴조사에서 확인되는 경우는 드물다.

둘째, 토성 축조에 사용된 흙의 가공문제이다.[182] 토성의 성벽은 내황과 외황에서 채취된

---

181) 나동욱 2011, 『韓國考古學專門事典 -城郭·烽燧篇-』, 國立文化財研究所, 1239~1240쪽.

182) 안성현, 2021, 「고찰」 『安城 道基洞 山城 -안성 도기동 산성(산57번지 일원)유적 긴급발굴조

흙을 사용하거나 아니면 주변에 별도의 토취장을 마련하는 경우도 있다. 하지만, 상기의 유구들에서 채취한 흙만으로 성벽을 축조하기 부족하였을 뿐 아니라 이 유구들이 확인되지 않은 성곽이 다수 확인된다는 점에서 성벽 축조를 위해 다른 곳의 흙을 가져다 사용하였다고 보는 것이 합리적이다. 즉, 성벽 축조에는 다양한 곳의 흙이 사용되었으며, 성토 및 판축토성의 성벽 내부에서 다양한 흙들이 확인된다는 점은 이러한 사실을 반증한다. 이 경우 성벽 축조에 사용된 흙의 가공방법에 대해 논의가 이루어져야 하며, 세 가지로 나누어서 설명이 가능하다.

㉠ 채취하거나 다른 곳에서 가져온 흙을 성벽 축조에 바로 사용하는 것이다. 이 경우 흙을 가져온 도구(지게·망태기)에서 작업지역에 부은 후 흙을 펼치는 작업이 이루어지지만 한 층이나 동일공정으로 축조된 부분에서 복잡 한 양상이 확인되어야 한다. 하지만 이러한 층위가 확인되는 경우는 드물다.

㉡ 여러 곳에서 공급된 흙을 각기 다른 공간에 적재한 후 성벽을 축조하는데 사용하는 것이다. 이 방법은 공정별로 별도의 흙을 사용하므로 토층선이 명확하게 구분되며, 동일한 공정에서는 같은 흙만 확인되어야 한다. 화성 황계동 토성의 성벽이 해당된다.

㉢ 여러 곳에서 공급된 흙을 각기 다른 공간에 적재한 후 별도의 공간에서 흙을 섞은 뒤 성벽 축조에 사용하는 방법이다. 두 번째 방법과 유사하지만 여러 곳의 흙을 섞어서 사용하므로 흙의 비율에 따라 색조 및 강도에서 차이가 있을 수밖에 없다. 따라서 층위의 구분은 용이한데 반해 두 번째 방법을 사용한 성벽과 달리 혼합토가 확인된다. 이 방법은 풍납토성과 부소산성, 망이산성 토성, 증평 추성산성 북성 등 다수의 토성에서 확인되며, 가장 일반적으로 사용된 것으로 판단된다.

이러한 관점에서 토성의 기단석축과 분단구획석, 판축토와 성벽 내·외부에서 출토되는 기와의 성격에 대해서 살펴보고자 한다.

1) 기단석축

일반적으로 토성의 변화에 대해서는 연구자마다 차이를 보이지만 순수판축에서 기단석축형 판축토성[183]으로 발전한다는 것에 대해서는 별다른 이견이 없다. 변화 시기에 대한 정

사-」, 한양문화재연구원, 215~216쪽.

183) 기단석축형 판축토성에서 확인되는 석축의 높이는 대부분 2~3단 정도이지만, 1~4단 이상인 것

확한 시기는 알 수 없으나 경남지역의 경우 7세기 전반 남해 대국산서 외성의 성벽 기저부에 기단석축을 배치하고 그 위에 성벽을 쌓았다.[184] 이러한 양상은 통일신라시대에도 지속되며, 고려시대에 축성된 것이 확실한 강화 중성,[185] 동평현성,[186] 진도 용장산성,[187] 부산 구랑동 성지[188]에서도 조사되었다.

기단석축의 진행방향은 사직선과 직선으로 나누어진다. 기왕의 연구에서는 기단석축이 사직선[189] → 직선, 아니면 수평기단 → 사직선기단 → 수평기단[190]으로 변화한다고 알려져 있다. 현재까지 확인된 사직선기단은 7세기 초반의 직산 사산성,[191] 9세기 초반과 고려 초기의 사천 선진리토성 및 마산 회원현토성 1차 성벽[192] 등이며, 판축토가 사직선을 이루는 것은 파주 덕진산성 내성(고구려) 및 외성(통일신라시대) 토성벽[193]과 시루봉보루,[194] 최근 조사가 이루어진 부소산성의 서벽[195]에서도 확인되었다. 선진리토성과 시루봉보루는 수축성벽 역시 사직선으로 쌓았다. 상기의 사직선기단이 확인된 토성의 분포와 시기에서 정형성을 찾을

도 있으므로 정형성을 찾을 수 없다. 따라서 기단석축이라는 범주 아래 2단 이상으로 쌓은 것을 기단석축, 한 단만 설치한 것을 기단석렬로 지칭하는 것이 타당하다고 본다.

184) 안성현, 2017e, 앞의 글, 101~127쪽.

185) 忠北大學校 中原文化硏究所, 2002, 앞의 책.

186) 부산광역시립박물관, 1995, 앞의 책.

187) 고용규, 2010, 「珍島 龍藏山城의 構造와 築造時期」 『韓國城郭硏究의 새로운 觀點』, 沈奉謹博士 停年退任記念論叢, 韓國城郭學會, 351~366쪽.

188) 김갑진, 2010, 「부산 구랑동유적 성격에 대한 검토」 『한국성곽학보』 17집, 한국성곽학회, 120~148쪽.

189) 차용걸, 1988, 「百濟의 版築技法 -版築土壘 調査를 中心으로-」 『百濟硏究』 第19輯, 충남대학교 백제연구소, 45~56쪽.
    심정보, 2004, 앞의 책, 214쪽.

190) 이일갑, 2007, 『경남지역 연해읍성에 대한 연구』, 동아대학교 대학원 박사학위논문, 87~89쪽.

191) 百濟文化開發硏究院, 1994, 『稷山 蛇山城』.

192) 慶南發展硏究院 歷史文化센터, 2008, 『馬山 會原縣城 -馬山 會原縣城 整備復元을 爲한 發掘調査 報告書-』.

193) 中部考古學硏究所, 2014, 앞의 책.

194) 서울대학교박물관, 2002, 『아차산 시루봉보루 -발굴조사 종합보고서-』.

195) 백제고도문화재단, 2021, 「부여 부소산성 발굴조사 1차 학술자문회의 자료집」.

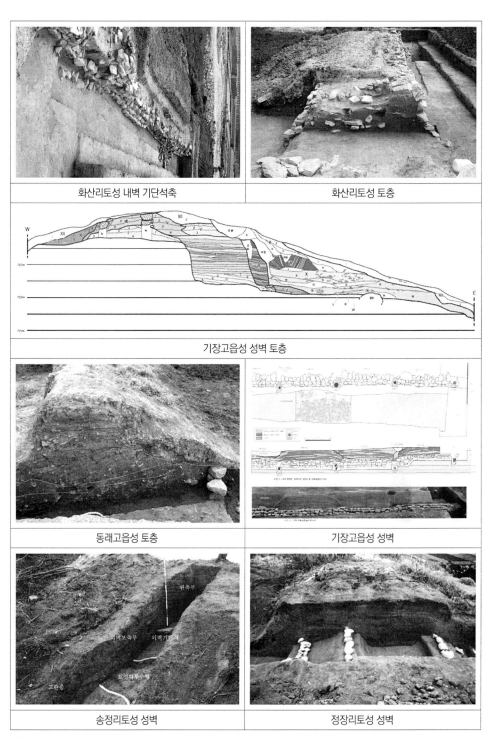

그림 17. 통일신라시대 토성 성벽

수 없을 뿐 아니라 동일 토성 내에서도 평탄한 지형은 수평하게, 경사가 이루는 곳은 사직선을 이룬다. 따라서 기단의 기울기는 시기성을 반영하는 속성으로 볼 수 없다.

한편, 이 시기 토성의 특징적인 구조물 중 하나인 분단구획석이 설치되기 시작한다. 구획석이 설치된 것은 장도 청해진토성,[196] 사천 선진리 초축성벽, 강주토성 등에서, 고려시대에 축성된 구랑동토성 초축성벽과 강화 중성에서도 확인된다. 시기적으로 9세기 전반에서 13세기 중반에 해당하므로 분기를 획정할 수 있는 속성으로 보기 어렵다. 다만 시기가 늦은 강화중성의 경우 이전 토성과 달리 양면을 맞춘 형태라는 점에서 발전된 양상을 보인다는 점은 인상적이지만 시기성을 반영하였는지에 대해서는 자료의 축적 이후 논의하는 것이 옳다.

2) 영정주 및 판축토

『營造法式』에서 영정주는 판축부 경계면에 세워 토사의 밀림방지용 板木(협판)을 지지해 주거나 작업을 원활하게 하기 위한 비계목의 역할을 한다. 현재까지 기단석축이 설치된 토성의 영정주 간격은 300~400cm 정도이며,[197] 경남지역은 200~490cm 내외이다. 이 형태의 토성은 순수판축토성에 비해 성벽의 폭은 좁아지는데 반해 영정주의 간격은 넓어진다는 점에서 토목기술의 발전으로 볼 수 있다.[198]

발굴조사가 이루어진 기단석축형 토성 중 가장 이른 시기에 해당하는 남해 대국산성 외성의 경우 300~350cm, 화산리토성은 380cm이다. 그 이외 토성들의 영정주 간격도 다양하여 시기적으로나 분포상에서 정형성을 찾기 어렵다. 장도 청해진의 경우 판축시 한 구간의 길이가 14~16m 정도인 경우[199]도 확인되므로 영정주의 간격으로 시기성을 파악하는 것에 대해

---

196) 국립문화재연구소, 2002, 『將島 淸海鎭 -遺蹟發掘調査報告書Ⅰ-』.
    장도 청해진토성의 발굴조사 결과를 종합적으로 분석한 후 이 토성의 축조시기를 12세기 이후로 본 견해가 제시되었다(정의도, 2020, 「將島 淸海鎭說 批判」『축조수법과 축조배경으로 본 토성』, 한국성곽학회, 119~140쪽). 이 견해는 발굴 조사된 유구의 중복관계와 출토 유물을 근거로 제시된 것이므로 청해진토성의 축조 시기는 재논의 되어야 할 것으로 본다.

197) 고용규, 2000, 앞의 글.

198) 나동욱, 1995, 앞의 글.

199) 홍영우, 1999, 「將島 淸海鎭 遺蹟의 考古學的 考察 -土器, 기와, 城壁築造技法을 중심으로-」, 서울대학교 석사학위논문, 21~27쪽.
    국립문화재연구소, 2001b, 『將島 淸海鎭 -遺蹟發掘調査報告書Ⅰ-』.

서 신중을 기해야 한다. 이에 비해 고려시대 토성인 회원현성 380~400cm, 동평현성 420~430cm, 구랑동토성 380~400cm이다. 지역은 다르지만 강화중성 350~380cm,[200] 고양 행주산성의 외성은 250~280cm · 332cm와 352cm로 통일신라시대와 비슷한 것도 있지만, 영정주 간격이 좁아지는 경향성은 분명하다.

한편, 토성의 공정을 기술할 때 영정주의 간격을 축조구분점으로 보는 것이 일반적이다. 하지만 토성벽을 검토해 보면 영정주를 중심으로 판축토가 동일한 것과 전혀 다른 것으로 나누어진다. 사천 선진리토성의 경우 북서벽에 해당하는 A지점과 B지점에서 확인된 영정주 중 각각 1개소는 영정주를 중심으로 판축토가 확연히 구분된다. 이에 반해 선진공원(보고서 북서쪽 모서리 부분)의 서쪽 가장자리에서 확인된 2개소의 영정주는 경사면의 영정주 간격보다 좁으며, 동일한 판축토가 이어진다. 이러한 양상은 동래고읍성이나 정장리토성에서도 확인된다. 정장리토성 남동벽과 강주토성의 경우 기단석축이 단을 이루는 부분을 기준으로 판축토가 단절되는 양상을 보이므로 이 경우는 축조구분점으로 보아도 무방하다.

이와 달리 영정주를 중심으로 판축토가 달라지는 부분을 축조구분점으로, 판축토가 동일한 것은 보조목이나 고정목으로 봐야 한다. 이 경우 성벽 축조의 한 구간은 영정주 사이가 아니라 판축토를 중심으로 설정해야 한다.

따라서 기왕의 연구에서 주목한 두 개의 목주 사이를 하나의 공정으로 본 견해는 수정되어져야 하며, 판축토의 변화를 중심으로 작업구간을 나누어야 하므로 축성작업의 한 구간은 늘어나게 된다.

3) 성벽 내 · 외벽 퇴적토 출토 기와의 성격

일반적으로 토성의 내 · 외벽 퇴적토에서는 다량의 기와편들이 출토된다. 이 기와들의 정확한 기능은 명확하게 알려진 바 없지만 퇴적 양상과 범위로 보아 성벽과 관련이 있는 것은 분명하다. 따라서 기와의 성격을 파악할 수 있다면 성벽의 복원에 중요한 단서를 제공해 줄 수 있다. 기와들의 기능은 크게 네 가지 정도로 추정이 가능하다. ㉠ 성벽 내 · 외벽에 붙였을 가능성. ㉡ 일정한 폭으로 내 · 외벽 바깥에 깔았을 가능성. ㉢ 와적기단으로 사용하였을 가능성. ㉣ 와적 여장 및 성벽 상부를 덮었던 것일 가능성 등이다. 세부적으로 살펴보면 다음과 같다.

---

200) 국립강화문화재연구소, 2019, 「강화중성 남산리 구간 학술발굴조사 자문회의 자료집」.

⍐는 우수로 인한 토성벽의 붕괴를 방지하기 위한 것이다. 토성벽은 유구의 특성상 후대에 수개축이 빈번히 이루어져 초축성벽의 양상을 파악하기 어렵다. 이 경우 내·외벽면이 불규칙하여야 하며, 성벽의 기울기를 고려할 때 암키와가 주로 출토되는 것이 타당하다. 그리고 초축 성벽이 잔존할 경우 벽면에 기와편이 확인되어야 한다. 하지만 현재까지 발굴조사에서 외벽면이 확인된 사천 선진리성, 김해고읍성, 직산 사산성, 홍성 신금성, 목천토성 등에서 이러한 불규칙한 면은 확인되지 않았다. 또 암키와의 비율이 높기는 하지만 수키와 역시 많은 양이 출토되고 있을 뿐 아니라 초축성벽의 벽면에서 기와편들이 출토된 예는 확인된 바 없으므로 기와편들을 성벽에 붙였다고 보기 어렵다.

　하지만, 최근 부여 부소산성의 서벽에 대한 조사에서 성벽 외벽에 점토와 기와편을 혼합하여 덧붙인 사례가 최초로 확인되었다. 성벽은 영정주를 뽑아 올려가면서 쌓았으며, 초축 당시에는 판축 벽면을 그대로 활용하였다. 이후 수축이 이루어지면서 점토와 기와편을 덧붙였는데, 잔존 상태로 보아 성벽의 최상단까지 작업이 이루어졌다. 성벽 외부에 덧붙인 이유에 대해서는 단언하기 어려우나 조사지역의 위치에서 찾을 수 있지 않나 생각된다. 이 곳은 추정 서문지의 북쪽에 위치하는 구릉에 해당하며, 후대에는 치-적대-가 설치되었다는 점에서 문지가 위치하였을 가능성을 높여준다. 성 내부로 진입하는 사람들에게 상징성을 부여하기 위한 배려로 보여진다.[201] 현재 조사가 진행중에 있으므로 성벽에 덧붙인 기와가 붕괴된 이후 퇴적양상은 알 수 없다. 다만, 성벽 중·상단의 기와와 점토가 동시에 붕괴되면서 형성되므로 일반적인 성벽 내·외부에서 출토되는 양상과의 차이가 있을 수밖에 없다.

　⍀의 경우 역시 우수로 인한 성벽 기저부 붕괴 및 성벽 내·외부의 훼손을 방지하기 위한 것이다. 이 경우 세 가지의 전제가 필요하다. 첫째, 기와편들은 성벽과 일정한 폭과 정형성을 유지해야 한다. 둘째, 내·외부에 비슷한 양의 기와들이 출토되어야 한다.[202] 셋째, 토성벽을

---

201) 현재 조사가 진행중에 있으므로 성벽에 덧붙인 기와가 붕괴된 이후 퇴적양상은 알 수 없다. 다만, 성벽 중·상단의 기와와 점토가 동시에 붕괴되면서 형성되므로 일반적인 성벽 내·외부에서 출토되는 양상과의 차이가 있을 수밖에 없다.

202) 성벽 내·외벽 하부에 우수가 직접 스며드는 것을 방지하기 위하여 부석을 깔은 경우가 있다. 이러한 부석이 확인되는 유적으로 보문산성과 일본의 조선식 산성인 鬼ノ城, 그리고 조선시대 읍성인 김해읍성, 웅천읍성, 고성읍성, 사천읍성 등 다수에서 성곽에서 확인되고 있다. 삼국시대 산성인 보문산성과 일본의 조선식 산성에서도 확인된다는 점에서 주목할 만하며, 부석과 유사한 기능으로 기와를 깔았을 가능성은 있다. 다만 우리나라 고대 성곽에서는 성벽 전 구간에서 확인되지 않는다는 점이 문제이다.

축조할 때 일반적으로 외황과 내황이 설치되므로 기와의 폭은 내항과 외항의 범위를 넘지 않아야 한다.

이러한 관점에서 성벽 내외에서 기와들이 확인되는 선진리토성과 순천 홍내동토성이다. 이 유적에서 출토된 기와들의 내면과 외면이 위로 향하고 있을 뿐 아니라 경사지게 꽂혀 있다. 기와의 양 또한 성 내부보다는 외부가 월등히 많으며, 퇴적부의 폭 역시 일정하지 않다.

물론 김해 분산성과 고양 행주산성의 사례로 보아 성벽 내·외벽의 기저부에 기와를 깔았을 가능성을 배제할 필요는 없다. 분산성의 경우 기단보축 외부에 점토를 다져 보강하였으며, 다짐토 상면은 기와들을 피복하여 마무리하였다. 피복 기와들은 완만한 경사도로 외면이 위로 가게 깔았는데 이러한 양상은 토성벽 내·외부의 퇴적양상과는 차이를 보인다.[203] 최근 조사된 행주산성 석성의 내벽에는 최소 3층의 생활면이 확인되었는데, 초축 성벽 2차 생활면과 개축 성벽 생활면에 폭 430cm 내외로 기와를 깔았다.[204] 하지만 토성벽에서 확인되는 퇴적양상과는 차이가 있다.

현재까지 조사결과 성벽 내·외부에서 출토된 기와의 출토맥락과 퇴적양상을 고려하면 기와를 깔았을 가능성은 낮다고 판단된다.

ⓒ은 토성벽 기저부와 건물지 기단에 사용한 것으로 나누어진다. 이 중 건물지의 와적기단이 확인되는 유적으로 부여 관북리, 부소산 폐사지, 부소산성 서문지 주변 건물지, 정림사지 강당 서편 와적기단 건물지, 금성산 와적기단 건물지, 규암리 외리 유적 와적기단, 군수리 폐사지, 옥포리 와적기단 건물지 등 백제 건물지에서 주로 확인된다. 건물지의 와적기단은 평적식, 합장식, 수직횡렬식으로 나누어지는데, 와적기단이 사용되는 시기는 대부분 사비시대이며, 일부는 통일신라시대 유구이다.[205] 이에 반해 토성벽의 와적기단은 평적식으로 쌓았으며, 직산 사산성과 목천토성, 회원현성지 등에서 확인된다. 이 기단은 성벽 전구간이 아닌 일부분에 축조되었으므로 초축과 수축시 설치된 것으로 나누어진다. 하지만 토성벽 내·외부에서 출토된 기와 양이 방대하므로 와적기단으로 보기 어렵다.

203) 경남문화재연구원, 2004, 앞의 책.

204) 안성현·김지호, 2020, 「고양 행주산성의 변천」『고대 산성의 수축 -한국성곽학회 2020년 춘계 학술대회-』, 한국성곽학회, 27~51쪽.

205) 趙源昌, 2000, 「百濟 瓦積基壇에 대한 一研究」『한국상고사학보』제33집, 한국상고사학회, 89~ 131쪽.

사천 선진리토성 성벽 외부 와적층	김해고읍성 외부 와적층
나주 회진성 남벽 내부 와적층	순천 홍내동토성 성벽 외부 와적층
우암산성 내성 제1곽 여장	우암산성 내성 제3곽 여장

그림 18. 토성 성벽 내·외부 와적층 및 여장

㉣의 경우로 현재까지 토성벽에 대한 조사에서 성벽 상부에 여장이 확인된 예는 우암토성이 유일하다. 토성 상부에 여장의 흔적을 확인하지 못하는 이유는 여장이 설치되는 부분의 붕괴가 심하기 때문이다. 하지만 일반적으로 성벽 상부에는 여장이 설치되었을 가능성이 높다. 그 이유는 여장을 설치하지 않으면, 적의 원거리 공격으로부터 무방비 상태가 됨으로써 공성전이 이루어질 경우 방패를 든 별도의 인원이 필요하게 된다.

이러한 관점에서 성벽 내부와 외부의 퇴적양상을 분리해서 보는 것이 타당하다. 외부는 여장이 붕괴로 인해 퇴적이 이루어졌기 때문에 퇴적된 기와들은 외면 및 내면의 퇴적양상, 이를테면 내·외부에서 출토되는 기와의 내·외면의 비율이 정형성을 보일 수 없다. 또한 성 내부에서 외부 쪽으로 비스듬한 경사로 퇴적된 것의 비율이 높아야 한다. 이에 반해 내부는 성벽 상부를 덮었던 기와들이 퇴적되었기 때문에 외부에 비해 퇴적된 범위가 좁아야 한다. 마지막으로 성벽 상부의 여장이나 피복된 기와이므로 와당이 출토되는 비율이 낮아야 한다.

앞에서 살펴본 바와 같이 성벽 내·외부의 퇴적양상을 파악할 수 있는 것으로 사천 선진리성과 나주 회진성, 외부의 퇴적 양상을 파악할 수 있는 것으로 김해고읍성과 순천 홍내동토성[206]이 있다. 성벽 외부의 퇴적 양상은 3개의 토성에서 유사하다. 암키와 수키와가 무질서하게 퇴적되어 있으며, 성 외부쪽으로 비슷한 경사를 이룬다.[207] 그리고 성벽 내부는 외부보다 좁은 폭으로 경사지게 퇴적되었다.

이와 더불어 상기의 퇴적토에서 완형의 막새편이 출토되지 않는다는 점 역시 주목된다. 막

---

206) 최인선, 2010, 「順天 鴻內洞土城에 對한 研究 -순천의 호족 박영규를 중심으로-」『韓國城郭學報』叢書 18, 韓國城郭學會, 42~67쪽.

207) 이동주는 토성의 성벽 외부에서 출토되는 기와들은 상부 구조물의 붕괴로 유입된 것으로 본 점은 필자와 동일하다. 하지만 상부의 구조물이 여장이 아니라 성랑으로 보는 점은 차이가 있다(이동주, 2018, 「고려시대 기단석축형 판축토성의 체성부 구조에 대한 검토 -부산·김해지역을 중심으로-」『先史와 古代』第58號, 한국고대학회, 247~277쪽).
성벽 외부에서 출토되는 기와들이 성랑과 같은 건축물의 부재가 퇴적된 것이라면 두 가지의 전제가 필요하다. 첫째, 일반적인 건물지 조사에서 확인되는 양상과 동일해야 한다. 평기와와 더불어 막새도 출토되어야 하지만 막새가 출토된 유적은 거의 없다.
둘째, 건축물이 붕괴되는 방향이 일정하지 않으므로 토성의 내벽과 외벽 중 어느 한쪽에 압도적인 유물이, 그 반대편에는 소량의 유물만 출토되어야 한다. 하지만 사천 선진리토성과 순천 홍내동토성의 예로 보아 이러한 양상은 확인되지 않는다.
따라서 토성벽 내·외부에서 출토되는 기와들을 건축물의 붕괴와 관련된 것으로 볼 수 없다.

새류는 건물의 지붕을 축조할 때에는 상당히 중요한 건축부재이지만 와적 여장이나 성벽 상부를 피복할 때에는 그 효용성이 떨어졌을 것이다. 특히 회진토성에 대한 발굴조사에서 출토된 '회진현대성자개우(會津縣大城子蓋雨)'명 기와편도 이를 반증한다.[208]

이상의 내용을 종합해 보면 성벽 내부 및 외부에서 출토되는 기와들은 성벽 상부에 와적 여장[209] 및 성벽 상부를 피복하기 위해서 사용되었음을 알 수 있다. 다만, 청주 우암산성에서 석축 여장[210]과 파주 덕진산성 외성에서는 토성의 상부를 피복하듯 할석이 덮고 있다는 점을 고려할 때 모든 토성에 적용할 수 있는지는 단언하기 어렵다. 다만, 성벽 상부에 와적 여장이나 피복한 성벽이 다수임은 분명하다. 부소산성 서벽에서 성벽에 덧붙이 경우도 있으나 일반적인 양상으로는 볼 수 없다.

V. 통일신라시대 성곽의 성격

삼국시대는 통일을 위한 격동기였다. 신라는 당나라의 도움으로 백제와 고구려를 정복하였으며, 그 과정에서 당나라와의 전쟁에서 승리함으로 불완전하지만 삼국을 통일하게 되었다. 이에 따라 통일 이전보다 3배 정도로 영토가 확장되었을 뿐 아니라 새로운 적국과 국경을 마주하게 되었으므로 새로운 관방체계가 필요하게 되었을 것이다.

통일신라시대 축성은 앞서 살펴본 것과 같이 석축산성과 더불어 해안이나 강안에 면한 구릉에 다수의 토성이 축조된다. 석축산성은 삼국시대 산성과 유사하지만 대형화되는 경향이 분명하며, 입보용산성이 새롭게 축성된다. 축조수법 역시 지대석의 개념이 확립된다. 외벽은 잘 치석된 할석으로 바른층쌓기를 하였으므로 면석 사이에서 빈틈을 찾을 수 없고, 상부로 갈수록 들여쌓기 수법이 적용되는 것이 전형으로 자리 잡는다. 성벽의 높이 역시 낮아지는 경향이 분명해진다. 외벽 기저부에는 기단보축 대신 흙으로 보강하는 것들이 다수를 차지하며, 삼국시대부터 축조된 후 통일신라시대까지 이용되는 산성에는 보축성벽이 축조된다. 성

---

208) 국립나주문화재연구소, 2010, 앞의 책.

209) 이 글에서 지칭하는 와적여장은 기와만 쌓는 것이 아니라 기와와 점토를 교대로 쌓은 형태를 지칭한다.

210) 호서문화유산연구원, 2015, 『청주 우암산성 I』.

문은 현문식에서 개거식으로 변하며, 집수지는 다양한 형태가 확인되지만 대체적으로 평면 방형 및 장방형, 단면은 사면형이 주를 이루게 된다. 또 내부에 석벽건물지와 다각형 건물지 등 다수의 건물이 설치되고, 이에 연동하여 기와의 수량이 폭발적으로 증가하게 된다.

토성은 해안이나 강안의 해상교통로 주변에 토성들이 집중적으로 축조되기 시작한다. 성벽은 기단석축형 판축토성이 절대 다수를 차지하며, 이 시기 후기에는 성토토성과 순수판축 토성이 극히 일부가 확인된다. 특이한 점은 이전 시기에 축조된 토성을 적극적으로 재활용한다는 점인데, 아마 해상 교통로상에 위치하는 입지적 영향이 큰 것으로 볼 수 있다.

따라서 통일신라시대 성곽은 삼국시대의 축성관념이 이어지는 것도 있으나 새롭게 등장하는 특징도 발견된다. 특히 평지토성의 축성은 치소 문제와 연동된다고 볼 수밖에 없으므로 축조시기와 주체에 대해서 살펴보는 것 역시 의미 있는 작업이라 하겠다.

1. 축조시기 및 목적

성곽의 축조 주체를 파악하는 작업은 매력적이기는 하지만 상당히 어려운 작업이다. 삼국시대 성곽의 축조 주체를 밝히는 것은 성곽의 축조국가 및 목적, 축조시기와 연동되므로 논란의 여지가 있다. 이와 달리 삼국이 통일된 후의 축성은 이전 시기와는 달리 국가에서 주관하였을 것이다. 문제는 국가의 통제력이 약해진 나말여초의 축성은 국가와 호족 중 어느 쪽이 주도하였냐는 점을 증명하기란 쉽지 않은 작업이다.

이에 대해 평지나 평지에 인접한 낮은 구릉에 입지한 토성을 나말여초의 호족세력과 관련지어 호족의 '거관성(居館城)'으로 파악하였고,[211] 그 이후부터 호족과 연결시킨 견해가 통설로 자리 잡은 것은 부정하기 어렵다. 하지만 통일신라시대 성곽의 축조시기를 지나치게 한정하게 되므로 이 시기 토성의 성격을 파악하는데 오히려 장애가 된다고 본다.

1) 석성

통일신라시대 석성은 나·당전쟁기부터 나말여초까지 축성되었으나 후술할 토성에 비해 시기 구분은 명확하지 않은 편이다. 그 이유는 여러 가지가 있는데, 세 가지 측면에서 접근할

---

211) 박순발, 2003, 앞의 글, 45~61쪽.

수 있다. 첫째, 이 시기 석성을 구분할 수 있는 자료의 부재에 있지 않나 생각된다. 즉, 현재까지의 조사결과만으로 한정할 때 통일신라시대의 석성은 고려시대와 달리 새롭게 축성되는 경우도 있으나 삼국시대에 축성된 것이 다수를 차지하는 실정이다. 이에 따라 통일신라시대 성곽을 구분하는 작업을 애써 무시하였다. 즉, 이 시기 성곽을 다룰 경우 단순히 삼국시대 말기의 성곽으로 치부하거나 아니면 고려시대 성곽으로 분류하게 되었다.

둘째, 앞서 살펴본 바와 같이 우리나라 성곽 연구는 삼국시대와 통일신라시대, 중·근세 성곽과의 차이점을 밝히는 데 중점을 둔 연구를 중심으로 이루어졌기 때문에 통일신라시대 성곽과의 비교·분석에 별다른 관심이 없었다. 전형적인 통일신라시대 축성법으로 축조된 성곽이더라도 해발고도가 높은 곳에 축성될 경우 고려시대 성곽으로 이해하는 것이 일반적이었다.

셋째, 통일신라시대 성곽을 특정 국가와 연계하는 정치사적 연구경향이 강하였다. 즉, 통일신라시대 성곽이 확인되면, 후삼국 중 일국의 성곽으로 보거나 아니면 나말여초의 호족이 축성한 것으로 보는 견해가 일반적이었다.

상기의 이유로 인해 통일신라시대 석성을 시기별로 구분하는 자료를 확보하지 못하였으므로 이 시기 토성과 달리 시기별로 나누어서 설명할 수 없었다. 다만, 축조목적은 시기별로 차이가 있으나 삼국 통일 전후에서 8세기 후반경의 안성 망이산성과 상당산성, 하동 정안산성 등은 중앙의 주도하에 축조하였음은 부정하기 어렵다.

문제는 9세기 이후에 축조된 석축산성들의 축조주체에 대한 것인데, 그 주체가 분명한 창녕 화왕산성과 고성 거류산성을 중심으로 살펴보고자 한다. 화왕산성 서벽의 축조수법은 전형적인 잘 치석된 할석으로 바른층쌓기를 하고 있으며, 상부로 가면서 들여쌓기를 하고 있다는 점에서 전형적인 통일신라시대 성벽 축조방식을 따르고 있다. 집수지에서는 의례 행위로 인해 폐기된 다양한 유물이 출토되었다. 생활유물로는 철제솥·청동접시·철제초두·철제다리·청동향합·청동합, 생활공구류로 철제다연·철제가위·철제자물쇠와 열쇠·철제작두, 무기류는 철제대도·철제도자·철촉·찰갑편, 마구류는 호형등자·철제재갈·청동방울, 기타류로는 철탁·철제환·철괴 등이다.[212] 이 유물들은 당시 최고급에 해당하므로 지방호족에 의해서 축조된 후 관리되었다고 보기 어렵고, 중앙 정부와 관련해서 해석할 수밖에 없다.

----

212) 경남문화재연구원, 2009, 『昌寧 火旺山城內 蓮池』.

거류산성의 축조 시기는 소가야,[213] 삼국시대,[214] 통일신라시대,[215] 나말여초,[216] 왜구 방어를 위해 고려시대 이후[217]로 보기도 한다. 산성에 대한 시굴조사 결과를 근거로 제시한 나말여초를 제외하고는 지표조사나 역사지리학적 관점에서 접근한 것이므로 명확하게 밝혀졌다고 보기 어렵다. 이 산성의 규모는 1,381m이며, 초축성벽은 최하단에 지대석 1단을 두었다. 그 위로 비교적 잘 치석된 방형 및 장방형 할석으로 바른층쌓기를 하였고, 상단으로 갈수록 들여쌓기를 하였다. 이러한 축조수법은 관문성이나 하동 정안산성과 양산 신기산성·거창 거열산성 외성의 성벽보다는 조잡하다. 유물은 회청색 경질토기와 내부 건물지에서 "조창(漕倉)"銘 기와편 등이 출토되었으나 제작기법이나 문양이 지역색을 보이지 않는다는 점에서 마로산성과 차이가 있다.

거류산성의 입지와 규모, 관문성의 축조수법과 연결되는 성벽, 지역색을 보이지 않는 유물이 출토되고 있어 호족이 축조하였다는 근거는 찾을 수 없다. 물론 이 산성이 호족에 의해 축조되었다고 보는 견해가 없는 것은 아니지만[218] 그에 따른 적극적인 증거를 제시하지 못하거나 유보하고 있다는 점에서 필자의 견해를 반증한다. 경남지역 석축산성은 국가의 주도하에 축성되었다고 보는 것이 합리적이다.

위의 산성의 축조주체는 비슷한 시기에 축성된 충주 대림산성과 원주 해미산성, 남원 교룡산성 등에도 동일하게 적용할 수 있으며, 이 시기 토성의 축조주체를 파악하는데 중요한 단서를 제공한다.

---

213) 김강식, 1999, 「경상남도의 관방」『慶尙南道의 鄕土文化』下, 746~750쪽.

214) 국립가야문화재연구소, 2008, 『慶南의 城郭』.

215) 國立昌原文化財硏究所, 2004, 『固城郡 文化遺蹟 地表調査』.

216) 慶南考古學硏究所, 2004, 「固城 巨流山城 試掘調査 報告書」.

217) 東亞大學校 博物館, 1984, 『伽耶文化圈遺蹟情密調査報告書』.

218) 李鉐勳, 2006a, 「固城 巨流山城의 築造와 豪族 '有文'」『固城 巨流山城 試掘調査 報告書』, 慶南考古學硏究所; 2006b, 「固城 巨流山城과 咸安 蓬山山城의 檢討」『역사와 세계』釜大史學 第30輯, 효원사학회, 423~444쪽.
주용민, 2018, 「산성 유적으로 본 나말여초 진주 지역 호족 -산성 유적을 중심으로-」『지역과 역사』第43號, 부경역사연구소, 185~216쪽.

2) 토성

토성의 축조시기에 대해서 필자는 크게 8세기 전반~후반 9세기 전반, 나말여초에 해당하는 9세기 후반에서 10세기 초반으로 나누어짐을 밝힌 바 있으며, 각 시기별 토성의 축조주체와 목적을 살펴보면 다음과 같다.

(1) 축조주체

① 8세기 전반~후반

경덕왕(742~765)은 왕권강화를 위해 관제정비와 개혁조치를 시행하였으며, 개혁적 제도 정비는 귀족세력을 견제하면서 전제왕권체제를 강화하려는 漢化政策으로 이해되고 있다. 즉위 초기에 신흥 귀족세력의 반발을 물리치고, 재위 16년 되던 757년부터 적극적으로 한화정책을 추진한다. 757년에는 지방 9개 주의 명칭을 비롯한 군현의 명칭을, 759년에는 중앙관의 관직명을 모두 중국식으로 바꾸게 된다.

경덕왕은 당나라와의 외교 관계에 있어서는 전통적 방법인 조공과 사신을 11회나 파견함으로써 우호적인 관계를 유지하였다. 그러나 일본과의 관계는 그리 원만하지 못하였던 것 같다. 경덕왕이 즉위하던 해에 일본 사신이 왔으나 받아들이지 않았고, 753년에 다시 왔으나 오만하고 무례하다는 이유로 왕이 접견하지 않고 돌려보냈다는 기록을 통해 이를 짐작할 수 있다.[219] 이러한 사회적 분위기와 더불어 삼국이 통일된 이후 경남지역의 성곽은 왜구 방어에 중점을 두게 된다. 토성의 위치 역시 이전 시기와는 달리 강의 서안이나 북안에 위치한다. 최근 호서지역과 서울·경기지역의 발굴조사가 증가하면서 나말여초에 축조된 것으로 분류된 토성[220]들 중 이전 시기에 축조된 것들이 다수 확인되고 있다. 정북동토성은 4세기 초에 축조되어 통일신라시대에 재활용되었으며,[221] 탄금대토성은 축조수법이나 출토유물을 참고할 때 나말여초에 축조되었다고 보기 어렵다.[222] 견학리토성 역시 9세기를 전후한 시기에 경

219) 『三國史記』卷九, 「新羅本紀」第九.
　　 李基白, 1969, 『新羅政治社會史硏究』, 一潮閣.

220) 박순발, 2003, 앞의 글, 42~62쪽.

221) 박찬호, 2016, 「淸州 正北洞土城 小考」 『삼국시대의 토성과 목책성 -한국성곽학회 2016년도 춘계학술대회-』, 한국성곽학회, 35~67쪽.

222) 中原文化財硏究院, 2009, 『忠州 彈琴臺土城 I -2007年度 發掘調査報告-』.

영223)되었다. 몽촌토성의 8세기대 주거지224)와 화성 당성도 비슷한 시기에 축성되었다. 따라서 삼국을 통일한 이후 신라는 전국적으로 토성을 축조하였거나 기존의 토성을 대대적으로 개축한 후 재사용하였음을 시사한다.

한편, 통일신라시대에 들어 평지 토성들은 중국의 성곽제도를 모방한 것이었음을 추정할 수 있다. 이 시기 토성들은 야트막한 구릉 정상부나 구릉과 그 사이의 곡부를 두르는 것이 다수를 차지한다는 점에서 삼국시대부터 지속적으로 축성된 산성의 관념에서 완전히 벗어나지는 못한 것으로 보인다. 또한, 8세기 전반~후반경은 통일신라의 국력이 가장 왕성할 때이므로 이 시기에 축조된 토성들의 축조주체는 중앙 정부였고 동래고읍성과 화산리토성 등이 해당된다.

② 9세기 전반

9세기 전반의 축성 역시 이전 시기와 유사하였을 것으로 판단된다. 이 시기부터 한반도 해역에 해적들이 대거 등장하게 된다는 점도 주목할 필요가 있다.225) 9세기 전반 신라의 중앙 정부는 끊임없는 왕위쟁탈전과 지방에서의 반란으로 인하여 중앙정부의 통제력이 이전 시기보다는 미약해졌을 가능성도 있다. 그러나 경남지역은 경주와 인접한 지리적인 여건으로 인해 어느 정도의 영향력은 유지되었을 것으로 보인다. 또 해적들 등장은 해안 방어의 중요성 역시 다시금 부각하는 계기가 되었을 것이다.

시기는 다르지만 고려 공양왕 2년의 영산창성과 관련된 기사가 주목되는데 "영산창성을 축조하기 이전 산성에 조창을 두었으나 그 폐해가 심하였다. 그러므로 바닷가에 영산창성을 축조하니 백성들이 기뻐하였다는 내용이다. 이와 더불어 바다로 운반하는데도 배를 성 밑에 대고 져다가 실을 수 있으며 도적이 오더라도 굳게 지키고 이 城을 울타리로 삼는다면 깊이

이혁희, 2013, 「漢城百濟期 土城의 築造技法」, 한신대학교 대학원 석사학위논문, 15~27쪽.

박중균, 2014b, 「忠北地域 百濟 初期 山城의 類型」『한국성곽학보』 제26집, 한국성곽학회, 35~36쪽.

223) 강민식·윤대식, 2010, 「충주 견학리토성과 중부지역의 판축토성」『한국성곽학보』 제18집, 한국성곽학회, 68~97쪽.

224) 한성백제박물관 백제학연구소, 2016b, 「2016년 몽촌토성 북문지 일원 발굴조사 1차 학술자문위원회 자료집」.

225) 권덕영, 2006, 「新羅下代 西·南海域 海賊과 豪族」『韓國古代史研究』第41輯, 韓國古代史學會, 299~333쪽.

들어와 도둑질할 수 없을 것이니 백성에게 편리하고 국가에도 이로울 것인데 어찌 성을 쌓지 않을 것인가 하니 여러 사람들이 기꺼이 명령을 들었다."라고 기록하고 있다.[226] 영산창성의 기록에서 두 가지의 사실을 알 수 있다. 첫째, 왜구의 침입이 극심했던 고려 후기의 축성이 국가 주도로 이루어졌다.

둘째, 바닷가에 토성을 축조하는 것이 결코 방어에 불리한 것이 아니며, 해안과 강안에 축조된 토성들은 영산창성과 동일한 지형으로 보는 것이 합리적이다.

이러한 관점에서 경남지역 토성 중 사동리토성·선진리토성·정정리토성 등 다수를 차지한다. 이중 선진리토성은 문헌기록에서 확인되는 바와 같이 9세기 전반 대일 무역에 있어 중요한 부분을 차지하였을 가능성이 높다.[227] 또 8세기 후반~9세기 초반인 경덕왕 이후에는 오곡성(五谷城), 휴암성(鵂巖城), 한성(漢城), 장새(鄣塞), 지성(池城), 덕곡성(德谷城) 등의 신개척지와 826년 북방인 패하(浿江)에 장성(長城)을 축성하고 있다.[228] 이러한 사업은 지방 호족에 의한 것으로 볼 수 없으므로 신라의 중앙 정부는 북쪽 경계까지 직접적으로 통제하였음을 알 수 있다.

따라서 9세기 전반의 축성은 기본적으로 국가에 의해서 이루어졌으며, 지방의 유력세력이 토성축조에 참여할 수는 있었겠지만 주도적인 역할은 하지 못하였다고 본다.

③ 9세기 중반에서 10세기 전반

9세기 중반에서 10세기 초는 나말여초에 해당하며, 이 시기는 이른바 호족의 시대로 신라 하대의 혼란 속에 각지에서 성장한 지방 세력들이 성주(城主)·장군(城主)·웅호(雄豪)·성사(城師) 등으로 불리면서 역사의 무대에 새롭게 등장한다. 호족은 출신성분에 따라 다양하였다. 첫째, 낙향귀족(落鄕貴族) 출신의 호족. 둘째, 군진출신의 호족. 셋째, 해상세력 출신의 호족. 넷째, 촌주 출신의 호족 등으로 나누어지며, 존재형태는 시기별로 차이를 보인다.[229]

호족은 해당 지역에 할거하면서 중앙 정부와 별도의 독자적인 군사적·경제적·행정적 지

226) 『陽村集』 券11, 記類, 龍安城漕轉記.

227) 金昌錫, 2005, 「菁州의 祿邑과 香徒」 『新羅文化』 第26輯, 동국대학교 신라문화연구소, 13, 7~156쪽.

228) 차용걸, 2008a, 앞의 글, 187쪽.

229) 장덕호, 1997, 「羅末麗初 豪族勢力의 存在形態에 대한 硏究」, 명지대학교 대학원 석사학위논문, 15~40쪽.

배권을 행사하고 있었으며, 나말여초의 사회변동을 주도하였다. 또한 이들이 고려시대 전기의 향촌지배층을 형성하였다는 점은 부정하기 어렵다.[230] 하지만 지방호족들에 의해서 토성이 축조되었는가 하는 점은 별개의 문제이며, 이에 대해서는 몇 가지 의문이 든다.

㉠ 이 시기 지방호족들이 길이 1,000~2,000m 정도의 토성들을 축조할 수 있었겠는가 하는 점이다. 토성의 규모는 국가에 의해 축조된 조선시대 읍성의 규모와 동일하거나 대형으로 일개 호족이 이러한 규모의 성곽을 축조하기 어렵다고 본다.

㉡ 지방 호족들은 각 지역을 근거로 세력을 확장하거나 유지하기 위하여 노력하였을 것이다. 이에 따라 호족들은 자신들의 지역을 인근의 호족들이나 중앙 정부로부터 방어해야 하므로 성곽의 분포는 일정한 정형성을 보여야 한다. 하지만 현재까지 경남지역에서 확인된 통일신라시대 토성은 바닷가에 집중적으로 분포하고 있다. 또한 내륙지역에서 확인되는 정장리토성은 진주지역을 기반으로 하는 강봉규에 의해 축조되었다고 알려져 있으나,[231] 토성이 강의 서안에 위치하는 것으로 보아 진주쪽와 서쪽에서 진입하는 적을 방어하기 위하여 축조되었다.

㉢ 앞에서 살펴본 바와 같이 이 시기 토성들은 9세기 전반과 그 이전에 축성된 것들이 다수를 차지하며, 전국적으로 동일한 양상을 보인다. 부소산성 내성의 성벽 내부에서 인화문토기편과 '會昌 7年'명 기와가 출토되었으므로 이 산성의 상한은 847년임을 알 수 있다. 문제는 부소산성 내성의 축조주체를 호족으로 볼 것인가, 중앙에서 파견된 행정관으로 볼 것인가이다. 현재까지 연구에서 호족에 의해서 축조되었다는 단서를 찾기 어렵다.

이와 더불어 9세기 중반에 축조된 고성 거류산성 역시 축조수법과 출토유물로 보아 축조주체를 호족으로 볼 이유는 없다.

따라서 이 시기 호족들은 다중 환호[232]나 소규모의 토성 정도는 새롭게 축조할 수는 있었겠지만 선축된 토성을 수축하거나 재활용하였을 가능성이 높다.

(2) 축조목적

통일신라시대 토성들은 내륙과 해안을 조망하기 유리한 곳에 집중적으로 축성되었다. 이

---

230) 구산우, 2000, 「고려초기 향촌지배층의 사회적 동향 -금석문 분석을 통한 접근-」『釜山史學』第 39輯, 부산경남사학회, 79~112쪽.

231) 홍성우·김강옥, 2010, 앞의 글, 100~113쪽.

232) 中央文化財研究院, 2006, 『淸原 雙淸里多重環濠』.

중 당대의 중심지를 두르거나 인접한 곳에 축조된 것들은 치소성으로 보아도 무방하다. 다만, 치소와 이격되어 해안을 조망하기 유리한 지점에 축조된 성들은 왜구 및 해적들을 방어하려는 의도와 해로를 통제함으로써 세수의 안정적인 확보에 그 목적이 있었을 것이다.[233]

통일신라시대는 통일전쟁을 통해 영토가 확대되면서 국가재정 또한 증가하였다. 그리고 문무왕·신문왕대 국가재정정책에 병행하여 승부(乘府)·선부(乘府)의 증원이나 교통로(五通)의 개편 등 교통운영체제의 정비 이면에는 국가재정원인 지방 군현의 현물세를 실어 나르기 위한 운송체계의 정비도 포함되었을 것이다. 따라서 지방 조세에 대한 국가의 공적인 수취 및 운송체계가 운영되었음을 의미한다.[234] 특히 통일신라시대 항해술은 연안 및 근해 항해를 하였으므로 해로와 인접한 곳의 축성은 해로를 적극적으로 통제하려는 의도의 표출이다. 이와 더불어 거창 정장리토성 역시 강을 이용한 수로 교통을 최대한 활용하기 위한 것으로 판단된다. 이러한 양상은 경남지역 뿐 아니라 앞서 살펴본 것과 같이 전국적으로 나타나는 현상이다.

통일신라시대 이후인 고려시대에 연안이나 강안에 축조된 성곽들이 어떠한 형태로 이용되었는지는 분명하지 않다. 다만 고려 국초에 시행되는 조운제의 12조창 중 사천 선진리토성에 통양창, 지역은 다르지만 순천 홍내동토성에 해룡창이 설치되었다. 이와 달리 통일신라시대의 토성이 축조되지 않은 마산지역에도 석두창이 설치되는데, 우연하게도 고려 초 회원현성이 축조되었다.[235] 이는 고려시대의 조운제도가 통일신라시대 바닷가에 축조된 토성을 최대한 활용하였고, 토성이 축조되지 않은 지역에는 새로운 토성이 축조되었음을 시사한다.

---

233) 해안가에 축조된 토성 중 동래고읍성과 김해고읍성, 사동리토성의 경우 읍치를 두르거나 인접해 있어 치소와 교통로 통제의 역할을 동시에 수행한 경우도 있었을 것이다.

234) 한정훈, 2009, 「고려 초기 60浦制의 실시와 그 의미」 『지역과 역사』 25집, 부경역사연구소, 129~162쪽.

235) 마산 회원현성에 대한 조사결과 고려초에 축성된 것으로 보고하였으나 통일신라시대에 축조되었을 가능성도 제시하고 있다. 전자일 경우 고려초 조운제도가 운용되면서 새롭게 축조한 것이 되며, 후자일 경우 역시 선축된 토성을 이용한 것이 되므로 필자의 주장과 대치되지 않는다. 물론 고려시대에는 통일신라시대에 축성된 모든 성곽을 이용한 것은 아니었으며, 육상교통로와 연결이 용이한 성곽들을 주로 이용되었을 가능성이 높다.

2. 치소성의 등장

우리나라 성곽 연구의 중요한 주제 중 하나가 고대 거점성의 위치 문제이다. 주로 규모가 중·대형급 산성들은 군사적 기능과 더불어 행정적인 기능을 동시에 수행하였다고 보았다.[236] 산성이 치소의 역할을 하였다는 견해에 대해 다수의 연구자가 동조하고 있다. 최근에는 성 내부의 건물지와 출토유물 등을 근거로 논지가 보강되고 있다. 이에 반해 산성 치소설과 반대되는 견해가 속속 발표되고는 있으나 대부분 고려시대 및 조선시대를 중심으로 이루어졌다.[237]

고대 산성이 치소의 기능을 수행했다는 견해 역시 성곽과 내부시설에 대한 면밀한 분석의 결과라기보다 선험적으로 접근한 측면이 강하다. 또 석축산성을 중심으로 이루어졌기 때문에 당대의 사회상을 파악하는데 한계가 있다는 점은 분명한 것 같다. 따라서 이 절에서는 필자가 분석한 경남지역의 고대 치소에 대해서 살펴보고자 하며, 치소성에 대해 접근하기 전세 가지 사항을 고려해야 한다.

첫째, 전술한 바와 같이 치소성의 논의는 석축산성을 중심으로 이루어졌다는 점에서 한계가 분명하다. 산성과 인접한 평탄지 및 구릉에 위치하는 토성과 건물지 등을 종합적으로 검토해야 한다.

둘째, 우리나라의 성곽조사는 성벽을 중심으로 이루어져 왔다. 물론 성내 유구에 대해서 발굴조사가 이루어진 예도 있으나 대부분 집수지나 후대 건물지가 주 대상이었다. 하지만 우리나라 성곽 중 초축 당시의 모습이 온전하게 파악된 것은 거의 없을 뿐 아니라 변천을 알 수 있는 자료 또한 확보되어 있지 않다. 이에 따라 고고학적으로 주·군·현성이 반드시 갖추어야 할 조건에 대해서 알지 못한다. 즉, 주·군·현성에 설치되어야 할 부속시설이 무엇인지와

---

236) 심봉근, 1995, 『韓國南海沿岸城址의 考古學的 研究』, 學研文化社, 335~346쪽.

237) 구산우, 2012, 「고려시기 金海의 治所城과 새로운 面 자료의 소개」『역사와 경계』 85, 부산경남사학회, 187~225쪽.
   문경호, 2013, 「고려시대 유성현과 대전 상대동 유적」『한국중세사연구』 제36호, 한국중세사학회, 175~213쪽.
   배상현, 2018, 「고려시대 金州 治所城과 공간적 성격」『한국중세사연구』 제59호, 한국중세사학회, 141~173쪽.
   정요근, 2019, 「전통 대읍의 고려 시대 읍치 입지와 읍치 경관」『한국중세고고학회 2019년 추계 학술대회』, 한국중세고고학회, 81~118쪽.

그 차이, 위계별 부속시설의 규모와 구조가 어떠하였는지는 논의조차 된 적이 없다.

이러한 현실적 한계로 인해 치소성 문제는 성곽의 규모에 집중한 경향이 강하였다.[238] 필자 역시 성곽의 규모가 위계를 밝힐 수 있는 중요한 속성이라는데 큰 이견이 없다. 하지만 성곽의 입지와 규모를 결정하는 요소는 지방지배 이외 당대의 적대세력과 성격, 축성 위치-국경- 역시 중요하게 작동하였다고 보는 것이 합리적이다. 치소성에 대한 논의는 성곽유적이 가지는 특징을 고려해야 한다.

이 이외 앞에서 살펴본 것과 같이 성 내부의 건물지와 와전류의 출토량 여부에 대해서도 논의가 있어야 한다. 이상의 내용에서 알 수 있듯이 치소성-거점성-을 고고학적으로 밝히는 작업은 성곽연구가 완성되는 단계에서 논의될 수 있는 문제라고 할 수 있다.

주지하다시피 신라가 삼국을 통일한 이후 신라는 고신라 및 가야지역에 沙伐州(尙州)·押梁州(良州)·菁州(康州), 옛 백제지역에는 熊川州(熊川)·完山州(全州)·武珍州(武州), 옛 고구려 남쪽 경계지역에 漢山州(漢州)·首若州(朔州)·河西州(溟州) 등 9주를 두어 지방행정조직을 개편하였다. 경덕왕 16년(757)에는 그 이름을 한자식으로 바꾸고 9주 아래 5소경, 117군, 293현을 두었다. 신라의 9주5소경은 중대(中代)에 들어 정비를 시작했지만 삼국을 아우르고 당(唐)의 세력을 한반도에서 축출한 이후에 본격적으로 완비되었다.[239]

이 시기의 축성은 삼국시대와 달리 다양하게 전개되는데 치소와 관련해서는 크게 4가지 형태로 분류할 수 있다. 물론 남원 교룡산성과 남원토성, 상당산성과 충주읍성의 예와 같이

---

238) 심광주, 2007, 「중부 내륙지역 고대산성의 성격과 특징」 『한반도 중부내륙 옛 산성군 NESCO 세계문화유산 등재대상 선정 학술대회 발표집』, 한국성곽학회, 52쪽.

239) 『三國史記』 卷34 雜志3 地理1, 「始與高句麗百濟地錯犬牙 或相和親 或相寇鈔 後與大唐侵滅二邦 平其土地遂置九州 本國界內置三州 王城東北當唐恩浦路曰尙州 王城南曰良州 西曰康州 於故百濟國界置三州 百濟故城北熊津口曰熊州 次西南曰全州 次南曰武州 於故高句麗南界置三州 從西第一曰漢州 次東曰朔州 又次東曰溟洲 九州所管郡縣無盧四百五十」

『三國史記』 卷9 新羅本紀9 景德王16年, 「冬十二月 改沙伐州爲尙州 領州一郡十縣三十 歃良州爲良州 領州一小京一郡十二縣三十四 菁州爲康州 領州一郡十一縣二十七 漢山州爲漢州 領州一小京一郡二十七縣四十六 首若州爲朔州 領州一小京一郡十一縣二十七 熊川州爲熊州 領州一小京一郡十三縣二十九 河西州爲溟洲 領州一郡九縣二十五 完山州爲全州 領州一小京一郡十縣三十一 武珍州爲武州 領州一郡十四縣四十四」

황인호, 2014, 「新羅 9州5小京의 都市構造구조 硏究」 『중앙고고연구』 제15호, 중앙문화재연구원, 106~108쪽.

9주 5소경을 포함한 다른 지역에도 적용될 수 있을 것이지만, 토성의 축조시기에 대해서는 주의 설치와 동일한 지에 대해서는 검토가 필요하다.

표 3. 신라 9주 5소경(황인호, 2014, 108쪽 전재)

九州 (757년 改名)	州治	領屬		
		小京	郡	縣
沙伐州(尙州)	경북 상주	-	10	30
押梁州(良州)	경남 양산	金官(경남 김해)	12	34
菁州(康州)	경남 진주	-	11	27
漢山州(漢州)	경기 광주	中原(충북 충주)	27	46
首若州(朔州)	강원 춘천	北原(강원 원주)	11	27
河西州(溟州)	강원 강릉	-	9	25
熊川州(熊州)	충남 공주	西原(충북 청주)	13	29
完山州(全州)	전북 전주	南原(전북 남원)	10	31
武珍州(武州)	전남 광주	-	14	44
9州		5小京	117郡	293縣

① 산성에서 평지성으로 이동하는 것으로 기장과 부산, 김해, 거창 등이며, 가장 일반적인 형태였다. 기장지역은 기장산성에서 9세기 전반경에 기장고읍성이 축성됨으로써 치소가 이동되었다. 부산은 배산성에서 8세기 중·후반 동래고읍성이 축성되었다. 또한 김해지역은 분산성에서 통일신라시대에 김해고읍성으로 치소가 이동하였다.

거창지역은 다른 지역과 차이를 보인다. 삼국시대의 치소인 거창 거열산성은 초축 당시에는 내성만 축성되었으나, 7세기 후반~8세기 전반경에 외성을 가축하였다. 그리고 9세기 이후 남강의 서안에 정장리토성이 축조됨으로써 평지로 치소가 이동되었다. 함양지역의 경우 삼국시대에는 사근산성이 치소로 활용되었다. 최근 발굴 조사된 신천리유적에서 기단식건물지 9동과 석축이 조사되었고, '관(官)'·'군(郡)'·'부(夫)' 또는 '천(天)'으로 판독되는 명문와가 출토되었다.[240] 이곳은 남강에 면한 자연제방으로 북쪽으로 약 300m 지점에 추정 함양고읍성이 위치한다. 건물지에서 출토된 유물은 대부분 고려시대에 해당하지만 중판 타날고판의 선문기와의 출토비율이 높다. 이 지역 역시 통일신라시대 평지에 토성이 축조됨으로써 치소가

---

240) 경남문화재연구원, 2013a, 『함양 신천리유적 -함양 본백-용평간 4차로 확·포강 구간 내-』.

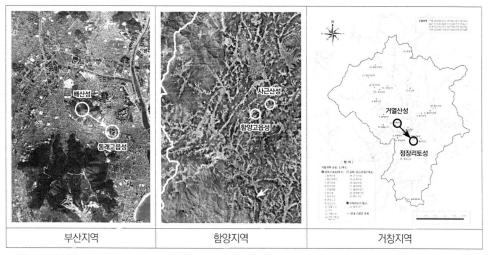

| 부산지역 | 함양지역 | 거창지역 |

그림 19. 지역별 치소이동(산성→평지토성)

이동되었음을 알 수 있다.[241] 하지만 산성에서도 통일신라시대 건물지와 다량의 기와 및 토기가 출토되었다는 점에서 산성의 중요도가 없어진 것으로 볼 수 없다.

이와 달리 평지 토성의 축조와 관계없이, 산성에서 평지로 이동하는 사례이다. 경남지역에서는 함안지역의 괴산리 유적이 주목되며, 지역은 달리하지만 상주 복룡동유적[242]에서 통일신라시대의 관아지가 확인된다는 점을 주목할 필요가 있다. 이후 고려시대의 거제 둔덕기성과 거림리 유적, 합천 백마산성과 강누리유적[243]의 사례로 보아 다수의 군·현에서 나타나는 현상으로 볼 수 있다. 따라서 산성에서 평지성으로의 이동은 가장 일반적인 형태였을 가능성이 높다.

② 산성에서 산성으로 이동되는 경우이다. 그 명확한 양상을 파악하기 어렵지만, 양산지역에서 그 일단을 파악할 수 있다. 현재까지 양산시에는 9개소의 성곽이 알려져 있으며, 양산시내에는 북부동산성과 신기산성이 위치한다. 신기산성은 양산시의 중심부 북동쪽 성황산의

---

241) 보고서에서는 건물지의 시기를 10세기 말~11세기로 보고하였으나, 중판타날판으로 제작한 선문기와는 8세기 중반~9세기까지 소급이 가능하다고 판단된다.

242) 嶺南文化財研究院, 2008, 『尙州 伏龍洞遺蹟』.

243) 慶南文化財研究院, 2013b, 『山淸 江樓里遺蹟』.

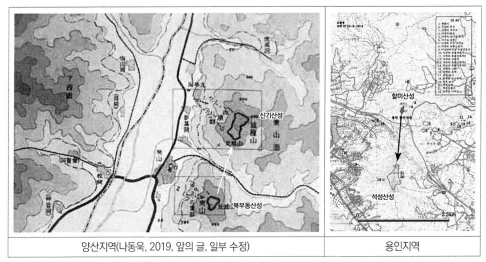

| 양산지역(나동욱, 2019, 앞의 글, 일부 수정) | 용인지역 |

그림 20. 지역별 치소이동(산성→산성)

정선부와 동남쪽은 곡부를 포함하는 포곡식산성으로 둘레는 2.6km 정도이다. 산성은 축조
수법과 출토유물로 보아 통일신라시대가 분명하다. 북부동산성은 신기산성의 남쪽 명곡천
건너편 중부동 동쪽 산정에 위치하는 테뫼식 석축산성으로 정확한 규모는 알 수 없다. 산성
에서는 멀리 낙동강까지 한눈에 바라볼 수 있는 좋은 곳에 자리 잡고 있어 신라시대에 낙동
강을 따라 수도 경주로 침입하려는 왜구를 막기 위해서 축조되었다.[244]

　양산지역의 지정학적 상황을 고려하면 삼국시대에도 신라에 의해서 축조된 산성이 있었
으며, 입지나 형태, 축조수법으로 보아 북부동산성으로 보는 것이 합리적이다. 이 산성은 내
부의 공간이 협소하다는 점이 문제가 되는데 삼국시대에는 치소로서 큰 문제가 없다. 하지만
삼국시대 이후에는 치소로 활용하기에는 무리가 있었다고 생각된다. 따라서 삼국시대 북부
동산성에 신기산성이 축조됨으로써 치소가 이동하였다.

　이와 유사한 예는 용인 할미산성과 석성산성에서 확인된다. 할미산성은 용인시 기흥구 동
백동과 포곡읍 가실리·마성리의 경계에 해당하는 할미산의 정상부와 남쪽으로 이어지는 능
선에 축성된 테뫼식 석축산성으로 둘레는 651m이다. 내부에서 삼국시대 수혈건물지와 통
일신라시대 다각형 건물지가 조사되었으나 기와편은 출토되지 않았으며, 주변에서 동시기에

---

244) 나동욱, 2019, 「양산 신기리산성의 성격」 『신기리산성과 고대양산』, 양산시립박물관, 41~70쪽.

축성된 산성은 확인되지 않는다.[245] 산성 주변에는 대규모의 분묘유적인 보정동고분군과 마북동주거지, 경작유구 등이 확인되고 있다는 점을 감안할 때, 거점성(치소)으로 보는 것이 타당하다.[246]

이에 반해 석성산성은 할미산성의 남쪽 지맥에 솟은 석성산과 사면을 두르는 산성으로 규모는 1,650m이다. 내부에서 토기를 비롯한 다량의 기와편이 채집되었다.[247] 석성산성의 발굴조사가 이루어지지 않아 정확한 축조 시기는 알 수 없으나 내부에서 출토된 중판 타날판의 선문기와가 출토되었으므로 9세기를 전후한 시기에 축성되었음은 분명하다. 용인지역 역시 삼국시대 할미산성에서 통일 후 석성산성이 축성되면서 치소가 이동하였다.

따라서 산성에서 산성으로 치소가 이동한 사례는 소수이므로 일반적인 양상으로 보기 어렵다.

③ 삼국시대에는 석축산성이 축조되지 않았지만 통일신라시대 평지에 토성이 축조되는 사례로 진주지역에서 확인된다. 이곳은 경남지역 중 삼국시대 산성이 확인된 적이 없는 특이한 지역 중 하나이다. 통일신라시대에 들어서 강주토성[248]과 진주성 인근에 토성(이하 진주토성)이 축조되지만 현재까지의 조사 결과 어느 토성이 선축된 것인지 단언하기 어렵다. 이에 대해 두 가지의 가능성을 상정할 수 있다.

첫째, 강주토성은 사천만과 육지가 만나는 해안에서 북동쪽으로 5.5km 지점의 야트막한 구릉에 입지하며, 규모는 450m 정도이다. 강주토성은 『진양지(晉陽誌)』 고적조에서도 확인된다. 토성의 초축 시기는 차치하고 고려시대에도 기능하였음은 분명하다.[249] 다만, 통일신라시대에 축성된 평지성의 일반적인 규모는 대략 1~2km 정도였다는 것을 고려할 때 주성으로 보기 어렵다.

강주토성의 성격을 이해하기 위해서 선진리토성과 연계하여 검토해야 한다. 이 토성은 사천만 중앙의 동안의 구릉과 그 사이 곡부를 따라 축조되었으며, 규모는 약 1,300m이다. 두

---

245) 韓國文化遺産研究院, 2018, 『龍仁 할미山城(V)』.

246) 황보경, 2020, 「용인 할미산성과 주변 신라 유적과의 관계 검토」 『先史와 古代』 62, 韓國古代學會, 77~109쪽.

247) 충북대학교 중원문화연구소, 1999b, 『용인의 옛성터』.
수원대학교박물관, 2014, 『용인 석성산성 기초조사 보고서』.

248) 한국문물연구원, 2019, 「진주대첩 기념광장 조성사업 부지 내 유적 발굴(정밀)조사 결과약보고」.

249) 『晉陽誌』 古跡, "營基康州池上有古營基世傳高麗時節度使來陳于此不知某年還廢也"

토성의 초축 시기는 차이가 있을 가능성도 배제할 수 없지만 고려시대 이전까지 활용되었다는 점은 분명하므로 기능 역시 유사하였다고 볼 수밖에 없다. 선진리토성은 앞에서 살펴본 것과 같이 고려시대의 통양창성[250]으로 알려져 있으며, 9세기 전반에 축성되었다. 따라서 강주토성은 『진양지』의 기록에서 나타나듯이 조세의 운송을 통제하는 것과 관련되었을 가능성이 높다.

이와 달리 진주토성은 남동쪽 성우 부분만 확인되었으므로 정확한 초축시기와 규모, 부속시설 등은 알 수 없다. 토성의 범위는 진주성 주변의 지형으로 유추할 수밖에 없다. 현재의 진주성은 조선 후기 진주성의 내성이며, 통일신라시대 토성은 촉석문 동쪽 평탄지에서 확인되었다.[251] 진주성은 구릉성 산지 지형으로 주변의 시가지는 남강을 통해 운반된 충적지형에 해당하며, 공북문 주변은 소곡이 위치하였다.[252] 이 성의 북쪽 해자 역할을 하던 대사지는 '진주성도(晉州城圖)'에서 분명하게 명시되어 있으며, 진주교육청에서 호안석축이 조사되었다.[253] 또한 임진왜란 당시 외성의 동쪽 해자는 중앙시장 부근에서 인공해자를 굴착하여 남강으로 빠져 나가게 조성하였다.[254]

그러므로 진주토성의 범위는 북쪽과 동쪽의 저습지를 벗어날 수 없으며, 서쪽은 촉석산 바깥으로 설정하기 어렵다. 이러한 가정이 타당하다면 이 토성은 현 진주성의 내성과 유사한 규모가 됨에 따라 강주토성보다 대형이었음은 분명하다. 토성의 입지 역시 진주지역의 중심인 남강의 북쪽에 면하며, 내부에서 통일신라시대의 유구도 확인되었다. 이러한 점을 고려할 때 진주토성이 치소, 강주토성은 선진리토성과 연계하여 강주 외곽에서 남해안을 통제하기 위해 축조된 것으로 보인다.

둘째, 강주토성의 통일신라시대에 활용된 것이 분명하므로 일정 기간 치소의 기능을 하였

---

250) 『高麗史』卷79, 食貨志2, 漕運, "國初南道水郡 置十二倉 忠州曰德興 原州曰興元 牙州曰河陽, 富城曰永豐……泗川曰通陽 合浦曰石頭".
『新增東國輿地勝覽』卷5, 慶尙道, 泗川縣, "邑城 : 石築周五千五十尺 高十五尺 …… 通陽倉城 : 在縣南十七里 土築周三千八十六尺 卽舊收稅之地".

251) 한국문물연구원, 2019, 「진주대첩 기념광장 조성사업 부지 내 유적발굴(정밀)조사 결과약보고서」.

252) 慶南發展硏究院 歷史文化센터, 2014, 『진주성 조선시대 우물유적』.

253) 경상대학교박물관, 2012, 「2008년 진주시 하수관거정비 임대형 민자사업 문화재 입회조사 결과 결과보고서」.

254) 박세원, 2014, 「진주성 외성벽의 복원 -1914년 지적원도를 통한 접근-」 『진주성지』, 경상문화재연구원, 69~79쪽.

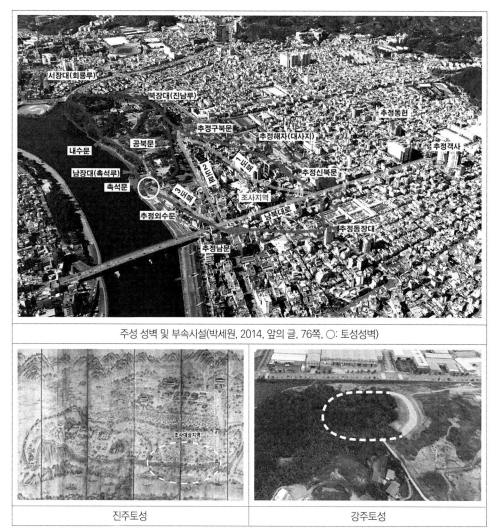

주성 성벽 및 부속시설(박세원, 2014, 앞의 글, 76쪽, ○: 토성성벽)

| 진주토성 | 강주토성 |

그림 21. 지역별 치소이동(평지성)

으나 진주지역이 주로 승급됨에 따라 진주토성을 축조한 후 주치가 이동되었을 가능성이 있다. 이러한 양상은 고려후기나 조선시대의 치소는 객사와 인접한 곳에 위치하였다는 견해[255]

---

255) 구산우, 2016, 「晋州 平安洞에서 출토된 高麗·朝鮮時代의 기와 명문」 『역사와 경계』 101, 부산
    경남사학회, 175~211쪽.

를 참고할 때, 일정부분 타당성이 있다.

현재까지의 조사결과만으로 한정할 때 강주지역의 치소가 원래 진주성일대였는지, 아니면 강주토성에서 진주토성으로 이동되었는지 알 수 없다. 하지만 앞에서 살펴본 것과 같이 전자일 가능성이 높다고 판단된다. 따라서 진주지역은 삼국시대 산성이 축조되지 않았으나 통일신라시대 축조된 평지토성에 치소가 설치된 것은 분명하다.

④ 치소의 이동 없이 산성이 활용되거나 통일신라시대에 새롭게 산성이 축조되면서 치소로 활용된 것이다. 전자는 함안 성산산성인데 주변에서 건물지가 확인되지만, 내부에서 신라 및 통일신라시대 막새편이 출토되었다.[256] 후자는 하동 정안산성으로 통일신라시대 산성이 축조됨으로써 치소의 역할을 수행하게 된다.[257]

이상의 내용을 종합해보면 삼국시대 치소는 산성이었으며, 통일신라시대에 들어와서 평지토성이 축조됨으로써 이동되었다. 고려시대에는 통일신라시대 토성이 축조되지 않은 울산 반구동토성, 부산 동평현성, 마산 회원현성, 고성고읍성 등 다수의 토성들이 축조됨으로써 일반화된 것으로 볼 수 있다.

VI. 맺음말

신라는 당나라의 도움으로 백제와 고구려를 정복하였으며, 그 과정에서 당나라와의 전쟁에서 승리함으로 불완전하지만 삼국을 통일하게 되었다. 이에 따라 통일 이전보다 3배 정도로 영토가 확장되었을 뿐 아니라 새로운 적국과 국경을 마주하게 되었으므로 삼국시대와 다른 관방체계가 필요하게 되었고, 그에 맞춘 관방체계를 완성하였다.

통일신라시대 축성은 앞서 살펴본 것과 같이 석축산성과 더불어 해안이나 강안에 면한 구릉에 다수의 토성이 축조된다. 석축산성의 규모는 삼국시대 산성과 유사하지만 대형화되는

---

256) 함안지역은 앞에서 살펴본 바와 같이 괴산리 유적의 성격에 따라 평지로 이동하였을 가능성도 배제할 수 없다. 다만, 주변의 성산산성과 성점산성에서도 동시기의 유물이 출토되고 있으므로 치소의 이동을 상정하지 않았다.

257) 나동욱, 2016, 「정안산성의 고고학적 고찰」, 『석당논총』 제65집, 동아대학교 석당학술원, 1~32쪽.
심봉근, 2018, 「하동군 치소 이동과 정안봉산성」, 『석당논총』 제70집, 동아대학교 석당학술원, 37~64쪽.

경향이 분명하며, 입보용산성이 새롭게 축성된다. 축조수법 역시 지대석의 개념이 확립된다. 외벽은 잘 치석된 할석으로 바른층쌓기를 하였으므로 면석 사이에서 빈틈을 찾을 수 없고, 상부로 갈수록 들여쌓기 수법이 적용되는 것이 전형으로 자리 잡는다. 성벽의 높이 역시 낮아지는 경향이 분명해진다. 외벽 기저부에는 기단보축 대신 흙으로 보강하는 것들이 다수를 차지하며, 삼국시대부터 축조된 후 통일신라시대까지 이용되는 산성에는 보축성벽이 축조된다. 성문은 현문식에서 개거식으로 변하며, 집수지는 다양한 형태가 확인되지만 대체적으로 평면 방형 및 장방형, 단면은 사면형이 주를 이루게 된다. 또 내부에 석벽건물지와 다각형 건물지 등 다수의 건물이 설치되고, 이에 연동하여 기와의 수량이 폭발적으로 증가하게 된다.

토성은 해안이나 강안의 해상교통로 주변에 토성들이 집중적으로 축조되기 시작한다. 성벽은 기단석축형 판축토성이 절대 다수를 차지하며, 이 시기 후기에는 성토토성과 순수판축토성이 극히 일부가 확인된다. 특이한 점은 이전 시기에 축조된 토성을 적극적으로 재활용한다.

따라서 통일신라시대 성곽은 삼국시대의 축성관념이 이어지는 것도 있으나 새롭게 등장하는 특징도 발견되며, 대체적으로 국가의 주도하에 축성이 이루어졌다. 특히 평지토성이 적극적으로 축조됨에 따라 고신라와는 달리 평지에도 본격적으로 치소성이 축조되기 시작한다.

기왕의 연구에서 통일신라시대 성곽은 삼국시대 말미에 덧붙여지거나 고려시대에 앞선 시기로만 여겨졌다. 하지만, 통일신라시대 성곽의 특징은 삼국시대 말기에 축성된 성곽에서 나타나며, 이 시기에는 고려시대 성곽의 특징 대부분이 확인되었다. 그러므로 우리나라 성곽의 축성은 단절적인 것이 아니라 당대의 정치·사회·문화의 변화 양상을 능동적으로 변화하였음을 알 수 있으며, 통일신라시대 성곽은 삼국시대와 고려시대-중세성곽-로 연결되는 중요한 단서를 제공하였다는 점에서 그 중요성은 부정하기 어렵다.

제4장

신라 한주지방의 토기와 고분의 변천
-서울·경기지역을 중심으로-

김진영

前 단국대학교 인문과학연구소

I. 머리말

신라 최북단의 지방사회인 한주는 문헌기록에 의하면 진흥왕 14년(553)에 신주를 설치한 이래로 경덕왕 16년(757)에 이르기까지 지방편제의 정비를 거듭하며 확립되었다. 오늘날 서울·경기지역을 중심으로 충북 북부와 황해도 지역을 포함하는 광역의 지방사회로 신라 행정구역 중 가장 넓다. 이곳에는 신라의 지배영역화 과정에서 이식된 다양하고 수많은 고고자료가 남겨져 있는데, 이를 통해 한주 지방사회의 확립과정과 지방문화의 특성을 구체화할 수 있다. 그중 횡혈계 묘제로 대표되는 신라 후기 고분은 삼국의 고고자료 중에서도 단연 압도적으로 많은 유적이 찾아졌는데 신라의 한강유역 진출과 더불어 급속도록 확산되어 고려 전환기까지 계기적 변천과정을 보이고 있다. 이에 묘·장제의 복원과 전개과정을 통해 지방사회의 구조와 성격을 파악하는 데 용이하다.

하지만 한주지방의 신라고분 연구는 130여 개소가 훌쩍 넘는 수많은 유적이 보고되었음에도 어떠한 구조형식들이 존재하고 어떠한 변화를 나타내며 전개되는지에 대한 기본적인 내용조차 제대로 파악되지 못하고 있는 실정이다. 이에 본고는 한주지방의 신라고분을 집성하여 분포와 구조적 특징은 물론 그 변천상을 밝히어 신라 지방묘제를 이해하고, 향후 한강유역에 이식된 신라 지방사회의 구조와 성격을 규명하는 기초자료로 삼고자한다. 이를 진척시키기 위해 우선 고분의 선후관계가 규명되어야 하는데 그 편년 수단으로 가장 유용한 자료가 토기이다. 그동안 한주지방은 제대로 된 편년안이 없어 중앙의 경주지역 토기 편년안에 대입하여 왔는데 지방토기의 경우 현지화된 것이 많아 경주지역 토기 편년안에 대입하여 살펴보기 어려운 면이 있다. 이에 본고에서는 한주지방 신라토기의 세부 편년안을 도출하여 고분의 편년 기준을 설정함과 동시에 지역적 특징도 소략하나마 살펴보았다.

II. 한주지방 신라토기의 변천과 편년

한주 지방의 신라토기는 단각고배로 대표되는 후기양식기[01] 이후의 토기이다. 후기양식

---

01) 신라 토기양식의 시기구분에 대해서는 윤상덕(2010), 최병현(2012)의 논고에 상세히 서술되어 있으므로 이를 참조하기 바란다. 최병현은 고분문화와 토기양식의 시기구분과 관련하여 전기양식(4

토기의 편년 연구는 왕경인 경주지역을 중심으로 이루어져 왔는데 이견이 상충되는 부분도 있지만 전체적인 변화의 흐름에는 큰 차이가 없고 상당히 구체화 된 상태이다.[02] 이에 반해 한주 지방은 삼국 중 압도적으로 많은 수의 신라 유적이 조사되었음에도 이를 담아낼 자체 토기 편년안이 마련되지 못한 상태이다. 몇몇 논고가 발표되었지만 시기구분에 있어 대부분 3~4단계의 변천과정을 설정하고 1세기 전·후의 연대 폭을 부여하고 있어 지방토기의 특성과 변화상이 제대로 반영되지 못하였다.[03] 이러한 연유로 유적의 연대설정에 있어 경주지역 토기 편년안을 그대로 수용하는 경우가 많은 실정이다. 하지만 지방토기의 경우 현지화된 것이 많아 중앙의 경주지역 토기 편년에 대입하여 살펴보기 어려운 면이 있다. 그러다 보니 조사·연구자별로 자의적인 해석으로 혼란을 주기도 한다. 본 장에서는 이러한 문제의식을 가지고 신라 한주 지방토기의 세부 편년안을 도출하여 고분의 편년 기준을 설정하고자 한다.

분석대상은 고분 출토 토기를 중심으로 살피었다. 생산·생활유적과 달리 신라의 한강유역 진출부터 멸망까지 전시기의 것이 찾아지고, 주된 묘제가 추가장이 이루어지는 횡혈계 묘제여서 부장위치와 시상대의 중첩관계 등을 통해 토기들의 조합과 선후관계가 일정부분 파악되기 때문이다. 하지만 묘제 변천상 박장화로 표본이 부족할 경우 생활·생산유적의 자료도 포함하여 살피었다. 아울러 다양한 기종이 있지만 본고에서는 고배와 병, 유개합에 대해서만 살펴보았다. 고배와 병, 유개합은 출토된 토기 중 절대다수를 점하는 핵심기종이자 전시기에 걸쳐 비교적 균일하게 출토되고 있어 편년자료로 유용하기 때문이다.

세기 후반~6세기 1/4분기: 적석목곽분)-후기양식(6세기 2/4분기~8세기 중엽: 횡혈식석실분)-나말여초양식(8세기 후엽: 고분 소멸기) 토기로 구분하였다. 이에 대한 비판적 견해도 있지만 대체로 학계에서 통용되어 왔다. 현 단계에서는 최병현의 시기구분 안이 타당하다 판단되므로 이를 따르고자 한다.

02) 崔秉鉉, 1992, 『新羅古墳硏究』, 一志社; 2012, 「신라 후기양식토기의 편년」 『嶺南考古學』 59.
홍보식, 2001, 『新羅 後期 古墳文化 硏究』, 춘추각.
李東憲, 2008, 「印花文 有蓋盌 硏究」, 釜山大學校 碩士學位論文.
윤상덕, 2010, 「6~7세기 경주지역 신라토기의 편년」 『한반도의 고대문화 속의 울릉도 -토기문화-』, 동북아역사재단.

03) 姜眞周, 2006, 「漢江流域 新羅土器에 대한 考察」, 檀國大學校 大學院 碩士學位論文.
이상희, 2010, 「신라시대 한주지역 토기 완 연구」, 세종대학교 대학원 석사학위논문.
沈秀貞, 2012, 「二聖山城 出土 新羅土器 硏究」, 漢陽大學校 大學院 碩士學位論文.
朴成南, 2009, 「서울·京畿地域 城郭 및 古墳 出土 新羅 印花紋土器 硏究」, 慶北大學校 大學院 碩士學位論文; 2018, 「서울·京畿地域 印花紋土器에 대한 小考」 『신라문화』 51.

연구방법은 우선 매납(폐기)동시성이 있는 조합 사례를 모아 각 기종을 형식분류하였다. 선행연구에서 통용되는 변화흐름에 기준하여 각 기종별로 공유되던 형태나 크기 등이 존재하였는지 파악한 후 명목속성과 계측속성을 고려하여 분류하였고, 분기를 나누어 변화과정을 살펴보았다. 전체적인 형태나 크기 조합에 따라 각 기종의 공통되는 기형 구성에 주안점을 두었고 구연과 각연 같이 변이가 많은 속성들은 형식분류 기준은 물론 세부편년 수단으로 사용하기 어려운 관계로 타 속성과 검토하여 분기별 변화상을 이해하는 도구로 사용하였다.

모두 9단계로 분기하여 각 기종의 형식 변화를 살펴보았는데 각 분기의 설정은 우선 선행연구[04]에서 밝혀진 문양구성 및 기종과 기형변화에 기준하여 대체적인 변화의 얼개를 마련하였다. 문양과 관련하여서는 그은 삼각집선분과 콤퍼스형 반원문, 찍은 삼각집선문과 찍은 원문류 즉 인화문의 출현, 수적형문과 흩어찍기한 집단 원문류의 출현, 그리고 단위문양에서 종장연속문으로의 변화에 기준하였고, 기종과 관련하여서는 대부병 및 정형화된 직립구연합과 외반구연합의 출현을 기준으로 하였다. 그 다음 시상대의 중첩과 토기의 부장위치 등을 통해 선·후관계가 밝혀진 무덤이나 야외유적 사례의 각 기종별 기형과 문양 변화에 따라 세부적인 분기를 설정하였다. 그리고 그 결과를 토대로 경주지역 토기의 변화상과도 비교하며 분기별 형식의 변천과정과 특징을 설명하였다. 다음으로 설정된 각 분기의 토기양상을 종합하고 선행 논고에 제시된 절대연대 자료의 재해석과 연대추정이 가능한 새로운 자료들의 종합적 검토를 통해 각 분기의 연대를 부여함으로써 전체 편년안을 제시해 보았다.

1. 기종별 형식과 변화과정

1) 고배류

고배는 한주지방 고분 출토 토기 중에서 병과 함께 가장 많은 수량을 차지하는 기종이다. 뚜껑받이 턱의 형성 여부에 따라 유개식과 무개식고배로 구분된다.

---

04) 崔秉鉉, 1992, 『新羅古墳硏究』, 一志社; 2012, 「신라 후기양식토기의 편년」 『嶺南考古學』 59號.
　　李東憲, 2008, 「印花文 有蓋盌 硏究」, 釜山大學校 碩士學位論文.
　　윤상덕, 2010, 「6~7세기 경주지역 신라토기의 편년」 『한반도의 고대문화 속의 울릉도 -토기문화-』, 동북아역사재단.

(1) 유개식고배

대각에 형성된 돌대와 투공(창)의 위치에 따라 크게 두 가지 형식으로 구분된다. 하나는 유돌대고배로 대각 중위에 돌대를 배치하여 위아래를 구분하고 투공(창)을 교차하여 뚫은 이단투공고배와 대각 하위에 돌대를 배치하고 그 상위에 투공(창)을 뚫은 대각하부돌대고배[05]가 있다. 나머지 하나는 돌대가 없는 짧은 대각을 가진 단각고배로 투공(창)이 뚫리기도 한다. 대각과 구연부의 형태 등에 따라 세부형식이 나뉘고 전반적으로 변화의 흐름이 공유되는데 구체적으로 살펴보면 다음과 같다.

① 유돌대고배

유돌대고배는 이단투공고배와 대각하부돌대고배가 있다. 대각 형태에 따라 이단투공고배는 일반적인 '八'자형의 A형식과 대각이 자연스레 외반하지 않고 돌대부분에서 한 번 꺾여 벌어지는 B형식으로 구분되는데, 대각하부돌대고배는 B형식이 없고 A형식만 나타나며, 대각 윗지름이 넓은 1식과 좁은 2식으로 세분된다.

이단투공고배는 A형식으로 나타나 3기부터 B형식이 새로이 등장하여 병존하였다. 이중 B형식은 동일한 대각을 지닌 단각고배로 보아 1기부터 존재하였을 가능성이 있다.[06] 현 단계에서 왕경인 경주와 소경인 충주지역에서는 잘 찾아지지 않는 현지화된 것으로 판단되지만 좀 더 확인이 필요하다. 대각하부돌대고배는 초현기부터 A1·2형식이 공존하여 4기에 이른다. 모두 4기가 되면 수량이 급격히 줄어 소멸된 것으로 판단된다. 현 단계에서 5기 이후의 것은 찾아지지 않고, 이단투공고배 B형식의 한 사례가 존재하지만 대각에 돌대가 아닌 침선을 그은 것으로 돌대를 배치하는 제작 전통이 잔존한 예외적 사례로 판단된다.[07]

---

05) 이단투공고배 중 돌대 상단에만 투공한 경우도 적지 않기에 기종을 구분함에 혼동을 줄 수 있으므로 일단투공고배보다는 최병현의 대족하부돌대고배가 적절한 용어라 판단되며, 본고에서는 통용되는 고배의 세부명칭에 따라 대각하부돌대 고배라 칭하겠다.

06) 인천 원당동 가8호 석실과 광주 선동리 11호 석실의 단각고배가 현 단계에서 유이한 사례이다.

07) 기존의 논고에서는 화성 분천리 A-석곽 출토 고배를 공반된 외반구연합에 근거하여 6기에 해당하는 것으로 보았다. 하지만 분천리 A-석곽의 외반구연합은 시흥 장현 6-1호, 서울 독산동 3호 수혈건물지 2호 및 우물에서 출토된 대부완과 같이 일반적인 완에 굽을 붙인 것으로 외반구연합과는 계열이 다른 것으로 보인다. 이에 외반구연합의 출현시기에 고배의 연대를 고정할 필요가 없다 여겨지며, 대각의 돌대처리와 구연부의 퇴화양상으로 볼 때 잠정적으로 4기에 후행하는 형식으로 보았다.

분기	이단투공고배		대각하부돌대고배	
	A	B	A	
			1	2
1		1.증평 미암리 II 다-석실		1.파주 성동리(경) 2호 2.여주 매룡동(황학산) 4호
2		1.이천 중리동 51호	1.안성 당왕동 5호	2.이천 창전동 4호
3		1.이천 덕평리 4호 석곽 2.이천 덕평리 6호 석실	1.진천 내촌리 당골 I-8호 2.음성 문촌리 나2호	
4		1.부천 고강동 A4호 2.안성 당왕동 3호 3.김포 양촌1L 4호	1.수원 광교 12-1호	
5	1.화성 분천리 A-석곽			

도 1. 유돌대고배(이단투공고배 · 대각하부돌대고배)

각 분기별로 일관되게 표출되지는 않지만 변화의 큰 공통적 속성은 배신과 구연에 있다. 배신은 2기부터 내저면이 둥근 것에서 편평하고 넓어져 점차 납작해지는데 3기부터 확인해지지만 이단투공고배 A형식의 이천 덕평리 4호[08] 출토품과 같이 현지화된 것은 예외적이기

08) 한백문화재연구원, 2014, 『이천 덕평리유적』.

도 하다. 구연도 점점 안으로 기울거나 짧아지는데 3기에는 구연이 심히 내경하고 뚜껑받이 턱이 올라오기 시작하며, 소멸기인 4기에 이르면 더욱 확연해지거나 극단적으로 짧아져 흔적기관화되었다.

대각 또한 A형은 점차 짧아지고 대각 윗지름이 조금씩 넓어져 가는데 3기 이후로 뚜렷해져 수직화되는 경향이 짙어진다. 이로 인해 4기 이후의 대각하부돌대고배는 A1·2형식의 구분이 모호해지는 부분도 있다. 각연은 뭉뚝하지만 짧게 외반하는 것에서 점차 외반형의 비율이 줄고 둥글게 마무리하는 형태로의 비율변화의 흐름은 감지되지만 편년 수단으로 적용하기에는 무리가 있다.

이 밖에 대각이 점차 짧아지면서 위아래를 구분하던 돌대도 1기에는 2줄로 뚜렷하게 돌려지던 것이 3기부터는 대부분 이전보다 희미해진 외줄로만 나타나고 침선이 돌려지기도 한다. 이러한 현상은 4기에 이르러서 더욱 심화되어 흔적기관화 되어갔다. 투공(창)[09]의 변화도 나타나는데 1기에는 뒤 시기에 비해 큰 투공을 뚫거나 투창을 째기도 하였지만 3기부터는 투창은 없어지고 작아진 투공이 2개씩 뚫리거나 생략하는 방향으로 변화하였다.

② 단각고배

무돌대의 단각고배는 공반되는 조합을 살펴볼 때 변별성이 떨어지는 대각이나 각연의 형태보다는 대각 길이에 따라 1.6cm 이상의 A형식, 1.6cm 미만으로 극히 짧은 대각이 달린 B형식의 두 가지로 구분하여 살펴볼 필요가 있다. 1~6기까지 찾아지는데 A·B형식이 4기까지 공존하다가 5기부터는 B형식이 사라지고, A형식으로만 나타나 소멸의 길로 들어선다. 공통적 변화속성은 역시 배신과 구연, 대각형태에 있다. 최종적으로 대각이 낮아지고 배신은 납작해지며, 구연은 안으로 기울고 짧아져 퇴화되는 과정을 거치는데, 이는 유개식고배 전체의 공통적 변화이다.

---

09) 제작수법상 투창(透窓)은 예새로 그어 쨈 것이다. 투공(透孔) 방형의 도구로 밀어 뚫은 것으로 규정되는데 외면에 예새로 계획된 크기에 맞게 긋고 도구로 밀어낸 방식이어서 외면에 예새로 그은 흔적이 남고 내면에는 소지가 밀려 지저분한 흔적을 확인할 수 있다. 이는 크기와도 관련이 있는데 대략 한 변의 길이 1cm를 기준하여 1cm 이상은 투창, 그 미만은 투공으로 구분하기도 한다. 크기의 제약으로 1cm 미만으로는 투창을 째기 어렵기 때문이다. 이는 송상우에 의해 실험고고학적으로 검증된 것으로 절대적 수치는 될 수 없지만 타당성이 있다(송상우 2010, 12~13쪽). 그러나 대부분의 보고서에서는 이러한 속성을 간과하고 투창과 투공의 구분없이 혼용하고 있어 이를 구분하는데 어려움이 있다. 따라서 본고에서는 상기한 기준을 토대로 보고서에서 제시한 사진 관찰과 도면상 축척을 통한 대략적 크기로 판단하였다.

이중 구연의 변화는 이미 밝혀진 사항이고,[10] 각연 형태에 따른 단각고배의 변화상을 근거로 이에 대한 비판적 견해가 있지만 받아들이기 어렵다.[11] 물론 이른 시기에도 짧은 구연이 존재하고 늦은 시기에도 긴 구연이 존재하지만 짧아지고 안으로 기우는 변화 흐름은 분명하다. 이는 세부표현에 있어 공인의 숙련도 및 제작 습관 등의 차이가 반영된 것으로 판단되며, 구연형태의 변화 흐름의 방향은 다름없다. 다만 그 과정에서 비율상 차이가 있으므로 이를 형식화하여 세부 편년수단으로 적극 활용하기에는 문제가 있지만 다른 속성과 종합적 검토를 통한 보조적 속성으로는 효용성이 있다.

각 형식별로 살펴보면 A형식은 대각과 구연 형태에 따라 뚜껑받이 턱이 구연보다 짧거나 같고 대각 윗지름이 넓은 1식과 좁은 2식, 배신보다 짧은 대각에 좁은 대각 윗지름을 지니고 구연보다 뚜껑받이 턱이 길게 돌출된 3식이 존재한다. 이 중 1·2식은 공반되어 출토되는 경우가 많은데 대각 높이에 따라 2.5cm 이상(ⓐ), 1.6~2.4cm 이하인 것(ⓑ)으로 구분하여 제시하였다.[12] 그 이유는 대각 높이에 따른 2개 군이 존재하고 세트로 출토되는 사례가 많아 구분하여 살펴볼 필요가 있기 때문이다.

변화속성에 있어 대각은 앞서 언급한 a·b식의 두 그룹이 외반 각연을 지니며 늦은 시기까지 유지되는데, 5기가 되면 a식은 수량이 급감한다. 결과적으로 비율상 대각이 낮아지기는 하지만 A1·2식의 경우 늦은 시기까지 높은 대각과 외반 각연이 유지되고 있음이 확인되었다. 아울러 A1·2식의 대각에는 투공(창)이 배치되기도 하였는데 1기에는 방형 혹은 삼각형의 큰 투공(창)이 나타나지만 유돌대 고배와 달리 2기부터 급격히 작아진 투공만 뚫리며, a식

10) 최병현, 2012, 「신라 후기양식토기의 편년」『嶺南考古學』 59號, 嶺南考古學會, 124쪽.

11) 윤상덕(2010, 122~126쪽)은 대각고 2.4cm 이하의 무돌대고배를 단각고배로 분류하고 각연의 형태에 착안하여 변화흐름을 살펴보았다. 요지는 각연이 외반하는 a·b형에서 외반 없이 단부를 둥글거나 밋밋하게 마무리한 것 등의 c·d형으로 변화한다는 것이다. 그리고 이러한 단각고배의 변화상에 근거하여 구연의 짧아지는 것에 부정적 견해를 제시하였다. 하지만 각연 형태는 유돌대고배를 포함하여 전체적인 비율변화의 흐름은 감지되지만 조합관계 상 형식분류하여 구체적인 편년수단으로 적용하기에는 곤란하다. 전제 자체가 실상과 차이가 있어 그의 견해를 수용하기 어렵다.

12) 윤상덕과 송상우가 경주지역 고배의 형식분류 속성으로 사용한 대각의 높이 계측결과를 참조할 때 대략 2.4cm과 1.6cm를 기준하여 구분되는 양상을 보이고 있어 이 기준은 유효성이 있어 보인다. 다만 한주지방은 2.5cm 이상의 긴 대각이 존재하여 별도 형식으로 분류하였고, b군의 경우 2~2.4cm 이하, 1.6~2cm 미만인 두 개의 군으로 구분 가능하지만 아직 명확한 구분의 의미를 찾을 수 없어 특별히 구분하여 두지는 않았다.

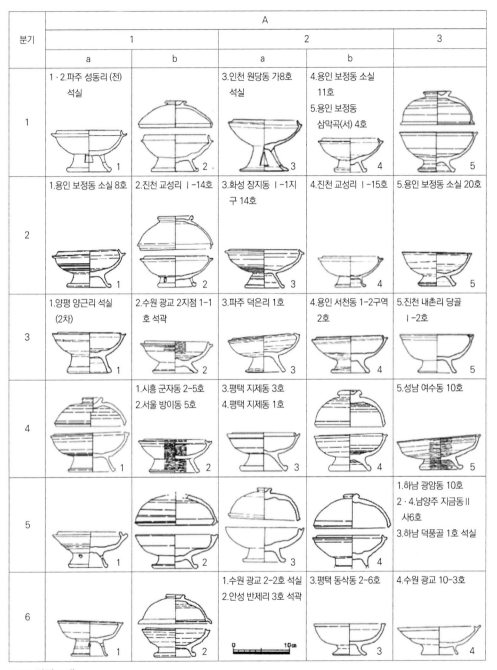

분기	A				
	1		2		3
	a	b	a	b	
1	1·2.파주 성동리 (전) 석실		3.인천 원당동 가8호 석실	4.용인 보정동 소실 11호 5.용인 보정동 삼막곡(서) 4호	
2	1.용인 보정동 소실 8호	2.진천 교성리 Ⅰ-14호	3.화성 장지동 Ⅰ-1지구 14호	4.진천 교성리 Ⅰ-15호	5.용인 보정동 소실 20호
3	1.양평 양근리 석실 (2차)	2.수원 광교 2지점 1-1호 석곽	3.파주 덕은리 1호	4.용인 서천동 1-2구역 2호	5.진천 내촌리 당골 Ⅰ-2호
4		1.시흥 군자동 2-5호 2.서울 방이동 5호	3.평택 지제동 3호 4.평택 지제동 1호		5.성남 여수동 10호
5					1.하남 광암동 10호 2·4.남양주 지금동Ⅱ 사6호 3.하남 덕풍골 1호 석실
6			1.수원 광교 2-2호 석실 2.안성 반제리 3호 석곽	3.평택 동삭동 2-6호	4.수원 광교 10-3호

도 2. 단각고배

분기	B			
	1		2	
	a	b	a	b
1		1.서울 가락동 3호 2.용인 보정동 삼막곡(서) 　3호 	3.여주 하거동 6호 4.증평 미암리II 다-석실 	
2	1.인천 원당동 가5호 석곽 	2.진천 교성리 I-8호 		3.용인 보정동 소실 3호 4.파주 성동리(전) 5호 석곽 5.성남 여수동 1호
3				1·2.평택 율북리 6호 3.오산 내삼미동 5호
4			1.고양 식사동 4-1호 	
5				
6				

대각의 경우 소멸기까지 그 전통이 지속된다. 배신은 호선을 그리며 신부를 형성하여 내저면이 깊고 좁은 것이 2기부터 점차 넓어지고 납작해지는 형태로 변화하는데 3기 이후로 뚜렷해진다. 구연도 수직에 가깝거나 약간 내경한 것에서 더욱 안으로 기울고 짧아져 갔으며, 4기 이후로는 구연이 더욱 짧아지고 뚜껑받이 턱은 솟아 올라와 'V'자형에 가까워지는 변화가 뚜렷해지고, 5기부터는 수평에 가까워지거나 극히 짧아져 흔적기관화 되었다.

이 밖에 현지화된 것으로 판단되는 A3형식은 구연과 뚜껑받이 턱의 형태 및 공반된 뚜껑으로 보아 'ㅅ'자형 구연의 뚜껑과 세트로 제작된 것으로 판단된다. 구연과 배신의 공통된 변화 이외에 3기부터 대각 윗지름이 조금씩 넓어지고, 대각단부의 외연이 들린 것에서 전면이 바닥에 붙거나 외반하는 형태로의 변화가 관찰되지만 표본이 적어 아직 신뢰하기 어렵다.

이러한 변화상과는 다르게 A형식 중에는 도 3과 같이 깊은 배신을 유지하는 현지화된 형식이 소량 존재하는데 2기부터 나타난다. 이것들은 1기 이래의 경주지역 투공 단각고배를 모방한 것으로 여겨지는데 배신과 대각의 비율이 일반적이지 않아 불안정한 모습이지만 도 3과 같이 2기 이래로 배신이 얕아지고 구연은 짧아지는 등 유개식 고배의 변화흐름이 반영된 제작방식이 이어져 갔음이 확인된다.

B형식은 대각 형태에 따라 외반형 각연의 1식과 외반없는 환형의 짧은 굽이 달린 2식으로 세분되는데, 1식은 2식의 굽형 고배의 출현으로 단각고배 A형식에서 파생된 것이다. 모두 대각 윗지름이 넓은 것(a)과 좁은 것(b)으로 나타나 병존해 갔다. A형식과 달리 3기부터 수량이 급감하여 4기에 들어서면 사라진다. 변화 흐름은 A형식과 같이 2기부터 배신이 점차 납작해지고 구연은 안으로 기울거나 짧아져 갔다. 2기에 들어서면 4번 파주 성동리(전) 5호 석곽과 같이 굽과 내저면이 현저하게 넓어진 것이 출현하여 다음 시기로 이어졌는데, 소멸기인 4기에는 극히 납작해진 모습을 볼 수 있다.

분기	A	
	1	2
2	1	2
3	1	〈2기〉 1·2.화성 장지동 I -2지구 6호 〈3기〉 1.수원 광교 15-4호 0 ___ 10cm
4	1.이천 장암리 석곽 2.용인 보정동 삼막곡 110호 1	2

도 3. 단각고배 A형식 현지형

(2) 무개식고배

무개식고배는 구연단의 외반 여부에 따라 직선적으로 뻗는 A형식과 구연이 살짝 외반하는 B형식으로 구분된다.[13] 크기에 따라 대·중·소형으로 구분되기도 하는데 형식별로 살펴보면 다음과 같다.

A형식은 배신의 저면이 부드러운 곡률을 이루며 곧게 올라오는 기벽을 형성하는 1식과 배신 중·상위에 그어진 침선대를 기준하여 기벽이 밖으로 꺾여 약간 벌어지는 2식, 배신의 기본 형태는 1식과 같으나 침선이 없는 넓은 배신과 대각에 돌대가 없는 3식으로 세분된다.

A1식은 대·중·소 크기별로 확인되며, 대각 하부 혹은 중위에 돌대가 돌려지고 이를 기준하여 투공을 뚫은 것이 기본이다. 1기에는 서울 석촌동 석곽 출토품과 같이 상당히 좁은 대각 윗지름과 반구형의 깊은 배신을 지닌 형태로 나타나는데 중·소형의 배신은 점차 납작해지고 내저면은 편평하고 넓게 변화해 갔다. 3기에 이르면 편평한 저부에서 급히 꺾여 기벽이 직립 혹은 사선향으로 뻗는 각진 모습으로 나타나는 특징이 있다. 대형은 소량이지만 긴 대각을 유지하며, 3기까지 이어지는데 1기에는 깊은 배신의 기벽이 직립 혹은 상부가 약간 오므라드는 모습을 보이던 것이 2기부터는 배신의 기벽 상부가 조금씩 벌어지기 시작하여, 3기에는 확연히 벌어진 변화상이 확인된다. A1식은 4기까지 지속되지만 극소수로 3기부터 이미 소멸기에 접어들기 시작하여 4기에는 A2·A3식으로 대체되어 간 것으로 판단된다.

현지화된 형식으로 판단되는 A2·3식은 대형 없이 중·소형만 나타난다. A2식은 소량이지만 2기부터 대각의 돌대가 사라지고, 배신의 침선대가 3~4줄에서 2줄로 줄어들며, 3기에 이르면 대각이 조금 짧아진다. 마지막 4기에는 여주 상거동 1호,[14] 평택 지제동 2호[15] 출토품과 같이 침선대가 외줄이거나 사라지는 변화가 나타난다. A3식은 점차 배신이 넓어지고, 본래 침선대가 없던 것에서 침선이 그어지며, 대각 지름이 넓어져 가는 변화가 관찰된다.

B형식은 대·중·소형으로 나타나며 2기부터 4기까지 확인된다. 이부완으로 분류되기도 하지만 파수의 부착은 대부분 생략되었다. 2·3기의 사례와 같이 전형의 이부완 형태와는 거리가 있어 대부분 현지화된 것으로 여겨진다. 각 크기별로 배신이 둥글고 깊은 것으로 출

---

13) B형식은 배신에 파수가 붙기도 하여 이부완 혹은 파수부 대부완으로 분류되기도 하지만 A형식에 파수가 붙기도 하고 B형식에 파수가 없는 경우도 많아 기종 분류에 모호한 면이 있어 무개식 고배의 범주에 두고 살펴보고자 한다.

14) 단국대학교 매장문화재연구소, 2006,『여주 상거리 종합유통단지 건설부지 시·발굴조사보고서』.

15) 기남문화재연구원, 2020,『平澤 芝制洞2遺蹟』.

분기	A			B
	소	중	대	
1	A1 ⟨1⟩ A2 ⟨4⟩ A3 ⟨6⟩	⟨2⟩ ⟨5⟩	⟨3⟩	1.서울 석촌동 석곽 2.안성 반제리 10호 석곽 3.광주 선동리 2호 4.용인 할미산성V 16호 주거지 5.오산 가수동 중앙수로 6.성남 여수동 9호
2	A1 ⟨1⟩	A1 ⟨2⟩ A2 ⟨4⟩ A3 ⟨5⟩	⟨3⟩ 4.진천 금곡동 모치울 3호 5.화성 장지동 Ⅰ-1지구 14호 6.오산 가수동 Ⅱ-1호 주거지	1.화성 장지동 Ⅰ-1지구 9호 2.화성 장지동 Ⅰ-2지구 12호 3.용인 보정동 소실(중) 1호 소 ⟨6⟩

3	A1 ⟨1⟩
	A2 ⟨4⟩
	1.화성 장지동 Ⅰ-1지구
	  11호
	2.화성 장지동 Ⅰ-2지구
	  13-1호
		⟨2⟩
		⟨5⟩
		A3 ⟨6⟩
			⟨3⟩
			3.음성 문촌리 나2호
			4.파주 성동리(전) 6호 석곽
			5.음성 문촌리(중) 2호
			6.서울 항동 2-2호
			7.용인 보정동 삼막곡 1-10호
			8.오산 내삼미동Ⅱ 가-1호
			9.평택 율북리 6호
				소 ⟨7⟩
				중 ⟨8⟩
				대 ⟨9⟩

4	A1 ⟨1⟩	A2 ⟨2⟩ A3 ⟨3⟩	1.화성 장지동 Ⅰ-2지구 13-2호 2.음성 문촌리(중) 2호 3.화성 청계동 마-G1호 4.용인 보정동 삼막곡 1-2호 5.용인 보정동 삼막곡 1-10호 6.화성 장지동 Ⅰ-1지구 15호	소 ⟨4⟩ 중 ⟨5⟩ 대 ⟨6⟩

0   10cm

도 4. 무개식고배 (※A형식 세부 형식명은 좌측 하단 명기)

현하여 얕아지고, 침선대도 줄어드는 변화양상을 보이는데 4기부터는 확연히 납작해진 모습이다.

2) 병류

병은 고배 및 유개합과 함께 신라 후기에서 나말여초의 전환기까지 다양한 형식으로 나타나 유행하였던 기종으로 크게 평저와 대부병으로 분류된다.

(1) 평저병

평저병은 구연과 동체, 경부 형태의 특징상 외반 구연의 구형병, 구연에 반부(盤部)가 형성된 반구병이 주류이고, 이밖에 원통형병, 세장경병 등도 소수 존재한다. 고분의 편년에 있어 상당히 유용한 기종이지만 대부병과의 연속선상에서 일부 다루어졌을 뿐 다른 기종에 비해 주목받지 못하였다. 여기서는 절대다수를 점하고 무덤에서 고르게 출토되는 구형과 반구병을 중심으로 살펴보겠다.

① 구형병

구형병은 동체와 구연형태에 따라 A~E형식으로 구분되며, 각기 다른 변화상을 보인다. A형식은 구형 동체의 경부에서 구연이 수평에 가깝게 뻗는 것이고, B형식은 외반 구연에 동최대경이 중상위에 위치하여 견부가 발달한 동체로 전체적으로 종방향이 좀 더 긴 것이다. C형식은 구연이 경부에서 사선으로 짧게 뻗은 깔대기 형의 구연을 지닌 것으로 동체 형태에 따라 구형의 1식과 종타원형의 2식으로 세분된다. D형식은 외반 구연에 굵은 침선을 돌려 구연단이 살짝 솟아있는 것이고, E형식은 매우 좁고 짧은 구경이 특징적인 단경형 병이다. 소수지만 형식변천을 거치면서 오랜 기간 사용된 것으로 판단된다.

모두 1기부터 나타나지만 대부병 출현 이후 4기를 끝으로 C형식은 사라지고 나머지 A·B·D·E형식은 그 수량이 급감하며 5~6기까지 지속된다. 변화의 공통적 속성은 동체 형태에 있는데 A·C·D형식은 구형 혹은 종타원형 동체에서 견부가 발달한 유견형 혹은 납작해지는 편구형으로 변화하는 반면 B·E형식은 종장으로 길어지는 장신화의 방향으로 변화하여 갔다.

구체적으로 살펴보면 A·C·D형식은 2기부터 조금 납작해지고 견부에 침선이 그어지기 시작하며 3기에는 동체의 편구화가 더욱 심화된다. 4기부터는 견부의 외연이 각진 모습의 유견형으로 변화하고 침선대도 사라지기 시작한다. D형식은 구연이 직립 경부에서 꺾여 나가고 구연단이 살짝 솟은 것이 이시기부터는 호선을 그리는 나팔형의 경부에서 자연스레 외

분기	구형병				
	A	B	C	D	E
1	1.서울 가락동 3호	2.안성 장원리 3-2호	3.화성 청계동 나B 3호	4.여주 하거동 방미기골 8호	5.파주 성동리(경) 8호
2	1.화성 장지동 Ⅰ-1지구 7호	2.화성 장지동 Ⅰ-2지구 12호	3.음성 문촌리 나3호	4.여주 매룡동(기) 8호	
3					1.용인 서천동 4-3호 2.남양주 지금동 Ⅰ 나4호 3.수원 광교 15-4호 4.서울 항동 2-2호 석곽
4	1.수원 광교 2-2호 석실 2.남양주 지금동 Ⅰ 나5호		3.하남 금암산 1-2호 4.오산 탑동 3호		5.이천 창전동 2-6호 6.용인 서천동 1-2구 역 5호
5			1.파주 동패동 6아자 1호 2.이천 이치리 1호 3.청주 용담동 24호		
6			1.평택 수월암리 2-5호 2.양평 상자포리 (414-2) 8호주 3.성남 도촌동 4호		

도 5. 평저 병

분기	반구병			세장경병
	A	B	C	
1	1.진천 교성리 I -9호	2.인천 원당동 가2호 석실	3.안성 반제리 주정 4호	
2		1.진천 금곡리 모치울 2호 석곽	2.진천 신척리 표본 3-3지점 1호 3.충주 루암리 가60호	〈3기〉 충주 호암동 VI라-8호 〈4기〉 인천 불로동 I -7 2호 〈6기〉 용인 두창리(서경) 석곽
3				
4	1.의왕 이동 3호	2.시흥 군자동 1호 석실	3.안성 당왕동 3호	
5	1.여주 하거동 방미기골 3호(추정 3차)	〈3기〉 1.광주 선동리 14호 2.수원 광교 1-1호 석실 3.수원 이목동 2호	2.수원 광교 10-4호 석곽	1.파주 동패동 60아 · 자 2호
6		1.화성 오산동 5호		

반하기 시작하고, 마지막 6기에는 매우 납작해진 동체로 나타난다. A형식도 5기부터는 침선대가 사라지고 동최대경이 상위로 이동하여 견부가 더욱 발달된 모습으로 변화하여 6기까지 존속한다.

B·E형식은 유견형과 구형 동체로 출현하여 2기부터 종방향으로 조금씩 길어져 갔으며, 3기부터 확연히 길어진 종장형의 병으로 변모하여 점점 길어져 갔다. E형식은 2·3기의 것은 찾아지지 않았지만 뒤 시기의 것들로 보아 B형식과 비슷한 방향으로 변화하였을 것이다. 4기에 이르면 짧았던 동체는 최대경이 상부로 이동하여 견부가 각진 모습이고 구연이 조금 길어졌다. 이에 더하여 동체에는 중하위까지 여러 줄의 침선을 그어 기면을 5단으로 분할한 모습으로 변모하였다. 5기의 것도 없지만 청주 용담동 24호[16] 병과 비슷한 형태이었을 것이다. 동체가 좀 더 길어지고 견부는 더욱 발달하였으며 문양을 타날하고 지우는 특징을 보인다. 침선을 통한 기면분할은 여전하지만 이전의 5단에서 4단으로 줄었다. 마지막 6기에 이르면 동체는 더욱 길어지고 침선을 통한 기면분할은 시흥 능곡동 5호[17] 병과 같이 3단으로 줄거나 사라졌으며, 문양을 타날하고 지우는 특징도 남아있다.

② 세장경병

세장경병은 동체형에 따라 구형과 장동형으로 구분되고 다시 저부의 굽 부착 유무에 따라 평저과 대부식으로 세분된다. 한주지방 무덤에서는 거의 대부분이 평저의 구형이다. 따라서 본고에서는 평저의 구형 세장경병에 대해서만 살펴보도록 하겠다. 1기부터 6기까지 확인되는데 1기에는 완연한 구형 동체로 나타나고 이후 점차 상부가 눌려 편구화가 심화된다. 그은 삼각집선문과 찍은 반원문 뚜껑이 공반되는 3기부터는 부드럽던 견부의 외연이 뾰족해지고, 수적문 뚜껑이 공반되는 4기부터는 편구화가 더욱 심화되어 점열문 유행단계인 6기에는 매우 납작해진 모습을 보여주고 있다. 전체적으로 구형병 A형식과 비슷한 변화양상을 나타내고 있으며, 2기의 것은 찾아지지 않았지만 부산 복천동 65호[18] 병과 유사하였을 것으로 판단된다.

③ 반구병

반구병은 구연 형태에 따라 A·B·C형식으로 구분된다. A형식은 구연부가 각지고 구순이

---

16) 國立清州博物館, 2002, 『清州 龍潭洞 古墳群』.

17) 京畿文化財研究院, 2010, 『始興 陵谷洞 遺蹟』.

18) 釜山大學校博物館, 1996, 『東萊福泉洞古墳群Ⅲ』.

짧게 솟아오른 것이고, B형식은 반면을 이루는 구연부가 A형식보다 길고 각이 뚜렷한 것이다. 나머지 C형식은 구형병 C형식과 유사하지만 반면 구연이 부드럽게 곡면을 이루며 올라가다가 끝에서 살짝 오므라드는 차이가 있고, 구경이 넓다.

변화의 공통적 속성은 동체 형태에 있는데 구형의 동체에서 견부가 발달한 유견형 혹은 납작해지는 편구형으로 변화해 간다. 모두 구형의 동체로 나타나 2기부터 견부가 약간 눌려 편구화가 시작되고 견부에 침선대가 그은 것이 나타나 이후로 지속된다. 3기가 되면 확연히 각진 견부의 모습을 보이며, 4기에는 각진 견부의 외연이 더욱 선명해지고 동체가 이전보다 납작해진다. 4기를 끝으로 대부병의 유행과 더불어 반구병의 제형식은 수량이 급감하거나 사라지지만 C형식은 6기까지 나타나는데 동체가 더욱 납작해져 외연이 주판알같이 뾰족해지고, 동체 중하위까지 종장점열문이 시문된다. 이밖에 구연부는 이전의 짧은 구연에서 길어지고 넓게 벌어진 형태로 변화되었다.

(2) 대부장경병

대부장경병은 3기부터 출현하여 유개합과 함께 나말여초기까지 장기간 사용된 기종이다. 구경부 형태에 따라 A·B·C·D형식으로 구분되는데 각 형식은 기형 상 평저 반구병 A·B·C형식과 구형병 D형식에서 파생되어 발전한 것이다.

A형식은 경부 지름이 좁고 외연이 직선적인 세경형이며, 구순이 짧고 곧게 솟은 것이다. B형식은 반면을 이루는 구연부가 각지고 약간 외반하는 것이며, C형식은 반면 구연이 부드러운 곡면을 이루며 올라오는 것이다. D형식은 구연단에 굵은 침선을 돌려 구연단이 위로 돌출되어 있고 지름이 좁은 경부는 호선을 그리며 벌어지는 나팔형 경부가 특징적이다. 경주지역에서는 확인되지 않는 현지화 된 것으로 장기간 존속하며, 구연 형태는 주름문병과 세경병 등 나말여초기의 병으로 이어진다.

존속시기와 관련하여 3기부터 나타나 B·D형식은 나말여초기까지 이어지지만 A·C형식은 오래 지속되지 못하고 각각 6기와 7기까지만 나타난다. 8기에 이르면 B·D형식도 소멸기에 접어들었지만 B형식은 9기까지 존속하였다. 수원 광교 2-4호 석실 출토품이 유일한데 동체와 구연의 비율이 맞지 않는 매우 조잡한 형태로 남아 명맥만 유지된 것이고, 이 시기에는 이미 반면 구연이 사라지고 매우 납작하게 눌린 편구형 동체에 세경형의 새로운 대부병으로 대체되었다.

전체적인 변화 흐름은 이미 밝혀진 바와 같이 동체의 편구화에 있다. 한주지방은 경주지역과 달리 어느 정도 편구화가 진행된 횡타원형으로 나타나 점차 납작해지는 방향으로 진행된다. 6기에 이르면 둥근 동체 외연이 뾰족해지기 시작하였고, 7기부터는 동체 너비가 좁아

분기	A	B	C	D
3	1.시흥 장현 6-1호 2.용인 할미산성IV 　16호 주거지 3.가평 읍내리 1호	1	2	3
4	1	2	3	1.여주 상거동 1호 2.화성 동탄 38지점 석곽 3.화성 상리 1호
5	1	2	3	4
6	1	2	3	4
7	1.음성 문촌리 나3호 2.군포 산본동 3호 3.음성 문촌리 다 1호	1	2	3
8	1.용인 보정동 삼막곡 　1-10호 2.수원 광교 2-12호 석곽	1	〈5기〉 1.화성 천천리(한) 석곽 2.용인 근삼리 석곽 3.광주 대쌍령리 1호 4.광주 대쌍령리 9호	2
9	1.수원 광교 2-4호 석실	1	〈6기〉 1.시흥 능곡동 4호 2.진천 가산리 1호 3.평택 소사동 2-2호 4.하남 금암산 1-2호	10cm

도 6. 대부장경병

지고 외연은 더욱 각이 져 주판알 모양으로 변화하기 시작한다. 경부도 4기부터 점차 길어져 갔고 6기에 이르면 확연히 길어진 모습으로 나타난다. 일관되게 지름이 좁은 경부가 유지되는 A·D형식과 달리 B·C형식은 4기부터 경부가 조금 넓어진 것이 일부 나타나기 시작하고, 5기에는 확연히 넓어진 것이 증가하여 좁은 것과 공존하기 시작하였지만[19] 구체적인 편년 수단으로 삼기는 어렵다.

아울러 6기가 되면 경주지역과 다르게 B·C형식은 도 7과 같이 반면 구연이 두툼하고 단부가 짧아지거나 이중구연으로 나타나기도 한다. 이러한 구연형태는 D형식과 함께 경주지역에서는 나타나지 않고 있어 현지에서 변형품으로 판단된다. 이에 중앙과 대비되는 지방토기의 특징으로 보아도 무리가 없다 생각된다.

이밖에 출현기부터 대부분 동체에 침선을 돌리고 문양을 시문하였다. 4기까지는 견부 상단에 삼각집선문과 원문, 수적형문 등의 단위문양이 시문되었는데 5기부터는 동체 중위까지 문양이 확대되고, 종장연속 문이 새로이 나타나 조합된다. 6기부터는 점열문 위주의 종장연속문으로 나타나고, 소멸기인 8기에는 일부 문양이 잔존하지만 무문양의 방향으로 진행된다.

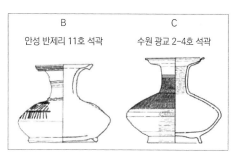

도 7. 대부장경병 B·C형식 현지형 사례

2) 유개합

신라 후기부터 나말여초기까지 장기간 존속하여 편년의 도구로 유용한 기종이다. 구연 형태에 따라 크게 직립구연형과 외반구연형으로 구분하여 살펴보았다. 직립구연형으로 처음 출현하였고, 6기에 들어서면 외반구연형이 출현하여 마지막까지 공존하였다.

(1) 직립구연형

다양한 기형이 있지만 동체와 굽 형태에 따라 크게 A·B·C형식으로 분류하여 살펴보았

---

19) 최병현(2012, 132·153쪽)은 필자의 대부병 B형식과 차이가 없는 B형식 대부병의 경부가 3기 이후에는 넓은 것만 존재한 것으로 언급하였다. 형식분류상의 시각차도 있겠지만 수량 비율상 넓은 것이 증가한 것이지 넓은 것만으로 남아 존속한 것은 아닌 것으로 여겨진다.

다. A형식은 동체가 깊은 편이고 기면이 직립에 가깝게 올라오며 높은 굽이 붙는 것이다. 대체로 동체에 여러 줄의 침선을 등간격으로 그어 기면을 분할한 1식과 동체 중위에만 침선을 그은 2식으로 세분된다. 상대적으로 기심이 깊은 것(a)과 동체 높이 대비 구경이 넓어 a식보다 현저히 얕은 것(b)으로 나타나고, 크기에 따라서는 대·중·소형이 있다. B형식은 기형과 침선대 배치 등 A형식과 비슷하지만 중·소형이고, 동체 기면이 사선향으로 벌어지는 것으로 A형식 합의 모방품으로 여겨진다. 대각 윗지름이 넓은 1식과 좁은 2식으로 세분되고, 침선대는 대체로 A형식과 같이 두 방식으로 나타난다. C형식은 중·소형에 짧은 굽이 붙고 침선으로 기면 분할한 후 문양을 시문한 것으로 정형화된 A형식의 후속형이다. 2식보다 기심이 깊은 1식과 동체가 현저히 넓고 납작한 2식으로 세분되며, 1식은 A형식과 같이 기심이 깊은 a식과 얕은 b식으로 나타난다.

변화의 큰 흐름은 크기 및 침선을 통한 동체의 기면분할과 구연부 형태 등에서 읽을 수 있다. A형식으로 처음 출현하였는데 대부분 중·대형이다. 기심이 깊은 편이고 대체로 여러 줄의 침선을 그은 A1·2식으로 나타나는데 구연은 직립 혹은 상부가 오므라들거나 끝이 살짝 외반하는 등 다양하다. 2기에는 여러 줄의 침선을 그은 B형식이 출현하였고, A형식은 침선대가 줄거나 사라지기도 하며 기심은 조금 얕아진다. 3기부터는 A형식이 확인되지 않지만 용인 서천동 4-3호 석곽 청동합의 사례로 보아 지속되었을 것이다.[20] 대형이 사라졌고 중·소형의 현지화 된 B형식이 주를 이루는데 동체의 침선대가 줄거나 사라졌으며 내저면도 조금 넓어졌다. 이와 함께 새로이 C형식이 출현하였지만 극소수이고, 아직 A·B형과 같이 높은 굽이 붙어있어 정형적인 C형식과는 다소 거리가 있다.

4기에 이르면 B형식이 사라지고 C형식으로 대체된다. B형식은 극소수로 이시기에 사라지는데 침선이 구연부에만 그어지거나 사라졌으며, 무개식 고배와 같이 내저면이 넓어지고 각진 형태로 변화하였다. 반면 C형식은 수량이 증가한다. C2식은 구연부와 동체 중위에 침선을 그어 기면을 2단 분할한 것이 기본이지만 C1식은 구연부에만 그은 것도 적지 않아 아직 기면의 2단 분할이 일반화 되진 못하였다. 문양은 수적형문과 원문류를 흩어찍기 하였다.

5기에 이르면 중형과 소형, C1식은 상대적으로 구경이 좁고 기심이 깊은 것(a)과 구경이

---

20) 용인 서천동 4-3호 석곽묘에서 소형의 청동 합이 출토되어 이를 모방한 토기 합이 3기까지 존속하였을 가능성이 있다. 침선으로 기면을 3단 구획하였고, 깊은 기심 등 자체 형식만으론 2기 이전의 것으로 여겨진다. 하지만 공반되는 병과 합과는 형식적 괴리감이 있고 무덤의 추가장을 고려할 사항도 관찰되지 않아 전세된 것으로 판단된다.

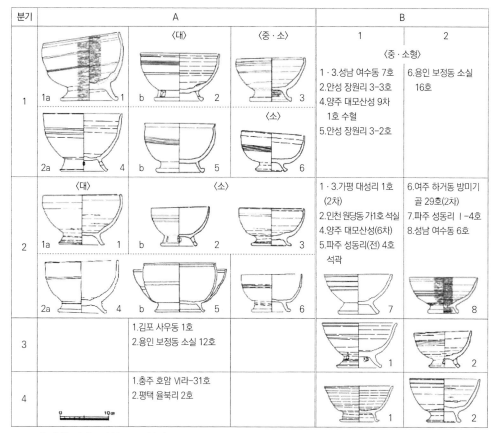

도 8. 유개합 직립구연형 A · B형식 (※세부 형식명은 좌측하단 명기)

넓고 기심이 얕은 것(b)으로 뚜렷이 구분되어 나타난다. 특징적인 것은 구연에 있는데 이 시기부터 구연단 내면이 깎인 듯 사선을 이루거나 살짝 외반하는 형태로 변화하기 시작한다.[21] 동체의 침선대는 C1식의 소형은 4기와 같고, 중형은 구연부에만 침선이 그어진 형태로 나타

---

21) 합의 구연형태에 대해서는 이동헌(2008)과 윤상덕(2010)이 언급한 바 있다. 모두 단순 직립에서 구연단 내측이 경사지거나 살짝 꺾이는 형태로의 변화과정을 설명하고 있다. 경주지역의 경우 이른 시기에도 구연단 내측이 경사지거나 살짝 외반하는 사례가 있어 모두 한결같은 변화를 보이지 않으므로 유의해야 하지만 한주지방에서는 5기부터 확연히 구연 형태가 달라지는 모습으로 나타난다.

분기	C1		C2
3		1.용인 서천동 4-3호	〈중〉 1
	〈중〉	〈소〉	
4	〈4기〉 1.오산 탑동 1호 2.인천 구월동 1호 3.평택 율북리 2호 4.하남 덕풍골 1호 석실 〈5기〉 1·2.광주 대쌍령리 9호 3·6.화성 천천리(한) 석곽 4.고양 식사동 5-1호 5.파주 동패동 6-아자 1호	b 1 2	〈중〉 3 〈소〉 4
5	a 1 b 2	a 3 b 4	〈중〉 5 〈소〉 6
6	〈중〉 1.하남 광암동 9호(1차) 2.평택 수월암리 7호 3.하남 금암산 2-14호 4.서울 천왕동 연지 2호 1차 5.화성 장지동 Ⅰ-2지구 2호 6.안성 반제리 11호 석곽	〈소〉 a 1 b 3 a 2 b 4	〈소〉 5 6
7	b 1	〈소〉 a 1.음성 문촌리 나3호 2.수원 광교 13-1호 b 3	3.하남 광암동 9호(2차) 4.하남 광암동 4호 4
8	a 1 b 2	a 4 a 3 b 5 6	1.화성 오산동 4호 2.진천 신정리 Ⅰ-2 5호 화장묘 3.평택 지산동2 8호 가마 4.몽촌토성 통신주 20호 5.수원 이의동 2호 6.양주 대모산성(1차) 2호 저장공
9		1.수원 광교 11-6호 2.평택 갈곶동 Ⅱ-1호 b 1	2

도 9. 유개합 직립구연형 C형식 (※세부 형식명은 좌측하단 명기)

나 이후 지속된다. 문양은 무문도 적지 않지만 기존 문양 이외에 종장연속의 마제형문과 점열문이 단독 혹은 원문이나 수적형문 등과 조합되어 시문된다.

6기부터는 중형이 극히 줄어 명맥만 유지되는 것으로 판단된다. C1식 소형은 경주지역과 달리 침선에 의한 2단 기면 분할이 정착하여 유행하는 반면, C2식은 소형으로만 나타나고 기심이 이전보다 얕아지기 시작하여 기면분할은 물론 문양도 사라지기 시작한다. 이밖에 문양은 종장점열문을 'ㅡ'자 혹은 'ㅅ'자형 찍기를 한 것으로 나타난다.

7기의 특징은 C1식이 주류인데 굽이 높아진 것이 출현하며, 침선에 의한 기면분할은 지속되었지만 기심이 깊은 것ⓐ에 해당하는 것이고 얕은 것ⓑ은 사라진다. C2식은 수량이 극히 줄어 명맥만 유지되는데 구연부의 침선대만 남은 무문양 동체로 유지된다. 문양은 새로이 지그재그식 찍기의 종장점열문과 손톱문, 파상문 등이 출현하였다. 8기에는 구연부에만 침선이 남겨져 동체의 기면 분할이 사라지고 무문양으로 변화하며 소멸되어 간다. 9기에는 'ㄴ'자형의 각진 동체로 나타나 소멸한다. 8기 이래로 출현한 것으로 정형과는 다소 차이가 있는 것인데 높은 굽이 유지되고 동체에 침선을 그어 여러 단으로 기면 분할하고 밀집파상문과 점열문을 찍는 등 기존의 문양구성이 지속되기도 한다.

(2) 외반구연형

구연형태에 따라 A·B형식으로 구분된다. A형식은 동체에서 구연이 명확히 외반하여 기벽이 'S'자형에 가까운 것이고, 직립구연형 A1형식과 같이 구경이 좁고 기심이 깊은 a식과 구경이 넓고 기심이 얕은 b식으로 세분된다. B형식은 동체 중·하위에서 기벽이 밖으로 살짝 꺾여 벌어지는 것으로 동체와 구연의 구분이 명확하지 않은 것이다. 크기에 따라서 중·대형과 소형이 있지만 대부분 중·대형품이다. 6기부터 출현하여 직립구연형과 공존하였는데 변화흐름은 침선에 의한 동체의 기면분할과 깊이, 구연부 형태 등에서 읽을 수 있다.

6기에는 기면에 침선을 그어 여러 단으로 기면을 분할하고 'ㅡ'자형의 종장점열문을 단독 혹은 파상문과 조합하여 시문한 것이 출현하였다. 이중 A형식은 긴 외반구연에 기심이 깊은 대형이 있는데 7기까지 존속하였고, b식은 a식과 달리 아직 침선대가 없다. 7기는 6기와 큰 차이가 없지만 기면의 중·하위에 외줄의 침선을 그어 2단으로 기면 분할한 것이 특징이다. 아울러 짝을 이루는 뚜껑은 이전보다 납작해졌고 안턱이 거의 사라져 흔적기관화 되었다. 무문양이 일반적이지만 기면에는 뚜껑과 같이 점열문이 지그재그식으로 시문되기도 한다.

8기에는 대형이 사라져 중·소형만 나타난다. 이른 시기까지는 7기와 같이 침선을 그어 기면을 2단 분할한 것이 유행하고 지그재그식 점열문이 시문되기도 하지만 기심이 조금 얕

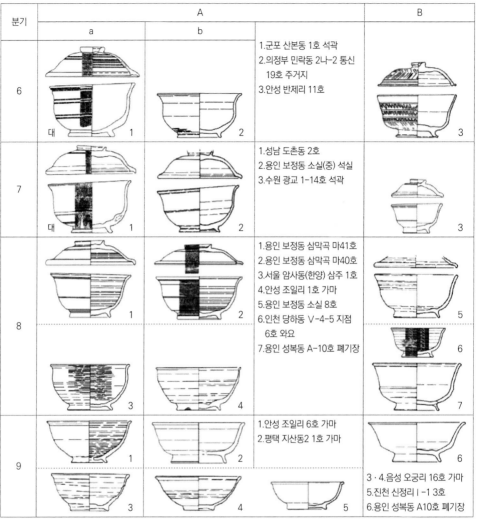

분기	A			B
	a	b		
6	1 대	2	1.군포 산본동 1호 석곽 2.의정부 민락동 2나-2 통신 　19호 주거지 3.안성 반제리 11호	3
7	1 대	2	1.성남 도촌동 2호 2.용인 보정동 소실(중) 석실 3.수원 광교 1-14호 석곽	3
8	1 3	2 4	1.용인 보정동 삼막곡 마41호 2.용인 보정동 삼막곡 마40호 3.서울 암사동(한양) 삼주 1호 4.안성 조일리 1호 가마 5.용인 보정동 소실 8호 6.인천 당하동 V-4-5 지점 　6호 와요 7.용인 성복동 A-10호 폐기장	5 6 7
9	1 3	2 4 5	1.안성 조일리 6호 가마 2.평택 지산동2 1호 가마	6 3 · 4.음성 오궁리 16호 가마 5.진천 신정리 I -1 3호 6.용인 성복동 A10호 폐기장

도 10. 유개합 외반구연형　　　　　　　　　　　　　　　　　（0　　　10㎝ ）

아졌고, 짝을 이루는 뚜껑도 이전보다 납작해지는 차이가 있다. 반면 늦은 시기에 이르면 기면의 침선대는 물론 문양도 대부분 사라지며, A형식의 경우 외반 구연이 확연히 짧아져 9기로 이어진다.

　9기에 이르면 이전과 달리 많은 변화가 나타난다. 기심이 더욱 얕아지고, A형식의 외반 구연은 확연히 짧아졌다. 일부 예외적인 사례도 있지만 기면의 침선대와 문양은 거의 사라졌고 기벽은 측사선으로 넓게 벌어지는 형태로 변화하였다. 저부 또한 지름이 축소된 형태가 a식에 나타나 확산되는데 늦은 시기에 이르면 b식에서도 나타난다. 전반적으로 이전의 전형과는 확연한 차이가 있다.

2. 분기별 토기 전개양상과 연대

1) 전개양상과 연대 설정

(1) 1기

〈기종변화〉

고배는 이단투공(창)고배 B형식, 무개식고배 B형식을 제외하고 모두 나타난다. 유개식 고배는 배신이 호상을 이루거나 직선적이고 후속되는 것보다 상대적으로 깊으며, 길고 수직에 가깝게 뻗는 구연을 갖는 것이 기본형이다. 무개식 고배는 A식으로 나타나는데 A1식은 대·중·소형으로 나타나고 배신의 기벽 상부가 직립하거나 오므라드는 모습이 특징이다. 또한 고배류 대각에는 삼각형, 제형, 장방형, 방형 등 다양한 형태의 투창과 투공이 함께 나타나며, 도 11과 같이 전기양식에 가까운 것들이 소량 남아있는 특징도 있다.

병은 구형병과 반구병, 세장경병 등 모든 형식이 나타나는 다양성이 있는데 유견형인 구형병 B형식을 제외하고는 모두 구형의 동체로 나타난다. 합은 대부분 중·대형의 직립구연형 A형식으로 나타난다. 동체에는 침선을 그어 3단으로 기면분할하거나 중위에 여러 줄의 침선을 그은 것이 특징이다.

문양과 관련하여서는 1기의 고배와 병, 합에는 문양이 없지만 고배와 짝을 이루는 뚜껑은 문양이 시문된 것이 소량 확인되는데 모두 그은 삼각 집선문과 반원점문이 조합되어 나타난다.

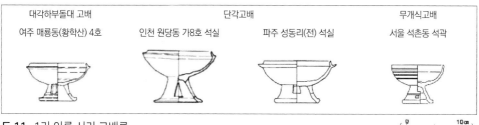

대각하부돌대 고배	단각고배		무개식고배
여주 매룡동(황학산) 4호	인천 원당동 가8호 석실	파주 성동리(전) 석실	서울 석촌동 석곽

도 11. 1기 이른 시기 고배류

〈연대설정 근거〉

① 1기에는 아직 찍은 문이 나타나지 않고 있으며, 1기의 토기 중 파주 성동리(전) 석실 단각고배, 여주 매룡동(황학산) 4호 대각하부돌대 고배, 서울 석촌동 석곽 무개식 고배와 같이 전기양식에 가까운 토기들이 존재한다. 이러한 토기들을 최병현은 전기양식에 후속되는 1a기, 윤상덕은 전기양식 최말기인 IVb기로 배치하고 6세기 전반대의 연대를 부여하였다.[22] 하지만 한주 지방은 아무리 이르게 보아도 6세기 3/4분기를 넘어설 순 없다. 문헌 기록상 신라의 한강유역 진출은 551년과 553년 두 차례에 걸쳐 이루어져[23] 551년 이후라는 상한연대가 있기 때문이다. 최병현·윤상덕의 연대가 이르게 설정되었다기보다는 공반 토기들로 보아 한주 지방의 경우 전기양식의 제작 전통이 오래 지속되었던 것으로 이해하는 것이 타당하다.

② 황룡사지 폐기구덩 출토토기

다음으로 황룡사 강당지 서북편에 위치한 소형 폐기수혈 출토 토기를 들 수 있다. 이 수혈은 창건 당시보다는 1차 가람이 완성된 566년(혹은 569년) 이후에 사용하던 토기들을 모아 폐기하기 위해 조성한 것으로 여겨진다. 고배류를 살펴보면 필자의 1기에 해당하는 유돌대와 단각고배, 무개식고배가 주류이고, 도 12-3·6번과 같이 2기에 해당하는 것이 소량 섞여 있다. 시기 차는 있지만 폐기 용도의 수혈 성격과 토기의 사용기간을 고려하면 큰 시차는 없을 것으로 판단되며,

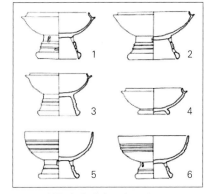

도 12. 황룡사지 폐기구덩 토기

2기에 해당하는 토기가 뒤섞여있어 나머지 토기들은 1기의 늦은 시기에 해당하는 것으로 판단된다.

③ 동해 추암동 41·44호 수혈식석곽

추암동 유적[24]에서는 수혈식석곽묘와 횡구식석실묘 등 55기의 신라 무덤이 조사되었는

---

22) 최병현, 2012, 「신라 후기양식토기의 편년」『嶺南考古學』 59, 嶺南考古學會.
   윤상덕, 2010, 「6~7세기 경주지역 신라토기의 편년」『한반도의 고대문화 속의 울릉도 -토기문화-』, 동북아역사재단.

23) 김진영, 2021, 『신라 한주지방의 고분과 사회구조』, 서경문화사, 312~318쪽.

24) 관동대학교박물관, 1994, 『동해 북평공단조성지역 문화유적 발굴조사보고서』.

데 그중 7기에서 대가야양식 최말기 토기와 신라 후기양식 토기가 공반되어 주목된다. 이 무덤들은 분포와 조영시기 등 여러 정황상 562년 신라의 대가야 복속 이후 대가야 지배계층의 해체와 관련하여 시행된 강제 이주정책의 결과로 해석된다.[25] 따라서 무덤에서 출토된 대가야양식 토기는 기형과 역사적 사실에 근거할 때 대가야 멸망 무렵인 6세기 3/4분기의 연대를 부여할 수 있다. 이와 관련하여 추가장이 없는 41·44호 수혈식석곽에서는 필자 1기의 특징을 잘 보여주는 평저의 구형병 A형식, 반구병 B형식, 단각고배 A형식이 대가야토기와 공반되고 있는데 추가장이 없는 수혈식 구조이기에 6세기 3/4분기의 연대를 부여할 수 있다. 다만 견부가 약간 눌려있지만 아직 구형에 가까운 동체를 유지하는 병으로 보아 그 안에서도 늦은 시기에 해당할 것으로 판단된다.

(2) 2기

⟨기종변화⟩

고배류 중 이단투공(창)고배의 원통형 대각 B형식과 무개식고배는 외반구연의 B형식이 새로이 등장하였다. 고배류 모두 1기보다 배신이 납작해지기 시작하였고 유돌대고배의 대각에는 투창과 투공이 공존하지만 투공이 절대 다수로 투창은 사라지기 시작하고, 단각고배는 급격히 작아진 투공만 뚫린다. 무개식고배는 A1형식의 경우 배신 상부가 조금 벌어지기 시작하고, A2식은 대각의 돌대와 투공이 사라지고 배신의 침선대가 줄어든다.[26]

병은 구형 A·C·D형식과 반구병은 동체의 견부가 살짝 눌린 유견형 혹은 편구화가 진행되고, 나머지 구형 B·E형식은 종장으로 길어지기 시작하며, 견부에 침선이 돌려지는 변화가 나타난다. 합은 직립구연형 B형식이 새로이 출현하였으며 A형식은 1기보다 기심이 조금 얕아지거나 침선대 수가 줄었다.

문양은 1기의 그은 문에서 새로이 찍은 문이 나타난다. 표본이 적어 소경인 충주지역까지 확대하여 보면 1기의 그은 삼각

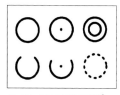

도 13. 찍은 원문류[26]

25) 홍보식, 2010, 「신라·가야의 移住資料와 移住類型」 『移住의 고고학』, 제34회 한국고고학전국대회 발표자료집, 한국고고학회.
이상수, 2020, 「동해 추암동고분군 출토 대가야양식 토기에 대하여」 『江原文化硏究』 42, 江原大學校 江原文化硏究所.
26) 최병현(2012: 121) 도1 문양분류 일부 편집.

집선문과 콤퍼스형의 반원점문에 더하여 원문, 이중원문, 화형원문, 원점문 등 다양한 원문류가 찍은 문으로 나타나 삼각집선문과 조합된다. 삼각집선문도 밑변의 너비가 줄어 세장해지고 찍은 문으로 나타나는 특징이 있다.

〈연대설정 근거〉

① 무덤 출토 중국제 청자 완과 공반토기

부산 복천동 65호와 창원 석동 490호 석실묘에서는 중국제 청자 완과 본고 2기에 해당하는 토기가 공반되었다. 부산 복천동 65호 석실에서는 이단투공고배와 세장경병, 창원 석동 유적 490호 석실에서는 단각고배와 유개합, 대부장경호가 출토되었다. 이 중 복천동 65호 청자 완은 일찍이 제작연대와 관련하여 여러 견해가 제시되었다. 홍보식은 馮先銘의 수나라 靑瓷 Ⅲ형 완에 해당함을 밝히고, 『삼국사기』에 전하는 진평왕대 수나라 견사기록에 주목하여 7세기 초로 보았다. 이에 반해 윤상덕은 기년이 있는 東魏의 李希宗 부부묘에 근거하여 6세기 중엽의 연대를 부여하였고, 최정범은 중국 북조대 562~572년의 기년을 가지는 무덤 출토품과의 종합적인 분석을 통해 윤상덕보다 한 단계 늦은 6세기 3/4분기의 연대를 제시하였다.[27] 이같이 다양한 견해가 있지만 중국 청자 완 자체의 변화과정을 고찰하고 비교·분석한 최정범의 견해가 현 단계에선 가장 타당하다.

다만 공반토기로 볼 때 필자는 약간의 다른 견해를 가지고 있다. 먼저 공반된 세장경병은 견부가 눌려 각진 모습인데 한주지방의 경우 형식 변천상 구형 동체의 1기보다 후행하는 것이고, 동체가 납작해진 3·4기보다는 확실히 앞서는 것이다. 이단투창고배도 최병현의 1c기, 윤상덕의 1a의 것보다 구연이 짧고 뚜껑받이 턱이 올라와 있으며, 대각이 짧아지는 등 후행되는 요소가 전 시기의 특징과 복합적으로 남아있다. 또한

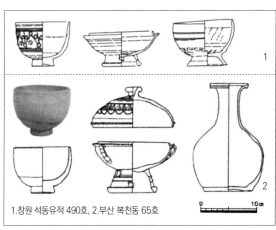

1.창원 석동유적 490호, 2.부산 복천동 65호

도 14. 무덤 출토 중국 청자 완과 공반토기

---

27) 崔正凡, 2017, 「釜山 福泉洞 65號墳 靑瓷 碗의 再檢討」 『야외고고학』 29, 한국문화유산협회.

최정범이 근거로 제시한 기념명 무덤의 사례로 보아 복천동 65호 청자 완은 북조 말기로 6세기 3/4분기에서도 늦은 시기에 해당한다. 아울러 그는 중국 청자 완의 신라 이입과 무덤에 부장되기까지의 시기 차이를 크게 고려하지 않았지만 공반토기로 보아 약간의 시차가 있었던 것으로 판단된다. 이에 공반된 고배와 병을 6세기 3/4분기보다는 6세기 4/4분기 직후의 시기로 설정하고자 한다.

이 밖에 창원 석동 유적 490호 석실 출토 청자 완이 있는데 필자 2기의 단각고배 A1b형식과 유개합 A형식이 공반된다. 청자 완은 전체적인 기형은 복천동 65호 출토품과 별다른 차이가 없지만 굽의 내저면 일부를 제외하고 녹유를 전면 시유하였고, 기면분할하여 백색의 연주문을 장식하는 등의 세부적인 차이가 나타나고 있어 隋代의 도자로 추정된다.[28] 이에 공반된 토기는 복천동 65호 청자 완보다는 조금 늦은 6세기 말에서 7세기 초의 연대를 부여할 수 있다.

② 동해 추암동 42 · 43호 횡구식석실

추암동 42 · 43호 횡구식석실에서는 대가야 종말기 토기와 필자의 2기에 해당하는 B2a형식 단각고배가 함께 출토되고 있는데 대부분 2구 이상의 인골이 확인되어 1회 이상의 추장이 이루어진 것으로 추정되는바 대가야 토기보다 한 단계 늦은 6세기 4/4분기의 연대를 부여할 수 있다.

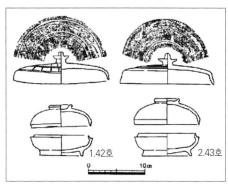

도 15. 동해 추암동 42 · 43호 횡구식석실 토기

③ 찍은 원문류의 출현

2기 토기의 특징으로는 찍은 원문류가 등장하여 유행하는 점이다. 이와 관련하여 山本孝文은 중국 江西省 豊城市 洪州窯 생산자기 중 기면에 침선을 긋고 단일문의 원문류(이중원문, 원문)를 연속하여 찍은 수~당 초기 청자가 모티브가 되어 시작된 것으로 보고 있으며[29] 최병현은 수대 이전의 남조시기 홍주요 자기에서도 이중원문이 확인되고 있음을 밝히고 그보다 조금 이른 연대를 제시하고 있다.[30] 두 연구자 간 약간의 시기 차는 있지만 찍은 원문류의 출

---

28) 이지희, 2022, 「통일신라시대 녹유도기의 생산과 조형적 특징」 『한국중세고고학』 11, 47쪽.

29) 山本孝文, 2007, 「印花文土器의 發生과 系譜에 대한 試論」 『嶺南考古學』 41, 105~106쪽.

30) 최병현, 2012, 「신라 후기양식토기의 편년」, 『嶺南考古學』 59號, 嶺南考古學會, 161~162쪽.

현 시기를 6세기 4/4분기에서 7세기 초로 설정하여도 큰 무리는 없겠다.

(3) 3기

〈기종변화〉

유개식고배는 이단투공고배 B형식이 새로이 등장하고, 이 시기를 끝으로 단각고배 B1형식은 사라진다. 유개식고배의 모든 배신은 3기에 들어 저면이 확연히 편평해지고 납작해졌으며, 구연도 심히 안으로 기울고 짧아지며 뚜껑받이 턱이 올라오는 현상이 뚜렷해진다. 아울러 유돌대고배 A형식의 경우 대각 기울기가 수직화되는 경향이 나타나고, 대각의 돌대는 2줄이 사라지고 외줄 돌대 혹은 침선이 돌려지기도 한다. 대각이 짧아짐에 따라 투창은 사라졌고 투공도 이전보다 더욱 작아지거나 생략되기도 한다. 무개식고배는 A형식의 대형이 사라지고 중·소형은 유개식고배와 같이 배신의 저면이 편평하고 넓어진 형태로 변화하였으며, B형식도 배신이 조금 얕아지고 침선대도 줄어든다.

병류는 각 형식별로 이전보다 편구화와 장신화가 심화되었고, 견부 침선대의 경우 기존의 외줄에서 두 줄 이상으로 그어 기면을 분할하기도 하였다. 아울러 반구형 A·B·C형식과 구형 D형식에서 파생된 대부장경병이 등장한다. 합은 직립구연형으로 나타나며, 대형이 사라진 중·소형이고 침선대가 줄거나 사라진 B형식이 주를 이룬다. C형식이 납작한 2식으로 새로이 등장하지만 극소수이고, 굽 형태상 정형과는 다소 거리가 있다.

대체로 각 기종마다 전형을 벗어난 것들이 증가하는 현지화가 뚜렷해지는 양상을 보이고 있어 현지의 토기 제작·생산·유통 시스템이 상당 부분 구축된 것으로 추정된다. 문양은 그은 문이 일부 지속되지만 대부분 2기에서 출현한 찍은 삼각집선문과 찍은 원문류 조합 중심이며, 시문범위에 있어 이전의 뚜껑 상단 중심의 부분 시문에서 뚜껑 하단까지 시문 범위가 확대되는 특징이 나타난다.

〈연대설정 근거〉

① 동해 추암동 40호 횡구식석실에서 대가야토기와 함께 A1형식 단각고배가 출토되었다. 배신의 내저면이 넓고 납작한 형태로 본고 3기의 특징을 잘 보여주고 있는데 무덤의 마지막 추장 시 부장된 것으로 여겨진다. 4구인 인골이 겹쳐 확인되었는데 김재현은 성년 남성→불명→노년 여성→성년 남성 순으로 4구의 인골이 순차적으로 매장된 것으로 보았다.[31] 이를

---

31) 金宰賢, 1994, 「東海市 湫岩洞 B地區 古墳群의 埋葬과 副葬行爲」 『文物研究』 2, 동아시아문물연구

고려한 추장 횟수로 볼 때 적어도 두 세대 정도 기간에 걸쳐 추장이 이루어진 게 아닐까 한다. 따라서 3기에 해당하는 단각고배는 7세기 1/4분기에 해당하는 것으로 추정된다.

② 경주 용강동 석실묘 출토 양이관(兩耳罐)

용강동 1구간 6호 석실에서 출토된 양이관은 최정범에 의해 소개된 바 있다.[32] 그는 출토된 갈유양이관을 중국 河北省 邢台市 大業 3年墓(607년) 출토품과 가장 유사함을 밝히고 7세기 1/4분기의 연대로 비정하였다. 이와 관련하여 석실 출토 토기 중 대부장경병과 기벽에서 구연이 분리되어 살짝 외반하는 무개식고배(이부완)는 양이관과 동시 매납된 것으로 여겨지는데 필자의 3기에 해당하는 대부장경병 C형식과 무개식고배 B형식에 해당하는 것이다.

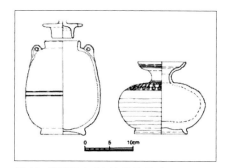

도 16. 용강동 1-6호분 출토 토기

(4) 4기

〈기종변화〉

유개식고배는 유돌대고배와 단각고배 B형식의 수량이 급감하여 단각고배 A형식 중심으로 나타나는데 대각하부돌대 고배와 단각고배 B형식은 굽형의 B2식만 소수 잔존한다. 유개식고배의 배신은 이전과 큰 차이가 없지만 구연이 확연히 짧아지고, 뚜껑받이 턱은 이전보다 더 올라와 서로 높이 차가 많이 줄어드는 변화가 뚜렷해졌다. 이밖에 이단투공고배는 이전보다 대각 윗지름이 넓어졌다. 무개식고배는 A·B형식이 지속되지만 수량이 급감하였는데 A형식은 대형이 사라진 중·소형이고, B형식은 이전보다 배신이 확연히 납작해졌다.

병류 중 평저병은 이전 시기와 큰 차이는 없지만 각 형식별로 편구화와 장신화가 더욱 심화되어 각진 견부로 발달된다. 대부장경병은 이전보다 편구화가 진행되었고 경부가 길어졌으며, B·C형식은 너비도 넓어진 것이 출현하기 시작한다. 합은 직립구연형으로 A형식이 사

학술재단, 35쪽.

32) 崔正凡, 2017, 「釜山 福泉洞 65號墳 靑瓷 碗의 再檢討」 『야외고고학』 29, 한국문화유산협회, 147~148쪽.

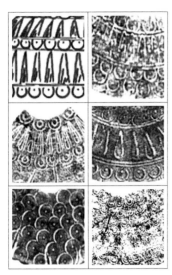
도 17. 4기의 주요 문양

라진 B·C형식이 지속된다. B형식은 침선이 구연에만 돌려지고 내저면이 넓어지는데 이 시기를 끝으로 사라지고, 기형과 침선대에서 정형화된 C형식이 주를 이루게 된다. 대체로 고배류는 유돌대와 무개식고배에서 단각고배, 평저병은 대부장경병, 유개합은 정형화된 C형식 중심으로 전환되기 시작하는 시기로 판단된다.

문양은 기존의 찍은 삼각집선문과 원문류 조합이 지속되고 여전히 그은 삼각집선문도 소수 존재한다. 하지만 수적형문의 등장하여 이를 대체하고 원문류와 조합되며 흩어찍기한 원문류와 함께 주된 문양이 된다. 뚜껑의 경우 시문범위가 확대되어 뚜껑 하단 혹은 전면까지 문양이 시문되기도 한다.

〈연대설정 근거〉

① 안압지 출토 유개호

4기의 특징은 수적형문이 등장하여 유행하는 것이다. 이와 관련하여 안압지 출토 유개호를 사례로 들 수 있다. 안압지 서쪽의 임해전지로 추정되는 건물지 하부에 매납된 유개호의 뚜껑에는 수적형문이 시문되어 있다. 단경호 내부에는 開元通寶가 담겨 있어 유개호의 상한연대는 개원통보가 주조되는 621년, 하한연대는 안압지의 조성이 완료된 674년이 되지만 기형상 7세기 후엽의 연대를 설정하기 어렵고 상한연대에 가까운 것으로 판단된다.

② 포천 반월산성 출토토기

포천 반월산성[33]은 신라가 629년(진평왕 51년) 고구려로부터 차지한 娘臂城으로 비정되는데[34] 출토된 신라 토기는 이를 뒷받침하는 고고학적 근거가 되고 있다. 6차례의 발굴결과 다

---

33) 단국대학교 매장문화재연구소, 2004, 『포천 반월산성 종합보고서(Ⅰ)』; 『포천 반월산성 종합보고서(Ⅱ)』.

34) 낭비성의 위치에 대해서는 포천 반월산성으로 비정하는 서영일의 견해(1995·1999, 248~249쪽)가 통설로 받아들여지고 있다. 반월산성 발굴 이전에는 충북 청주로 보는 견해가 많았는데 당시 신라가 한강유역을 확고히 장악하고 있던 상황에서 고구려의 청주지역 영유는 수용하기 어렵고

량의 신라 토기가 출토되었는
데 출토맥락이 불분명하지만
신라의 성곽 활용과 관련된 것
임은 분명하다. 토기 중에는 1
기 혹은 2기로 편년될 수 있는
것도 있지만 극소량이며, 절대
다수는 수적형문과 원문류가
시문된 것이 주류인 4기 이후
에 해당하는 것이다. 도면에 제

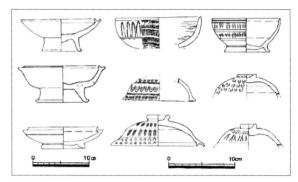

도 18. 포천 반월산성 출토토기

시한 토기는 반월산성에서 극히 일부를 제외하고 가장 이른 것이다. 본고 4기에 해당하는 단
각고배 A1 · B2a형식과 직립구연 합 C1형식 및 뚜껑들인데 신라가 629년 고구려로부터 낭
비성을 함락한 직후에 사용된 것으로 판단되므로 7세기 2/4분기의 연대를 부여할 수 있다.

③ 사비기 백제 유적에서 출토 신라토기

부여 쌍북리 북포유적[35])에서는 두 문화층에서 개배와 삼족기 등 백제 토기와 함께 소량의
신라 토기가 출토되었는데 백제토기의 양상으로 보아 두 문화층의 시기 차는 크지 않은 것
으로 판단된다. 하층의 Ⅰ문화층에서는 대부장경병의 경부가 출토되었는데 흩어찍기한 이중
반원문과 점선의 이중원점문, 그리고 세장한 수적형문이 시문되었다. Ⅱ문화층에서 출토된
납작한 개배와 삼족기는 사비기 최말기의 것으로 기형상 7세기 3/4분기의 이른 시기로 판단
되며, Ⅰ층은 이보다 한 단계 이른 7세기 2/4분기로 위치시킬 수 있다.

(5) 5기

⟨기종변화⟩

고배류와 평저 병류의 수량이 급감하며 소멸의 길로 접어들고, 합과 대부장경병이 주된 기
종으로 정착되는 시기이다. 고배류는 유돌대고배, 무개식고배, 단각고배 B형식이 사라지고
단각고배 A형식만 나타난다. 배신은 더욱 납작해지고 구연은 뚜껑받이 턱과 수평에 가까워
지거나 극히 짧아져 흔적기관화 되어가는 양상을 보인다.

⋯⋯⋯⋯⋯⋯⋯⋯⋯⋯⋯⋯⋯⋯⋯⋯⋯

고고학적 근거도 없어 받아들이기 어렵다.

35) 忠淸文化財硏究院, 2009,『扶餘 雙北里 현내들 · 北浦 遺蹟』.

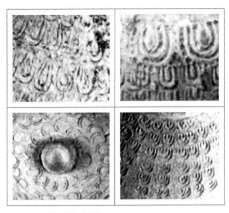

도 19. 5기 주요 문양

병류 또한 평저병의 대부분 형식이 사라져 구형 A·B·E형식과 반구형 C형식, 세장경병이 소수로 존재하며, 이 시기를 끝으로 구형 B형식과 세장경병은 사라진다. 대부장경병은 동체가 더욱 납작해지고, 문양의 시문범위가 기존의 견부에서 동체 중위까지 확대된다. B·C형식은 경부 너비가 확연히 넓어진 것의 수량이 많아졌다. 합은 직립구연의 C형식만 나타난다. 중·소형으로 나타나는데 C1형식 중형은 구연부에만 침선을 배치하여 2단 기면 분할이 없는 반면 소형은 2단 기면 분할이 일반화되는 양상을 보인다. 이 밖에 구연은 단부가 살짝 외반하거나 내측면이 사선을 이루는 형태로의 변화가 특징이다.

문양은 기존의 수적형문이 이어지고 종장연속문이 출현하여 유행한다. 이전의 흩어찍기한 원문류와 파상문이 일부 확인되지만 삼각집선문은 사라졌다. 종장연속문은 아직 원문류의 형태를 유지하는 것도 있지만 대부분 도식화되어 'U'자형에 가까운 마제형문이고 종장점열문도 일부 확인된다.[36] 이밖에 경주지역에서는 확인되지 않는 변형 수적형문이 출현하여 다른 문양과 조합되는 특징이 있다.

〈연대설정 근거〉

부여 쌍북리 북포유적[37] II문화층의 수변확장부에서 직립구연형 합신 편이 출토되었는데 침선에 의한 기면분할 없이 수적형문과 이중반원문이 밀집·시문되어 있다. 문양의 유무만 다를 뿐 본고 5기의 중형 합과 기형 차이는 없다. 앞서 4기에서 언급하였듯이 II문화층에서

---

36) 종장점열문을 종장마제형문이 퇴화하여 발생된 것으로 인식하는 것이 일반적이지만 실상은 그렇지 않다. 점열문은 전기부터 유행하였던 문양이고 충주 하구암리 23호 석실의 대부직구호, 여주 하거리 방미기골 30호 석실의 뚜껑, 부산 노포동 2호 석실의 유개합과 같이 간헐적이나마 후기의 이른 시기부터 나말여초기까지 장기간 사용되었다. 유행 정도의 차이만 있을 뿐 존속 기간이 상당히 긴 문양인 것이다. 따라서 종장연속문에 있어 점열문의 등장을 늦은 단계로 고정시키는 것은 오류를 범하기 쉬우므로 기형과 함께 살펴보아야 한다.

37) 忠淸文化財硏究院, 2009,『夫餘 雙北里 현내들·北浦遺蹟』.

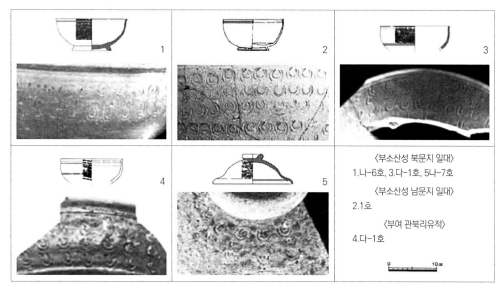

도 20. 부여 관북리 · 부소산성 수혈주거지 출토토기

〈부소산성 북문지 일대〉
1.나-6호, 3.다-1호, 5.나-7호
〈부소산성 남문지 일대〉
2.1호
〈부여 관북리유적〉
4.다-1호

출토된 백제 토기는 사비기 최말기의 것으로 7세기 3/4분기에 해당된다.

　다음으로 부여 관북리유적과 부소산성 수혈주거지 출토 토기가 있다. 관북리 수혈주거지는 통일신라 1차 생활면에 조성되어 있는데 이는 백제 성토대지 최상부층을 기반으로 하며 이미 파여졌거나 새로 파낸 백제 성토지대 면의 구덩이에 대량의 백제기와들을 매립하면서 형성된 층이다.[38] 다-1호 주거지에서는 직립구연형 C1형식 합신 편이 출토되었는데 침선으로 구획된 문양대에 3개의 도식화된 마제형문을 1열로 찍어 배치하였다. 부소산성 수혈주거지[39]는 백제 토루를 파괴하거나 수혈을 메워 조성한 것으로 남문지 일대 1·3호 주거지, 북문지 일대 나-6·7호, 다-1호 주거지에서 직립구연형 C1형식 합과 뚜껑이 출토되었다. 뚜껑과 합신에는 마제형문을 흩어찍기하거나 수적형문과 원점문을 찍은 것이 있고 3개의 반원점문 혹은 이중반원문을 1열로 찍었다. 관북리와 더불어 본고 5기 직립구연형 C1형식 합의 기

----

38) 국립부여문화재연구소, 2009, 『扶餘 官北里 百濟遺蹟 發掘報告Ⅲ』; 2011, 『扶餘 官北里遺蹟 發掘
　　報告Ⅴ』.
39) 國立扶餘文化財研究所, 2003, 『扶蘇山城 發掘調査報告Ⅴ』.

형적 특징을 잘 보여주고 있으며, 종장연속문이 등장하여 수적형문과 공존하고 있다.

이들 두 유적의 수혈주거지는 백제도성의 핵심지역에 위치하고 층서관계나 출토 토기로 보아 660년 백제의 멸망 직후 신라가 부여지역에 진출하여 조영한 것임을 부정하기 어려우며, 이 무렵 지방에 종장연속문이 출현하였음을 알 수 있다. 이러한 양상은 672년(문무왕 12)에 축조된 晝長城으로 비정되는 남한산성 출토 토기에서도 확인되고 있다. 이에 비추어볼 때 전면 밀집시문이 유행하고 종장연속문이 출현하는 5기는 7세기 3/4분기의 연대로 설정될 수 있다.

(6) 6기

〈기종변화〉

고배류와 분류 제시한 평저 병류가 소멸되는 시기이다. 고배는 소형화된 소수의 단각고배 A형식만이 지속된다. 구연과 뚜껑받이 턱 높이는 수평에 가깝고 이전보다 더욱 짧아져 흔적 기관화 되었으며, 대각은 소수이지만 각연이 외반하고 긴 편에 해당하는 a식이 끝까지 유지되어 나타나는 특징이 있다.

평저병 또한 침선대가 사라진 구형의 A·E형식, 편구화가 상당히 진행되어 납작한 동체에 문양이 전면에 시문된 반구형 C형식만이 잔존하다가 소멸한다. 대부장경병은 모두 동체 외연이 기존의 둥근 것에서 뾰족해졌고 경부도 모두 길어졌다. 합은 새로이 외반구연형이 출현한다. 비교적 기심이 깊고 구연이 긴 편인데 중·대형에는 침선을 그어 여러 단으로 기면을 분할하고, 그 안에 문양을 시문한 것이 있다. 직립구연형 C1형식의 소형은 침선을 그어 2단으로 기면 분할하고 종장연속문을 시문하는 것이 유행하지만 C2형식은 소형화로 기심이 얕아져 기면분할은 물론 문양도 없어지기 시작한다.

문양은 종장연속문이 유행하는 시기이다. 기존의 종장마제형문이 남아있으나 종장점열문이 주류이고, '|'자 혹은 '∧'자형 찍기를 하였

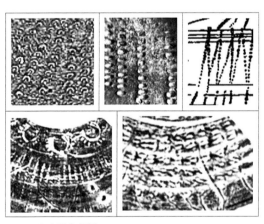

도 21. 6기 주요 문양

으며 변형 수적문과 조합되기도 한다. 이밖에 손톱문과 파상문이 출현하지만 소수이고, 경주 지역에서는 확인되지 않는 눈썹형 점열문도 출현한다. 또한 하남 금암산 1-1호 석실(1차)[40] 뚜껑과 같이 종장점열문과 조합되어 흩어찍기한 원문이 이 시기까지 존속되고 있음도 확인된다.

〈연대설정 근거〉

연천 호로고루성[41]에서는 4차례의 발굴조사 결과 인화문 토기가 소량 출토되었다. 토기 중에는 본고 6기에 해당하는 직립구연 C형식 합과 뚜껑이 확인되는데 이들은 출토된 신라 토기 중 가장 이른 편에 속하고, 'ㅣ'자 혹은 'ㅅ'자형으로 찍은 종장연속의 마제형문과 점열문을 특징으로 하는 최병현의 4a기와도 차이가 없는 것이다.

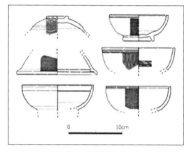

도 22. 연천 호로고루 토기

신라는 고구려의 629년 낭비성 함락 이후 임진강을 경계로 하여 고구려와 대치하였다. 호로고루가 위치한 임진강 이북지역은 문헌기록으로 볼 때 나당전쟁이 마무리되는 675년, 문무왕 15년이 되어서야 군현으로 편제되어[42] 한산주의 영역에 편입되었고, 그 이전에 신라가 진출한 기록은 찾아볼 수 없다.[43] 물론 전투과정에서 기록되지 않은 영역의 변화는 있을 수 있지만, 일시적 점령일 뿐이다.[44] 따라서 본고 6기에 해당하는 호로고루 신라 토기는 군현 편제와 더불어 나당전쟁이 종료되는 7세기 4/4분기 이후의 것으로 판단된다.

---

40) 하남역사박물관, 2019,『하남 금암산 고분군 유적』.

41) 한국토지주택공사 토지주택박물관, 2007,『漣川 瓠蘆古壘Ⅲ』; 2014,『漣川 瓠蘆古壘Ⅳ』.

42)『三國史記』卷4 新羅本紀7 文武王 15年條.

43)『三國史記』기록을 보면 신라와 고구려는 임진강 남안의 칠중성을 두고 고구려 멸망기까지 공방전을 펼치었지 전선이 임진강 이북으로 올라간 적이 없다. 이는 나당전쟁 시에도 마찬가지이다.

44) 호로고루성 내에 설치된 집수지는 이러한 상황을 잘 보여주고 있다. 집수시설은 하부 가구목재의 연대측정 결과 6세기 후엽에서 7세기 전엽 사이에 축조되었고, 이후 경질의 신라 기와와 고구려 토기가 포함된 하부층 위로 고구려 건물지, 고구려 온돌, 신라 노지가 층위를 달리하며 순차적으로 조성되어 있다.

(7) 7기

〈기종변화〉

고배류와 평저 병류는 사라져 확인되지 않는다. 대부장경병은 A형식이 사라진 B · C · D형식이 지속되는데 동체는 너비가 줄고 외연이 뾰족해져 주판알 모양같이 변화하였다. 합은 직립구연형의 경우 C1식이 주류이다. 이전과 달리 높은 굽이 달리고 침선에 의한 기면분할은 지속되었지만 기심이 얕은 b식은 사라지며, C2식은 문양도 사라진다. 외반구연형은 수량이 증가하는데 무문양이 일반적이다. 기심이 조금 얕아졌고, 기면 중하위에 외줄의 침선을 그어 기면을 분할한 것이 특징이다. 이밖에 세트를 이루는 뚜껑은 이전보다 납작해지고 안턱 없이 구연이 'ㄱ'자형으로 꺾인 것이 나타난다.

문양은 기존의 종장점열문에 지그재그식으로 찍은 것이 등장하였고, 변형 수적문이 호상점열문 등의 점열문과 조합되거나 종장연속의 손톱문이 유행한다. 이 밖에 종장파상문도 확인되고, 파주 법흥리 A석실[45] 유개발로 보아 수적형문이 오랜 기간 존속하였음이 확인된다.

〈연대설정 근거〉

최병현의 4b기와 4c기의 특징과 유사하고, 본고 6기와 8기의 연대를 고려하여 그 사이인 8세기 전반대(8세기 1/4분기 후기~2/4분기)의 연대를 설정하고자 한다.

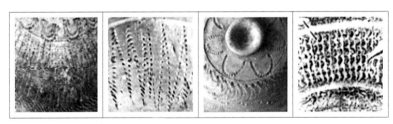

도 23. 7기 주요 문양

(8) 8기

〈기종변화〉

후기양식토기가 소멸기에 접어드는 시기이다. 대부장경병은 C형식이 사라진 B · D형식

---

45) 한양대학교 문화인류학과 · 호암미술관, 1993, 『자유로 2단계 개설지역 문화유적 발굴조사 보고서』.

이 지속되는데 동체 너비가 더욱 줄어 각진 모습이다. 합은 직립구연형의 경우 모두 기면에 침선으로 그은 문양대가 사라지는 방향으로 변화하였다. 외반구연형은 대형이 사라지고 중·소형만 나타난다. 기심이 조금 얕아지고 동체 중위에 침선을 두어 기면을 분할한 것이 유행하다가 늦은 시기에 이르면 대부분 침선대가 사라지고 구연이 짧아진다. 대체로 대부장경병과 직립구연형 합은 소멸하고 외반구연형 합이 본격적으로 유행하는 시기이다. 문양은 이전의 종장점열문과 파상문을 비롯하여 손톱문, 변형수적문도 일부 존재하지만 점차 무문화 경향이 짙어지고 있다.

〈연대설정 근거〉

① 호암산성 제2우물지(蓮池) 출토 토기

호암산성 제2우물지[46] 최하층에서는 경덕왕 16년(757) 군현 정비와 함께 穀壤縣으로 개칭되기 이전의 고구려식 지명이 포함된 '仍伐內力只乃末…'이라는 명문이 새겨진 청동숟가락과 유개합이 출토되었다. 모두 외반구연형으로 대부분 동체 중앙부에 침선이 돌려지며, 무문양인 것과 호상의 점열문을 지그재그식으로 찍은 것으로 구분되는데 본고 8기의 외반

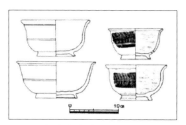

도 24. 호암산성 제2우물지 토기

구연 A형식 합과 다름이 없다. 이들은 일시적 폐기양상을 보이는데 청동숟가락 명문으로 보아 757년 군현 정비 이전 혹은 지명의 관습적 사용을 고려, 8세기 중엽 경의 연대를 부여할 수 있다. 하지만 전체적으로 7기보다는 기심이 조금 얕아지고, 무문화 경향성이 감지되는 등 후행하는 양상을 보이고 있어 8세기 중엽에서도 늦은 8세기 3/4분기의 이른 시기에 가깝다고 판단된다.

② 인천 당하동유적 기와가마 출토 토기

당하동유적[47] V-4-5지점에서는 와·도 겸업으로 여겨지는 2호와 6호 기와가마에서 외반구연 B형식 합이 출토되었다. 얕아진 기심에 바깥으로 벌어진 기벽, 짧은 외반 구연과 침선이 사라진 무문양을 특징으로 하는 본고 8기의 늦은 시기에 해당하는 것이다. 이와 공반되

---

46) 서울대학교박물관, 1990, 『한우물』.
47) 충청문화재연구원, 2018, 『인천 검단 당하동유적』.

는 기와는 집선문 계열의 문양을 중판과 장판 타날한 것으로 나타나는데 기와의 타날방식에 있어 중판과 장판타날 중심의 기와는 대략 8세기 후반에서 9세기 중반경의 특징으로 밝혀졌다.[48] 이러한 제작방식과 더불어 어골문 기와가 확인되지 않는 점으로 볼 때 8세기 후엽에서 9세기 전반대까지 운용된 것으로 여겨진다.

(9) 9기

〈기종변화〉

후기양식토기가 소멸하고 나말여초기 양식 토기로의 전환이 완성되는 시기이며, 늦은 시기에 이르면 한국식 자기가 생산된다. 대부장경병은 B형식이 지속되지만 조잡한 형태의 한 사례일 뿐 이미 세경형의 대부병으로 대체되었다. 합 역시 직립구연형은 극소수 지속되지만 이전의 전형적인 모습과는 거리가 있어 대부장경병과 함께 이전 시기에 소멸된 것으로 보아도 무방하다. 반면 외반구연형 합은 여전히 유행하는데 동체는 이전보다 기심이 얕아졌고 침선대가 사라졌으며, 기벽은 측사선으로 넓게 벌어지고 짧게 외반된 구연을 지닌 모습으로 변화하였다. 이전 금속기의 모방형이 아닌 당대 신라사회에서 유행한 중국 도자를 모델 삼아 기형 변화가 이루어진 것으로 판단된다. 문양은 무문이 기본이며, 수원 광교 11-6호의 합신에 점열문이 시문되기도 하지만 기형과 같이 이전의 전형적인 문양은 아니다.

〈연대설정 근거〉

① 경주 동천동(696-2번지) 원형석축 및 안성 조일리 토기가마 출토 토기

경주 동천동유적[49]의 원형석축은 우물을 폐기하고 개축하여 재조성한 바닥면에서 외반구연합과 중국 월주요계 옥환저 청자완, 주름문병, 연화문 수막새 등이 출토되었다. 안성 조일리 6호 토기가마[50]에서도 외반구연 A형식 합과 주름문병이 출토되었는데 동천동 원형석축 출토품과 다름없다. 합은 모두 짧은 외반구연에 기벽이 벌어져 경사진 모습으로 본고 9기에 해당한다. 월주요계 청자완과 주름문 병은 미륵사지에서 "大中十二年"명(858년) 대호와 함께 출토된 것과 같은 것으로 이와 공반된 합은 9세기 후반대의 연대를 부여할 수 있겠다. 또한

48) 이정민, 2018, 『전남지역 기와가마 연구』, 전남대학교 대학원 인류학과 박사학위논문.

49) 韓國文化財保護財團, 2010, 『慶州 東川洞 696-2番地 遺蹟』.

50) 기남문화재연구원, 2017, 『安城 照日里遺蹟』.

월주요계 옥환저 청자 완은 9세기 후반~10세기 전반 경에 크게 유행하였다.[51] 이와 관련하여 음성 오궁리 토기가마로 대표되는 9기의 외반구연 A형식 합은 이전 시기와는 확연히 다른 기형으로 금속기보다는 중국 도자기를 모방하여 제작한 것으로 여겨지며, 이는 중국 차문화의 대중화와 관련있어 보인다.[52]

② 한국 초기 청자 완과 공반 토기

수원 광교유적 11지점 6호 석곽묘에서는 한국 초기 청자 완과 직립구연의 합이 함께 출토되었다. 기형상 선해무리굽 유형에 속하는 것으로 시흥 방산동 요지 C형 완과 가장 닮았다. 한국의 청자생산과 관련하여 여러 견해가 있지만 대체로 10세기 전반대의 편년안이 통설로 받아들여지고 있다.[53]

2) 한주 지방토기의 특징

앞서 살펴본 바와 같이 각 분기의 변화상을 종합하고 기존 제시된 연대자료를 재해석하거나 역사적 사실과 관련된 고고자료 등, 최대한 연대설정이 가능한 자료를 찾아 6세기 후반에서 10세기 전반에 이르는 각 분기의 연대를 설정하였는데, 그 결과는 다음 표와 같다.

표 1. 분기별 연대

분기	연대	분기	연대	분기	연대
1기	6세기 후반 전기	4기	7세기 전반 후기	7기	8세기 전반
2기	6세기 후반 후기~7세기 초	5기	7세기 후반 전기	8기	8세기 후반 전기~9세기 전반
3기	7세기 전반 전기	6기	7세기 후반 후기~8세기 초	9기	9세기 후반~10세기 전반

모든 기종을 다루지는 못하였지만 제시된 편년안을 중앙의 경주지역과 비교하여 보면 전체적인 면에서 공통되는 변화상이 있지만 차이점도 적지 않은데 이를 간략히 살펴보면 다음과 같다.

---

51) 최명지, 2015, 「軍威 麟角寺 塔址出土 中國靑磁의 性格」 『인문과학연구』 21, 덕성여자대학교 인문과학연구소, 45쪽.

52) 李知禧, 2012, 「統一新羅時代 鉛釉陶器 研究」, 忠北大學校 大學院 碩士學位論文, 139~140쪽.

53) 이종민, 2017, 「나말여초 청자요업의 개시여건과 고고학적 산물의 검토」 『한국중세고고학』 창간호, 한국중세고고학회.

고배의 경우 왕경인 경주지역이나 소경인 충주지역과 달리 돌대고배가 유행하지 않고 단각고배가 늦은 시기까지 존속되는 특징이 있다. 경주지역에서 돌대고배는 7세기 후반대까지 지속되었지만 단각고배는 본고 A형식에 해당되는 비교적 긴 대각을 지닌 것이 7세기 이후에는 사라지고, 짧은 굽형의 B형식만이 남아 7세기 전반 후기 내지 후반 전기까지 존속된 것으로 보고 있다. 하지만 한주지방에서는 4기인 7세기 전반 후기를 끝으로 돌대고배와 짧은 굽의 단각고배 B형식이 사라지고, 외반하는 각연에 긴 대각을 지닌 단각고배 A형식이 본고 6기의 7세기 후반 후기까지 이어지고 있어 경주지역과 대조적이다. 이같이 한주지방에서는 경주지역과 달리 돌대고배가 일찍 사라지는 대신 단각고배 A형식이 오래 지속되었다. 이와 관련하여 높은 대각에 속하는 a식 단각고배가 돌대고배를 대체한 결과로 여겨지는데 이는 당대 토기 제작환경과 관련된 것으로 한주 지방토기의 특징 중 하나이다.

병은 평저의 구형과 반구병, 그리고 대부장경병을 중심으로 살펴보았다. 평저의 구형과 반구병은 다양한 형식으로 출현하여 병존해갔는데 동체가 편구화되어 납작해지거나 종장으로 장신화되는 등 각 형식별로 일정한 변화흐름이 확인된다. 경주지역보다 1~2단계 늦은 본고 3기부터 평저의 구형과 반구병 일부는 대부장경병으로 전환하였지만 나머지는 소멸하지 않고 대부장경병과 일정 기간 병존하였다. 이와 관련하여 평저의 장동형→구형→반구화된 편구형→대부장경병 순으로 계기적 발전을 이룬다는 견해가 있지만 성립될 수 없음을 확인하였다. 아울러 대부장경병 D형식과 더불어 B형식에는 반면 구연이 두툼하고 단부가 짧아지는 등 경주지역에서는 확인되지 않는 현지 변형품의 존재도 확인되었다.

합은 대부장경병과 함께 본고 5기부터는 주된 기종으로 자리 잡았다. 특징 중 하나인 침선대에 의한 기면분할은 경주지역의 경우 7세기 후반대에는 모두 없어졌지만 한주지방에서는 7기인 8세기 전반대까지 오랫동안 유행이 지속되었다.

문양구성에 있어서도 그은 삼각집선문, 콤퍼스형 반원문→찍은 삼각집선문, 찍은 원문류→수적형문, 흩어찍기한 집단 원문류→종장연속문의 발생순서는 차이가 없지만 기형 변천상 수적형문은 경주지역보다 늦은 4기부터 나타나고 종장연속문에 있어서 점열문을 마제형문보다 늦은 시기로 고정할 필요가 없음을 언급하였다. 또한 인화문이 유행하는 5기 이래로 변형 수적형문과 눈썹형 점열문 등과 같이 경주지역에서는 확인되지 않는 지방의 독창적인 문양이 발생되기도 하였다.

가장 특징적인 것은 점열문과 관련하여 초승달 혹은 눈썹형의 점열문과 부채형 점열문[54]

---

54) 최병현(2014, 215쪽)에 의해 지방형 인화문으로 소개된 것으로 필자는 잠정적으로 부채형 점열문

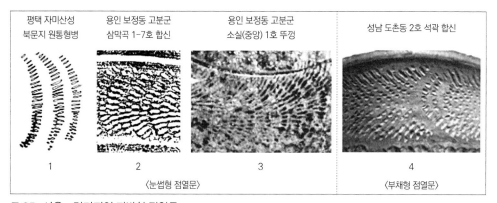

평택 자미산성 북문지 원통형병	용인 보정동 고분군 삼막곡 1-7호 합신	용인 보정동 고분군 소실(중앙) 1호 뚜껑	성남 도촌동 2호 석곽 합신
1	2	3	4
	〈눈썹형 점열문〉		〈부채형 점열문〉

도 25. 서울·경기지역 지방형 점열문

이(도 25) 출현하는 것이다. 이중 눈썹형 점열문은 일반적인 점열문과 달리 개개의 점 모양이 길쭉한 선형의 점으로 구성되어 있으며, 부채형 점열문은 언뜻 보면 눈썹형 점열문과 유사해 보이지만 방향을 달리하는 여러 점들을 횡장연속으로 찍어 하나의 문양을 만들어 간 것으로 서로 다른 문양이다. 이들 문양은 이제까지 일반적인 호선형의 구부러진 점열문으로 인식되어 왔지만 시문구와 시문방식 자체가 다른 것으로 구분되어야 할 필요가 있다. 이러한 문양은 경주를 포함한 영남지역은 물론 인근의 충청과 강원지역 등 다른 지역에서도 거의 찾아지지 않는 독특한 문양으로 한주지방의 중심인 서울·경기지역에서는 유개합의 합신과 뚜껑을 비롯하여 원통형병까지 주된 문양 중 하나로 선택되어 유행하는 양상을 보이고 있어 서울·경기지역에서 새로이 생겨난 지방문으로 보아도 무리가 없어 보인다.[55]

이상 한주 지방토기의 특성을 간략하게나마 알아보았다. 기형과 문양적 특징 등의 내용을 종합해 보면 전반적으로 경주지역보다 유행 속도가 한 단계 늦고, 길게 지속되는 특징을 보인다. 그리고 지방토기의 특성상 1기 이래로 경주지역의 전형적인 기형과 차이가 있는 현지화 된 형식이 존재하는데 대부분 일시적으로 제작되지 않고 여러 단계의 형식 변화를 거치며 지속되었다. 본고 3기 이후로는 각 기종마다 현지화가 뚜렷해지는 현상이 확인되고 있어 이 시기부터 현지의 토기 제작·생산·유통 시스템이 상당 부분 구축된 것으로 추정된다. 특히 인화문이 유행하기 시작하는 5기 이래로는 한주지방만의 독특한 문양도 나타나 유향하

이라 부르고자 한다.

55) 김진영, 2023, 「서울·경기지역 신라 원통형병의 변천과 지역성」 『사림』 83, 130~131쪽.

는 등 다른 지역과 차별화되는 지역성이 두드러진다. 이를 통해 중앙의 경주지역 토기와 대비되는 지역양식의 설정을 고려할 수도 있겠는데 본고에서는 그 가능성만을 언급하였을 뿐 좀 더 검증이 필요하다. 추후 전 기종으로 확대하고 계량화하여 중앙과 지방, 지방 내 소지역 등 공간단위 별로 어떠한 차이가 있는지 분석해 볼 필요가 있다.

III. 고분의 분포현황

고분은 산천을 경계로 지형적 단절을 보이는 독립된 공간마다 밀집하여 분포한다. 크게 한강본류와 안성천 수계권, 서해안 주변 수계권, 남한강과 북한강 수계권으로 나뉘며, 모두 23개의 분포구역이 설정되었다. 분포구역별로 고분군 주변에는 군사 혹은 행정적 거점으로 인식되는 신라산성이 위치하는 것은 주지의 사실이며, 『三國史記』 地理志 기록에 비추어볼 때 고분이 분포하는 공간단위는 삼국시대 이래로 이어져 온 신라 한주 군현의 공간적 범위와 대체로 합치되는 양상을 드러내는 것으로 파악된다.

이는 분포구역별로 분포하는 산성 내에서 지역명을 표출하는 명문기와가 출토되고, 한강본류 수계 공릉천 하류의 파주 동패동유적, 대화·창릉천의 고양 도내동유적, 중랑·왕숙천 주변의 남양주 지금동유적·아차산 일대 보루군, 탄천 하류의 서울 세곡동·성남 판교동유적, 탄천 중·상류의 용인 보정동·동천동 고분군, 안성천 수계 황구지천 주변의 화성 청계동유적, 안성천 상류의 도기동산성, 남한강 수계 양화천 하류의 여주 금당리유적 등과 같이 각 구역별로 고구려 산성이나 무덤이 확인되고 있다는 점에서 고고학적으로 뒷받침되고 있다.

이와 관련하여 박성현은 지역의 중심 혹은 한 쪽에 치우친 구릉성 산지에 위치하는 신라 산성을 출토유물과 『新增東國輿地勝覽』 등에서 확인할 수 있는 조선시대 邑治의 연혁관계를 검토하여 한주 군현의 치소지임을 밝히고 있어 이를 보다 분명히 하고 있다.[56] 이상의 내용으로 보아 고분군의 분포구역은 신라 한주의 군현으로 완성되는 지방편제단위와 무관하지 않으며, 각지의 지배계층을 대표하는 고분군임을 유추할 수 있다.

---

56) 박성현(2002)은 문헌기록과 경기지역 신라산성을 검토하여 군현의 치소지임을 밝히고 郡縣城이라 명하였다. 더 나아가 이들 군현성의 축조·정비과정과 기능 및 상호관계 등 그 성격을 면밀히 구명하였다.

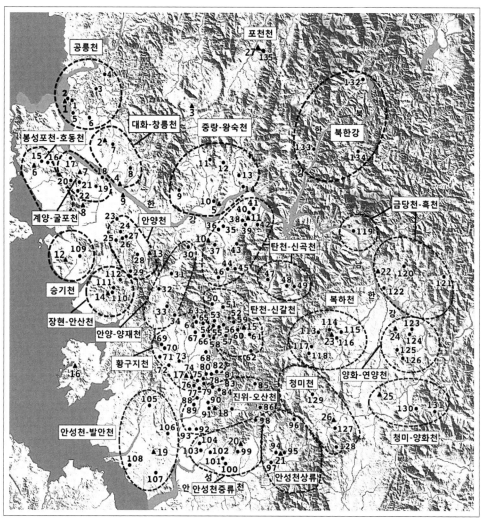

도 26. 한주지방 신라 고분과 성곽 분포현황도(<▲ : 신라성곽>)

1.파주 오두산성	8.인천 계양산성	15.용인 할미산성	22.여주 파사성
2.고양 고봉산성	9.서울 양천고성	16.화성 당성	23.이천 설봉산성
3.양주 대모산성	10.서울 대모산성	17.오산 독산성	24.여주 북성산성
4.고양 행주산성	11.하남 이성산성	18.평택 무봉산성	25.이천 설성산성
5.서울 아차산성	12.인천 문학산성	19.평택 자미산성	26.안성 죽주산성
6.김포 수안산성	13.서울 호암산성	20.안성 무한성	27.포천 반월산성
7.김포 북성산성	14.시흥 군자산성	21.안성 비봉산성	

표 2. 수계별 고분현황

권역	지역명	고분군	횡혈식석실	횡구식석(곽)실	비고
한 강 본 류 수계권	공릉천 하류 (교하군)	1.파주 성동리	–	20	오두산성
		2.파주 법흥리	1	7	
		3.파주 덕은리	–	20 이상	
		4.파주 능산리	–	1	
		5.파주 동패동	–	1	
		6.파주 운정동	–	12	
	대화천 · 창릉천 (고봉현/우왕현)	7.고양 식사동	–	4	고봉산성
		8.고양 도내동	–	1	행주산성
	중랑 · 왕숙천 하류 (한양군/북한산군)	9.서울 명륜동	2	–	아차산성
		10.서울 중곡동	–	200 이상	
		11.서울 중계동	–	1	
		12.남양주 별내동	–	1	
		13.남양주 지금동 I	–	5	
		14.남양주 지금동 II	1(재사용)	11	
	봉성포천 · 호동천 (수성현)	15.김포 유현리	–	24	수안산성
		16.김포 양촌	–	16	
	계양천 · 굴포천 하류 (김포현)	17.김포 운양동	–	4	북성산성
		18-19.김포 신곡리	–	9	
		20.인천 불로동	1	20	
		21.인천 원당동	–	28	
		22.인천 당하동	–	7	
	안양천 중 · 하류 (곡양현)	23.부천 고강동	–	10	호암산성
		24.서울 궁동	–	1	
		25.서울 항동	–	3	
		26.서울 천왕동	2	–	
		27.서울 천왕동연지	–	3	
		28.광명 소하동	2	–	
		29.광명 가학동	–	3	
	안양천 · 양재천 상류 (율진군)	30.서울 우면동	–	8	–
		31.안양 관양동	–	5	
		32.군포 산본동	1	5	
		33.의왕 이동	–	3	
		34.수원 이목동	–	2	

권역	지역명	고분군	횡혈식석실	횡구식석(곽)실	비고
	탄천 하류 · 산곡천 (한주〈한산군〉)	35.서울 가락동 · 방이동	13 이상(재사용有)	1	이성산성 서울 대모산성
		36.서울 석촌동	–	1	
		37.서울 세곡동	3	–	
		38 · 39.하남 금암산	2	36(200 이상)	
		40 · 41.하남 덕풍동	2	21(100 이상)	
		42.하남 객산	46 노출(추정 100 이상)		
		43.성남 창곡동	–	2	
		44.성남 여수동	–	13	
		45.성남 도촌동	–	7	
		46.성남 판교동	–	7	
		47.광주 역동	–	2	
		48.광주 대쌍령리	–	10	
		49.광주 선동리	–	13	
	탄천 중 · 상류 / 신갈천 〈거서현〉	50.용인 동천동	–	2	할미산성
		51.용인 죽전동	–	3	
		52.용인 마북동	–	1	
		53 · 54.용인 보정동	–	200 이상	
		55.용인 신갈동	–	7	
		56.용인 언남동	–	1	
		57.용인 구갈동	–	1	
		58.용인 하갈동	–	3	
		59.용인 청덕동	2	–	
		60.용인 동백동	–	3	
		61.용인 마성리석실	1	–	
		61.용인 마성리석곽	–	1	
		62.용인 역북동	–	2	
서해안 수계권	승기천(소성현)	109.인천 구월동	–	2	문학산성
	장현천 · 안산천 (장구군)	110.시흥 군자동 · 장현동	–	14	군자산성
		111.시흥 광석동 · 능곡동	–	4	
		112.시흥 금이동	–	1	
남한강 수계권	복하천 (황무현/남천주)	113.이천 장암리	1	1	설봉산성
		114.설봉산성 석곽	–	1	
		115.이천 창전동	–	6	
		116.이천 중리동	16	119	

권역	지역명	고분군	횡혈식석실	횡구식석(곽)실	비고
		117.이천 이치리	–	12	
		118.이천 덕평리	–	15	
	금당천 · 흑천 (소천군–빈양현)	119.양평 양근리	–	2	–
		120.양평 대평리	2	–	
		121.양평 단석리	–	5~6 내외	파사성
		122.여주 보통리	약14	–	
	양화천 하류 · 연양천 (황효현/골내근정)	123 · 124.여주 매룡동	3	200 이상	북성산성
		125.여주 상거동	–	2	
		126.여주 하거동	–	38 이상	
	청미천 상류 (개산군)	127.안성 장원리	2(재사용)	9(석개2)	죽주산성
		128.안성 당목리	–	1	
		129.용인 근삼리	–	1	
	청미천 · 양화천 상류 (음죽현)	130.음성 오궁리	–	2	설성산성
		131.음성 문촌리	2	8	
북한강 수계권	북한강 상류 (가평군)	132.가평 읍내리	–	2	–
		133.가평 대성리	–	2	
		134.가평 신천리	–	2	
한탄강 수계권	포천천 (견성군)	135.포천 구읍리	–	10	반월산성
안성천 수계권	황구지천 (수성군)	63.수원 이의동	–	2	독산성
		64~66.수원 광교	5	57	
		67.수원 인계동	–	4	
		68.용인 서천동	–	15(화장1)	
		69 · 70.화성 천천리	–	10	
		71.화성 상리	–	5	
		72.화성 분천리	–	2	
		73.화성 화산	–	4	
		74.오산 세교동	–	1	
		75.오산 금암동	–	4	
		76.오산 가장동	–	2	
		77.오산 궐동	–	8	
		78 · 79.오산 내삼미동	–	9	
		80.화성 반송동	–	7	
		81.화성 오산동	–	7(토1)	
		82.화성 청계동	–	11	

권역	지역명	고분군	횡혈식석실	횡구식석(곽)실	비고
	진위천 · 오산천 (진위현)	83 · 84.화성 장지동	–	28(동탄1기)	무봉산성
		85.용인 덕성리	–	2	
		86.용인 어비리	1(추가장)	–	
		87.용인 봉무리	–	1	
		88.오산 탑동 · 두곡동	–	7(토1)	
		89.평택 수월암리	–	21	
		90.평택 갈곶리		1	
		91.평택 가곡리	–	3	
		92.평택 당현리	–	12	
		93.평택 서정동	–	4	
	안성천 상류 (백성군)	94.안성 당왕동	1	7	비봉산성
		95.안성 가사동	1	–	
		96.안성 동평리	–	3	
		97.도기동산성 內	–	3	
	안성천 중류 (적성현)	98.안성 이현리	–	1	무한성 (무양산성)
		99.안성 반제리	3	15	
		100.평택 용이동	–	3(화장1)	
		101.평택 죽백동	–	6	
		102.평택 동삭동	–	9(토2)	
		103.평택 지제동	–	3	
		104.평택 장당동	–	4	
	안성천하류 · 발안천 (차성현)	105.화성 하길리	–	5	자미산성
		106.평택 율북리	–	8(토1)	
		107.평택 황산리	–	1(화장)	
		108.평택 도곡리	–	4	

Ⅳ. 고분의 형식과 계통

한주지방의 신라고분은 횡혈식석실묘와 횡구식석실묘, 수혈식석곽묘가 주류이고, 석개토
광묘와 목관묘, 화장묘 등이 소수 확인된다. 본 장에서는 소수 묘제를 제외한 석실(곽)묘의

구조 형식을 설정하고, 대체적인 변화의 방향과 계통이 어디와 연결되는지 살펴보고자 한다.

석실(곽)묘의 구조적 속성으로는 매장주체시설인 석실(곽)을 기준하여 봉분과 호석, 제의시설 등 외적속성과 석실(곽)과 관련된 석실(곽)의 평면 형태, 크기, 천장구조, 벽체 축조방법, 시상(관)대의 구조와 공간배치, 연도와 횡구부의 위치 등 내적속성이 있다. 그러나 한주지방에서 조사된 석실(곽)묘 대부분은 석실(곽)의 하부 구조만 남아있는 경우가 많아 명확한 무덤구조를 파악하는데 어려움이 있다. 하지만 여러 구조적 속성 중 평면 형태는 대체로 석실(곽)의 천장과 시상대의 공간배치 등을 결정하는 기본 속성으로 이를 통해 석실(곽)의 대체적인 구조 파악이 가능하다. 이에 평면 형태를 대기준으로 삼았고 시상대의 구조와 공간배치, 연도 및 횡구부의 위치를 소기준으로 삼아 형식을 설정하였다.

평면 형태는 석실의 장폭비에 따라 1.25:1 미만의 방형(Ⅰ), 1.25:1 이상 1.8:1 미만의 근방형(Ⅱ), 1.8:1 이상의 종장방형(Ⅲ), 0.8:1 이하의 횡장방형(Ⅳ)으로 구분하였다. 시상(관)대는 축조방법과 공간배치에 따라 5식으로 구분된다. 역석이나 판석형의 소형 석재를 바닥 전면 혹은 한쪽 단벽 부근에 공간을 두고 깐 A식, 별도의 공간에 할석재를 쌓아 단을 이루는 것으로 후벽에 잇대어 배치한 B식, 좌·우 장벽에 잇대어 배치한 C식, 중간에 배치한 D식, 할석재 혹은 판석형 석재를 이격시키거나 둘러놓아 관 혹은 주검받침을 마련하거나 별도의 시설 없이 굴착면을 그대로 사용하거나 정지토를 깐 무시설의 E식으로 나뉜다.

연도는 석실의 입구 쪽에서 바라보았을 때 위치를 기준으로 좌편재식(1), 중앙식(2), 우편재식(3)으로 구분되고, 횡구부는 폐쇄방법에 따라 한쪽 단벽부 전면을 사용한 것(1), 벽체 1~3단 위 전면을 사용한 반문구조(2), 벽체 상단 일부를 사용한 창구조(3)로 구분된다.

1. 횡혈식석실묘

1) 구조형식

(1) Ⅰ형(방형계)

평면형이 방형을 이루는 궁륭형 천장의 석실이다. 시상의 축조방법과 배치상태에 따라 A·B·C·D형의 4개 형식으로 구분된다.

• A형: 시상이 전면부석식인 A식이다. 연도는 좌·중·우편재식(1·2·3)이 모두 나타나며, 여러 번 추장이 이루어진 다인장이며, 침향은 동향 혹은 서향으로 추정된다. 시상의 축조방

식에 따라 1식과 2식으로 구분된다. A1식은 소할석이나 역석을 겹겹이 깔은 것으로 연도는 1.5m 내외로 길고, 벽면에 점토나 회바름 혹은 문미석과 문지방석을 갖춘 현문구조가 확인되기도 하며, 석실 바닥에는 대부분 배수로가 설치되는 특징이 있다. 서울 방이동 3·4·6호, 가락동 4호 석실이 해당된다. 반면 A2식은 A1식보다 작으며, 소형 석재를 한 겹 깔고 짧은 연도를 갖춘 것으로 일반적인 것은 아니다. 이천 중리동 18호 석실이 해당된다.

• B형: 시상이 후벽 배치식인 B식이다. 연도는 좌·중·우편재식(1·2·3)이 모두 확인되지만 중앙식이 우세하다. 매장인 수는 2~3인 이상의 다인장이 일반적이며, 침향은 연도 방향과 직교하는 동향 혹은 서향으로 추정된다. 높이 30cm 이상의 고시상에 벽면과 시상대에 점

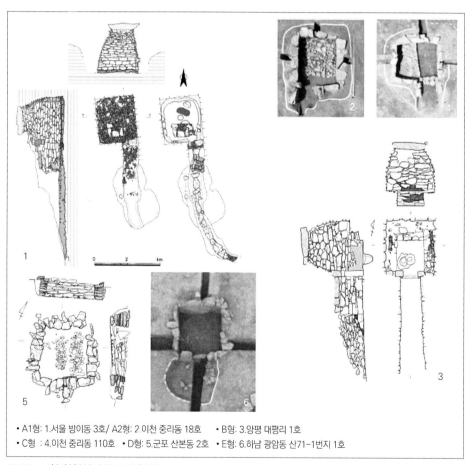

• A1형: 1.서울 방이동 3호/ A2형: 2.이천 중리동 18호 • B형: 3.양평 대평리 1호
• C형 : 4.이천 중리동 110호 • D형: 5.군포 산본동 2호 • E형: 6.하남 광암동 산71-1번지 1호

도 27. Ⅰ형 횡혈식석실묘 제 형식

토나 회바름을 하고 문비석과 문미석, 문지방석, 문주석 등 정교한 현문구조를 갖추고 있으며 연도 길이가 2m 이상으로 긴 것과 20cm 이하의 저시상에 벽체의 대형석재 수적, 연도 길이가 1m 내외로 짧은 것이 있는데 전자에서 후자로 구조적 변천이 이루진다. 전자에는 서울 가락동 6호, 양평 대평리 1·2호, 여주 보통리 석실 등이 해당되고, 후자로는 수원 광교 2-2호, 10-1호, 하남 덕풍골 석실, 하남 금암산고분군 1-1호 석실 등이 있다.

• C형: 시상이 측벽 배치식인 C식으로 이천 중리동유적에서만 확인된다. 연도는 모두 우편재식(3)이며, 길이가 1m 내외로 짧다. 시상대는 할석재를 1~2단만 놓아 높이 10~20cm 내외로 낮으며, 너비는 1m 이상으로 넓어 2인장을 염두에 두고 조영된 것으로 판단된다.

• D형: 판석형의 작은 석재를 한 겹 깐 저시상대를 네 벽에서 이격시켜 배치한 것이다. 연도는 중앙식(2)이며, 1m 정도로 짧다. 2인 이상의 다인장이며, 침향은 북향이다. 군포 산본동 2호 석실 단 한 사례로 신라 석실에서 일반적인 것은 아니지만 계통과 관련되는 구조로 판단되어 별도의 형식으로 분류한다.

• E형: 바닥에 판석형 석재나 소할석을 양단측에 놓아 관 받침석으로 사용한 관대식 혹은 별도 시설이 없는 흙바닥의 무시설식이다. 연도는 우편재식도 있지만 중앙식이 기본이며, 길이는 1m 정도로 짧다. 연도 위치에 따라 편재식의 E1식과 중앙식의 E2식으로 세분할 수 있다. 벽체 하단에 치석이 덜된 대형 석재를 수적하여 전체적으로 조잡한 축조상태를 나타낸다.

출토유물 상 A·B·C·D형 모두 공존하다가 저시상에 단연도인 B형과 E형의 관대·무시설식으로의 구조변화가 이루어진다.

(2) II형(근방형계)

평면 장폭비가 1.25~1.8:1 미만으로 방형에 가까운 석실이지만 지금까지 조사된 것은 대개 1.4~1.6:1의 장폭비의 범위에 있다. 평천장 혹은 변형 궁륭형 천장에 연도는 중앙식(2)과 좌편재식(1)도 확인되지만 대부분 우편재식(3)이다. 시상대의 배치와 축조방법, 연도위치 등에 따라 C·D·E형의 3개 형식으로 구분되고 전면부석식(A)과 후벽배치식(B)은 확인되지 않는다.

• C형: 높이 10~20cm 미만인 저시상대에 우편재식(3) 연도를 갖춘 석실이다. 시상대는 주로 연도의 반대쪽 벽면에 북-남향으로 배치되어 있다. 군집을 이루지 않으며, 단독 혹은 2~3기 정도가 분포하고 고구려 석실에 연속 조영되는 사례가 많다. 규모에 따라 2개의 그룹으로 나뉘는데 평면적 3㎡ 이상으로 대형인 C1식과 3㎡ 미만의 소형인 C2식으로 구분된다. 시상

면에는 가공되지 않은 두침석이 놓이기도 한다. 대형인 C1식은 추장이 행해져 2인장으로 나타나기도 하며, 배수시설이 설치되기도 한다. 반면 소형인 C2식은 평면비가 1.5:1 미만으로 방형에 더욱 가깝고, 배수시설은 없다. 횡혈식석실 중에서도 소형에 속하는 것으로 1인장이 기본이다.

• D형: 평면 형태상 후벽부가 전벽부보다 약간 넓어 제형을 띠며, 시상은 벽에서 떨어져 바닥 중간에 배치된 D식으로 높이 30cm 내외의 고시상이 특징이다. 연도는 좌편재식(1)도 있지만 중앙식(2)이 일반적이며, 길이는 1m 정도로 짧다. 추장이 이루어지며, 시상대 너비가 1m 이상으로 2인장하기에

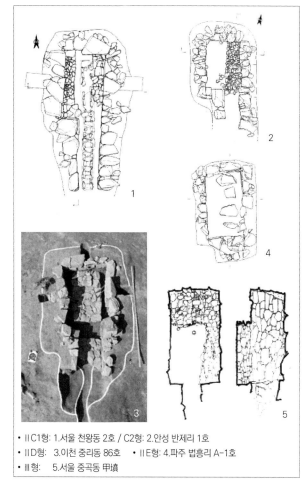

• ⅡC1형: 1.서울 천왕동 2호 / C2형: 2.안성 반제리 1호
• ⅡD형: 3.이천 중리동 86호   • ⅡE형: 4.파주 법흥리 A-1호
• Ⅲ형: 5.서울 중곡동 甲墳

도 28. Ⅱ·Ⅲ형 횡혈식석실묘 제 형식

무리가 없는 것도 있다. 일부 가공되지 않은 두침석이 놓이기도 하며, 피장자의 침향은 북향을 이룬다. 한주지방 신라 석실묘의 특징 중 하나로 이천 중리동 유적에서만 확인된다.

• E형: C2형과 같은 소형으로 우편재식의 짧은 연도에 바닥 중간에 석재를 일정 간격으로 놓아 관대를 마련한 것이다. 파주 법흥리 A-1호 석실이 유일한데, 추장이 없는 1인장이며, 피장자의 침향은 북향이다.

Ⅱ형의 근방형계 석실은 출토유물로 볼 때 C형과 D형이 공존하며, 짧은 기간 조영되다가 목관사용이 일반화된 E형으로의 구조적 변화가 관찰된다.

(3) Ⅲ형(종장방형계)

평면 장폭비가 1.8:1 이상으로 평천장에 종장방형을 이루는 석실이다. 연도는 중앙식(2)이자 석실의 전벽부 3~4단 상부에 형성되어 있는 유단식이어서 석실과 연도의 천장 높이 차가 거의 없다. 연도 길이는 130cm 정도로 길지 않다. 시상대는 50cm 내외로 높고, 석실의 후벽에 잇대어 동-서향으로 배치한 B형으로만 나타난다. 매장인 수는 추장이 활발히 이루어져 3인 이상의 다인장이다. 침향은 연도 방향과 직교하는 동향 혹은 서향이다. 서울 중곡동고분군의 甲·乙墳만이 해당된다.

(4) Ⅳ형(횡장방형계)

평면 장폭비가 0.8:1 미만의 횡장방형을 이루는 평천장 구조의 석실이다. 시상대의 배치와 축조방법, 연도위치 등에 따라 B·C형식으로 구분된다.

• B형: 시상대는 후벽에 배치식이며, 좌편재식(1) 연도를 갖춘 것이다. 시상대는 높이 25cm 정도로 고시상에 속한다. 신라 후기 횡혈식석실의 일반적인 형식 중 하나로 인천 불로동 Ⅱ-1지점 석실이 유일하다.

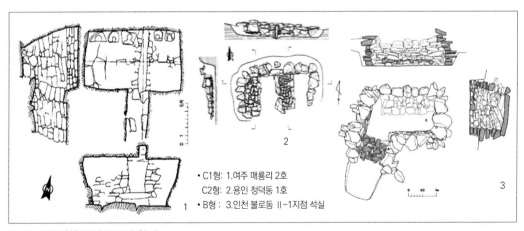

•C1형 : 1.여주 매룡리 2호
 C2형 : 2.용인 청덕동 1호
•B형 : 3.인천 불로동 Ⅱ-1지점 석실

도 29. Ⅳ형 횡혈식석실묘 제 형식

• C형: 시상대는 좌·우 측벽에 배치식이며, 높이가 20~50cm[57] 정도인 고시상으로 연도는 중앙식이다. 2인 이상의 다인장이 기본이다. 평면 크기에 따라 대형(길이 180~220cm, 너비 300cm 이상)의 C1식과 소형(길이 100~150cm, 너비 250cm 내외)의 C2식으로 구분된다. C1식은 경주 서악리 석침총에 비견될 만큼 대형으로 남한강수계의 여주지역에 국한된다. 추장이 활발히 진행되어 3~5인까지 매장되는 다장묘이다. 연도는 130~200cm 정도 길이로 긴 편이다. 유단식이어서 현실과 연도의 천장 높이 차가 크지 않다. 시상면에는 머리와 어깨 모양으로 정교히 가공한 두침석이 기본으로 확인된다. 여주 매룡리고분군 2호·8호, 상리 1호 석실이 해당된다. 반면 C2식은 연도 길이가 1m 이내로 짧고, 현실과 연도 바닥이 수평이다. 2개의 시상대가 조성된 2인장이고, 시상대 높이는 10cm 내외의 저시상이다. 용인 청덕동유적 1호 석실이 유일한데 현실 중간에 대형석재를 세워 매장공간을 분할한 격벽이 특징이다.

Ⅳ형인 횡장방형계 석실은 C형보다 B형이 후행하며, C형도 대형의 고시상 석실에서 소형의 저시상으로 변화하여 소멸해가는 양상을 보인다.

2) 계통

(1) Ⅰ형(방형계)

ⅠA1형식과 같은 구조의 석실은 신라 왕경인 경주 방내·조전리 1·6·9호, 방내리고분군, 건천휴게소 30호, 사라리 525번지 1·3·4·6·14·18·19호, 월산리 B11호, 이조리 929번지 1호, 황성동 590번지 10호, 봉길고분군 3호 등 경주 외곽지역에서 주로 확인된다. 특히 건천읍 방내리와 사라리, 내남면 월산리 등 경주 서남부지역에서 6세기 중엽의 이른 시기에 출현하여 유행하던 석실 형식이다. 따라서 축조시기 및 구조와 장법상 ⅠA1형 석실은 왕경인 경주 서남부지역의 석실과 계통상 연결됨을 알 수 있다. 반면 ⅠA2형식은 소수지만 김해 망덕리 Ⅰ-2호 등 낙동강 중하류지역 석실과 관련있어 보인다.

ⅠB형식은 경주 월산리 B1·B9호, 용강동 82번지 석실, 충효동 2·6·7·10호, 서악동 석

---

57) 여주 상리 1호 석실의 경우 보고자는 시상대 높이를 10cm로 보고하였다. 하지만 시상대는 본래 좌·우 측벽에 배치한 후 좌우 시상대의 빈 공간에 석재를 채워 추장을 한 것으로 판단된다. 따라서 보고된 시상대의 높이는 최초 조성 시 바닥면 기준이 아닌 조사 당시 시상대 상면에 드러난 시상대 간 상면 높이 차이가 측정된 것일 가능성이 높다. 사진과 도면, 석재 크기를 검토하여 볼 때 시상대 높이는 최소 20~30cm 이상이었을 것으로 판단된다.

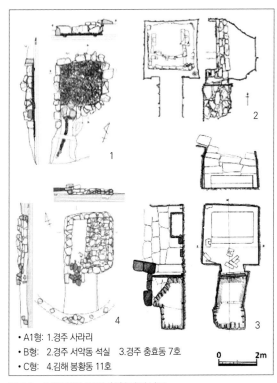

- A1형: 1.경주 사라리
- B형: 2.경주 서악동 석실   3.경주 충효동 7호
- C형: 4.김해 봉황동 11호

0   2m

도 30. I형 계통 관련 횡혈식석실묘

실, 손곡동 경마장 C1지구 2-9호, 방내리 16호, 구어리 6호 등과 같이 경주지역에서 확인된다. 그 중 월산리와 손곡동 등 경주 외곽지역의 석실은 치석이 덜 된 부정형의 할석재로 축석하고 낮은 시상대와 문틀시설이 없는 반면, 경주 중심지역인 서악동과 충효동 석실은 치석이 잘된 할석재와 고시상대, 정교한 가공석을 활용한 문틀시설을 갖추고 있는 차이를 보인다. 전자에서 후자로의 구조 변천을 보이며, 축조시기는 충효동 2호, 월산리 B1호, 손곡동 경마장부지 C1지구 2-9호 등으로 보아 적어도 6세기 후반 이전에는 도입되어 8세기까지 장기간 사용된다. 이로 보아 I B형식은 경주지역 석실에서 조형을 찾을 수 있는데 치석이 잘 된 할석재로 축석하고 회바름과 정교한 문틀시설을 갖춘 남한강수계권의 양평 대평리, 여주 보통리고분군 석실은 경주 중심지역 석실과 관련이 깊고 그 밖의 가락동·방이동 석실은 경주 외곽지역 석실의 영향을 받아 축조되었을 가능성이 높다. 이들은 시기 차를 두고 도입되어 수원 광교, 하남 덕풍골, 금암산고분군 석실과 같이 짧은 연도와 벽체 하단의 수적과 괴석재 사용 등 축조수법이 조잡해지는 지방화 과정을 거친다.

I C형식과 유사한 석실구조는 영남 서남부의 합천과 김해지역에서 확인된다. 김해지역에서 주로 나타나는데 화정 30-1·74·78호, 대성동 1호, 봉황동 11호, 망덕리 II-3호 등이 있다. 연도는 대부분 우편재식이며, 1m 안팎의 짧은 연도이다. 시상대 높이는 10~20cm 내외로 낮으며, 너비는 90~140cm 정도로 넓은 편이다. 특히 대성동과 봉황동 석실의 경우 120~140cm의 넓은 시상대를 갖추고 있으며, 화정유적의 경우 벽체 하단에 수적이 행해져 축조수법상 유사성이 높다. 합천지역은 저포리 C지구 6호, E지구 8-1호 등에서 소수 확인될

뿐 일반적인 형식은 아니다. 모두 6세기 후반 무렵에 등장하여 합천·김해 등 영남 서남부지역에서 자리 잡은 한 형식으로, 구조와 축조방법상 서로 친연성이 확인된다. 특히 금관가야 고지인 김해지역 석실과 관련성이 커 보인다.

ⅠD형식은 군포 산본동 2호 석실 단 한 사례이다. 부장 유물로 병 1점이 출토되었는데, 본고 2기의 늦은 시기로 6세기 후반 후기에 해당하는 것이다. 이에 통일신라기 이후로 보았던 기존의 견해는 재고되어야 한다. 신라 후기양식 병이 출토되고, 봉분의 호석 설치와 두침석의 사용 등은 대체로 신라 석실의 특징을 잘 보여준다. 하지만 작은 석재를 한 겹 깐 저시상대 구조와 연도의 길이 방향과 같은 시상대의 북-남 배치, 복수의 시상대가 석실 벽면은 물론 서로 연접하지 않고 이격되어 배치된 것은 신라에는 없고 고구려 석실에서 흔히 확인되는 것으로 서로 통하는 면이 있다.[58] 이와 같이 신라와 고구려의 묘·장제 속성이 복합적으로 나타나고 통일기 이후 신라 석곽과 떨어져 단독 분포하는 점으로 보아 고구려 석실의 기반 하에 신라 석실의 영향을 받아 현지에서 창출된 복합계통의 석실로 보는 것이 타당하다.

(2) Ⅱ형(근방형계)

ⅡC형식은 경주와 영남 서남부지역에서 주로 확인된다. 경주지역에서 근방형은 종장방형과 구조차이가 없는 것으로 1.7:1 이상의 것도 적지 않아 한주지방보다 세장한 면이 있다. 6세기 전반 무렵 출현하여 6세기 후반까지는 방내리와 월산리, 손곡동, 율동 등 외곽지역에서 유행하는 바닥 전면 부석의 A형식과 공존하였는데 저시상대에 시상 바깥의 바닥면까지 부석하였고, 배수시설이 설치되었다. 이후 7세기에 들어서는 동천동고분군과 같이 경주 중심지역으로 확산되어 유행하는데 대부분 좌편재식 연도이며, 입구는 가공된 장대석을 문주석으로 세워 현문을 마련한 경우가 많다. 또한 20~30cm 정도로 높은 시상대 상면에는 역석을 깔아 조정하는 특징이 있어 한주지방과는 시기적으로나 구조적으로 차이가 있다.

반면 합천 저포리 E지구 1-3·15-1·16·19·20·24호, 의령 운곡리 21·27~29호, 김해 망덕Ⅰ-1·Ⅱ-1, 우계리 11호 등, 주로 합천과 의령, 김해지역에 분포하는 영남 서남부지역 석실은 우편재식 연도가 주류이고 문틀식 입구는 없다.[59] 이 밖에 시상대와 'ㄱ'자형을 이루는 유물부장대를 석축하거나 석실 주변에 배묘가 조영되는 특징이 있으며, 의령 운곡리와

---

58) 남한지역에서 벽체와 이격되어 배치된 저시상대를 갖춘 석실로는 연천 강내리 1호 석실이 있다.

59) 고령 지산동고분군에도 유사한 구조가 있지만 대부분 장폭비가 2 : 1 이상으로 세장하며, 경주지역과 같이 시상대 이외의 바닥면에도 부석하고 배수시설이 설치되기도 하는 차이가 있다.

같이 배수시설이 설치되기도 한다. 이로 보아 한주지방 ⅡC형 석실을 영남 서남부지역 석실과 관련시켜 볼 수 있다. 그러나 한주지방 ⅡC형 석실은 산록완사면에 단독 혹은 2~3기씩 분포하거나 소위 고구려-신라 연속조영 고분군으로 고구려 석실에 연속하여 조영되면서 신라유물이 부장되고 두침석이 놓이거나 배수시설 혹은 유물부장대가 설치되는 구조적 변천을 거치는 것이 특징이다. 이와 같은 입지와 분포적 특징, 그리고 단독장이 주류이고 우편재식 연도, 배묘와 봉분 호석의 부재 등은 영남 서남부지역과 차이가 있으며, 고구려 석실과 통하는 면이 있다. 따라서 ⅡC형식은 현지의 고구려 석실에 영남 서남부지역 석실이 수용되어 창출된 복합계통의 석실로 판단된다.

ⅡD형식은 영남지역에서 그 조형을 찾을 수 없다. 특징적인 넓은 시상(棺)대의 중간 배치는 평양 호남리 19호, 신대동 10호, 청계동 4·7호, 전 동명왕릉 주변 11·16호, 집안 우산하 1041호, 환문총 등 집안과 평양 일대의 고구려 석실에서 주로 확인된다.[60] 평면 형태는 방형과 장방형으로 나타나고 장방형의 시상(棺)대는 대개 네 모퉁이에 받침석을 둔 탁자식 구조로 나타나는 차이가 있지만 중앙식에 유단식 연도는 같다. 이같이 ⅡD형 석실은 평면 형태와 시상(棺)대의 축조방법에 있어 차이는 있으나 제형 평면과 넓은 시상대의 중간배치, 유단식 연도 등은 고구려 석실의 기본구조에 바탕을 둔 것으로 판단되며, 할석조의 고시상대와 두침석의 존재, 신라유물의 부장 등으로 보아 신라의 장법이 일부 채용되었음을 알 수 있다. 따라서 ⅡD형 석실은 평양 혹은 집안일대의 고구려 석실에서 그 계통을 구할 수 있으며, 신라 장법이 일부 채용되어 현지에서 창출된 것으로 판단된다.

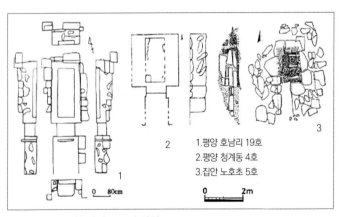

1.평양 호남리 19호
2.평양 청계동 4호
3.집안 노호초 5호

도 31. ⅡD·E형 관련 고구려 석실

---

60) 한성기 백제석실인 하남 광암동 1호와 논산 표정리 81-6호에서도 시상(棺)대의 중간 배치가 확인되지만 시기적·구조적으로 연관시키기는 어렵고 백제 석실에서 일반적인 것도 아니다.

ⅡE형식은 인화문토기가 성행하는 본고 7기에 출현하는 것으로 경기지역, 그 중 파주 법흥리에서만 확인된다. 신라와 백제 횡혈식석실에서는 그 조형을 찾기 어려우며, 집안 노호초 5호, 자강도 시중군 로남리 남파동 88·114·115·119·127호, 심귀리 81·115호, 평양 호남리 20호, 황해북도 연산 공포리 고분군 7호 등 고구려 석실에서 다수 확인된다. 집안 주변인 자강도 지역에서 유행하는 형식으로 관대석은 바닥 전면에 부석을 하고 놓는 경우가 많아 법흥리 석실과 약간의 차이는 있다. 축조시기가 불분명한 관계로 법흥리유적 석실과의 구체적인 관련성은 설명할 수 없지만 기본구조 상 백제와 신라 석실에서는 그 사례가 없는 것으로 고구려 석실에서 그 계통을 찾을 수 있다.

(3) Ⅲ·Ⅳ형(장방형계)

종장방형의 ⅢB형식은 도면으로만 간략히 보고되어 그 구조와 시기를 가늠하기 어려운 면이 있으나 동-서향의 고시상대를 후벽에 붙여 연축하는 방식으로 추장이 이루어졌음을 알 수 있으며, 중앙식 연도가 전벽 상부에 위치하여 현실과 연도의 천장 높이 차가 크지 않았음도 알 수 있다. 평면 형태, 고시상대의 후벽배치, 다인장, 유단식의 중앙 연도 등 묘·장제상 영남 서북부지역의 상주 청리유적 A나9·다9호와 안동 조탑동고분군Ⅱ 4호 등과 유사한 점이 확인된다. 이들 석실은 부장 토기로 보아 적어도 6세기 후반 이전에는 출현한 것으로 계통상 중곡동 석실과 연결된다.

횡장방형의 ⅣC1형식은 평면 형태와 고시상대를 단벽에 붙여 북-남향으로 배치한 점, 유단식 연도로 현실과 연도 천장 높이가 비슷한 점 등 구조와 장법상 영주 순흥지역의 석실과 상통한다. 그러나 편재연도인 영주지역과는 다르게 중앙식 연도에 머리 및 어깨 부분의 모양까지 견고하게 가공한 두침석이 일관되게 확인되는 특징이 있다. 중앙식 연도는 경주 서악리 석침총과 같으며, 견고하게 가공한 두침석도 경주지역에서 상위 위계에 속하는 방형과 횡장방형 석실에서 주로 사용되는 것이다. 다만 서악리 석침총은 무단식 연도이며, 낮은 시상대를 장벽에 붙여 연도 방향과 직교하는 반면 ⅣC1형식은 일관되게 연도 방향과 나란하여 약간의 차이가 있다.

이상의 내용으로 보아 ⅣC1형식은 평면 형태와 중앙식 연도, 견고히 가공한 두침석의 존재 등 기본구조와 장법상 서악동 석침총을 조형으로 하는 경주 중심지역 석실과 밀접한 관련성이 있지만 시상대의 배치와 유단식 연도가 확인되어 영남 서북부지역 횡장방형 석실의 구조와 장법도 일부 잔존하는 것이다. 따라서 ⅣC1형식 석실은 왕경인 경주지역 석실의 기본 바탕에 영남 서북부지역 횡장방형 석실의 구조와 장법이 일부 잔존하는 석실로, 이는 축

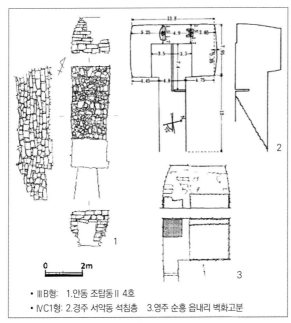

- ⅢB형: 1.안동 조탑동Ⅱ 4호
- ⅣC1형: 2.경주 서악동 석침총　3.영주 순흥 읍내리 벽화고분

도 32. Ⅲ · Ⅳ형 계통 관련 횡혈식석실

조주체의 성격과 관련이 깊은 것으로 판단된다.

ⅣC2형식은 평면 형태와 중앙식 연도로 보아 C1형식과 같이 경주지역 서악리 석침총과 상통하나 현실 중간에 대형 석재를 세워 매장공간을 분할한 격벽시설은 신라와 백제 석실에서는 확인되지 않는 것이다. 이는 고구려 석실에서 유행하는 소위 쌍실묘와 유사하다. 쌍실묘 중에서도 단실을 공간분할하고 연도를 공유하는 것과 유사한데 이러한 구조는 요령성 봉성 호가보 1호, 봉성 맹가 3호, 자강도 만포 연상리고분군 1무덤떼 2호, 시중군 로남리 남파동 고분군 96 · 99 · 127호 등과 음성 문촌리 나-7호 석실에서도 확인되는 것으로 고구려 석실의 특징으로 보아도 무리가 없다. 따라서 ⅣC2형식은 경주지역과 연결되는 신라 석실의 기본 바탕에 고구려 석실의 묘 · 장제가 일부 투영된 복합계통의 석실로 현지에서 창출된 것으로 판단된다.

ⅣB형식은 신라 횡혈식석실 중 가장 많은 수를 차지하며, 6세기 후반부터 8세기대에 이르기까지 장기간 사용된 석실 형식이다. 경주 망성리고분군Ⅳ, 방내리 고분군 등 경주 서남부의 외곽지역과 대구 · 경산 등 영남 서부지역에서 유행하는 것으로 경주 서부외곽 및 대구지역 석실과 계통이 같은 것이다.

2. 횡구식석실묘

1) 구조형식

(1) Ⅰ형(방형계 석실)

평면 방형에 천장은 궁륭형이며, 횡구부는 창구조인 3식이다. 2~3인장의 다인장이며, 시

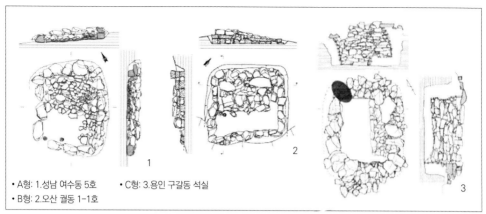

• A형: 1.성남 여수동 5호 　• C형: 3.용인 구갈동 석실
• B형: 2.오산 궐동 1-1호

도 33. Ⅰ형 횡구식석실묘 제 형식

상의 축조방법과 배치상태에 따라 A · B · C형의 3개 형식으로 구분된다.

• A형: 바닥 전면에 판석형 석재를 깔아 시상을 마련한 것이다. 성남 여수동유적 5호 단 한 사례만이 확인되고 있어 Ⅰ형 석실에서 일반적인 예는 아닌 것으로 여겨진다.

• B형: 시상대를 후벽에 붙여 배치한 것으로 대부분 30cm 내외 높이의 고시상을 이루며, 침향은 동향 혹은 서향을 이룬다. 성남 여수동 7호와 같이 석재를 1겹 깐 저시상대도 확인되나 일반적인 것은 아니다. 기존 시상 장측면에 연이어 '〓'자형으로 시상대를 설치하여 추장이 이루어진다.

• C형: 시상대를 좌 · 우 장벽에 붙여 배치한 것으로 30cm 내외 높이의 고시상과 20cm 미만의 저시상으로 구분된다. 전자가 일반적인 것으로 파주 덕은리 9호, 용인 구갈동 석실, 여주 하거리 방미기골 2호가 해당되며, 후자로는 여주 매룡리 94-5호가 있다. 추장은 기존 시상 장측면에 연이어 시상대를 설치한 '∥'자형으로 행해진다. 저시상의 석실에서 관정이 출토되는 것으로 보아 고시상에서 저시상으로의 구조적 변화 양상이 확인된다.

Ⅰ형의 방형계 석실은 부장 토기와 장법으로 볼 때 A형이 B · C형식보다 조금 이르게 출현하여 서로 공존하다가 C형의 저시상대 석실로 변화해 가는 양상을 확인할 수 있다.

(2) Ⅱ형(근방형계 석실)

평면 장폭비가 1.3:1 이상 1.8:1 미만으로 방형에 가까운 석실이다. 천장은 평천장 혹은 변형 궁륭형 천장으로 추정된다. 시상대의 축조방법과 배치, 횡구부의 구조에 따라 A · B · C ·

D·E의 5개 형식으로 구분되며, 평면적에 따라 5㎡ 이상의 대형묘와 4.5㎡ 미만의 소형묘로 나눌 수 있다.

• A형: 소형석재를 바닥 전면에 1~2겹 정도 깐 석실이다. 횡구부와 시상대 및 벽체의 축조 방법에 따라 1·2·3식으로 구분된다. A1식은 반문구조의 횡구부가 일반적이며, 모두 소형묘이다. 대부분 한강본류와 안성천 주변지역에서 확인되고, 남한강 일대에서는 거의 확인되지 않는다. 추장은 기존 시상면을 그대로 사용하거나 석재를 한 벌 새로 깔아 이뤄진 것으로 여겨진다. 침향은 동·서향과 북향으로 나타난다. A2식은 남양주 지금동Ⅰ유적 나3·5호로 대표된다. 대형묘이며, 바닥 전면에 할석재를 1~2단 쌓고 상면에 역석을 깔아 30cm 이상의 고시상을 조성하고 있어 A1식과 차이가 있다. A3식은 평천장이고 한 쪽 단벽 양쪽에 문주석을 세우고 문지방석을 놓아 문틀식의 입구를 갖춘 것으로 벽체 하단을 수적하여 축조한 특징이 있다. 모두 소형묘이며, 이천 중리동과 하남 덕풍동Ⅱ 유적에서만 확인된다.

• B형: 시상대를 후벽에 붙여 석축한 것으로 대개 30~60cm 내외 높이의 고시상이다. 횡구부는 반문구조(2식)도 일부 있지만 중앙에 배치된 창구조(3식)가 주류이다. 추장은 기존 시

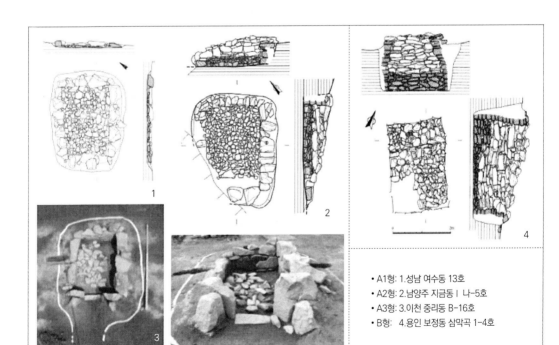

• A1형: 1.성남 여수동 13호
• A2형: 2.남양주 지금동Ⅰ 나-5호
• A3형: 3.이천 중리동 B-16호
• B형: 4.용인 보정동 삼막곡 1-4호

도 34. ⅡA·B형식 횡구식석실묘

상대에 '目'·'ㄱ'·'ㅠ'형으로 보축하여 이루어지며, 3인장이 다수이고 4인장까지 이루어지는 다인장이 특징이다. 침향은 동향 혹은 서향으로 나타나지만 동향이 우세하다. 여주와 용인지역의 석실은 대형묘이며, 나머지 지역은 소형묘로 나타나는 특징이 있다.

• C형: 시상을 좌·우 장벽에 잇대어 배치한 것으로 횡구부는 반문구조(2)와 창구조(3)로 나타난다. 시상 높이와 횡구부, 매장인 수에 따라 1·3식으로 구분된다. C1식은 C1a식과 C1b식으로 다시 세분되는데 C1a식은 30~50cm 내외 높이의 고시상대를 갖춘 것이다. 매장인 수는 2인장이 다수이며, 3인장도 확인되는 다인장이다. 시상배치는 기존 시상면에 잇대어 보축하거나 이격하여 양 장벽에 배치한 '||'자형이며, 전벽부에 공간을 두는 경우가 많다. 횡구부는 반문구조가 소수 있지만 창구조가 일반적이다. 용인 보정동과 여주 상리·매룡리 고분군에서는 대형묘가 나타나지만 나머지는 소형묘이다. C1b식은 20cm 내외 혹은 그보다 낮은 높이의 저시상대가 설치된 것이다. 모두 C1식보다 작은 소형묘이며, 간혹 2인장

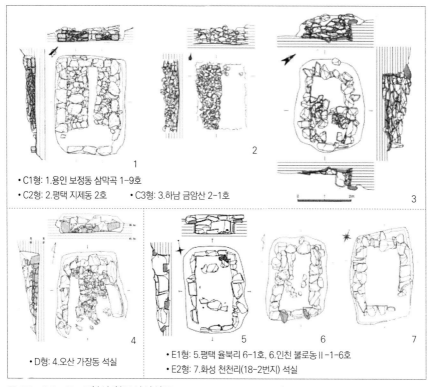

• C1형: 1.용인 보정동 삼막곡 1-9호
• C2형: 2.평택 지제동 2호 • C3형: 3.하남 금암산 2-1호

• D형: 4.오산 가장동 석실

• E1형: 5.평택 율북리 6-1호, 6.인천 불로동 II-1-6호
• E2형: 7.화성 천천리(18-2번지) 석실

도 35. ‖C·D·E형식 횡구식석실묘

도 있지만 1인장이 일반적이다. 횡구부는 창구조도 일부 있지만 대부분 반문구조이다. C3식은 A3식과 같이 한 쪽 단벽에 문틀식의 입구를 갖춘 소형 석실이다. 시상(棺)대는 10cm 남짓한 높이로 낮고, 장구로 목관을 사용하였으며, 2인장으로 시상(棺)대 배치는 'Ⅱ'자형이다.

C형식은 C1식보다 C3식이 뒤늦게 출현하며, C1식은 수적형문 뚜껑이 출토된 용인 하갈동 1호, 청동과대가 출토되는 수원 광교유적 2-3호와 여주 매룡리 94-3호 등을 통해 볼 때, C1a·b식이 서로 병존하다가 소형의 저시상이며 단독장 중심의 C1b식으로 구조가 변화되는 양상이 확인된다.

• D형: 바닥 중간에 시상대를 배치한 것으로 20cm 이상의 고시상과 20cm 미만의 저시상이 모두 확인된다. 횡구부는 창구조(3)도 있지만 대부분은 반문구조(2)이고, 벽체 하단에 수적을 한 경우가 많다. 다른 지역과 달리 이천 중리동유적에서 주된 묘형으로 나타나는 특징이 있다. 평면적에 따라 대형(a)과 소형(b)으로 구분할 수 있다.

• E형: 목관사용이 일반적인 석실로 횡구부는 반문구조(2)이다. 목관 안치 방법에 따라 바닥 중간에 할석재를 양단측에 이격하여 놓거나 소할석을 둘러놓아 관 혹은 주검받침을 마련한 E1식과 바닥에 별도 시설 없이 정지토를 깐 E2식으로 구분된다. 출토유물 상 E1·2식이 병존하다가 점차 E2식으로 변화해 간다.

(3) Ⅲ형(장방형계 석실)

평면 종장방형으로 천장은 평천장을 이루는 석실(곽)묘다. 시상의 축조방법과 공간배치, 평면적에 따라 B형식이 없는 A·C·D·E형식으로 구분된다.

• A형: 바닥 전면 혹은 한쪽 단벽부에 공간을 두고 소형 석재를 깔아 시상을 마련한 것으로, 규모와 시상대 높이, 횡구부, 매장인 수에 따라 1·2·3식으로 구분된다.

A1식은 석재를 1~2겹 정도 깐 저시상대이며, 횡구부는 전면식(1)과 반문식(2) 구조이다. 평면적 3㎡ 이상의 대형급(A1a)과 3㎡ 미만의 소형급(A1b)에 속하는 그룹으로 출현한다. 대형급은 소수이며, 한강 본류 수계의 파주 성동리 고분군 에서 집중된다. 매장인 수는 1회의 추장이 이루어진 것도 있으나 너비가 60~120cm 전후로 좁고 출토유물 상 뚜렷한 추장의 흔적이 간취되지 않고 있어 1인장이 일반적이었던 것으로 판단된다. 침향은 동·서·북향이 함께 나타난다. 주로 한강과 안성천 수계권에서 고르게 확인되며, 남한강 수계권에서는 이천지역에 집중되는 특징이 있다. 점차 소형화가 진행되어 횡구부는 시신 안치가 불가능한 흔적기관으로 남게 되며, 수혈식석곽묘로의 변환이 이루어진다. 이에 대형급인 A1a식은 점차 사라지고 소형급인 A1b식이 주를 이루게 된다. 또한 침향은 북향으로 고정되며, 벽체 하단에 수

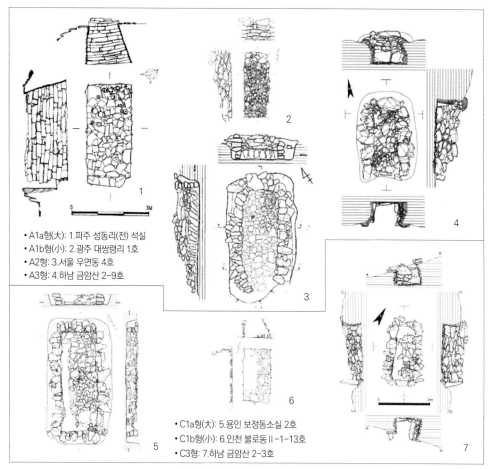

- A1a형(大): 1.파주 성동리(전) 석실
- A1b형(小): 2.광주 대쌍령리 1호
- A2형: 3.서울 우면동 4호
- A3형: 4.하남 금암산 2-9호

- C1a형(大): 5.용인 보정동소실 2호
- C1b형(小): 6.인천 불로동Ⅱ-1-13호
- C3형: 7.하남 금암산 2-3호

도 36. ⅢA · C형식 횡구식석실묘

적이 행해지거나 두침석 혹은 목관이 사용되기도 한다.

　A2식은 평면 장폭비가 2~2.5:1 남짓하며, 바닥에 할석재를 놓고 상면에 다시 소할석을 깔아 20~35cm 정도 높이의 고시상을 이루는 것이다. 평면상 양 장벽이 약간 배가 부른 동장형을 이루는 특징도 있다. 한강본류 수계권에서 평면적 3㎡ 이상의 대형급으로만 확인되며, 점차 규모가 작아진다. A3식은 평면 장폭비가 2~2.5:1을 이루며, 한 쪽 단벽 양쪽에 문주석을 세우고 문지방석을 놓아 문틀식의 입구를 갖춘 것이다. 벽체 하단의 수적과 목관 안치가 일반적인 형식으로 추정된다.

　• C형: 평면 장폭비가 1.8~3:1 미만에 속하며, 시상대를 석실의 좌 · 우장벽에 잇대어 배치

한 것이다. 평면적과 시상 높이, 횡구부, 매장인 수에 따라 1·3식으로 나눌 수 있다.

C1식은 평면적에 따라 크게 3㎡ 미만인 소형급(C1b)과 3㎡ 이상의 대형급(C1a)으로 구분된다. 대형급이 다수를 점하여 특히 5㎡ 이상의 그룹이 존재하는데 용인 보정동, 여주 매룡리와 하거리 등 주로 여주·용인지역의 대규모 고분군에 국한되어 나타나는 특징이 있다. 시상대는 대체로 20cm 이상의 고시상이 일반적이며, 횡구부는 반문과 창구조로 나타난다. 매장인 수는 2인장이 대부분이고 3~4인까지 이르는 다인장이다. 추장 시 시상배치는 '∥'자 혹은 'Ⅲ'자형이며, 원 시상 상면에 배치되기도 한다. 두침석의 사용례가 많고, 침향은 동·서·북향으로 나타난다. A1식과 같이 점차 소형화가 진행되어 석곽묘로의 변환이 이루어진다. 이에 대형급인 C1a식은 점차 사라지고 소형급인 C1b식이 주를 이루게 된다. 또한 시상대는 20cm 미만으로 낮아지고 침향은 북향으로 고정되는 변화과정을 보인다. 1인장이 기본이 되고 간혹 추가장이 이루어지기도 하지만 원 시상대 상면에 정지토를 깔고 시상석을 놓은 구조로 횡구부를 통한 것이 아닌 개석을 열고 이루어진 수직장이다.

C3식은 평면 장폭비가 2~2.2:1을 이루며, ⅡC3식과 같이 한 쪽 단벽에 문틀식의 입구를 갖춘 것이다. 벽체 하단에 수적이 이루어지기도 하며, 목관 사용이 일반적인 것으로 추정된다. 침향은 북향이며, 추가장이 이루어지기도 한다.

• D형: 평면 장폭비가 1.8~3.5:1 내외로 시상대를 바닥 중간에 장축 방향으로 배치한 것이다. 횡구부는 전면식과 반문식 구조이며, 1인장을 기본으로 조영된 석실이다. 평면적에 따라 3㎡ 이상의 대형급인 Da식과 3㎡ 미만의 소형급인 Db식으로 구분된다. 시상은 20cm 이상의 고시상과 20cm 미만의 저시상이 병존하며, 침향은 동향과 북향으로 나타난다. 시기상 대형급인 Da식이 점차 사라지고, 소형급인 Db식으로 변화한다. 또한 평면 장폭비가 2~3.5:1 이상으로 점차 세장해지고 시상대는 20cm 미만으로 낮아지며, 벽체 하단을 수적하는 경우가 많아진다. 장법상 두침석과 목관 안치가 빈번해지며, 침향은 북향으로 고정된다. 일부 추가장이 이루어지기도 하지만 C1식과 같이 횡구부를 통한 것이 아닌 개석을 열고 이루어진 수직장이다.

• E형: 목관 사용이 일반적인 석실로 1인장이 기본이다. 바닥시설과 목관 안치방법에 따라 E1식과 E2식으로 구분된다. E1식은 평면 장폭비 2~3:1 미만에 속하며, 관 혹은 주검 받침석을 놓은 것이다. 평면적에 따라 3㎡ 이상의 대형급인 E1a식과 그 미만의 소형급인 E1b식으로 구분된다. 횡구부는 전면식(1)과 반문구조(2)이다. 관대석의 배치방법과 평면적, 침향 등을 통해 변천양상이 확인된다. 초현기 석실은 한쪽 장벽에 붙여 양단측에 관 받침석을 놓은 것으로, 대형급으로 나타난다. 침향은 동·서향이고, 여주 하거리 고분군에서만 확인된다. 이후

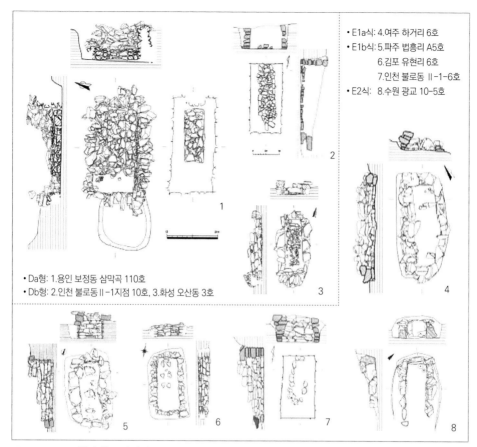

• E1a식: 4.여주 하거리 6호
• E1b식: 5.파주 법흥리 A5호
    6.김포 유현리 6호
    7.인천 불로동 II-1-6호
• E2식: 8.수원 광교 10-5호

• Da형: 1.용인 보정동 삼막곡 110호
• Db형: 2.인천 불로동 II-1지점 10호, 3.화성 오산동 3호

도 37. IIID · E형식 횡구식석실묘

3㎡ 이상의 대형급인 E1a식은 점차 사라지고 소형급의 E1b식으로 대체되어 석곽묘로 전환된다. 아울러 관 받침석은 중간 배치식으로 일관되며, 석재를 양단 혹은 상·중·하의 등간격으로 놓은 것, 목관의 외곽에 하나씩 놓은 것, 타원형으로 길게 둘러놓은 것 등 다양하게 나타난다. 침향은 기존의 동·서향에서 북향으로 고정된다.

E2식은 바닥에 별도의 시설이 없는 석곽묘이다. 횡구부는 대부분 전면식으로 남아있으나 실기능을 못하는 선묘제의 축조방법이 이어질 뿐이다. 극히 일부 두침석이 확인되기도 하지만 피장자의 목관 안치가 기본이고, 침향은 북향이 일반적이다. 벽체는 하단에 수적하여 쌓아올리는 예가 많다. 평면적 3㎡ 미만의 소형급이 대부분이며, 3㎡ 이상의 대형급도 소수 확인되는데 시기상 가장 늦은 나말여초기에 등장하는 것이다.

2) 계통

(1) ⅠA · ⅡA1 · ⅢA1형

바닥 전면 부석에 저시상인 ⅠA, ⅡA1, ⅢA1형의 석실은 창녕과 합천, 김해, 양산지역 등 영남 서남부지역에서 일반적인 형식으로 구조나 장법상 동일계통으로 볼 수 있다.

ⅠA형식은 창녕 계성 B43호, 교리 13호, 합리 A-6호, 울주 발리 4·5·7호 등 영남 서남 부의 창녕과 울산 남부지역에 국한되어 소수 확인된다. 6세기 후반 무렵에 일시적으로 나타 나 사라지는 것으로 영남 서남부지역에서도 일반적인 무덤형식은 아니었던 것으로 판단된 다. 시상석에 있어 창녕지역은 넓적한 소형 판석재나 천석재를 사용하는 반면, 울산지역은 잘게 깬 역석을 사용하는 차이가 있다. 이로 볼 때 ⅠA형 석실은 영남 동남부의 울주지역보 다는 낙동강 중류역의 창녕지역 석실과 구조적으로 가깝다.

ⅡA1·ⅢA1형식은 ⅠA형식과 달리 낙동강 중·하류는 물론 소수이지만 기장과 울주 등 영남 동남부지역까지 분포범위가 확대되어 나타난다. ⅢA1형식은 종래의 세장한 수혈식석

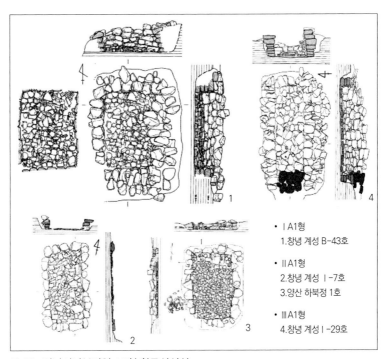

• ⅠA1형
1.창녕 계성 B-43호

• ⅡA1형
2.창녕 계성 Ⅰ-7호
3.양산 하북정 1호

• ⅢA1형
4.창녕 계성 Ⅰ-29호

도 38. 영남서남부지역 A1형 횡구식석실

곽묘에 횡혈계 묘제 개념이 도입된 것으로 횡구식석실에서 일반적인 형식 중 하나이다. 영남 지역에서는 6세기 전후 무렵에 등장하였고, ⅡA1형식은 이보다 조금 늦은 6세기 전반 무렵에 출현한다. 이들은 공존하며 6세기 후반대에 유행하고, 7세기대까지 추장이 이루어지면서 지속적으로 사용된다.

ⅡA1형식의 대표유적으로는 창녕 계성고분군 Ⅰ-7·28·Ⅱ-9·Ⅲ-5호, 명리고분군 1·2호, 청도 송서리 1·2호, 양산 하북정 1·2·4·8·9-1·10호, 김해 화정 17-1·84-1호, 대성동 219-2번지 1호, 우계리 13호, 망덕 Ⅰ-3호 석실, 진해 두동 4-1지점 1·4호, 울주 발리 499-10번지 3호 석실 등이 있다. ⅢA1형식도 창녕 계성고분군 대부분의 석실, 교리 2·3·6·11호, 달성 성하리 63-4·79·91-1·104호, 합천 저포리 E지구 A3·A4-1호, 밀양 임천 2-8·23·36·46·3-40·44호, 김해 화정 9·26·32-1·40·45·48·54·59·66호, 우계리 1~5·7~9호, 울주 화산리 3-10·20·23호, 4-5호 석실 등으로 나타나고 있어 분포상 차이가 없다.

이들의 주된 분포구역은 낙동강 중류역의 창녕과 달성 현풍, 청도 서부지역, 낙동강 하류역의 양산과 김해지역으로 대별되는데, 지역별로 약간의 구조적 차이가 나타난다. 낙동강 중류역의 창녕과 청도 서부지역은 벽체 하단에 수적이 없고, 넓적한 소형 판석 혹은 천석재를 시상석으로 사용하는 반면, 낙동강 하류역의 양산·김해 일대는 물론 그 주변인 울주지역은 대개 벽체 하단에 수적이 이루어지고 잘게 깬 역석을 시상석으로 사용하고 있어 중·하류지역 간 차이를 보인다. 이러한 지역상과 비교하여 볼 때 ⅡA1형 석실은 일부 낙동강 하류역의 특징도 함께 나타지만 대부분은 창녕지역을 중심으로 한 낙동강 중류역의 석실과 관련성이 깊다. 나머지 ⅢA1형 석실은 파주 성동리와 성남 여수동, 광주 선동리, 안성 반제리유적 등 한강과 안성천 수계권은 낙동강 중류역의 석실과 가깝고, 남한강수계권의 이천 중리동유적은 낙동강 하류역의 석실과 상통하여 계통상 지역차가 있음을 알 수 있다.

이 밖에 ⅢA1형식의 경우 영남 서남부지역 이외에 경주와 영남 서북부지역까지 폭넓게 확인되는데 영남 서북부지역에서는 김천지역에서 소수 확인될 뿐 일반적인 형식은 아니다. 반면 경주지역은 방내리고분군, 사라리 525번지, 율동 산2-19번지, 용장리, 월산리유적 등과 같이 다수 확인되고 있다. 전면식 횡구부와 벽체 하단에 수적, 그리고 잘게 깬 율석을 시상석으로 사용하는 것이 기본구조이며, 대개 길이 250cm, 너비 100cm 미만의 것으로 영남 서남부지역보다 소형이다.[61] 이와 더불어 시상 상면에는 시상석보다 큰 석재를 둘러놓아 관대

---

61) 경주 월산리유적 석실(곽)묘의 경우 발굴보고서에 길이 250cm, 너비 100cm를 초과하는 것으로

혹은 주검받침으로 사용하였고, 바닥면에 배수시설이 설치되기도 하는 등 묘·장제상 한주 지방과는 확연한 차이가 있다.

(2) ⅡA2·ⅢA2형

20~30cm 정도 높이의 바닥 전면식 고시상대가 특징인 ⅡA2형과 ⅢA2형 석실은 상주, 예천, 영주, 울진, 대구 달성 등 영남 북부와 서북부지역의 세장방형과 장방형 석실에서 다수 나타나는데 상주와 예천, 영주를 중심으로 한 서북부지역이 주된 분포구역이다. 5세기 후반대에 평면 장폭비 4.5:1 이상의 세장

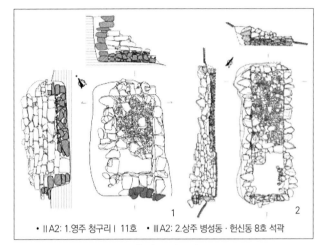

• ⅡA2: 1.영주 청구리 | 11호   • ⅢA2: 2.상주 병성동·헌신동 8호 석곽

도 39. 영남 서북부지역 A2형 횡구식석실

방형 석실로 처음 축조되기 시작하여 6세기 중엽경에 이르면 점차 세장도가 떨어지고 이전보다 크기도 작아져 2:1 미만의 장방형 석실로 변화하는 특징을 보이고 있다.[62] 이로 볼 때 ⅡA2형과 ⅢA2형 석실은 축조시기와 구조상 6세기 중엽 무렵 장방형화되는 영남 서북부지역의 세장방형 석실과 계통적으로 연결시킬 수 있다. ⅡA2형에 속하는 대표유적으로는 영주 청구리 고분군1 7·10·11호, 상주 헌신동 고분군 13호 석실이 있으며, ⅢA2형은 상주 병성동·헌신동 고분군 8·20호 석곽, 병성동고분군 14·16·20·24·25호, 상촌리고분군Ⅱ 4-1·7호, 구잠리고분군 5·8호, 예천 덕율리고분군 7-1·18-2·19·21·23·27호, 황지리 1·5호 봉토분, 영주 태장리고분군2 2호 석실 등이 있다.

보고되었다. 그러나 석실(곽)의 크기는 내부가 아닌 외부 크기를 측정한 수치로 실제 크기는 현저히 작음을 확인하게 되었다.

62) 李辰赫, 2016, 「5~6세기 소백산맥 동북부일대 신라고분 연구」, 嶺南大學校 大學院 碩士學位論文, 87쪽.

(3) ⅡA3 · ⅢA3형과 ⅡC3 · ⅢC3형

ⅡA3형과 ⅢA3형은 전면부석식의 바닥과 문틀식의 입구를 갖추고 벽체 하단을 수적하여 축조하는 것이 특징이다. 문틀식의 입구부는 문주석과 문지방석으로 구성되며, 상부가 유실되어 알 수 없지만 별도의 문미석은 없이 개석이 그 역할을 하였을 것으로 추정된다. 이러한 문틀식 입구를 갖춘 Ⅱ · ⅢA3형 석실은 신라에서는 찾아볼 수 없는 구조로 사비기 백제석실과 서로 통하는 면이 있다. 사비기 백제석실은 장폭비 2:1 안팎의 장방형 평면과 단면 육각형의 평사식 천장, 치석도가 높은 판석재 혹은 할석재를 정교하게 축석한 벽체, 짧은 연도와 문주석, 문지방석, 문미석 등을 갖춘 문틀식의 입구 구조를 갖춘 것을 전형으로 한다. 그리고 소위 '능산리 규격'(길이 250cm, 너비 125cm)으로 특징되는 규격성이 정착되는 것이 특징적이다.[63] 이를 표본으로 하여 백제 각지에 수용되는데 시기상 7세기 이후에는 현실의 규모가 이전보다 축소되고 너비가 좁아져 평면형태가 세장화되고 벽석의 치석도 조악해지며, 연도가 사라져 문틀식의 현문구조만 남는다. 아울러 문틀식의 현문구조도 문주석이 작아지거나 일부 생략되는 등 흔적기관으로 남게 되는 구조적 변천을 거친다.[64]

이와 관련하여 Ⅱ · ⅢA3형 석실은 연도가 없고 바닥과 벽체, 문틀식의 현문 구조상 7세기 무렵에 등장하는 이남석의 횡구식석실묘,[65] 山本孝文의 Ⅲ유형, 최영주의 FⅨ2형식의 사비기 백제석실과 차이가 없다. 이러한 문틀식 입구를 갖춘 형식은 시상대를 한쪽 장벽에 잇대어 배치한 Ⅱ · ⅢC3형도 확인되는데, 시상대의 배치만 다를 뿐 구조 차이는 없다. 이러한 무덤 형식도 사비기 백제석실에 신라식 장법이 채택된 것으로 현지에서 일부 변용된 결과로 볼 수 있다. 특징적인 것은 Ⅱ · ⅢA3형 석실의 목관에 사용된 관정이다. 관정은 백제 한성기와 달리 두부 단면이 납작하고 평면 방형인 것과 두부가 원주형인 것이 있는데 모두 길이 10cm에 가까운 대형이다. 두부 원주형의 경우 신라 석실에서

1.하남 금암산 2-2호, 2.2-3호

도 40. ⅢA3 · C3형 석실 출토 관정

63) 山本孝文, 2005, 「泗沘期 石室의 基礎編年과 埋葬構造」 『百濟研究』 43, 忠南大學校 百濟研究所, 148~149쪽.

64) 최영주, 2013, 「百濟 橫穴式石室의 型式變遷과 系統關係」 『百濟文化』 第48輯, 公州大學校 百濟文化研究所, 246쪽.

65) 李南奭, 2002, 『百濟墓制의 研究』, 서경, 158~168쪽.

도 사용되기는 하지만 웅진기 이래의 백제 석실에서도 방두정과 함께 흔히 사용되는 것으로 석실의 계통과 연결지을 수 있는 근거가 된다.

따라서 Ⅱ·ⅢA3형과 Ⅱ·ⅢC3형 석실은 사비기 백제 석실 계통으로 보아도 무리가 없다. 이천 중리동유적의 예로 보아 7세기 전·후 무렵에 신라식 시상대가 채용된 석실이 현지에서 창출되어 여러 신라 석실돠 병존하였던 것으로 판단된다. 석실의 규격성이 없고 소형인 점, 축조수법이 조악한 점으로 보아 백제 중앙보다는 지방석실과 관련이 깊어 보인다.[66]

(4) ⅠB·C형

ⅠB·C형식은 영남 서남부와 서북부지역에 나뉘어 분포한다. 먼저 영남 서북부지역은 상주 마공리분묘군 3·4호, 신흥리고분군 라-40호, 안동 조탑동고분군Ⅱ 37·39·50호, 평팔리고분군 1·2호, 군위 화계리고분군Ⅰ 2·21호, 화계리고분군Ⅱ 46-1·52·53-1호, 화계리고분군Ⅲ 8-1·10호, 성주 명포리분묘군 7호 석실 등에서 그 예를 찾을 수 있다. 상주지역은 소수로 일반적이지 않고 부장된 토기로 볼 때 7세기 전반에 출현하여 후반대까지 조영되어 6세기 후반대의 한주지방과는 시기적으로 차이가 있다. 안동지역 역시 소수로 일반적인 형식은 아니며 고시상대도 있지만 군위, 성주지역과 같이 10~20cm 미만의 저시상대 혹은 횡구부가 편재된 창구조로 나타나 중앙 배치의 한주지방과 차이가 있다.

영남 서남부지역은 달성 성하리 201·220·234·235·243~245·250·253·257호, 밀양 임천 48~50호 석실, 김해 화정 72·73호, 예안리고분군 78호, 마산 덕곡리 A-5·6·7·8호, B-1호, C-1·11호, 울주 화산리 3구역 8·17호, 4구역 3호, 주전동 중마을 고분군 10·14호 석실 등이 있다. 이들 석실 중 낙동강 중류역의 달성 성하리유적을 제외하고는 대개 벽체 하단에 수적이 이루어지며, 횡

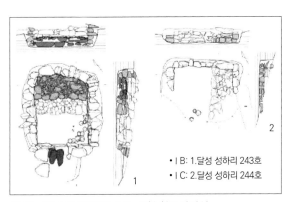

• ⅠB: 1.달성 성하리 243호
• ⅠC: 2.달성 성하리 244호

도 41. 영남서남부지역 ⅠB·C형 횡구식석실

---

66) 이와 관련하여 신라와의 접경지역인 안성천 이남의 당진 대운산리 호구마루, 자개리Ⅱ와 예산 목리유적 등의 석실묘 축조집단을 주목할 만하다.

구부는 창구조 중 중앙식보다 좌·우 편재식이 일반적이다. 또한 울산지역 석실의 경우 시상 상면에 율석을 깔아 조정하며, 시상대 이외의 바닥 전면에 부석이 행해지는 등 한주지방과 구조적 차이가 있다. 이에 반해 낙동강 중류역의 달성 성하리유적의 석실은 6세기 후반 대부터 조영되고, 고시상에 창구조의 중앙식 횡구부, 벽체 하단에 수적이 없는 구조로 한주지방과 차이가 없다. 따라서 ⅠB·C형 석실은 낙동강 상류와 중·하류역의 접점지인 달성 현풍 지역 석실과 계통적으로 연결되는 것으로 판단된다.

다만 단독 분포하는 ⅠC형의 구갈동 석실은 봉분 기저부에 방형의 호석이 잔존하는 것으로 보아 방대형 봉분으로 추정된다. 이는 원형분이 전형인 신라 석실과 대조적이고, 연천 신답리와 춘천 천전리, 방동리 등 고구려 석실 봉분의 특징이다. 이같이 구갈동 석실은 입지와 분포, 석실과 봉분의 축조기술 상 복수의 계통이 현지에서 결합된 양상을 보이고 있어 주목된다.

(5) ⅡB형·C형, ⅢC1형

ⅡB형식은 고시상 대를 후벽에 붙여 설치한 다인장의 석실이다. 상주 성동리고분군 169호, 신상리고분군 Ⅱ-1호, 청리유적 A나-1호, 안동 조탑동고분군Ⅱ 35·45-1·46·49호 등이 해당되며, 상주 청리유적 A다-1호, 병성동·헌신동고분군

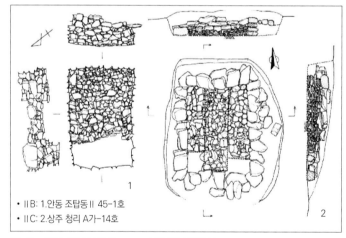

• ⅡB: 1.안동 조탑동Ⅱ 45-1호
• ⅡC: 2.상주 청리 A가-14호

도 42. 영남 서북부지역 ⅡB·C형 횡구식석실

2·5호, 안동 조탑동고분군Ⅱ 2·3-1·36-1·38호, 영주 청구리 석실, 읍내리 파괴석실 등과 같이 평면형은 장방형이지만 너비가 2m 이상인 대형급 석실에서도 기본적으로 후벽배치 시상대가 사용되고 있다. 이러한 석실은 세장방형 석실에 후행하는 것으로 6세기 전반의 이른 시기에 안동 조탑리 고분군에서 대형급 석실로 나타나며, 6세기 후반대에 이르러서는 상

주지역 등 주변지역으로 확산된다.[67] 이로 보아 ⅡB형 석실은 영남 서북부지역에서도 안동과 영주지역 일대에서 6세기 전반 무렵 이래로 유행한 후벽배치 고시상대 석실과 계통적으로 연결된다.

ⅡC형식은 상주 신흥리고분군 다1호, 라109·119호, 청리 A가-11·13·14·16·17·다-3·H가 8호 석실 등과 같이 주로 영남 서북부의 상주지역에서 유행하는 것으로 이와 계통적으로 연결된다.[68] ⅢC1형식 또한 상주와 문경 등 영남 서북부지역에서 가장 기본적인 무덤 형식으로 대표유적으로는 상주 신흥리고분군 나-2·다-1·라-2·44·68·80·84·96·104·142호, 헌신동고분군 1·6~12호, 청리 A가-8·12·20·24·25·29·나-11·15·16·19·다-5·10·H가-10호, 문경 신현리고분군 Ⅰ-7·16호, Ⅱ-18·22·26호 등이 있다. 6세기를 전후한 시기에 영강 주변의 상주 신흥리와 문경 신현리고분군 등에서 출현하여 6세기 전반 무렵에는 주변지역으로 확산되고 7세기 전반대까지 유행한다. 특히 문경 신현리고분군의 경우 동장형의 평면에 저시상을 갖춘 것이 확인되고 있어 여주 하거리고분군과 구조적으로 상통하는 면이 더 크다.

(6) ⅡD와 ⅢD형

Ⅱ·ⅢD형식의 석실은 대략 영남 서북부의 상주와 문경, 영남 서남부의 창녕과 청도지역을 중심으로 분포하는데[69] 6세기 전반의 이른 시기에 출현하여 6세기 후반 무렵에 유행하며, 7세기 전반대까지 조영된다. 영남 서북부지역은 문경 신현리고분군Ⅱ 24·32호, 상주 신흥리고분군 라2·22호, 청리유적 D-4호, 헌신동고분군 14호 등이 있는데 소수만 확인되고 있어 일반적인 것은 아니다. ⅡD형인 신흥리고분군 라94호를 제외하고는 모두 ⅢD형이다. 넓고 낮은 시상대와 바닥면에 역석을 부석한 것으로 나타나 높은 시상대와 바닥면에 부석이 없는 것으로 변천한다.

---

67) 李在煥, 2007,「洛東江 上流地域 橫口式石室 硏究」, 慶北大學校 大學院 碩士學位論文, 64~67쪽.

68) 김해 예안리 고분군Ⅰ 5·7·30·33호, 화정 13·65·82호, 울산 주전동 중마을 고분군 6·9호, 울주 화산리 3-2·4·6·13호 등 영남 서남부와 동남부 지역에서도 확인되나 10cm 안팎의 저시상대와 벽체 하단의 수적 등 구조적으로 차이가 있다.

69) 논산 표정리와 모촌리고분군 등 백제 웅진기의 석곽묘에서도 이러한 시상대 배치가 확인된다. 모두 5세기 후반에서 6세기 초반으로 편년되며 논산지역에 국한되어 나타난다. 극소수로 일반적인 형식은 아니며, 시상대의 배치만 같을 뿐 축조시기와 구조상 한주지방 석실과 연관시키기 어렵다.

영남 서남부지역의 IID형 석실로는 창녕 계성고분군 I-26·27·III-3·4·7(2차), 양산 하북정 4(2차)·5호, 울주 화산리 30·31·33호, 발리 499-10번지 9호 석실 등이 있고, IIID 형으로는 달성 성하리고분군 42·61·262호, 창녕 계성고분군 II-9·28호, III-2·7(2차)· 8·11·13(2차)·14·16·21호, 교리 7·9호, 청도 송서리 710번지 1~3·6호, 밀양 양동리 고분군 3·8호, 부산 두구동 임석 5호, 울주 화산리 3-14·19·28호, 발리 499-10번지 4· 6·14호, 거제 아주동고분군 석실 등이 있다. II·IIIA1형식과 같이 창녕과 청도 서부지역 등 낙동강 중류역을 중심으로 낙동강 하류역의 부산, 김해 일대의 구 금관가야 고지까지 폭넓게 분포하고 있으며, 영남 서북부지역과는 달리 고분군내에서 소군집을 이루며, 별도의 묘역을 형성하는 등 주된 무덤 형식 중 하나이다.

지역별로 약간의 구조적 차이를 보이는데 낙동강 중류역의 창녕과 청도, 달성 현풍, 남해 도서의 거제지역은 15~30cm 정도의 고시상과 10cm 안팎의 저시상이 병존하고,[70] 벽체 축 석 시 수적이 없으며, 단측 양쪽에 부장대를 두어 시상대와 'T'자형을 이루기도 하는 반면, 낙 동강 하류와 그 주변지역인 밀양과 양산, 기장, 울주지역은 벽체 하단에 수적을 하는 경우가 많고 소할석을 1~2겹 깐 10cm 안팎의 저시상이 일반적이다. 이러한 영남지역 석실의 구조 와 장법상 II·IIID형 석실은 영남 서남부지역과 계통적으로 연결된다. 영남 서남부지역 중 에서도 이천 중리동과 같이 벽체 하단의 수적과 저시상대 석실은 낙동강 하류지역 일대, 용 인 보정동 고분군과 같이 벽체 하단에 수적이 없고 고시상대, 유물 부장대가 나타나는 석실 은 낙동강 중류지역 일대 석실과 관련이 깊은 것으로 지역에 따라 차이가 있으며, 두 지역의 구조적 속성이 복합적으로 나타나기도 한다.

(7) IIE형

목관 혹은 주검 받침석을 둔 II·IIIE1형식은 표본이 적고 뚜렷한 지역상도 관찰되지 않 아 계통 관계를 규명하기에 어려움이 있다. 다만 II·IIIE1형식 중 인천 불로동 II-1-6호와 같이 소할석을 타원형으로 길게 둘러놓은 위석식의 주검 받침은 달성 성하리 98-1·191· 193-2·207-2호 석곽과 경주 방내리고분군(영) 4호 석곽, 4호 석실, 동천동 산13-2번지 16 ·17·46호 석실 등 경주지역과 낙동강 중·상류의 달성 현풍지역에서 주로 확인된다. 이러

---

70) 하승철(2013, 87~88쪽)은 창녕 계성고분군 석실의 구조적 변천과 관련하여 중간 배치식 시상대 의 석실은 6세기 2/4분기에 10cm 내외의 저시상대로 출현하여 6세기 3/4분기에는 15cm 이상 의 고시상대로 변천하는 것으로 보고 있다.

한 주검(棺) 받침은 6세기 전반 무렵 무시설식 혹은 전면 부석 바닥면에 설치되다가 6세기 후반에 이르러 횡혈식석실의 석축 시상대 상면에도 설치된다. 왕경인 경주지역은 시상대 혹은 바닥 전면부석 후 설치되는 반면 낙동강 중류역의 달성 현풍지역은 무시설식 바닥면에 설치되는 것이 함께 나타나는 차이가 있다. 표본이 적긴 하지만 경주지역보다는 낙동강 중하류의 영남 서남부지역 석곽묘와 관련성이 있어 보인다.

표 3. 석실(곽)묘 제 형식 및 계통 분류표

묘제/형식			계통	대표고분
횡혈식	I	A1	왕경(경주 외곽 서남부)	서울 방이동 3·4·6호, 가락동 4호
		A2	영남 서남부지역	이천 중리동 18호
		B	왕경(경주 중심지역)	서울 가락동 6호, 양평 대평리 1·2호, 여주 보통리 석실, 수원 광교 10-1호, 하남 덕풍골 석실, 금암산 1-1호
		C	영남 서남부지역	이천 중리동 110·123호
		D	복합·재지(고구려+신라)	군포 산본동 2호
		E	복합·재지	하남 광암동 산71-1번지 1호, 음성 문촌리 다-1호, 이천 장암리 1호
	II	C	복합·재지(고구려+영남 서남부지역)	a: 광명 소하동 2·3호, 서울 천왕동 1·2호, 명륜동 1·2호. 용인 마성리 석실, 안성 당왕동 7호 b: 서울 세곡동 1호, 안성 반제리 1~3호, 여주 매룡리 황학산 1호
		D	고구려	이천 중리동 64·86호
		E	고구려	파주 법흥리 A-1호
	III	B	영남 서북부지역(낙동강 상류)	서울 중곡동 甲·乙墳
	IV	B	왕경(경주 외곽지역)	인천 불로동 II-1지점 석실
		C1	왕경(경주 중심지역)	여주 매룡리 2·8호, 상리 1호
		C2	복합·재지(고구려+신라)	용인 청덕동 1호
횡구식	I	A	영남 서남부지역(낙동강 중류) ※구갈동-복합(고구려+신라)	성남 여수동 5호
		B		파주 덕은리 1·2·14·19호, 인천 원당동 가6호, 오산 궐동 1-1·2호
		C		파주 덕은리 9호, 용인 구갈동 석실, 여주 하거리 방미기골 2호
	II	A1	영남 서남부지역(낙동강 중류)	서울 방이동 5호, 성남 여수동 1·9~11호, 광주 선동리 2·7·8·14호, 용인 보정동 삼막곡 109호, 용인 덕성리 1호, 화성 장지동 2-6호
		A2	영남 서북부지역(낙동강 상류)	남양주 지금동Ⅰ 나5호
		A3	사비기 백제	하남 덕풍골Ⅱ 1호 석곽
		B	영남 서북부지역 (낙동강 상류)	파주 덕은리 16·17호, 인천 원당동 가4호, 용인 보정동삼막곡 1-4·7·10호, 동백동 석실, 여주 하거리 방미기골 3-5·15호, 가평 읍내리 2호
		C1		용인 보정동 삼막곡 1-2·9호, 여주 매룡리 2호(기)·A4·B1·94-4호, 여주 하거리 방미기골 1·12·14·18호

묘제/형식		계통	대표고분
	C2		파주 덕은리 4 · 11호, 김포 신곡리 1-1호, 인천 원당동 가1호, 서울 항동 2호, 광명 가학동 1호, 시흥 군자동 1호, 용인 보정동삼막곡 1-1 · 5 · 16 · 마41호, 신갈동 2호, 하갈동 1호, 화성 상리 가4-1호, 반송동 3호, 수원 광교 2-3호, 평택 지제동 2호, 이천 덕평리 1 · 3호, 중리동 A-67 · 69호, 여주 매룡리 94-2 · 3호, 97-3 · 9호
	C3	사비기 백제	하남 금암산 2-1호
	D	영남 서남부지역 (낙동강 중류/하류 및 주변)	인천 불로동 II-1 7호, 오산 가장동 석실, 양평 양근리 석실, 이천 중리동 6 · 15 · 21 · 37 · 39호
	E1		인천 불로동 II-1 6호, 평택 율북리 6-1호
	E2	영남 서남부지역	인천 원당동유적 가10호 석실, 수원 광교 11-3호, 용인 신갈동 5호, 화성 천천리(한) 1호, 2-6호(중부)
III	A1	영남 서남부지역 (낙동강 중류/하류 및 주변)	파주 성동리, 고양 식사동, 인천 원당동 9-5 · 6호, 서울 우면동 3 · 6 · 8호, 하남 금암산 1-2 · 4호, 2-14 · 16호, 의왕 이동 2 · 3호, 군포 산본동 5 · 6호, 수원 광교 1-2 · 3 · 9 · 13호, 2-3 · 5 · 6 · 10~13호, 광주 선동리 11~13호, 대쌍령리 1 · 2 · 4 · 9호 화성 장지동, 분천리, 안성 반제리 주정마을, 평택 동삭동 2-1 · 3 · 5 · 7호, 가평 대성리, 이천 창전동 4~6호, 중리동, 덕평리 석곽
	A2	영남 서북부지역(낙동강 상류)	남양주 지금동 I 나1 · 3호, 서울 우면동 4호, 용인 보정동 소실 1호
	A3	사비기 백제	하남 금암산 2-2 · 9 · 13호
	C1	영남 서북부지역 (낙동강 상류)	인천 원당동 가3 · 8호 석실, 1~6호 석곽, 구월동 2호, 서울 천왕동 연지 2호 석실, 하남 광암동 7 · 8호, 금암산 6 · 7 · 12 · 17호, 수리골 4호, 광주 역동 1호, 수원 광교 1-5 · 11호, 2-2 · 4호, 11-2호, 용인 보정동 소실, 서천동 1-2구역 2 · 7호, 동백동, 화성 오산동 1 · 4호, 오산 내삼미동 4 · 5 · 7호, 안성 당왕동, 여주 매룡리 1 · 3~8호(기), 하거리(한) 1 · 2 · 4~6호, 방미기골 20~25호, 이천 덕평리 2 · 4~6호 석실, 이치리 2 · 11호, 음성 문촌리 나1 · 2호
	C3	사비기 백제	하남 광암동 7 · 9호, 금암산 2-3 · 4 · 8 · 18호
	D	영남 서남부지역 (낙동강 중류/하류 및 주변)	인천 불로동 I-7-3호,II-1 16 · 20호, 구월동 1호, 김포 유현리 3 · 17 · 25 · 26호, 신곡리 3 · 6 · 7 · D1호, 서울 궁동, 시흥 능곡동 5 · 6호, 하남 금암산 1-3 · 6호, 덕풍골 05-1 · 3 · 6호, 군포 산본동 1 · 3 · 4호, 성남 판교동 19-1 · 2호, 도촌동 4 · 7호, 수원 광교 1-10 · 12 · 14 · 13-1호, 용인 보정동 소실 10 · 15 · 20호, 광주 대쌍령리 7 · 11호, 화성 장지동 1-5 · 10 · 17, 2-8~10호, 천천리 2호, 오산동, 청계동 나B-3호, 오산 내삼미동 1 · 6 · 7호, 탑동 13-1, 14-1 · 3호, 평택 지제동 1 · 3호, 도곡리 1~3호, 이천 중리동, 가평 읍내리 1호
	E1		파주 법흥리 석곽, 서울 중계동 석곽, 김포 유현리 6 · 11호, 인천 불로동 II-1 17호, 평택 동삭동 2C-1호, 여주 하거리 6호, 방미기골 26호
	E2	영남 서남부지역	파주 운정 16-5호, 인천 불로동 II-1 1 · 3호, 김포 유현리 2 · 10호, 하남 금암산 2-5 · 10 · 15호, 양평 양근리 석곽, 용인 하갈동 1호, 수원 광교 10-1 · 5 · 11-7호, 평택 당현리 2 · 5호, 가곡리(삼) 4호, 이천 이치리 5 · 7호

아울러 IIE1형식인 평택 율북리 6-1호와 IIE2형식의 양평 양근리 석실과 같이 벽체 하단에 수적을 한 것을 주목할 필요가 있다. 이러한 수적을 통한 벽체의 구축방식은 6세기 전반

대부터 가야권역의 석곽묘에 주로 적용되어 온 것으로[71] 밀양 · 양산 · 김해지역 등 낙동강 하류의 영남 서남부지역 석실의 벽체구조와 관련이 깊어 보인다. 이 밖에 ⅢE1형식 중 바닥 중간에 판석재를 일정 간격으로 놓은 파주 법흥리 석곽은 동일 고분군 내 횡혈식석실 ⅡE형식과 연도만 없을 뿐 같은 구조로 고구려 석실과 관련이 있어 보인다.

V. 고분의 변천과 특징

본 장에서는 고분군의 분포와 각 묘제의 구조 형식을 앞서 살펴본 토기 편년안에 대입하여 변화의 흐름을 파악해 보았다. 한주지방 석실묘는 횡혈식 석실은 13개 형식, 횡구식 석실(곽)은 21개 형식으로 다양하게 구분됨을 확인하였고, 제 형식은 계통적으로 축조집단의 성격이 강하게 반영되어 있으며, 시기적으로 구조적 변천을 거치거나 유행시기가 다른 시간성도 반영되었음을 확인하였다. 이와 같이 다양한 구조형식으로 분류되는 한주지방의 신라 묘제는 고분군의 분포와 구조적 속성의 변화에 따라 크게 5단계의 변천단계가 설정된다. 각 단계의 연대는 앞서 살펴본 토기의 편년에 따라 1단계는 한주 토기 1~3기에 해당하는 6세기 후반 전기~7세기 전반 전기, 2단계는 한주 토기 4~5기의 7세기 전반 후기~7세기 후반 전기. 3단계는 한주 토기 6~7기의 7세기 후반 후기~8세기 전반, 4단계는 한주 토기 8기의 8세기 후반~9세기 전반, 마지막 5단계는 한주 토기 9기의 9세기 후반 이후의 연대로 설정된다. 단계별 구체적인 내용을 살펴보면 다음과 같다.

1. 1단계(6세기 후반 전기~7세기 전반 전기)

1) 고분군의 분포특징

고분군은 북으로는 한탄강 수계의 포천분지에서 양주분지를 지나 임진강 하류로 이어지는 지역 일대, 남으로는 안성천을 경계로 분포하며, 서해안 주변 일대 지역에는 무덤이 조영되지 않는다. 즉 남한강수계를 비롯하여 한강 본류와 광주산맥, 안성천 수계를 따라 소지역

---

71) 홍보식, 2010, 「수혈식석곽과 조사방법」 『중앙고고연구』 6, 중앙문화재연구원, 52쪽.

거점식으로 분포하여 경기만을 'ㄷ'자형으로 감싸고 있는 형국을 이루고 있다. 유일하게 한 탄강 수계의 포천분지에서 구읍리 고분군이 확인되지만 무덤이 장기간 연속적으로 조영되지 는 못한 것으로 보인다.[72] 자연지형에 따라 구분되는 각각의 소지역 거점에는 주지하다시피 신라 산성이 위치하고 그 주변에 고분군이 형성된다.

특징적인 것은 왕경 계통의 최상위급 횡혈식석실묘로 구성된 고분군이 탄천 하류역의 서 울 가락동·방이동고분군, 금당천·흑천유역의 여주 보통리와 양평 대평리고분군, 안성천 상류역의 안성 가사동유적 등 한강 본류와 남한강, 안성천 수계권마다 한 개 구역씩 분포하 며, 이들과 인근 지역에는 횡구식석실묘 위주로 구성된 대규모 고분군이 조영되어 있는 점이 다. 대규모 고분군은 탄천 중·상류의 용인 보정동, 중랑천하류역의 서울 중곡동, 복하천유 역의 이천 중리동, 양화천 하류역의 여주 매룡동 등 4개소가 있으며, 최소 200기 이상의 무 덤이 조영되는 한강과 남한강 수계권에 각각 2개 구역씩 동일하게 분포하는 것이다.

구체적으로 살펴보면 서울 중곡동과 이천 중리동, 여주 매룡동고분군은 북한산주, 남천 주, 골내근정 등과 같이 州治나 군사거점인 停가 설치되는 구역이고 용인 보정동 고분군은 교통로상 한강과 남한강, 안성천 수계를 연결하는 요지이며, 후대 한산주의 영현이 되는 구 역이기도 하다. 주치와 북-남 혹은 동-서 교통로상 연속되는 하나의 지역권으로 설정 가능 하고, 무덤의 수량으로 보아 양 수계권에서 인구밀도가 가장 높았음을 짐작케 하며, 대형급 무덤이 다수 존재하는 바 광역거점에 해당하는 양 수계권의 핵심지역이자 중심고분임을 알 수 있다.

2) 고분형식

(1) 횡혈식석실묘

횡혈식석실은 왕경 계통 ⅠA1·ⅠB·ⅣC1형, 영남 서남부지역 계통 ⅠA2·ⅠC형, 영남 서 북부지역 계통 ⅢB형, 복합·재지 계통 ⅠD·ⅡC·ⅣC2형, 고구려 계통 ⅡD형 등, ⅣB형과 Ⅰ·ⅡE형을 제외한 다양한 구조형식이 공존하는 점이 특징이다.

주된 석실 형식은 왕경 계통의 ⅠA1·ⅠB형과 복합·재지계통 ⅡC형이다. 이중 ⅠA1·Ⅰ B형 석실은 모두 긴 연도와 벽면의 점토나 회바름, 문틀식의 현문구조, 배수시설 등을 갖추 고 있으며, 벽체는 정형성은 없지만 장방형의 할석재를 사용하여 쌓아올렸는데, 이후 단계보

---

72) (재)한국고고인류연구소, 2018, 『포천 구읍리유적』.

다 면치석이 잘되어 벽면이 고르고, 축석 시 점토를 덧대어 벽석 간 틈이 적은 편이다. 이러한 축조수법은 물론 규모상 한주지방 신라 고분 중 최상위급에 속하며[73] 평면적 7.5㎡ 이상의 초대형급으로 존재하기도 한다. 아울러 다른 근·장방형계 횡혈식석실은 물론 횡구식석실과도 병존하지 않고 별도의 소규모 고분군을 이룬다.[74] 탄천하류역의 서울 가락동·방이동고분군, 금당천·흑천유역의 여주 보통리와 양평 대평리고분군, 안성천 상류역의 안성 가사동고분 등 한강 본류와 남한강, 안성천 수계권에 한 개 구역씩 분포하는데 한강수계권은 주로 경주 외곽지역에서 유행하는 ⅠA1형이며, 남한강수계권은 경주 중핵지역에서 유행하는 ⅠB형으로 나타나는 특징이 있다.

근방형에 저시상대가 특징인 복합·재지계통 ⅡC형은 서울 천왕동, 명륜동, 세곡동, 광명 소하동, 용인 마성리, 안성 반제리, 당왕동, 여주 매룡동고분군 등 소지역권마다 1개소씩 고르게 분포한다. 이밖에 소수 확인되는 왕경 계통의 ⅣC1형은 골내근정이 설치되는 양화천 하류역의 여주 매룡동 고분군, 영남 서남부와 고구려 계통의 ⅠC·ⅡD형은 모두 남천주가 설치되는 남한강 수계권의 이천 중리동유적에서만 확인되며, 짧은 연도에 북-남향의 저시상 대가 특징인 복합·재지 계통의 ⅠD형은 안양천 상류역의 군포 산본동유적, 횡장방형에 격벽을 갖춘 ⅣC2형은 탄천 하류역의 용인 청덕동유적에서만 확인된다. 이러한 구조형식은 소수이며, 계기적으로 연결되는 석실이 나타나지 않고 있어, 지배국가의 변동에 따른 특수한 환경 속에서 비롯된 본 단계의 일시적 현상으로 판단된다.

피장자의 침향은 왕경과 영남 서북부·서남부지역 계통의 ⅠA1·A2·B형과 ⅢB형은 동·서향이고, 나머지 왕경계통 ⅣC1형과 영남 서남부지역 계통 ⅠC형, 고구려와 복합·재지계통의 ⅠD·ⅡC·ⅡD·ⅣC2형은 북향을 이루는 차이가 있다.

(2) 횡구식석실묘

횡구식석실 또한 횡혈식석실과 같이 영남 서남부 계통의 ⅠA·ⅡA1·ⅢA1형, ⅠB·C형, ⅡD·ⅢD형, ⅡE2·ⅢE1형, 영남 서북부지역 계통의 ⅢA2·ⅡB·ⅡC1·ⅢC1형, 사비기 백제계통의 ⅡC3형, 복합·재지 계통의 ⅠC형 등 영남 서북부와 서남부지역 계통의 ⅡA2·

---

73) 한주지방 고분의 위계와 관련하여서는 다음의 연구성과에 상세히 서술되어 있으므로 이를 참조하 길 바란다(김진영, 2021, 『신라 한주지방의 고분과 사회구조』, 서경문화사, 230~244쪽).

74) 가락동·방이동 고분군의 경우 횡구식석실(방이동 5호)이 존재하지만 부장 토기상 7세기 이후에 조영된 것이다.

C1b형과 ⅡE1·ⅢE2형, 사비기 백제계통의 ⅢA3·ⅢC3형을 제외한 다양한 구조형식으로 출현한다.

주된 석실형식은 파주 덕은리와 성동리, 성남 여수동유적으로 대표되는 영남 서남부지역 계통의 ⅠB·C형과 ⅡA1·ⅢA1형 그리고 용인 보정동, 여주 하거동, 매룡동고분군으로 대표되는 서북부지역 계통의 ⅡB·ⅡC1·ⅢC1형이다. 분포상 영남 서남부지역 계통의 ⅠA·ⅡA1·ⅢA1형과 ⅠB·C형은 파주 성동리와 덕은리, 성남 여수동, 광주 선동리, 화성 장지동유적, 그리고 서북부지역 계통 ⅢA2형은 서울 우면동과 용인 보정동 고분군 등 한강과 안성천 수계권에서 주로 조영되며, 서남부지역 계통 ⅡD·ⅢD형과 사비기 백제계통 ⅡC3형은 남한강수계권인 이천 중리동유적에서 주로 나타나는 지역성을 보인다. 방대형의 봉분이 특징인 복합·재지 계통의 ⅠC형은 용인 구갈동 석실 한 사례로 지배국가의 변동에 따른 특수한 환경에서 비롯된 것으로 판단된다.

다음으로 규모면에서 본 단계의 석실들은 평면적 5㎡ 이상의 대형급으로 조영되는 것이 일반적이다. 특히 주치와 긴밀한 관계에 있는 용인 보정동 고분군의 경우 삼막곡 104, 109, 다19호와 같이 횡혈식석실에서도 초대형급에 속하는 평면적 7~8㎡대의 석실이 조영되는 특징이 나타나 타 지역과 비교된다. 필자의 선행 연구에서는 단 1기뿐이어서 예외적 사례로 보았지만[75] 그 표본이 증가하고 있어 신라 진출기 무렵에는 횡혈식석실에 버금가는 초대형급이 조영되었던 것으로 판단된다. 아울러 2~3인의 다인장이 많으며, 피장자의 침향은 북향이 많으나 동·서향도 있다. 목관은 관대식인 ⅢE1형식을 제외하고는 사용되지 않고 두침석이 사용되는 예가 많다.

2. 2단계(7세기 전반 후기~7세기 후반 전기)

1) 고분군의 분포특징

고분군은 봉성포천·호동천의 김포 양촌·유현리유적, 승기천의 인천 구월동유적, 장현천의 시흥 군자동유적, 안성천 하류·발안천의 평택 율북리, 화성 하길리유적 등 1단계에 고분군이 형성되지 못한 서해안 주변지역으로 확산되어 안성천 이북과 임진·한탄강 이남의 대

---

75) 김진영, 2020, 「경기지역 신라고분 연구」, 단국대학교 대학원 박사학위논문.

부분 지역에 고분군이 형성된다. 1단계와 마찬가지로 새로이 형성된 고분군 주변에는 수안산성, 문학산성, 군자산성 등 신라산성이 위치한다. 아울러 1단계의 소지역 거점인 산성 중심에서 벗어나 주변으로 고분군이 확산되기 시작한다.

특징적인 것은 1단계의 대규모 고분군은 점차 사라지고 단독 분포하거나 전체 무덤 수가 10기 미만인 소규모 고분군으로 전환이 시작되는 것이다. 이러한 전환과정에서 파주 성동리와 용인 보정동, 여주 매룡동 등 1단계 지역 거점의 중심고분군들은 새로운 무덤 조영이 급격히 줄고 일부 추가장만이 이루어져 소멸의 길로 들어서며, 새로운 중심고분군이 등장하기 시작한다. 계양천 유역의 인천 원당동유적→불로동유적, 서울 가락동·방이동고분군→하남 이성산성 일대 고분군(금암산·덕풍골·광암동), 서울 중곡동고분군→남양주 지금동유적Ⅰ, 용인 보정동고분군→수원 광교유적이 대표적이며, 본 단계부터 무덤이 조영되기 시작하여 다음 단계에 이르서는 지역의 중심고분군인 중·대규모 고분군으로 성장한다. 아울러 각 수계권마다 존재하였던 왕경 계통의 횡혈식석실 고분군도 사라지고 한산주의 치지인 하남지역과 그 영현에 해당하는 수원 광교유적에 한정되어 나타난다.

2) 고분형식

(1) 횡혈식석실묘

횡혈식석실은 1단계 석실 형식의 다양성이 사라지고, 조영 수도 급격히 줄어든다. 대부분 독립된 고분군을 형성하거나 동일 고분군내에 조영되더라도 횡구식석실과는 별도의 묘역을 형성하던 1단계와는 달리 횡구식석실과 병존하기 시작한다. 왕경 계통의 ⅠB형 석실이 주된 형식이며, 경주 외곽지역에서 유행한 ⅣB형과 복합·재지 계통의 ⅠE형 석실이 새롭게 등장한다.[76] 나머지 1단계의 석실 형식은 일부 추가장이 이루어질 뿐 새로이 조영되지는 않는다. 왕경 계통의 ⅠB형은 한산주의 주치인 하남 이성산성 일대 덕풍골 고분군과 영현인 수원 광교유적에서 확인된다. 1단계의 양평 대평리, 여주 보통리 석실보다 규모가 작아져 평면

---

76) ⅣB형 횡혈식석실은 인천 불로동유적 Ⅱ-1A구역 석실이 유일한데, 출토유물이 없어 조영시기를 가늠하기 어렵다. 그렇지만 석실이 소형이고, 박장화와 더불어 당식과대가 출토되는 횡구식석실(곽)묘와 함께 고분군을 이루는 점과 1단계의 지역 중심고분군인 원당동유적에 후행하여 새로이 조영된 고분군으로 판단되는 점, 경주지역의 경우 7세기 후반대에는 소멸하기 시작하는 점 등을 고려할 때 7세기 중엽경에 두고자 한다.

적 7.5㎡ 이상의 초대형급은 나타나지 않는다. 연도는 1m 내외로 짧아졌고 시상대 높이도 20cm 내외로 낮아졌으며, 벽체는 치석이 덜 된 대형석재를 하단에 수적하여 벽석 간 틈이 많고 벽면의 점토나 회바름, 배수시설 등도 나타나지 않는다. 전체적으로 축조수법이 조잡하고 단순한 구조로 현지화된 양상을 잘 보여준다. 피장자의 침향은 이전의 동·서향이 유지되며, 추가장도 지속된다.

새로이 등장한 복합·재지 계통 ⅠE형 석실은 우편재의 짧은 연도에 시상대가 없는 무시설식 바닥으로 이천 장암리유적에서 확인된다. 기반층을 단이 지게 굴착하여 벽체로 사용하거나 부정형 할석재로 축석하여 벽석 간 틈이 많은 조잡한 축조수법을 보이는 것으로 영남 서남부 계통으로 추정되는 ⅠA2형이 현지화된 것이 아닐까 한다.[77] 나머지 왕경계통 ⅣB형 석실은 소형에 좌편연도이며, 목관이 안치된 것으로 계양천유역의 인천 불로동 Ⅱ-1지점에서 유일하게 확인된다. 후속되는 것이 없어 이 단계에 일시적으로 도입된 결과로 여겨진다.

(2) 횡구식석실묘

횡구식석실묘 또한 다양성이 사라지고 소형화되어 석실에서 추가장이 불가능한 석곽묘로의 변화가 급속히 진행된다. 1단계에 유행하였던 영남 서남부지역 계통 ⅠA·B·C형, ⅡA1·D형, 서북부지역 계통 ⅡB형 등 방형과 근방형인 Ⅰ·Ⅱ형 석실이 대부분 사라진다.[78] 영남 서남부지역 계통 ⅢA1·D형, 서북부지역 계통 ⅢC1형이 주된 석실구조인데 1단계의 대형급(a식)이 사라진 소형급(b식)으로 전환되었다. 나머지 대형급에 고시상과 창구조의 횡구부, 다인장이 기본인 1단계의 서북부지역 계통 ⅡC1형은 소형에 저시상대, 1인장이 기본인 ⅡC1b형으로 전환되지만 본 단계의 이른 시기까지만 지속되고 곧 사라진다. 많지 않지만 서북부지역 계통 ⅢA2형도 1단계의 대형급이 사라지고 소형급으로 나타나며, 1단계보다 세장

---

77) 부장유물이 없어 조영시기를 가늠하기 어렵지만, 동일선상에 일정간격을 두고 동일 주축향으로 조영된 횡구식석곽묘에서 유개식고배와 수적형문+이중원문이 찍힌 대부병이 출토되었다. 아울러 두 무덤 사이에서 외반구연합이 출토된 외줄구들이 위치하고 있다. 병존하는 석곽묘와 두 무덤 사이의 구들시설을 고려할 때 8세기 전후의 것으로 보기 어렵고, 석곽묘 부장토기에 근거하여 2단계로 편년하였다.

78) 필자가 기존에 ⅠC형으로 분류하였던 김포 신곡리(중부) 1-1호 석실은 도면을 잘못 인식한 것으로 ⅠB형식으로 정정하고자 하며, 2단계로 위치시켰지만 주변 석곽과의 관련성에 근거한 것이지 유물과 구조상 명확한 근거는 없었다. 무덤의 전개상 2단계 이른 시기까지 방형 석실이 지속되었을 거란 생각은 여전하지만 아직 근거가 명확한 것이 없어 자료 제시는 유보하고자 한다.

도가 떨어져 길이 대비 너비가 넓어진다. 또한 근방형인 ⅡA2형이 이른 시기에 새롭게 출현하여 공존하지만 오래 지속되지 못하고 조영이 마감된다. 관대·무시설식의 ⅢE형도 본 단계에 이르러 소형화와 더불어 ⅡE형이 새롭게 출현하지만 소수이고, 이른 시기에 나타나는 일시적 현상이다.

즉 방형과 근방형 석실이 사라지고, 소형의 장방형 석실(곽)묘로의 급속한 변화가 두드러진 특징으로 장방형은 대부분 3㎡ 미만의 ⅢA1b·C1b·Db형, 근방형의 Ⅱ형은 4㎡ 미만의 크기로 소형화되었다. 또한 이들 Ⅱ·Ⅲ형 석실은 고분군 내에서 서로 혼재하지 않고 별도의 묘역을 형성하던 것이 본 단계에 이르러 서로 혼재하며 묘역을 형성하기 시작하는 특징도 보인다. 축조방법에 있어서는 치석도가 상당히 떨어지는 부정형 할석의 사용빈도가 높아지고, 하단에 수적이 많아져 벽면의 굴곡이 심한 편이다. 피장자의 침향은 1단계의 동·서향은 대부분 사라지고 북향으로 고정되기 시작하며, 일부 목관이 사용되지만 주된 주검의 안치방법은 시상대에 직장하는 것으로 여전히 시상대에 가공되지 않은 두침석이 놓이는 경우가 많다. 아울러 추가장이 거의 사라져 대부분 단독장이며, 추가장이 이루어지더라도 3인장 이상은 이루어지지 않는다.

이와 같이 고분군의 분포와 규모의 변화가 급격히 이루어지며, 묘제도 다양성이 사라지고 소형화되어 다인장인 석실묘에서 단독장인 석곽묘로의 전환, 부장유물의 박장화가 이루어지기 시작하는 등 여러 방면에서 급격한 변화가 이루어지고 있어 본 단계에 이르러 획기할 만큼 지방사회 지배구조에 큰 변화가 일어났음을 짐작할 수 있다.

3. 3단계(7세기 후반 후기~8세기 전반)

1) 고분군의 분포특징

본 단계에 이르면 인천 불로동, 하남 금암산, 수원 광교유적 등 기존 소지역 거점 고분군에 무덤이 연속 조영되거나 그 주변은 물론 창릉천 이동지역과 같이 일부 고분군이 형성되지 못한 소지역까지 새로운 고분군이 형성되는 2차 확산이 일어난다. 고분군은 2단계와 같이 단독 분포하거나 전체 무덤 수가 10기 미만인 소규모 고분군이 대부분이며, 파주 법흥리와 수원 광교유적과 같이 횡혈식석실이 병존하는 고분군은 치소지로 비정되는 산성 인근에 조영된 지역 거점 고분군으로 주변 고분군보다 위계가 높은 무덤들이 존재한다.

이 밖에 인천 불로동, 하남 금암산, 수원 광교유적 등 2단계부터 조영되기 시작한 고분군은 무덤이 활발히 조영되어 중·대규모 고분군으로 나타나는 특징이 있다. 특히 1단계에 남한강과 한강본류 수계에 각각 2개소씩 조성되었던 대규모 고분군은 한산주의 주치인 하남 이성산성(금암산·객산·덕풍동) 일대로 국한되었다. 무덤의 수량으로 보아 한주지방 중 가장 높은 인구밀도를 보이고 있으며, 본 단계에서 최상위 위계인 횡혈식석실이 존재하고 있어 주치의 중심 고분군임을 알 수 있다.

2) 고분형식과 부장유물

(1) 횡혈식석실묘

횡혈식석실은 현지화된 왕경 계통 ⅠB형 석실이 지속되고, 무시설식과 관대식이 특징인 복합·재지 계통의 ⅠE형과 고구려 계통으로 추정되는 ⅡE형 석실이 새롭게 등장하며, 전 단계의 왕경 계통 ⅣB형 석실은 나타나지 않는다. 왕경 계통 ⅠB형 석실은 하남 이성산성 일대의 금암산, 객산,[79) 덕풍동 고분군 등 주치지에서만 이른 시기에 조영되며, 늦은 시기에 이르면 영현지역의 수원 광교유적과 같이 추가장만 이루어진다.

복합·재지 계통의 ⅠE형 석실은 하남 금암산 고분군과 음성 문촌리유적 다지구에서 확인되는데 평면적상 ⅠB형 석실의 위계와 차이가 없다. 중앙식 연도이며 벽체 하단에 대형 괴석재를 수적하여 벽체의 축석상태가 조잡하다. 시상대가 생략되었을 뿐 왕경 계통 ⅠB형 석실과 구조상 큰 차이가 없어 현지화된 ⅠB형 석실의 종말기 형식으로 판단된다. 특히 문촌리 다지구 석실은 한주지방에서는 주치지 이외 지역에서 축조된 유일한 사례인데, 이는 수원 광교유적의 사례와 같이 소경인 충주지역과의 관계 속에서 비롯된 결과이지 않을까 한다. 이밖에 1단계 이후 고구려 계통으로 추정되는 석실이 재등장하는데, 파주 법흥리 A1호가 유일한 것으로 일시적이고, 특수한 사례로 볼 수 있다.

피장자의 침향은 왕경 계통 ⅠB형과 현지화된 ⅠE형 석실은 전 단계의 동·서향이 유지되며, 근방형인 고구려 계통 ⅡE형 석실은 북향으로 나타나는 차이점이 있으며, 본 단계에 이르러 목관 사용이 일반화되기 시작하였다.

---

79) 하남 이성산성 일대 고분군 중 객산 고분군은 아직 발굴조사가 이루어지지 않았지만 지표에 노출된 무덤의 구조와 수습된 유물로 볼 때 마주하는 금암산 고분군의 무덤 구성과 차이가 없을 것으로 판단된다.

(2) 횡구식석실묘

횡구식석곽(실)묘는 영남 서북부지역 계통의 Ⅱ·ⅢA2형과 ⅡC2형은 사라지고 근방형의 서남부지역 계통의 ⅡE형은 ⅢE형으로 변화하는 등 근방형 석실(곽)묘에서 장방형의 수혈식 묘제로 전환이 완료된다. 시상대의 중간배치가 특징인 영남 서남부지역 계통 ⅢD형이 주류이고, 소형화된 ⅢD·E형의 사례도 증가하면서 목관의 사용도 점차 증가한다. 전 단계까지 유행하였던 영남 서남부지역 계통 ⅢA1b형과 서북부지역 계통 ⅢC1b형은 조영 수가 급감하며, ⅢC1b형은 소할석을 1겹 깔은 저시상대로만 나타난다.

아울러 1단계에 소수 출현하였던 사비기 백제계통 석실이 재등장하는 특징이 있다. 1단계 사비기 백제계통 석실이 모두 주치인 이천 중리동유적에서만 확인되었듯이 본 단계에도 주치인 하남지역에서만 확인되는 공통점이 있다. 1단계의 ⅡC3형이 남아있고 장방형화된 ⅢA3형과 C3형이 새로이 등장하여 병존하지만, 1단계보다 입구부의 문주석이 작아지거나 한 쪽 문주석이 생략되는 등 1단계보다 퇴화된 구조이며, 목관을 사용한 주검안치가 일반화되었다.

무덤의 규모와 관련하여서는 평면적 3~4㎡의 규모는 극소수로 대부분 사라지고 3㎡ 미만 규모로 나타나 규모의 편차가 줄어드는 규격화 현상이 심화된다. 또한 전 단계까지의 무덤 특징 중 하나인 횡구부는 출입의 제 기능을 상실하고 흔적기관화 되었다. 이와 더불어 부장 유물의 수량도 더욱 급감하는 동시에 당식과대가 확산·보급되어 출토되는 사례가 많아지는데 파주 법흥리, 인천 불로동 Ⅱ-1지점, 안성 반제리유적 등 대부분 치소지로 비정되는 산성 주변 고분군에서 뚜렷이 나타나고, 이와 거리가 있는 경우 출토 빈도가 상당히 떨어진다.

축조방법에 있어서는 부정형 할석의 사용빈도가 높고 하단에 수적이 많아지는 등 2단계와 별다른 차이는 확인되지 않는다. 피장자의 침향은 대부분 북쪽을 향하는 경향을 보이며, 횡혈식석실과 같이 목관이 사용되는 경우가 많아진다. 대부분 단독장이며, 일부 1회의 추가장이 이루어지기도 하지만 구조상 횡구부를 통한 주검안치가 불가능한 것으로 개석을 열고 주검을 안치하는 수혈식 묘제의 방법으로 이루어진다.

(3) 부장유물

3단계부터 늦은 시기인 7세기 후반대부터 부장유물의 변화가 시작되고 본 단계에 이르러 명확해진다. 토기의 기종변화는 이미 다 아는 사실로 언급할 필요가 없으며, 금속기에 대하여 간단히 살펴보겠다. 소량이지만 1~3단계에는 철겸, 철부, 삼칼 등의 철제 농공구류와 牛

馬의 워낭 혹은 의기적 성격으로 추정되는 원추형 철탁 등이 부장되는 사례가 적지 않았다. 피장자의 신분 혹은 경제력과 관련지을 수 있는 이러한 소형 철기들은 7세기 후반대에 들어서면 사라지고, 철제 가위와 화도, 동제 가랑비녀와 당식 과대 등 피장자의 실생활과 관련된 도구들로 대체되는 특징이 나타난다.

이상 3단계는 각 소지역별로 기존 고분군

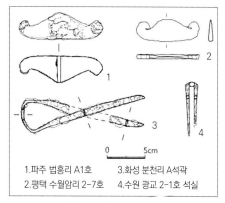

도 43. 3단계 금속유물

1.파주 법흥리 A1호   3.화성 분천리 A석곽
2.평택 수월암리 2-7호   4.수원 광교 2-1호 석실

의 확대와 더불어 주변에 새로운 고분군이 형성되는 2차 확산이 일어나며, 지역 중심고분군의 이동도 지속된다. 고분군은 전 단계와 마찬가지로 단독 혹은 소규모가 대부분이며, 대규모 고분군이 형성되는 특징도 있는데, 이는 횡혈식석실이 병존하는 것으로 한산주의 주치인 하남 이성산성 일대에 한정된다. 묘제는 다양성이 더욱 단순화되고 규격화와 현지에서 변용된 지방화 현상이 보다 명확해진다. 고구려와 사비기 백제계통 무덤이 재등장하는 특징도 있다.

4. 4단계(8세기 후반~9세기 전반)

1) 고분군의 분포와 매장습속의 특징

무덤의 조영이 급감하는 단계로 기존 고분군에 연속 조영되는 경우가 많고 새로운 고분군이 조성되는 경우는 많지 않다. 서울 중계동, 파주 동패동, 김포 신곡리(겨레), 인천 당하동 4-5지점, 수원 광교 11-다지점과 같이 새로이 조영되어 소규모의 지역 확산이 일어나는데, 모두 단독 혹은 2기씩 짝을 이루며 분포하는 단독·소규모 고분군이다.

특징적인 것은 새로운 무덤의 조영이 급감하는 대신 장기간 매장행위가 종료된 1~2단계 고분군의 무덤에 추가장이 다수 이루어지는 특징이 나타난다. 이러한 현상은 8세기 전반대부터 확인되지만 본 단계에 유행하는 양상을 보인다. 용인 보정동 소실 8·17호, 442-1번지 1호, 삼막곡 1-4·7·10·16·마-40·41호, 인천 불로동 II-1지점 10호, 서울 항동 2-2호 석곽 등이 해당되는데 용인 보정동 고분군에서 유행하는 양상을 보이는 것처럼 보이기도 하지만 사례의 분포범위가 점차 확대되고 있어 주목된다.

출토된 토기와 시상(棺)대를 비교하여 볼 때 선행의 매장행위와는 3~4세대를 훌쩍 건너뛰는 약 1세기 내외의 큰 시기차이가 있다 보니 축조집단의 성격과 관련하여 선매장된 피장자와 혈연관계에 있는 집단에 의한 추가장인지, 그와 무관한 집단의 재사용인지 여부와 이러한 매장행위가 유행하게 된 사회적 배경에 대한 많은 의문을 품게 하지만 이를 고고학적으로 명쾌히 해결할 방법이 마땅치 않다. 다만 고대의 무덤이 축조와 제의과정을 통해 축조집단의 사회적 위치를 재확인하고 공동체의 정체성과 결속을 유지·강화해나가는 조상숭배의 기념물로서의 기능이 강한 점과 신라 중대 이후로 유학이 통치이념 차원에서 새롭게 주목되고, 충·효의 가치가 더욱 강조되었던 사회상을 고려한다면 기존의 고분군에서 분화한 집단이 특수한 상황에서 혈연관계가 있는 석실로 회귀하여 매장행위가 이루어졌을 가능성이 높지 않을까한다.

2) 고분형식

횡혈식석실묘는 조영되지 않으며, 음성 문촌리 다-1호와 같이 추가장만이 이루어진다. 횡구식석곽은 전 단계의 ⅢD·E형식이 주류이며, 목관을 통한 주검안치가 일반화된다. ⅢA1b형식과 ⅢC1b형식은 극소수이지만 여전히 지속되고 있다. 이 밖에 사비기 백제계통 석실도 지속되는데 근방형(Ⅱ)이 사라진 장방형(Ⅲ) 일색이다. 이전과 같이 주치인 하남지역에서만 확인되며, 주변지역으로 확산되지 않는다. 무덤의 규모, 피장자의 침향과 축조방법은 이전과 차이가 없다. 다만 크기가 제각각인 부정형 할석재를 성글게 축석하여 벽석 간 틈이 많고 벽면의 굴곡이 심해 매우 조잡한 양상을 보이는 것이 많아진다.

5. 5단계(9세기 후반~10세기 전반)

1) 고분군의 분포특징

전 단계보다 무덤 조영 수가 현저히 감소하는 단계이다. 인천 원당동 바-11호, 남양주 지금동Ⅱ 사-1·3호, 수원 광교 2-4호 석실, 2-5·11호 석곽, 10-1호, 11-6·7호, 하남 금암산 1-3호·2-5호, 평택 당현리 5호, 이천 이치리 12호, 여주 매룡동 97-1호, 음성 문촌리(중앙) 1호 석곽 등과 같이 기존의 고분군에 연속 조영되는 것이 대부분이다. 의왕 이동, 화성 화

단계	I (방형)						II (근방형)			III (장방형)	IV (횡장방형)	
	A1형	A2형	B형	C형	D형	E형	C형	D형	E형	B형	B형	C1형

1.서울 방이동 3호
2.이천 중리동 18호
3.양평 대평리 2호
4.이천 중리동 110호
5.군본 산본동 2호
6.서울 천왕동 2호
7.이천 중리동 86호
8.서울 중곡동 甲墳
9.여주 매룡동 2호
10.용인 청덕동 1호
11.하남 덕풍골 1호 석실
12.이천 장암리 1호 석실
13.인천 불로동 II-1A 석실
14.하남 금암산 1-1호
15.음성 문촌리 다-1호
16.파주 법흥리 A-1호

0   4m

도44. 횡혈식석실묘 변천단계

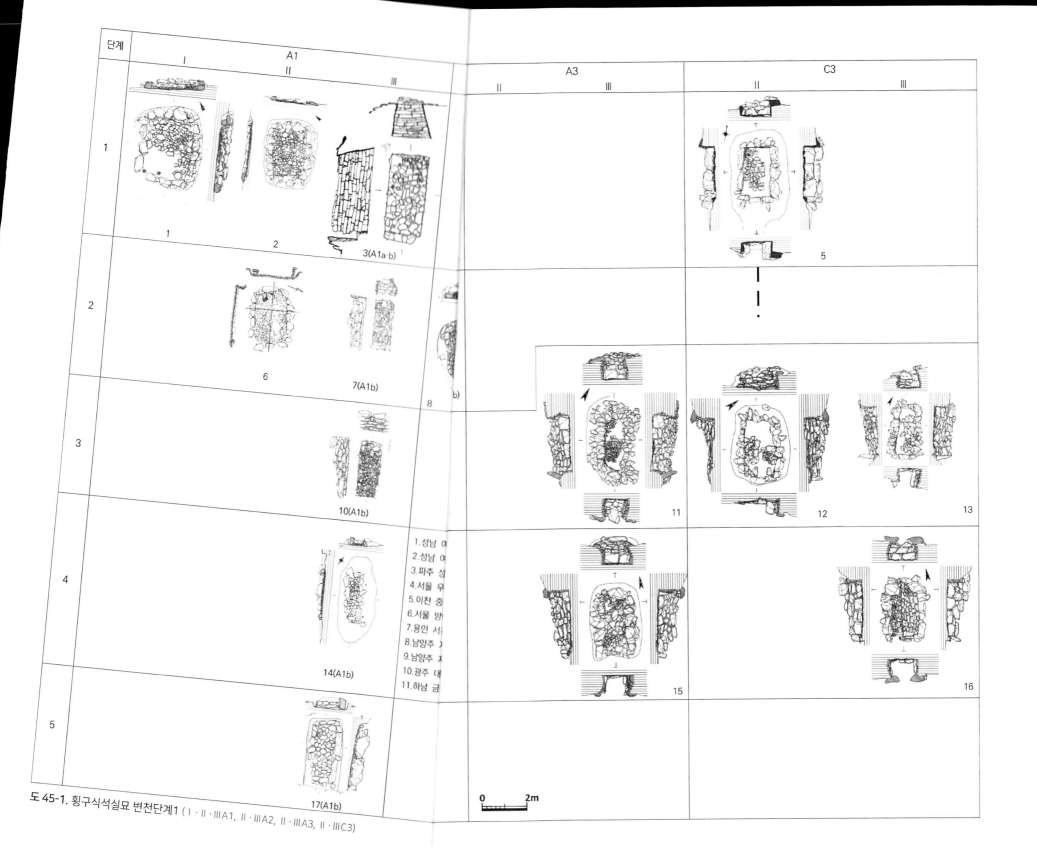

도 45-1. 횡구식석실묘 변천단계1 (I · II · IIIA1, II · IIIA2, II · IIIA3, II · IIIC3)

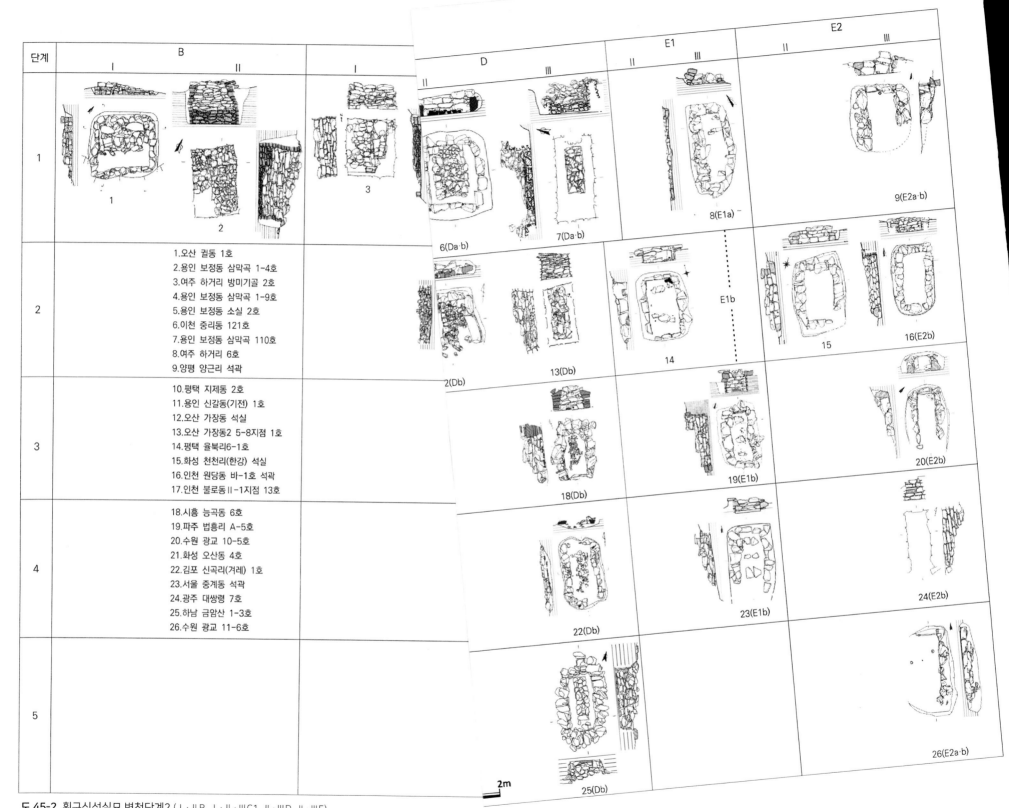

단계	B			I		D		E1		E2	
	I	II			II		III	II	III	II	III
1	1	2	3		6(Da·b)		7(Da·b)	8(E1a)		9(E2a·b)	
2	1.오산 궐동 1호 2.용인 보정동 삼막곡 1-4호 3.여주 하거리 방미기골 2호 4.용인 보정동 삼막곡 1-9호 5.용인 보정동 소실 2호 6.이천 중리동 121호 7.용인 보정동 삼막곡 110호 8.여주 하거리 6호 9.양평 양근리 석곽			2(Db)		13(Db)		14	E1b	15	16(E2b)	
3	10.평택 지제동 2호 11.용인 신갈동(기전) 1호 12.오산 가장동 석실 13.오산 가장동2 5-8지점 1호 14.평택 율북리6-1호 15.화성 천천리(한강) 석실 16.인천 원당동 바-1호 석곽 17.인천 불로동Ⅱ-1지점 13호			18(Db)				19(E1b)		20(E2b)	
4	18.시흥 능곡동 6호 19.파주 법흥리 A-5호 20.수원 광교 10-5호 21.화성 오산동 4호 22.김포 신곡리(겨레) 1호 23.서울 중계동 석곽 24.광주 대쌍령 7호 25.하남 금암산 1-3호 26.수원 광교 11-6호			22(Db)				23(E1b)		24(E2b)	
5				25(Db)						26(E2a·b)	

2m

도 45-2. 횡구식석실묘 변천단계2 (Ⅰ·ⅡB, Ⅰ·Ⅱ·ⅢC1, Ⅱ·ⅢD, Ⅱ·ⅢE)

산 고분군, 평택 갈곶동유적과 같이 새로이 조영되는 경우도 있는데 모두 4단계와 같이 단독 혹은 2기씩 짝을 이루며 분포하는 단독·소규모 고분군이다.

2) 고분형식과 부장유물

횡혈식석실은 조영되지 않는다. 수원 광교유적 2지점에서 소형인 ⅣB형이 확인되나 외형만 횡혈식의 범주에 들 뿐 수혈식 묘제이다. 횡구식석곽은 무시설식의 ⅢE2형이 주류이며, 극소수의 ⅢA1b형과 ⅢDa형이 이어지며, 목관을 통한 주검안치가 일반적이다. 평면 형태는 후벽이 전벽보다 약간 좁은 제형도 많으며, 전벽의 조성 없이 'L'자 상으로 개구된 횡구식 구조도 있다. 이 밖에 사비기 백제계통 석실은 추가장만 이루어질 뿐 새로운 무덤의 조영은 마감되었다. 본 단계의 늦은 시기에 이르면 안성 장원리 3지점 석개토광묘와 7호 토광묘, 만정리 신기유적 6-1호, 평택 궁리(경기) 2호, 궁리(한양) 92호, 수원 광교 11-18호 토광묘 등과 같이 주검의 목관 안치와 직장형식의 토광묘가 출현한다.[80] 아울러 무덤의 규모상 의왕 이동 2호, 하남 금암산 1-3호, 2-6호, 수원 광교 11-6호 등과 같이 이전 단계에는 사비기 백제계통 석실에만 존재하였던 3㎡ 이상의 대형급 석곽이 재출현하며, 묘제에 상관없이 당식 과대를 규격성이 없이 조잡하게 모방한 철제 과대가 출토되는 사례가 많다는 점이 특징이다. 이로 볼 때 본 단계에 이르러 사회집단의 구조에 큰 변화가 있었던 것으로 판단된다.

Ⅵ. 맺음말

본고에서는 신라 한주지방에 이식된 물질자료 중 유물과 유구를 대표하는 토기와 무덤의 특징과 변천상을 살펴보았는데 이를 요약하면 다음과 같다.

토기는 시론적 의미에서 주된 기종인 고배와 병, 유개합에 한정하여 살펴보았는데 각 기종의 기형과 문양구성의 변화에 따라 모두 9기로 분기하여 변화상을 밝히었다. 그리고 각 분기의 연대는 기존 제시된 연대자료를 재해석하거나 역사적 사실과 관련된 고고자료 등, 최대한

---

80) 신라 토광묘는 바닥을 부석하여 시상(관)대를 마련한 것과 목관을 안치한 석개토광묘 형식으로 1단계부터 소수 조영되어 왔는데, 화성 오산동, 오산 탑동·두곡동, 평택 율북리, 죽백동, 서정리유적 등 대부분 안성천 수계권에서 확인되는 특징이 있다.

연대설정이 가능한 자료를 찾아 6세기 후반 전기에서 10세기 전반에 이르는 각 분기의 연대를 설정하였다. 상세한 내용은 앞서 언급하였으니 생략하고, 전반적인 내용을 보면 경주지역보다 유행 속도가 한 단계 늦고, 길게 지속되는 특징을 보인다. 그리고 지방토기의 특성상 1기 이래로 경주지역과 차이가 있는 현지화된 형식이 존재하는데 이들은 대부분 일시적으로 제작되지 않고 여러 단계의 형식 변화를 거치며 지속되었다. 이를 통해 중앙의 경주지역 토기와 대비되는 지역양식의 설정을 고려할 수도 있겠는데 본고에서는 그 가능성을 구체화하였지만 좀 더 검증이 필요하다. 추후 전 기종으로 확대하고 계량화하여 중앙과 지방, 지방 내 소지역 등 공간단위별로 어떠한 차이가 있는지 분석해 볼 필요가 있다.

고분은 한강본류와 안성천 수계권, 서해안 주변 수계권, 남한강과 북한강 수계권으로 나뉘며, 모두 23개의 분포구역이 설정되었다. 이들 분포구역은 경덕왕 16년(757) 지방제도의 개편과 더불어 완성된 한주 군현의 공간범위와 부합되며, 고분군은 각 군현의 치소지로 비정되는 산성에 인접하여 분포하는 특징을 보인다.

고분의 구조형식은 평면 형태와 시상대의 공간배치와 축조방법 등에 근거하여 분류한 결과 타 지역과 달리 매우 다양한 구조의 석실이 존재하였다. 이들은 구조적 변천과정이 가늠되는 시간성이 반영된 것도 있지만, 대부분 공존하는 형식의 석실이다. 이는 한주지방 신라 고분의 전개와 관련하여 여러 계통의 횡혈계 묘제가 수용되었음을 의미하며, 축조집단의 성격과도 관련이 깊다. 이에 영남지역을 중심으로 한 타 지역 석실묘와 비교·분석하여 석실의 각 형식별 계통을 추적하여 규명해 보았다. 그 결과 왕경인 경주지역과 낙동강 중·하류의 영남 서남부지역, 낙동강 상류의 영남 서북부지역 석실 계통을 비롯하여 사비기 백제와 고구려, 삼국의 구조적 속성이 현지에서 복합되어 창출된 복합·재지계통 석실 등으로 다양하게 나타남을 확인하였다. 이러한 다양한 계통의 석실은 이 지역에 다양한 사회집단의 존재하고 있었음을 설명해주는 근거가 되며, 이를 통해 신라 왕경과 구 가야세력, 상주를 중심으로 한 영남 서북부(구 사벌주)의 지방세력, 고구려와 백제 이주세력, 재지세력 등을 상정할 수 있겠다.

대체적인 고분의 변천상은 6세기 후반에서 7세기 전반 전기, 7세기 전반 후기에서 7세기 후반 전기, 7세기 후반 후기에서 8세기 전반, 8세기 후반에서 9세기 전반, 9세기 후반에서 10세기 전반으로 구분되는 5단계로 설정된다. 큰 흐름은 중·대규모에서 단독·소규모 고분군으로 변화, 다양한 석실의 구조적 단순화와 소형화를 거치며 계통지역의 묘제 특성, 즉 지역성이 소멸됨과 동시에 규격화되고, 다인장의 횡혈계 묘제에서 단장의 수혈계 묘제로의 변화로 규정할 수 있다. 이밖에 부장유물의 박장화, 침향의 북향화 등이 있다. 이러한 변화의 큰 획기는 2단계인 7세기 전반 후기로 이 무렵부터 지방사회의 구조에 큰 변화가 일어났음을 가늠할 수 있겠다.

※ 본 글은 필자의 논고 중 일부를 수정 · 보완하여 재구성한 것임을 밝힌다.
김진영, 2021, 『신라 한주지방의 고분과 사회구조』, 서경문화사; 2022, 「신라 한주지방토기의 편년」 『中央考古硏究』 37, 중앙문화재연구원.

제5장

신라와 통일신라 기와

서봉수
재단법인 백두문화재연구원

I. 머리말

기와... 일개 유물이다. 막새기와나 치미같은 특수기와를 제외하고는 그닥 눈에 띄는 유물도 아니지만 고고학 현장에서 토기와 함께 가장 많은 출토량을 보이는 유물이기도 하다. 또한, 토기에 비해 그 사용계층도 한정되어 있다. 따라서 고고학에서는 토기와 함께 그 편년이나 시대상황을 알 수 있게 하는 중요한 연구대상 중 하나이다. 모든 고고학적 유물들이 그러하지만 기와도 그 유입기부터 지금까지 시대에 따라 그 속성과 형식이 변해오면서도 본질적인 차원에서의 특성, 즉 지붕을 덮는 건축부재로써의 보편적 기능과 인공물로는, 전근대시기에, 하늘과 가장 맞닿아있는 상징적 기물로써의 의미는 변함이 없다.

본 글[01]은 최근의 글을 바탕으로 한강유역 신라기와와 통일신라기와의 고고학적 속성상의 연속성과 차별성을 토대로 통일신라 기와가 갖는 의미를 부각시키고자 하였다. 앞서 본인은 중부지역 일대에서 활발히 이어져 온 발굴조사, 특히 관방유적 조사에서 출토된 수많은 신라기와의 분석을 통해서 기본적인 편년안을 제시한 바 있다. 이에 본 글에서는 마련된 편년안을 바탕으로 한강유역 출토 신라기와와 통일신라 기와의 세부적인 제작 속성에서 나타나는 연속성과 차별성을 밝혀보고자 하였다.

II. 한강유역 신라유적 현황(산성을 중심으로)

한강유역에 분포하고 있는 수많은 신라 유적은 고분을 제외하고는 대부분 관방 유적이다. 이들 관방 유적은 신라의 한주 영역에 속하여 신라 군현에 비정되는 등 중요한 유적들이다 (박성현 2010: 259~262). 또한, 대부분의 신라 기와는 이들 관방 유적에서 출토되고 있다.

다음 표는 한강유역에 분포하는 신라 관방 유적을 박성현과 권순진(2005: 18~46; 2007)의 연구를 토대로 수정, 편집하고[02] 일부 내용을 가감한 것이다.

----

01) 이 글은 본인의 글(2021, 「신라의 한강유역 진출과 기와의 성격」 『한국기와학보』 3호)에서 글의 내용이나 분석치, 도면을 많은 부분 전재하였다.

02) 권순진은 이들 유적 외에 지표조사 결과를 바탕으로 서울 불암산성, 의정부 사패산 3보루, 남양주 국사봉 보루, 의정부 부용산 보루, 양주 천보산 3·5보루, 연천 초성리 산성, 포천 주원리 산성 등

표 1. 한강유역 신라 중요 유적 현황

번호	유적명	위치	현황	군현비정(박성현)
1	성동리산성	포천시 영중면	산성 고도 180m, 석축, 테뫼식(성벽 둘레 401m)	동음현(洞陰縣)
2	고소성	포천시 창수면	석축, 테뫼식(성벽 둘레 44m)	
3	대전리산성	연천군 청산면	성재산 남서봉우리(110m), 석축, 테뫼식	사천현(沙川縣)
4	군자산성	연천군 연천읍	군자산(327m), 석축, 테뫼식(성벽 둘레 600m)	공성현(功成縣)
5	당포성	연천군 미산면	강안평지성, 석축	
6	수철성	연천군 전곡읍	석축, 테뫼식(성벽 둘레 250m)	
7	칠중성	파주시 적성면	중성산(147m), 석축, 테뫼식(성벽 둘레 603m)	중성현(重城縣)
8	호로고루	연천군 장남면	강안평지성, 석축	
9	파평산성	파주시 파평면	파평산(495m)	파평현(波平縣)
10	덕진산성	파주시 군내면	복합식, 석축, 내성(성벽 둘레 600m), 외성(성벽 둘레 1,200m)	
11	봉서산성	파주시 파주읍	봉서산(215m), 석축, 테뫼식(성벽 둘레 600m)	봉성현(峯城縣)
12	반월산성	포천시 군내면	청성산(283m), 석축, 테뫼식(성벽 둘레 1,080m)	견성군(堅城郡)
13	양주 대모산성	양주시 어둔동	대모산(210m), 석축, 테뫼식(성벽 둘레 1,400m)	내소군(來蘇郡)
14	오두산성	파주시 탄현면	오두산(119m), 석축, 테뫼식(성벽 둘레 1,200m)	교하군(交河郡)
15	동성산고성	김포시 하성면	동성산(113m), 석축, 테뫼식(성벽 둘레 441m)	동성현(童城縣)
16	고봉산성	고양시 일산동구	고봉산(208m), 석축, 테뫼식	고봉현(高烽縣)

도 신라가 경기지역으로 북진하는 과정에서 축성한 석축산성으로 파악하였다. 이들 유적에서는 공통적으로 기와조각이 한 점도 수습되지 않아 흥미롭다.

번호	유적명	위치	현황	군현비정(박성현)
17	퇴뫼산성	남양주시 진접읍	퇴뫼산(370m), 석축, 테뫼식(성벽 둘레 625m)	황양현(荒壤縣)
18	대릉리토성	김포시 대곶면	수안산 동남사면, 토축(성벽 둘레 1,340m)	술성현(戌城縣)
19	수안산성	김포시 대곶면	수안산(146m), 석축, 테뫼식(성벽 둘레 685m)	술성현(戌城縣)
20	북성산성	김포시 북변동	장릉산(150m), 석축, 테뫼식(성벽 둘레 2,659척)	김포현(金浦縣)
21	행주산성	고양시 덕양구	덕양산(124m), 석축+토축, 테뫼식(성벽 둘레 1,038m)	우왕현(遇王縣)
22	양천고성	서울강서구 가양동	궁산(74m), 석축, 테뫼식(성벽 둘레 726척)	공암현(孔巖縣)
23	계양산성	인천시 계양구	계양산 동봉우리(203m), 석축, 테뫼식(성벽 둘레 1,160m)	장제군(長堤郡)
24	문학산성	인천 미추홀구 문학동	문학산(232m), 석축, 테뫼식(성벽 둘레 577m)	소성현(邵城縣)
25	서울 독산동	서울시 독산동	조사면적 36,053㎡	
26	호암산성	서울금천구 시흥동	호암산(347m), 석축, 테뫼식(성벽 둘레 1,250m)	곡양현(穀壤縣)
27	아차산성	서울시 광진구	아차산(203m), 석축, 포곡식(성벽 둘레 1,038m)	한양군(漢陽郡)
28	이성산성	하남시 춘궁동 외	이성산(209m), 석축, 포곡식(성벽 둘레 1,665m)	한주(漢州)
29	서울 대모산성	서울 강남구	대모산(293m), 석축, 테뫼식(성벽 둘레 567m)	
30	남한산성	광주시 남한산성면	석축, 성벽 둘레 9,050m	
31	부용산성 (신원리성)	양평군 양평읍	부용산(365m), 석축, 테뫼식(성벽 둘레 543m)	빈양현(濱陽縣)
32	파사성	여주시 대신면	파사산(230m), 석축, 테뫼식(성벽 둘레 936m)	소(근)천군 (泝(近)川郡)
33	북성산성 (신지리성)	여주시 능서면	북성산(275m), 석축, 테뫼식(성벽 둘레 1,150m)	황효현(黃驍縣)
34	효양산성	이천시 부발읍	효양산(188m), 토축, 성벽 둘레 1,200m	
35	설봉산성	이천시 관고동	설봉산 북동봉우리(325m), 석축, 테뫼식(성벽 둘레 1,079m)	황무현(黃武縣)

번호	유적명	위치	현황	군현비정(박성현)
36	설성산성	이천시 장호원읍	설성산(290m), 석축, 포곡식(성벽 둘레 1,112m)	음죽현(陰竹縣)
37	망이산성	안성시 일죽면	망이산(472m), 복합식, 토축(성벽 둘레 250m)+ 석축(성벽 둘레 2,080m)	
38	죽주산성	안성시 죽산면	비봉산 동남봉우리(250m), 복합식, 석축, 테뫼식+포곡식(성벽 둘레 1,322m)	개산군(介山郡)
39	비봉산성	안성시 명륜동	비봉산(229m), 복합식, 석축, 테뫼식(성벽 둘레 714ṃ) 축성후 증축	백성군(白城郡)
40	무한성	안성시 양성면	고성산(294m), 복합식, 석축, 테뫼식(성벽 둘레 680m)+포곡식	적성현(赤城縣)
41	비파산성	평택시 안중읍	비파산(102m), 토축, 성벽 둘레 1,622m	
42	자미산성	평택시 안중읍	자미산(110m), 석축, 테뫼식(성벽 둘레 582m)	거성현(車城縣)
43	요리산성	화성시 향남읍	평산성, 토축, 성벽 둘레 2,311m	
44	무봉산성	평택시 진위면	무봉산(208m), 석축, 테뫼식(성벽 둘레 255m)	진위현(振威縣)
45	독산성	오산시 지곶동	독성산(208m), 석축, 테뫼식(성벽 둘레 1,400m)	수성군(水城郡)
46	할미산성	용인시 포곡읍	할미산(349m), 석축, 테뫼식(성벽 둘레 660m)	거칠현(巨柔縣)
47	성태산성	안산시 일동	성태산(160m), 석축, 테뫼식(성벽 둘레 372m)	장구군(獐口郡)
48	군자산성	시흥시 군자동	군자봉(187m), 토석혼축, 테뫼식(성벽 둘레 400m)	장구군(獐口郡)
49	목내동성	안산시 목내동	목내동과 초지동 사이 야산, 토축	장구군(獐口郡)
50	성곡동성	안산시 성곡동	해봉산(48m), 석축, 테뫼식(성벽 둘레 360m)	장구군(獐口郡)
51	당성	화성시 남양읍	구봉산(165m), 복합식, 석축(성벽 둘레 400~500m)+ 토축(성벽 둘레 1,148m)	당은군(唐恩郡)

총 50여 곳의 유적 중에서 본격적인 발굴조사가 진행된 곳은 20여 곳에 이른다. 많게는 10여 차례 조사가 진행된 하남 이성산성을 비롯하여 대부분이 2~3회의 조사가 이루어졌으

며 이를 통해 신라 관방 유적의 군현적 성격이 많이 밝혀졌다고 생각한다.

이들 유적 중에 백제가 처음 쌓은 토성으로는 고소성, 효양산성, 요리산성, 망이산성, 자미산성, 무성산성 등이 있고 고구려가 처음 쌓은 산성으로는 호로고루, 당포성 등이 있지만 대부분은 신라가 경기지역에 진입한 후 철저한 지방 거점화를 위해 축성하고 운영한 것들이다.

한편, 일각에서는 경기지역의 석성 일부를 백제가 처음 쌓은 후 신라가 운영한 것이라 주장하기도(서영일 2005) 하지만 필자를 비롯한 대부분의 다른 의견은 백제 토기가 출토되는 시기와 석성이 축조되는 시기를 구분하여 판단하여야 한다는 것이다(심광주 2004: 74~79; 김영 2010; 박성현 2010: 57).

또, 이들 유적 중에서는 신라기와가 집중 출토되는 유적이 대다수이며 기와가 출토되지 않는 유적들도 있다. 이들 유적 성격에 대해서는 논의가 부족한 형편이지만 필자는 집중적으로 출토되는 기와를 해당 유적에 신라의 관부가 들어섰음을 알려주는 적극적인 증거로 보고자 한다.

이는 기와가 출토되는 유적은 왕궁, 관부, 사찰, 신묘로 추정할 수 있다는 사료적 근거[03]로도 증명되며 신라가 한강유역을 차지함과 동시에 적극적으로 점령하고 영역 지배를 시도하는 과정(박성현 2010: 155~157)에서 취해야 할 당연한 조치였을 것이다. 따라서 그림에서 보는 바와 같이 신라의 거점성들은 면 단위로 넓게 분포하여 백제가 풍납토성과 몽촌토성을 중심으로 점 단위 분포를 보이고 고구려가 임진강과 한강 일대에서 선 단위 분포를 보이는 것과는 분명 차이가 난다고 할 것이다.

한편, 위에 열거한 신라 유적들을 운영한 시기는 신라시기라는 큰 틀 속에서도 초기 정착 단계, 통일과정 단계, 통일 후 안정화 단계, 통일 해체 단계 등 네 단계로 구분하여야 한다고 생각하나 이 구분은 성곽 등 다른 분야의 연구도 함께 기대해야 할 것 같다.

또한, 발굴조사가 진행된 대부분의 한강유역 유적에서는 통일신라시대의 기와가 주류를 이루어 출토되는 상황이다. 그중 일부가 통일신라시대보다 앞선 단계인 삼국 시기로 추정할 수 있는 기와들과 나말여초로 구분되는 기와들이 출토되고 있다. 하지만 대다수의 발굴 보고서에서는 이에 대한 명확한 시기별 구분을 진행하지 못하고 있는 것도 현 상황이다.

따라서 다음 장에서는 발굴조사된 신라 유적 중에서 기와가 전 시기에 걸쳐 집중출토되거나 한 시기를 특정지을 수 있는 특징을 갖춘 유적 세 곳을 선정하여 속성 분석하고 대상 유적

---

03) 『舊唐書』 卷199上, 列傳 第149上 東夷列傳 高麗條 · 百濟條 · 新羅條.

1. 성동리 산성	13. 양주 대모산성	25. 서울 독산동	37. 망이산성	49. 목내동성
2. 고소성	14. 오두산성	26. 호암산성	38. 죽주산성	50. 성곡동성
3. 대전리 산성	15. 동성산고성	27. 아차산성	39. 비봉산성	51. 당성
4. 군자산성	16. 고봉산성	28. 이성산성	40. 무한성	
5. 당포성	17. 퇴뫼산성	29. 서울 대모산성	41. 비파산성	
6. 수철성	18. 대릉리토성	30. 남한산성	42. 자미산성	
7. 칠중성	19. 수안산성	31. 부용산성	43. 요리산성	
8. 호로고루	20. 북성산성	32. 파사성	44. 무봉산성	
9. 파평산성	21. 행주산성	33. 북성산성	45. 독산성	
10. 덕진산성	22. 양천고성	34. 효양산성	46. 할미산성	
11. 봉서산성	23. 계양산성	35. 설봉산성	47. 성태산성	
12. 반월산성	24. 문학산성	36. 설성산성	48. 군자산성	

그림 1. 한강유역 신라 주요 관방유적

에서 기와가 시기별로 어떻게 구분지어질 수 있는지 살펴보고자 한다.

분석 대상이 된 유적은 서울 독산동 유적, 인천 계양산성 유적, 포천 반월산성 유적이다.

Ⅲ. 속성분석 및 편년

1. 유물 분석 기준

분석 대상이 된 유적 세 곳에서 총 578점의 기와를 선정하여 분석대상으로 삼았다. 보통, 기와의 시대나 시기를 구분하는 데에 보편적으로 활용하는 속성들은 무늬, 와통 형태, 두드림판(타날판)크기, 두드림(타날)방법, 측면 자르기 방법, 끝다듬기(단부조정) 방법, 내면 조정 자국, 두께, 색조 등 다양하다.

여기에서는 신라기와의 제작과정상에 나타나는 다양한 속성[04] 중에서 신라기와의 분류를 위해 비교적 시간성을 크게 반영한다고 판단되는 4가지 속성을 중심으로 살펴볼 것이다. 그것은 (1) 외면 무늬, (2) 두드림판 크기, (3) 두드림 방법, (4) 측면 자르기 방법이다.[05] 이 중 외면 무늬와 두드림판 크기는 전 시대, 즉 삼국시대부터 조선시대까지 기와를 시기구분하는 데 보편적으로 적용할 수 있는 속성이며 두드림 방법과 측면 자르기 방법은 이 시기, 즉 신라시기에만 세밀하게 적용하기 위해서 수정, 채용한 속성임을 밝혀둔다. 물론 두드림 방법과 측면 자르기 방법 속성 역시 큰 범주 내에서는 시대를 구분할 수 있는 속성임은 분명하나 한정된 지역과 한정된 시기에서는 좀더 세분하여 적용할 필요가 있겠다는 판단하에 필자의 의도가 반영된 새로운 분석법을 한정하여 적용하였다.

각각의 속성은 세부적인 관찰로 좀 더 구분할 수도 있겠지만 이 글의 목적상 오히려 혼란

---

04) 필자는 신라기와 제작과정상에 나타나는 속성들을 27가지로 분류하여 분석한 바 있다(서봉수 1999).

05) 기와의 부분별 명칭 및 용어는 이인숙, 최태선의 분류안을 따른다(이인숙 · 최태선 2011). 최근 기와연구가 활성화됨에 따라 연구자마다 용어를 달리 사용하는데, 논지에 크게 영향을 미치지 않는 범위내에서 기와 용어에서부터 통일된 분류안이 마련되어야 동료 및 후학들에게도 혼란의 여지를 줄일 수 있다는 취지에서이다. 필자는 다소 한글 용어화를 했을 뿐이다.

의 여지를 줄 수 있겠다고 생각하여 최대한 단순화하였다.[06]

이 글의 분석 대상인 대표 유적의 보고서에서 이 4가지 속성을 모두 관찰할 수 있는 것을 개별 확인하여 분석 대상으로 삼았다.

1) 외면 무늬

외면의 무늬는 크게 민무늬(Ⅰ), 꼰무늬(Ⅱ), 줄무늬(Ⅲ), 격자무늬(Ⅳ), 기타무늬(Ⅴ)로 구분하였다. 삼국 이래 통일신라시대까지 나타나는 무늬 대부분은 Ⅰ~Ⅳ의 범주 안에 들어오며 특히 통일신라 후반에 나타나기 시작하는 솔잎무늬와 톱니무늬 등과 함께 복합무늬는 기타 무늬(Ⅴ)로 통합하였다. 각각 분류된 무늬들은 각 무늬 내에서도 고고학적으로는 좀 더 세분할 수 있겠지만 최대한 단순화하여 분류하였다. 같은 무늬대로 분류된 무늬 내에서 펼쳐진 다양한 형태의 아류들은 같은 시기범위 내에서 행해진 다양한 집단내의 다양한 행위결과로 파악하였기 때문이다.

2) 두드림판 크기

기와의 외면을 조정하거나 무늬를 베풀기 위한 두드림판의 크기는 단판(A), 중판(B), 장판(C)으로 구분하였다. 최태선(1993: 18)의 기준에 의해 단판은 기와 전체 길이를 기준으로 4~5번을, 중판은 2~3번을, 장판은 1번의 두드림이 이루어지는 정도이다. 따라서 단판에서 중판, 중판에서 장판으로의 변화(최태선 1993: 43; 이재명 2016: 36~38)는 두드림 방법의 변화와 함께 어느 정도 시간적 선후를 반영하는 요소로써 지역차와 계통차를 반영한다고 하였다.

3) 두드림 방법

필자의 분류 기준에서 다소 중요하다고 판단하여 채택된 속성 중의 하나인데 고대의 기와

---

06) 이 외에도 다양한 속성들을 함께 분석, 비교해 보는 것이 바람직할 수도 있겠으나 이 글의 데이터로 삼는 자료들이 보고서 분석치가 대부분이어서 직접 관찰하여 하나의 기준으로 통합 기술된 것이 아닌 탓에 오히려 혼란의 여지를 줄 수도 있겠다는 또 다른 판단에서이다. 다만 필요에 따라서는 보조 속성으로 기와의 두께와 색조, 내면 조정여부 등을 적절히 활용하여 형식분류에 사용함을 밝혀둔다.

중 특히 줄무늬에서 유용한 분류 기준이 되겠다는 판단 기준에서 소분류의 중요 기준으로 삼았다.

기와의 외면에 두드리는 방법상의 구분은 기와 외면에 대하여 다소 불규칙적으로 부분적인 두드림을 했는지, 기와 외면 전면에 걸쳐서 정연하게 겹치기 두드림을 했는지를 구분하였다. 이에 따라 기와 외면에는 무늬가 부분적으로 남기도 하고 전면에 걸쳐 겹쳐서 나타나기도 한다. 이에 따라 부분두드림(ⓐ), 전면두드림(ⓑ)으로 구분하였다. 전면두드림 방법은 직선두드림과 활모양(호상 弧狀)두드림으로도 구분이 가능하며 시간적 선후를 반영할 뿐 아니라 지역차와 계통차를 고려할 수 있다는 견해(최태선 1993: 43)도 참고하였는데 이는 삼국 이후 통일신라와 고려, 조선에서 나타나는 두드림판의 장판화와 함께 이루어지는 두드림 방법 변화에서 주로 적용가능한 것이다. 다만 신라~통일신라 내, 특히 줄무늬 계통의 시기구분에서 적용하기에는 좀 더 치밀한 관찰이 이루어져 보고서 분석이 이루어지면 향후 더욱 의미있는 속성 기준이 될 수 있으리라 판단한다. 향후 좀 더 세밀한 분석결과가 축적되기를 기대한다.

4) 측면 자르기 방법

측면 자르기 방법 역시 필자 나름대로 시기 구분의 중요한 분류 기준으로 판단하여 최종적인 세분류의 기준으로 삼았다.

기와의 측면에는 기와를 와통에서 분리한 뒤 통상 수키와는 2매, 암키와는 4매로 자르기하는 과정에서 자른자국이 남게 되는데 그 형태적 차이에 따라 기와 제작 공정상에서 약간의 차이를 나타낸다고 생각하고 어느 정도 시간성도 내포한다고 판단하였다.

물론, 기와 측면을 전면 또는 두 번 이상 조정한 경향은 고구려(한국토지공사 토지박물관 2007: 318~319), 백제(서울역사박물관·한신대학교박물관 2008: 국립문화재연구소 2009) 시기에도 나타나는 시대적 현상이기도 하고 측면을 2~3차례 다듬는 것을 초기 기와(7세기 후반)로 생각하는 경우(심광주 2019: 33)도 있지만 이 글의 시·공간적 대상인 한강유역 신라기와에서는 다양한 측면 자르기 자국이 특정시기별로 다양하게 나타나므로 이를 통한 시기구분을 시도하는 것은 나름 의미가 있다는 판단이다.

따라서 기와 측면에 남아있는 기와칼자국(와도흔)이 기와 내면에서 외면(또는 외면에서 내면)으로 부분적으로 남아 있는지, 전면에 걸쳐 자르기했는지, 자르기 후 내외로 추가적인 조정을 했는지에 따라서 '내→외 부분(1)', '전면(2)', '두 번 이상(3)', '외→내 부분(4)'로 구분하였다.

5) 보조 속성

보조 속성으로는 기와 내면에 나타나는 다양한 제작 자국 중 내면의 조정(빗질,[07] 물손질) 여부에 따라 무조정한 것과 조정한 것을 구분하여 조정한 것에 '-1'을 부기하였다. 이는 다른 속성 기준을 적용할 수 없는 민무늬 기와 형식에만 부기하였다.

이와 함께 기와의 두께에도 유의하였다. 기와의 두께는 건축술의 발전과 그 정도를 같이 하는데 고대의 기와일수록 얇고 후대로 갈수록 두꺼워지는 경향성을 어느 정도 나타내기 때문이다. 이는 시간의 흐름에 따라, 고대 왕국의 발전 정도에 따라 건축술의 발전도 이루어졌기 때문인 것으로 판단된다.

필요에 따라 이 두 보조속성을 활용하였다.

2. 속성 분석

분석 결과(서봉수 2020: 62~75), 총 45종의 유효한 형식 분류 결과가 다음과 같이 나타났다.

표 2. 기와 속성 분석 결과표

대분류	중분류	소분류	세분류	형식	형식 내용
I			I 1	I 1	민무늬, 내→외 부분자르기, 내면 무조정
				I 1-1	민무늬, 내→외 부분자르기, 내면 조정
			I 2	I 2-1	민무늬, 전면자르기, 내면 조정
			I 3	I 3-1	민무늬, 두 번 이상 조정, 내면 조정
			I 4	I 4	민무늬, 외→내 부분자르기, 내면 무조정
				I 4-1	민무늬, 외→내 부분자르기, 내면 조정
II	II A	II Ab	II Ab2	II Ab2	꼰무늬, 단판, 전면두드림, 전면자르기
	II B	II B2	II Bb2	II Bb2	꼰무늬, 중판, 전면두드림, 전면자르기
	II C	II Cb	II Cb2	II Cb2	꼰무늬, 장판, 전면두드림, 전면자르기

07) 빗질은 사절자국과 다르다. 사절자국은 기와 제작과정상에서 쩰줄로 점토판을 생성하는 과정에서 생기는 것이고 빗질은 성형된 기와를 와통에서 분리한 후 2차 조정하는 과정에서 발생한다. 따라서 사절자국에는 베자국이 남게 되고 빗질에는 베자국이 남지 않는 차이가 있다. 분석대상의 보고서에는 이에 대한 명확한 구분이 아직 자리잡지 않았을 때라서 분석의 한계는 있지만 이 글에서는 일단 빗질로 판단하여 기술하였다. 또한 빗질자국이든, 사절자국이든 이 글의 분석 틀에는 크게 영향을 미치지 않는다고 판단하였다.

대분류	중분류	소분류	세분류	형식	형식 내용
Ⅲ	ⅢA	ⅢAa	ⅢAa1	ⅢAa1	줄무늬, 단판, 부분두드림, 내→외 부분자르기
			ⅢAa2	ⅢAa2	줄무늬, 단판, 부분두드림, 전면자르기
		ⅢAb	ⅢAb1	ⅢAb1	줄무늬, 단판, 전면두드림, 내→외 부분자르기
			ⅢAb2	ⅢAb2	줄무늬, 단판, 전면두드림, 전면자르기
			ⅢAb3	ⅢAb3	줄무늬, 단판, 전면두드림, 두 번 이상 조정
			ⅢAb4	ⅢAb4	줄무늬, 단판, 전면두드림, 외→내 부분자르기
	ⅢB	ⅢBb	ⅢBb1	ⅢBb1	줄무늬, 중판, 전면두드림, 내→외 부분자르기
			ⅢBb2	ⅢBb2	줄무늬, 중판, 전면두드림, 전면자르기
			ⅢBb4	ⅢBb4	줄무늬, 중판, 전면두드림, 외→내 부분자르기
	ⅢC	ⅢCa	ⅢCa1	ⅢCa1	줄무늬, 장판, 부분두드림, 내→외 부분자르기
		ⅢCb	ⅢCb1	ⅢCb1	줄무늬, 장판, 전면두드림, 내→외 부분자르기
			ⅢCb3	ⅢCb3	줄무늬, 장판, 전면두드림, 두 번 이상 조정
Ⅳ	ⅣA	ⅣAa	ⅣAa1	ⅣAa1	격자무늬, 단판, 부분두드림, 내→외 부분자르기
		ⅣAb	ⅣAb1	ⅣAb1	격자무늬, 단판, 전면두드림, 내→외 부분자르기
			ⅣAb2	ⅣAb2	격자무늬, 단판, 전면두드림, 전면자르기
			ⅣAb3	ⅣAb3	격자무늬, 단판, 전면두드림, 두 번 이상 조정
			ⅣAb4	ⅣAb4	격자무늬, 단판, 전면두드림, 외→내 부분자르기
	ⅣB	ⅣBa	ⅣBa1	ⅣBa1	격자무늬, 중판, 부분두드림, 내→외 부분자르기
			ⅣBa4	ⅣBa4	격자무늬, 중판, 부분두드림, 외→내 부분자르기
		ⅣBb	ⅣBb1	ⅣBb1	격자무늬, 중판, 전면두드림, 내→외 부분자르기
			ⅣBb2	ⅣBb2	격자무늬, 중판, 전면두드림, 전면자르기
			ⅣBb4	ⅣBb4	격자무늬, 중판, 전면두드림, 외→내 부분자르기
	ⅣC	ⅣCb	ⅣCb1	ⅣCb1	격자무늬, 장판, 전면두드림, 내→외 부분자르기
Ⅴ	ⅤA	ⅤAb	ⅤAb1	ⅤAb1	복합무늬외, 단판, 전면두드림, 내→외 부분자르기
			ⅤAb2	ⅤAb2	복합무늬외, 단판, 전면두드림, 전면자르기
			ⅤAb3	ⅤAb3	복합무늬외, 단판, 전면두드림, 두 번 이상 조정
			ⅤAb4	ⅤAb4	복합무늬외, 단판, 전면두드림, 외→내 부분자르기
	ⅤB	ⅤBa	ⅤBa1	ⅤBa1	복합무늬외, 중판, 부분두드림, 내→외 부분자르기
		ⅤBb	ⅤBb1	ⅤBb1	복합무늬외, 중판, 전면두드림, 내→외 부분자르기
			ⅤBb2	ⅤBb2	복합무늬외, 중판, 전면두드림, 전면자르기
			ⅤBb3	ⅤBb3	복합무늬외, 중판, 전면두드림, 두 번 이상 조정
			ⅤBb4	ⅤBb4	복합무늬외, 중판, 전면두드림, 외→내 부분자르기
	ⅤC	ⅤCa	ⅤCa1	ⅤCa1	복합무늬외, 장판, 부분두드림, 내→외 부분자르기
		ⅤCb	ⅤCb1	ⅤCb1	복합무늬외, 장판, 전면두드림, 내→외 부분자르기
			ⅤCb3	ⅤCb3	복합무늬외, 장판, 전면두드림, 두 번 이상 조정
			ⅤCb4	ⅤCb4	복합무늬외, 장판, 전면두드림, 외→내 부분자르기

앞의 표는 앞서 언급하였듯이, 유물 분석 기준에서 외면 무늬를 대분류로 하여 Ⅰ(민무늬), Ⅱ(꼰무늬), Ⅲ(줄무늬), Ⅳ(격자무늬), Ⅴ(복합무늬)로 구분하고 여기에 중분류로 두드림판 크기를 각각 A(단판), B(중판), C(장판)로 구분하여 병기하였다. 이어서 소분류 기준으로 두드림 방법을 적용하여 a(부분두드림), b(전면두드림)로 구분, 적용하였다. 그리고 세분류로는 측면 자르기 방법을 구분하여 1(내→외 부분), 2(전면), 3(두 번 이상), 4(외→내 부분)로 측면 조정 방식을 정리하였다. 최종적인 형식 분류는 민무늬 계통에 내면 조정 여부를 구분하여 내면 조정한 것에 (-1)을 부기하여 정리하였다. 부연 설명한 내용은 각각의 형식에 적용한 것을 다시 한번 정리한 것이다.

3. 순서 배열

1) 속성

여기서는 속성별 내용을 다시 한번 정리하여 분석 대상이 된 기와의 유물적 특징과 시기별 특성을 부각시키고 기존의 연구성과와 대비함으로써 순서배열의 얼개를 짠 것이다. 무늬, 두드림판 크기, 두드림 방법, 측면 자르기 방법과 더불어 두께 속성을 통해 큰 흐름 속에서 상대 편년이 가능하다.

(1) 무늬

무늬는 민무늬, 꼰무늬, 줄무늬, 격자무늬, 솔잎무늬, 톱니무늬, 추상무늬, 복합무늬 등 다양하다. 기존 연구성과(서오선 1985; 최맹식 1999; 최정혜 1996; 이재명 2016)에서도 고대 삼국에는 민무늬와 꼰무늬, 줄무늬, 격자무늬만이 유행하다 통일신라 후반에 가서 솔잎무늬를 비롯한 다양한 무늬가 나타나기 시작한다고 하였다. 또한 다양한 형태의 복합무늬가 등장하고 고려시대로 가면서 솔잎무늬 또는 격자무늬를 동반한 복합무늬 형태가 자리잡게 된다. 이후 솔잎무늬 단독으로 유행하던 시기를 지나 다시 다양한 형태의 복합무늬가 나타나다가 조선시대가 되면 유행의 양상이 변하게 된다. 조선시대에는 다양한 엇댄줄무늬가 형태의 변화를 거쳐 소위 파도무늬로 정착하게 되고 조선 후반으로 가면 정형성을 상실한 다양한 형태의 무늬들이 혼합된 양상이 나타나게 된다.

아무튼 고대 삼국부터 통일신라시대까지 유행한 무늬 양상은 민무늬, 꼰무늬, 줄무늬, 격자무늬라고 할 수 있다. 고구려, 백제에서도 이와 같은 양상인데 신라보다 이른 시기에 이미 각종 민무늬와 함께 격자무늬, 꼰무늬가 줄무늬에 앞서 주로 유행한다. 특히 고구려는 이와 더불어 톱니무늬, 돗자리무늬 등 더욱 다양한 무늬가 단독 또는 복합무늬 형태로 유행하였다(최맹식 2006: 177; 백종오 2006: 168~171). 그리고 백제는 격자무늬와 함께 꼰무늬, 줄무늬만이 유행하였는데 격자무늬 중 작은 격자무늬 계통은 백제 전기에 앞서 유행한 것으로 판단된다(최맹식 2006: 191). 이에 비해 신라는 격자무늬, 꼰무늬보다 줄무늬가 주 무늬로서 역할을 한 것으로 판단된다.

이 글의 분석 대상이 된 세 유적을 두고 보더라도 서울 독산동 유적에서는 대부분 민무늬와 줄무늬 기와만이 출토되고 일부 격자무늬 기와가 나타나며 인천 계양산성과 포천 반월산성 유적에서는 민무늬 형태와 함께 줄무늬, 격자무늬, 추상무늬, 복합무늬 등이 시기를 달리하며 다양하게 나타나고 있어 시간성을 반영한다.

(2) 두드림판 크기

두드림판 크기는 기존 연구성과(최태선 1993; 이재명 2016)에 의해 시대별 흐름에 따라 단판 → 중판 → 장판으로의 변화를 인정할 수 있다. 특히 고대 삼국은 꼰무늬에서 고구려에 의해 일찍이 장판의 두드림판이 사용된 것을 인정하더라도 대부분 단판의 두드림판을 이용하여 줄무늬와 격자무늬 등의 무늬를 남기고 있다. 특히 줄무늬의 두드림판은 어느 시기 중판으로 안정화되고 통일신라 후반기에 들어가면 장판으로의 변화가 감지된다. 격자무늬 역시 마찬가지다.

서울 독산동에서는 줄무늬가 새겨진 단판 기와만이 출토되었고 일부 단판의 격자무늬 기와가 확인되는 반면, 인천 계양산성과 포천 반월산성에서는 단판의 줄무늬 기와를 비롯하여 중판, 장판의 줄무늬 기와가 시기를 달리하며 나타나고 이는 격자무늬와 기타 무늬 기와에서도 적용된다. 격자무늬와 솔잎무늬 기와의 두드림판은 점차 길어져 가는 양상이다.

(3) 두드림 방법

기와 외면에 시행된 두드림 방법상의 차이를 부분두드림과 전면두드림으로 구분하였는데 특히 고대의 줄무늬 기와에서 부분두드림 방법이 선행하다가 전면두드림으로 변화하고 전면두드림한 기와는 직선두드림과 활모양두드림으로 구분이 가능하다는 것을 간파하였다. 이 글에서는 주로 부분두드림과 전면두드림만을 구분하였고 이를 줄무늬 기와에 적용하여 부분두드림 → 전면두드림으로의 변화를 인정할 수 있었다.

서울 독산동 유적은 민무늬를 제외한 모든 기와가 단판의 두드림판으로 부분두드림한 것을 확인하였다. 이에 비해 인천 계양산성과 포천 반월산성은 초기 일부 부분두드림한 것이 나타나지만 대부분 전면두드림한 양상을 확인하였다.

(4) 측면 자르기

앞서 언급하였지만 측면 자르기의 다양한 형태는 고구려, 백제에서도 나타나고 있어 시대를 구분하는 속성으로는 적합하지 않을 수도 있으나 각 시대별, 즉 고구려, 백제, 신라 시기 각 세부 시기내에서는 유효한 속성으로 작용 가능하다. 다시 말해 신라 시기 내에서는 측면을 부분 자르기, 전면 자르기, 2~3회 조정 등 다양하게 나타나고 있고 이것이 어느 정도 시기를 구분지을 수 있는 기준이 되고 있기 때문이다.

분석된 기와에서는 부분 자르기(내→외) → 전면 자르기 → 2~3회 조정 → 부분 자르기(내→외, 외→내 혼용)로의 속성 변화를 감지할 수 있었다.

특히, 서울 독산동 유적에서는 모든 기와에서 부분 자르기(내→외)한 것만이 확인되는 반면, 인천 계양산성과 포천 반월산성에서는 위의 속성 변화에 준하여 변화가 감지되어 흥미롭다.

(5) 두께

기와의 두께는 고대 기와일수록 얇고 후대 기와일수록 상대적으로 두꺼운 경향성을 나타내는 것은 정확한 통계치나 구체적 자료는 부족하지만 사실이다. 하지만 기와의 두께는 건축술의 발달 정도와 함께 건물의 규모도 고려해야 하기에 기와의 두께 속성만 가지고 주된 편년 속성으로써 상대 시기를 결정짓는 것은 무리가 따른다.

그럼에도 고대의 기와가 상대적으로 두께가 얇다는 것은 고대, 특히 삼국의 건축술이 초기만 해도 무거운 기와를 전면에 잇기에는 기술적 측면에서 부족했다는 것을 반증하는 것이다.

최근 경남지역에서도 시대별 기와 두께의 차이를 중요한 속성으로 파악하여 삼국시대 평기와가 대체로 1~1.5cm이고 통일신라시대 평기와는 1.5~2cm 내외, 고려시대 평기와는 2.0~3.5cm 내외라고 한 연구성과(이재명 2016: 56)는 시대별 기와 두께의 변화양상을 파악하는데 참고할 만하다.

특히, 서울 독산동 유적은 기와의 두께가 1cm 내외로 모두 얇아 좋은 기준이 된다. 더구나 해당 유적에서 출토된 기와는 편으로 계산하여도 수백 점에 불과하여 어느 한 건물의 지붕 전면을 잇기에도 부족한 양이다. 또한 다른 유적에서도 많은 수량은 아니지만 서울 독산동 유적과 비슷한 시기로 판단할 수 있는 얇은 기와들이 출토되고 있다. 이러한 경향성은 이 당시 건물에 기와를 지붕 전면에 잇는 것이 아니라 상징적으로 지붕 끝단, 즉 처마쪽에만 올

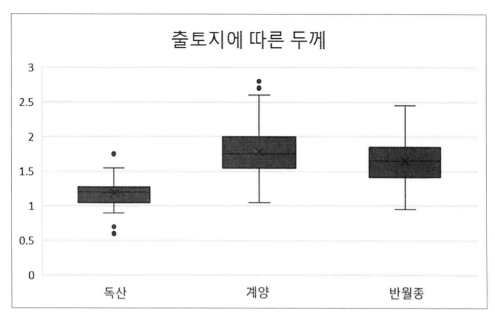

도표 1. 출토지에 따른 두께 분포도

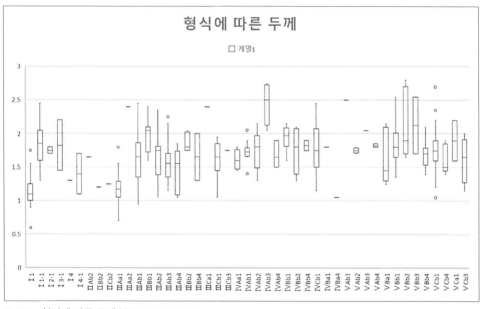

도표 2. 형식에 따른 두께 분포도(상자 도포도)

렸을 가능성도 간과해서는 안 될 것으로 생각한다.

앞의 도표는 형식에 따른 두께 분포도를 나타낸다.

도표에서 나타나듯이 서울 독산동 유적은 대부분의 기와 두께가 1~1.3cm 내외에 해당하고 가장 얇은 것은 1cm 미만인 것도 나타난다. 이에 비해 인천 계양산성과 포천 반월산성 기와는 대부분 1.5~2cm에 분포하고 있음을 알 수 있다.

또한, 인천 계양산성이나 포천 반월산성에서도 적은 양이지만 독산동의 평균치에 준하는 기와들이 일부 나타나고 있다. 이것이 시사하는 바에 대한 고려는 주 속성 분류기준이 된 형식들과 함께 판단되어야 한다.

이 도표에서 주목해서 봐야할 것은, 위 출토지별 두께 양상과 마찬가지로, 우선, 서울 독산동 유적의 Ⅰ1형식과 ⅢAa1형식이 대부분 1~1.3cm 내외의 두께 분포를 나타내고 있다는 것이다. 둘째로, 인천 계양산성 유적과 포천 반월산성 유적에서 가장 많은 형식중 하나인 ⅢAb1형식은 1cm부터 2.5cm까지 폭넓은 두께 분포를 보이는 중에 약 1.3~1.8cm에 가장 많은 기와가 분포하고 있다. 이는 같은 형식이지만 두께를 통해 다시 구분될 수 있음을 보여준다. 또한 ⅢAb3형식도 두 유적에서 많이 나타나는데 대부분 1.5cm 내외의 분포를 보이고 있다. 다음으로 비교적 늦은 시기인 ⅤBb1형식과 ⅤCb1형식은 다소 기와의 두께가 두꺼워지는 양상을 파악할 수 있다.

이상의 결과는 형식분류에 이은 순서배열에 있어 기와의 두께도 절대적인 것은 아니어도 적극적인 속성으로 파악해야 할 필요성을 보여준다는 점에서 시사하는 바가 크다.

2) 유형

속성별 분석을 통해 짜인 큰 얼개 속에서 속성 기준별 조합을 통해 여기서는 구체적인 형식별 편년안을 마련할 수 있다.

(1) Ⅰ유형(민무늬)

Ⅰ유형은 민무늬로 측면 자르기 방법과 내면 조정 여부에 따라 순서배열이 가능하다. 민무늬는 삼국시대 이래로 조선시대까지 계속 사용되어온 형식이지만 세부 속성에서 각 시대별 특징을 구분지을 수 있다. 특히 삼국시대에서 통일신라시대까지 이르는 동안 두드러진 속성의 변화는 측면 자르기 방법으로 Ⅰ1형식과 Ⅰ4형식은 측면 자르기 방법의 차이와 함께 세밀한 베자국만이 선명하며 내면 조정이 전혀 행해지지 않았다. 다만 Ⅰ4형식만이 세밀한 베

자국과 함께 베묶은자국이 나타나고 있어 Ⅰ1형식에 이어 본격적인 내면 조정이 이루어지기 전, 과도기에 나타나는 형식으로 생각된다.

뒤이어 나타나는 Ⅰ1-1형식부터 Ⅰ4-1형식은 다양한 베자국과 함께 빗질자국 또는 사절 자국과 물손질자국이 나타나고 있어 아무런 조정이 없는 단계보다는 나중 단계 형식으로 파악된다.

나아가 측면 자르기 방법에 있어서는 해당 시기인 신라말에서 통일신라시대까지의 경우에는 Ⅰ1형식에서 시작하여 Ⅰ2-Ⅰ3-Ⅰ4-Ⅰ1형식으로의 배열이 가능하겠다.

좀 더 자세히 설명하자면, 측면 자르기 방법의 차이는 곧 생산체계, 즉 대량생산체제냐 아니냐의 구분에서 비롯된다고 생각한다. 기본적으로 베자국을 남기게 되는 와통제작방식에서 성형 후 진흙판을 분리해서 측면 자르기를 부분적으로 하게 되는 경우는 대량생산체제에서 이루어지는 과정이기 때문이다. 한번에 수키와는 2매, 암키와는 4매의 낱기와를 생성하게 되는데 이는 현대에 남아있는 전통기와 제작과정에서도 이루어지는 과정으로 일매작이나 와통에서 분리 후 한번에 측면을 절단하여 건조하거나 2~3회의 조정을 거치는 과정에 비해서 많은 양의 기와를 제작할 수 있다.

이와 비교하여, 와통에서 성형한 기와를 와통에서 분리 후 측면을 한번에 절단하여 건조한 Ⅰ2형식의 기와는 대량생산체제보다는 다소 소량이지만 안정된 제작 시스템에서 공정에 치밀함이 더해진 과정이라고 판단된다. 더 나아가 측면을 2~3회 조정한 기와들은 Ⅰ2형식에서 발전하여 기와에 들일 수 있는 최대한의 정성을 가미한 결과로 생각된다. 왜냐하면 측면을 2~3회 조정하는 것은 기와가 지붕에 얹히는 과정에서, 보이지도 않는 부분에 필요하지 않은 공정을 추가로 행한 것이기도 하거니와 기술적, 실용적으로도 아무런 의미가 없는 공정이 덧붙여진 것이기 때문이다. 이는 기와 제작상에서 Ⅰ1형식이나 Ⅰ2형식에 비해 발달된 공정으로 분류가 가능한 이유이다. 이어지는 Ⅰ4-1형식이나 Ⅰ1-1형식들은 사회경제적 관점에서 다시 대량생산체제로의 복귀를 말하는 것으로 볼 수도 있겠다.

덧붙이자면, 측면 자르기 방법에서 Ⅰ1형식은 후대에 다시 나타난다. 이는 세부적인 속성(내면 조정, 두께 등등)의 변화와 함께 고려해야 할 부분이다. 앞서 언급하였지만 민무늬의 기와에서 고대의 것은 내면조정이 전혀 나타나지 않는 것과 함께 두께와 색조도 후대의 민무늬와는 그 특성을 달리하고 있다. 특히 두께는 Ⅰ1유형이 Ⅰ1-1유형보다 훨씬 얇다.

결론적으로 Ⅰ유형은 Ⅰ1 ⇒ Ⅰ4 ⇒ Ⅰ2-1 ⇒ Ⅰ3-1 ⇒ Ⅰ4-1 ⇒ Ⅰ1-1형식으로의 순서배열이 가능하겠다.

(2) II유형(꼰무늬)

II유형은 분석 대상이 된 기와 중에서는 많은 비중을 차지하지 않고 있다. 나타나는 형식이 IIAb2형식, IIBb2형식, IICb2형식으로 각 1점씩만이 확인되었다. 하지만 최근 진행하고 있는 서울 아차산성 발굴조사(한강문화재연구원 2020)에서 많은 양의 꼰무늬 기와가 출토되고 있는만큼 참고가 될 것이다.

어쨌든 각 형식은 두드림판의 크기에서만 차이를 나타내고 있을 뿐이다. 두드림 방법에서는 모두 기와 외면에 전면두드림하고 측면 자르기 방법에서 한 번에 절단하여 건조하는 방식을 보인다.

따라서 II유형은 두드림판의 계기적 발전단계에 비추어(최태선 1993: 42~43; 이재명 2016: 59~62) 단판에서 장판으로 시간적 흐름을 나타내므로 IIAb2 ⇒ IIBb2 ⇒ IICb2형식으로의 순서배열이 가능하다.

(3) III유형(줄무늬)

III유형은 분석 대상 기와 중 그 종류도 가장 다양하고 수적으로도 많은 양을 차지하고 있다. 줄무늬 형식은 삼국초기부터 신라 시기 전 시대를 통틀어 표현되는 주된 무늬 형식이지만 이 글에서 나타나는 다양한 형식의 줄무늬들을 통합하여 표현하였기 때문에 시대구분의 속성으로는 이 형식 내에서 작동하지 않고 두드림판의 크기와 두드림 방법, 측면 자르기 방법에 의해 총 13종의 형식으로 분류하였다.

전반적으로는 두드림판의 크기에 따라 단판에서 중판, 중판에서 장판으로의 변화양상을 나타내고 있다. 가장 극명하게 대비되는 것은 두드림방법의 차이인데, 즉 단판에 줄무늬가 새겨진 두드림판이 기와 외면에 부분적으로 두드림되었느냐 전면에 걸쳐서 두드림되었느냐의 차이에 따라 시기가 명확히 나누어지는 현상을 발견하였기 때문이다. 좀 더 구체적으로 표현하면 전자인 단판의 두드림판이 기와 외면에 부분적으로 두드림된 것들은 신라가 한강 유역을 점유한 후 한정된 시공간 범위 내에서 일시적으로 나타나는 현상으로 파악되기 때문이다. 즉, 서울 독산동 유적에서 집중 출토되고 있는 이같은 형식은 신라 고대 기와의 시기 구분에 명확한 구분점을 던져 주기에 충분하다고 판단된다.

이와 함께 측면 자르기 방법에서도 이같은 형식에서는 거의 대부분이 내면에서 외면으로 부분 자르기를 시도하였기에 더욱 다른 형식의 줄무늬 기와보다는 선행하는 단계의 형식으로 판단되는 중요한 기준이 될 수 있다. 또한 I유형의 민무늬 형식에서도 언급하였지만 측면 자르기 방법에서의 단계적 변화는 부분 자르기 ⇒ 전면 자르기 ⇒ 2~3차례 조정 ⇒ 부분 자르기로의 양상을 Ⅲ유형의 줄무늬 형식에서도 동일한 논리로 적용시켜 나타내면 두드림 방법에서 전면두드림 단계로 들어가는 시기부터는 측면 자르기 방법에 의해 세부적인 시기 구분이 가능하게 된다.

결국 줄무늬 형식의 Ⅲ유형 기와는 가장 앞선 단계인 ⅢAa1형식을 시작으로 ⅢAb1 ⇒ Ⅲ Aa2 ⇒ ⅢAb2·ⅢBb2 ⇒ ⅢAb3 ⇒ ⅢAb4·ⅢBb1·ⅢCb3 ⇒ ⅢCa1 ⇒ ⅢCb1 ⇒ ⅢBb4형 식으로의 순서배열이 가능하다.

(4) Ⅳ유형(격자무늬)

Ⅳ유형인 격자무늬는 민무늬, 줄무늬와 함께 고대부터 사용되던 무늬 패턴이다. 줄무늬와 동일하게 삼국 초기부터 신라 시기 전 시대를 통틀어 표현되는 형식이다. 줄무늬와 함께 큰 시대를 구분짓는 형식으로는 유용하지만 여기에선 시기를 세분하는 형식으로는 적용하지 않았고 두드림판의 크기, 일부 두드림방법의 차이, 측면 자르기 방법에서의 변화에 의해 총 11종의 형식으로 분류하였다.

Ⅲ형식의 줄무늬와 함께 두드림판의 크기에 따라 단판 ⇒ 중판 ⇒ 장판으로의 변화가 인정 되며 일부에서 두드림 방법상의 차이를 감지한 것을 포함하면 Ⅳ형식의 격자무늬 유형에서 가장 중요한 시기 구분의 차이는 측면 자르기 방법상에서 나타나고 있다.

결국 Ⅳ유형의 격자무늬 형식은 가장 앞선 단계인 ⅣAa1형식을 시작으로 ⅣAb1 ⇒ Ⅳ Ab2·ⅣBb2 ⇒ ⅣAb3 ⇒ ⅣAb4 ⇒ ⅣBa1·ⅣBb1 ⇒ ⅣBa4·ⅣBb4 ⇒ ⅣCb1형식으로의 변화가 인정되어 순서배열이 가능하다.

(5) Ⅴ유형(복합무늬, 솔잎무늬 등 기타무늬)

Ⅴ유형은 고대 시기를 대표하는 민무늬와 꼰무늬, 줄무늬, 격자무늬의 무늬 형식이 점점 다양하게 변화하는 단계이다. 구체적으로는 서로 다른 줄무늬끼리의 결합, 줄무늬와 격자무 늬의 결합, 솔잎무늬의 등장, 줄무늬와 솔잎무늬의 결합, 격자무늬와 솔잎무늬의 결합, 톱니 무늬, 추상무늬 등 그 형식이 자유롭고 다양해진다고 생각한다. 따라서 Ⅴ유형의 단계로 접 어들면서는 그 무늬 형식만으로도 Ⅰ·Ⅱ·Ⅲ유형의 기와와는 어느 정도 다른 시간축을 형 성하여 순서 배열이 가능해지면서 덧붙여 기존의 형식 분류의 기준인 두드림판의 변화, 측면 자르기 방법의 차이에 의해 총 12종의 형식으로 분류가 가능하였다.

특히 측면 자르기 방법에서 고식의 1유형은 나타나지 않고 후기 형식의 1유형이 다른 후대의 형식을 결정짓는 형식과 함께 복귀하는 양상을 나타내고 있다. 또한 단판과 중판의 공존, 장판의 본격적인 사용 등이 이 형식의 순서 배열에 결정적인 작용을 하였다.

따라서 V유형은 VAb2형식을 시작으로 VBb2 ⇒ VAb3 · VBb3 · VCb3 ⇒ VAb1 · VBa1 ⇒ VBb1 ⇒ VAb4 · VBb4 · VCb4 ⇒ VCa1 · VCb1형식으로의 변화를 인정하여 순서 배열하였다.

4. 편년

이상, 한강유역 신라 유적 중에서 서울 독산동 유적과 인천 계양산성 유적, 포천 반월산성 유적에서 표본추출한 578점의 기와들을 대상으로 속성분석한 결과, 다음과 같이 한강유역 신라기와의 편년안을 제시할 수 있다.

이를 해당 형식, 특징, 역사적 정황과 함께 간략히 정리하였다.

1) 제 1기 : 6세기 중반~7세기 전반

Ⅰ1형식과 Ⅰ4형식을 비롯하여 ⅡAb2, ⅢAa1, ⅢAb1, ⅣAa1, ⅣAb1형식 등 총 7개의 형식이 이에 해당한다.

민무늬(Ⅰ)와 꼰무늬(Ⅱ), 줄무늬(Ⅲ), 격자무늬(Ⅳ)로 대표되며 민무늬에 측면 부분 자르기 형식(1)인 Ⅰ1형식과 단판(A)의 줄무늬에 부분두드림(a)하고 측면 부분 자르기한 형식(1)인 ⅢAa1형식, 단판의 줄무늬에 전면두드림(b)하고 측면 부분 자르기한 형식인 ⅢAb1형식이 주류이다. 나머지 형식들은 다소 앞서거나 대부분 그보다는 다소 후행하는 형식이다.

특히 이 단계의 주된 형식인 ⅢAa1형식은 서울 독산동 유적에서 대부분 출토된 것들이며 ⅢAb1형식은 포천 반월산성에서 출토된 것들이 대부분이다. 두드림방법에 있어 부분두드림한 ⅢAa1형식이 Ⅰ1형식과 함께 ⅢAb1형식보다는 앞선 시기로 판단된다. 부가적으로, 앞선 두 형식의 내면은 베자국만이 선명할 뿐 그 외에는 아무런 자국이 나타나지 않고 있어 다른 형식과는 차이를 보이고 있다. 또한 두께도 1cm 내외로 얇다. 따라서 독산동 유적의 기와는 시기 구분의 출발점에 있어 기준점이 될 수 있다.

독산동 유적은 앞선 대표 유적 설명에서도 언급하였지만 신라가 한강 유역에 진출한 6세기 중반에서 7세기 전반까지 일시적으로 운영되었던 것으로 판단되는 유적으로 토기나 기와의 형식도 후행하는 통일기의 형식보다는 앞선 것으로 판단하고 있다(겨레문화유산연구원

2016: 571~593).

이 시기는 역사적으로도 신라가 553년 한강유역을 완전히 점령한 이후 삼국통일의 발판을 다져나가던 시기이다. 교통로를 따라 진행된 진흥왕대의 활발한 북진정책으로 한강유역은 한주(漢州)의 전신인 신주(新州)가 설치되고 신라는 적극적으로 6군(六郡)을 영유하기 시작한다. 이후 신라는 임진강 유역까지 주요 성곽을 구축하고 고구려군과 임진강을 사이에 두고 대치하였다.

2) 제 2기 : 7세기 중반~7세기 후반

Ⅰ2-1형식과 함께 ⅡBb2, ⅡCb2, ⅢAa2, ⅢAb2, ⅢBb2, ⅣAb2, ⅣBb2, ⅤAb2형식 등 총 9개의 형식이 이에 해당한다.

역시 민무늬와 꼰무늬, 줄무늬, 격자무늬가 대표되며 복합무늬 형식인 Ⅴ형식이 7세기 후반대, 즉 통일직후 등장하기 시작한다. 초기의 복합무늬 단계는 줄무늬+줄무늬, 또는 줄무늬+격자무늬의 형태이다.

통일 전 삼국 말까지의 무늬 구성대는 전 단계인 제 1기와 동일하며 두드림판은 단판(A)형식이 주류이긴 하나 중판(B)도 동시성을 보이며, 특히 두드림 방법에 있어 부분두드림 방식(a)보다는 전면두드림 방식(b)이 주류를 보이고 있다. 가장 두드러진 특징으로는 이 단계에 오면 측면 자르기 방법에 있어 한 번에 잘라서(2) 말린 뒤 사용하는 방식이 대부분으로 이 시기를 구분짓는 대표적인 속성으로 판단할 수 있겠다.

역사적으로 이 시기는 신라의 중대에 해당하며 태종무열왕과 문무왕, 김유신, 신문왕의 치세다. 한강유역을 중심으로 삼국통일을 완성해 나감과 동시에 다양한 제도와 정책을 통해 국가를 운영하는 지배체제의 틀을 구비해 나갔던 것으로 파악된다.

3) 제 3기 : 8세기 전반~8세기 후반

Ⅰ3-1형식과 함께 ⅢAb3, ⅢAb4, ⅢBb1, ⅢCb3, ⅣAb3, ⅣAb4, ⅤAb3, ⅤBb2, ⅤBb3, ⅤCb3 등 총 11종의 형식이 나타나 전 시기에 비해 좀 더 다양한 형식이 공존한다.

무늬대는 줄무늬와 격자무늬의 지속적인 사용과 함께 복합무늬의 양상도 좀 더 다양해지고 있다. 두드림판의 형식도 단판과 중판이 지속되나 장판이 등장하여 혼재한다. 두드림 방법에 있어서는 기와 외면에 전면두드림하는 것이 보편적 방법으로 자리잡는다. 측면 자르기 방법은 더욱 다양해져 와통에서 기와를 분리한 뒤 부분 자르기하여 곧바로 2~3회 조정, 낱

건조를 시키는 것이다.

이 시기는 신라의 정치, 사회, 문화 전반에 걸쳐 최고 전성기에 해당하며 통치조직의 확립과 발전을 바탕으로 문화 전반의 극성기라고 할 수 있다.

4) 제 4기 : 9세기 전반~9세기 후반

I 4-1, I 1-1형식을 비롯하여 IIIBb4, IIICa1, IIICb1, IVBa1, IVBa4, IVBb1, IVBb4, V Ab1, VAb4, VBa1, VBb1, VBb4, VCb4 등 총 15종의 다양한 형식이 등장한다.

전통적인 단위 무늬인 줄무늬, 격자무늬의 마지막 단계로 파악되며 다양한 복합무늬와 함께 다양한 무늬 형식이 활발히 등장하는 시기이다. 두드림 방법은 역시 기와 외면에 전면두드림하는 것이 보편적이며 일부 부분두드림이 이루어지는 장판의 두드림판은 시기 구분상에서는 무의미한 것으로 판단된다. 두드러진 양상은 측면 자르기 방법에 있어서 부분 자르기 방식(1)이 재등장하여 보편화되고 그 세부적인 양상에서도 다른 한쪽은 기와 외면에서 내면으로 향하는 형식(4)이 8세기 후반에 등장한 이래 공존한다.

이 시기의 신라는 8세기후반부터 대두된 정치·사회적 모순이 9세기 전반에 이르러서는 지방 호족들의 등장, 성장과 함께 중앙집권적 권력이 극도로 쇠약해지는 때이다. 이로 인해 9세기 말 농민들의 저항과 지방 호족세력들의 창궐은 극심해지게 된다.

5) 제 5기 : 10세기 전반

IVCb1형식과 VCa1, VCb1형식 등 3종의 형식만이 나타난다. 통일기의 마지막 단계로서 전통적인 단위 무늬대는 거의 사라지고 다양한 복합무늬와 솔잎무늬가 본격적으로 사용되기 시작한다. 측면 자르기 방법에서는 전 단계에 나타났던, 기와 내외면을 서로 다르게 자르기했던 방식이 사라지고 내면에서 외면으로의 자르기(1) 형식으로 통일되는 양상이 나타난다.

이 시기는 9세기부터 대두된 지방세력들이 본격적으로 전국 도처를 할거하여 신라는 지방에 대한 통제권을 이미 상실한 때이다. 특히, 궁예의 태봉건국(901년)과 견훤의 후백제건국(900년)으로 후삼국시대의 본격적인 개막을 알린 때이기도 하다.

이상의 결과를 바탕으로 신라말 통일신라시기 기와의 구체적인 편년안을 제시하면 다음의 표와 같다.

이 표는 이 글의 집약이다.

표 3. 시기 구분표(Ⅰ민무늬, Ⅱ꼰무늬, Ⅲ줄무늬, Ⅳ격자무늬, Ⅴ기타무늬 ; A단판, B중판, C장판 ; a부분두드림, b전면두드림 ; 1측면내→외자르기, 2전면자르기, 3두세번조정, 4외→내자르기 ; -1내면조정)

1기	2기	3기	4기	5기
6c중 ~ 7c전	7c중 ~ 7c후	8c전 ~ 8c후	9c전 ~ 9c후	10c전
←—Ⅰ1———→				
←—Ⅰ4→				
	←—Ⅰ2-1——→			
		←——Ⅰ3-1——→		
			←———Ⅰ4-1———→	
			←———Ⅰ1-1——→	
←ⅡAb2————→				
←ⅡBb2———→				
	←—ⅡCb2—→			
←—ⅢAa1—→				
←—ⅢAa2——→				
←ⅢAb1—→				
	←—ⅢAb2—→			
	←ⅢAb3———→			
		ⅢAb4—————→		
	←—ⅢBb2—→			
		←——ⅢBb1		
			←—ⅢBb4→	
		←—ⅢCb3—→		
			←ⅢCa1——→	
			←—ⅢCb1	
ⅣAa1—→				
←ⅣAb1———→				
	←—ⅣAb2—→			
	←ⅣAb3———→			
		ⅣAb4————→		
	←ⅣBb2———→			
		←ⅣBa1———→		
			←—ⅣBa4→	
		←ⅣBb1—→		
			←—ⅣBb4→	
			←ⅣCb1	
	←ⅤAb2→			
		←ⅤAb3→		
		←ⅤAb1————————→		
			←———ⅤAb4→	
	←ⅤBb2→			
		←—ⅤBb3—→		
		←ⅤBa1—		
		←———ⅤBb1—		
			←ⅤBb4→	
				←ⅤCa1—
		←ⅤCb3—→		
			←ⅤCb4→	
				←ⅤCb1—

해당 시기마다 한강 유역에서 유행한 기와 형식들을 정리하고 각각의 형식이 크게 유행한 시기와 함께 그 상한과 하한을 고려하여 제시하였다. 표에서 알 수 있듯이, 각 형식들이 해당 시기에만 유행한 것은 아니다. 많은 형식들이 이미 그 전 시기에 나타나기도 하며 중심 유행 시기를 지나 다음 시기까지도 꾸준히 이용되기도 한다. 같은 한강 유역이라고 해도 그 안에 서조차 지역차를 보이고 있는 것이다.

Ⅳ. 한강유역 신라기와의 성격

이 장에서는 앞 장에서 제시한 신라기와의 편년안을 바탕으로 신라가 한강유역에 진출한 이후 통일에 이르기까지, 즉 신라기와 출토 유적 및 해당 형식을 제시하고 그 성격을 고찰하였다.

1. 신라기와의 고고학적 형식

1) 서울 독산동 유적

Ⅰ1형식과 Ⅰ4형식을 비롯하여 ⅢAa1, ⅢAb1, ⅣAa1형식 등 총 5개의 형식이 나타나며 제 1기에 해당한다. 구체적으로 6세기 중반에서 7세기 전반에 해당하지만 순서배열상으로 는 ⅣAa1형식이 가장 앞선 단계로 판단되며 뒤를 이어 Ⅰ1형식과 ⅢAa1형식이, 다음으로는 Ⅰ4, ⅢAb1형식이 따른다. 중심 형식은 Ⅰ1형식과 ⅢAa1형식이며 나머지 형식은 지역적 잔재이거나 중심 형식에서 발전해 나간 형식이다.

2) 인천 계양산성 유적

가장 다양한 형식이 오랜기간 동안 유지, 발전해 온 유적이다. 즉 제 1기에서 제 5기까지 모두 나타난다. 이 중 제 1기에 해당하는 형식은 ⅣAa1형식과 ⅢAb1형식, ⅡAb2형식으로 ⅢAb1형식이 주류이고 나머지는 출토량이 적다.

제 2기에 해당하는 형식은 ⅠⅠ2-1형식을 비롯해 총 9개의 형식이 계양산성에서는 모두 나타나는데, 좀 더 적극적으로 구분해서 살펴보면, 통일 이전 시기에 해당하는 형식은 Ⅰ2-1,

ⅡAb2, ⅡBb2, ⅡCb2, ⅢAa2, ⅢAb1, ⅢAb2형식 등 총 7개 형식으로 중심 형식은 ⅢAb1형식과 ⅢAb2, ⅣAb2형식이 다수를 차지한다.

순서배열상으로는 ⅡAb2, ⅢAb1→ⅡBb2, ⅢAa2→ Ⅰ2-1, ⅡCb2, ⅢAb2, ⅢBb2, ⅣAb2형식으로 이어진다.

구체적인 실례로는 계양산성에서 최근 가장 주목받고 있는 글자기와이다. 이 중 음각 부호 글자기와는 기와의 속성상 대다수가 ⅢAa2형식과 ⅢAb2형식에 해당하는 분명한 신라기와이다. 이에 대한 성격은 뒤에 언급하겠다.

3) 포천 반월산성 유적

인천 계양산성에 비해 다양한 형식이 같은 시기에 공존하지 않고 제 1기에 해당하는 형식이 ⅣAa1형식과 ⅢAb1, ⅣAb1형식으로 나타나며 주로 ⅢAb1형식만이 출토되었다.

특이한 점은 제 2기에 해당하는 형식이 한 점도 나타나지 않은 사실이다.[08]

4) 이천 설성산성[09]

설성산성에 대한 본격적인 발굴조사는 2001년도에 시작하여 그 후 3차례의 조사가 더 이루어졌다. 그 결과, 백제토기를 비롯하여 신라 및 통일시대 후반기 기와가 출토되었다. 여기서 주목되는 것은 신라기와인데 그 양상이 자못 서울 독산동 유적과 유사하기 때문이다. 보고자에 의하면 산성의 축조시기는 6세기 후반에서 9세기로 파악하고 기와는 7세기와 9세기를 중심시기로 설정하고 있다. 1차 발굴보고에서 총 33점의 기와를 소개하였는데 그 대강의 특징을 살펴보면 외면 무늬는 줄무늬가 대다수고 복합무늬도 줄무늬를 위주로 한 복합무늬이다. 보고서상에 언급은 없지만 단판으로 기와 외면에 전면두드림하였으며 측면은 모든 기와가 내→외의 형태만이 확인되었다. 또한 신라 기와의 두께는 전반적으로 1.5cm 내로 얇고 1cm보다 얇은 것도 파악된다. 이상의 내용을 보면 필자의 기준에 의해 ⅢAb1형식과 ⅤAb1

---

08) 이러한 결과가 보고된 기와만을 대상으로 분석한 결과의 한계일 수도 있기 때문에 이에 대한 해석은 현재로선 신중할 필요가 있겠다.

09) 이상, 위의 세 유적은 본 발표의 주된 분석 대상이 된 유적으로 통계적 분석에 따른 결과이고 지금부터 소개할 유적에서 나온 결과는 선별적 분석치이기 때문에 대상 유적 전체의 기와 현황을 말하는 것은 아님을 밝혀둔다.

형식으로 구분할 수 있다. 따라서 IIIAb1형식은 7세기 전반으로 세분할 수 있고 VAb1형식은 9세기 전반을 중심시기로 구분할 수가 있겠다.

도판 1. 설성산성 줄무늬 기와 IIIAb1형식(단국대학교 매장문화재연구소 2002: 204)

한편, 설성산성 2·3차 발굴조사에서는 많은 도장찍은기와가 출토되어 관심을 끌었다. 도장의 형태는 모두 방형이며 외면 무늬는 격자무늬가 많고 줄무늬도 한 점 있다. 모두 단판 두드림판으로 전면두드림하였고 측면 자르기는 내→외 방향이다. 글자의 내용은 알 수 없다. 보고자는 경주의 출토예를 들어 조심스럽게 8세기 이전으로 추정하거나 인장의 형태로 보아 시기를 더 늦게 편년하였다. 하지만 필자의 기준으로는 명확히 IVAb1형식과 IIIAb1형식에 들어가는 7세기 전반을 중심으로 하는 신라 기와이다.

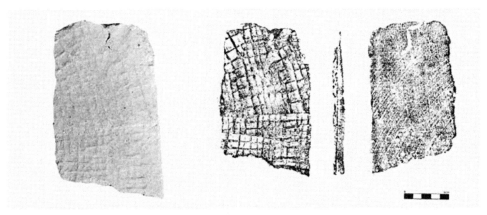

도판 2. 설성산성 도장찍은 기와 IVAb1형식(단국대학교 매장문화재연구소 2004: 293)

5) 이천 설봉산성

설봉산성은 1998년 이후 본격적인 발굴조사를 통해 백제시대부터 조선시대까지 활용된 것으로 파악되었다.

보고서(단국대학교 매장문화재연구소 2001)에서는 Ⅰ지구 출토 기와와 성벽출토 줄무늬 기와가 주목되는데 특히 성벽 출토 기와는 굽구멍이 뚫린 굽다리접시나 찻종(碗) 등과 함께 적갈색 다짐 점토층에서 출토되고 있다고 하였다. 이 기와들은 두께 1cm 내외의 회청색 경질 기와로 외면의 무늬는 줄무늬이고 내면엔 조밀한 베자국이 남아 있고 측면 자른자국은 내면에서 외면 쪽으로 부분 자르기하거나 또는 전면 자르기, 2~3회 조정하였다고 하였다.

보고된 내용만을 토대로 하면 줄무늬 기와는 이 글의 ⅢAa1, ⅢAb1, ⅢAb2, ⅢAb3형식으로 각각 구분할 수 있어 함께 출토되는 토기군과 구별된다. 즉, ⅢAa1형식은 6세기 후반으로, ⅢAb1형식은 7세기 전반, ⅢAb2형식은 7세기 후반, ⅢAb3형식은 8세기 전반으로 그 중심시기를 각각 설정할 수 있다.

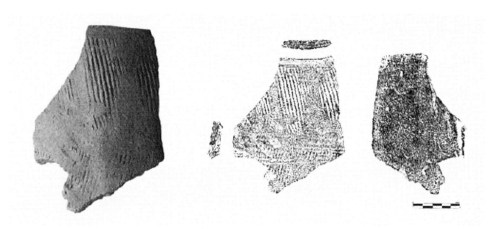

도판 3. 설봉산성 줄무늬 기와 ⅢAa1형식[10](단국대학교 매장문화재연구소 2001: 449)

---

10) 이 기와는 형식을 설정하기에 직접 관찰을 통해서 좀 더 신중한 판단이 필요하다. 두드림판의 종류를 단판으로 봐야할지, 중판으로 봐야할지 애매하기 때문이다. 또한, 부분두드림한 것인지, 전면 두드림한 것인지도 정확하지는 않다. 일단, 이 글에서는 기와의 크기와 그림상에서 단판에 부분두드림한 것으로 판단하였음을 밝힌다.

도판 4. 설봉산성 줄무늬 기와 ⅢAb1 형식(단국대학교 매장문화재연구소 2001: 444)

도판 5. 설봉산성 줄무늬 기와 ⅢAb2형식(단국대학교 매장문화재연구소 2001: 443)

6) 연천 호로고루

호로고루는 임진강 일대의 당포성, 은대리성과 함께 대표적인 고구려 관방유적이다. 본격적인 발굴조사는 2006년부터 한국토지공사 토지주택박물관에 의해 이루어졌다. 발굴조사 결과, 수많은 고구려토기와 기와, 통일신라시대의 기와 등을 비롯하여 고려, 조선시대에 이르기까지의 유적이 확인되었다(한국토지공사토지박물관 2007).

이 글에서는 통일신라시대 유물로 추정되는 기와를 분석대상으로 삼았다. 보고서상에는 고구려 기와의 주목성에 밀려 대강 통일신라~고려 초기로 편년한 바이다. 총 15점의 기와가 보고되었는데 무늬는 주로 줄무늬와 격자무늬 계열이고 단판과 중판이 주를 이룬다. 기와 외면에 전면두드림하였으며 측면은 한번 또는 2~3회 조정한 것들이다.

줄무늬 계통은 단판에 전면두드림하고 측면을 전면자르기 또는 2~3회 조정한 것들로써

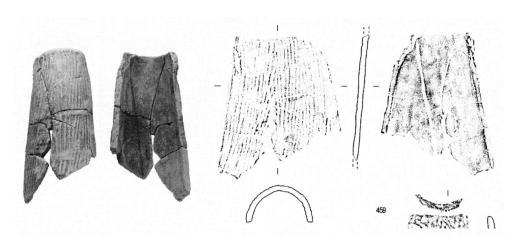

도판 6. 호로고루 수키와 ⅢAb2형식(한국토지주택공사 토지박물관 2007: 280)

ⅢAb2 또는 ⅢAb3에 해당하여 7세기 후반부터 8세기 전반을 중심시기로 편년할 수 있다.

7) 파주 덕진산성

덕진산성은 파주시의 북서쪽 말단부, 임진강 북안에 접한 저구릉성 산지 정상부에 위치한다. 중부고고학연구소에서 2012년과 2013년에 진행한 발굴조사결과, 삼국시대 초축의 축성세력 주체를 고구려로 볼 것이냐, 신라로 볼 것이냐로 다양한 의견이 제시되어 흥미롭다.

조사내용을 살펴보면 특히 내성 조사에서 최초 성벽이 토축으로 이루어진 후 석축 성벽으로 바뀌었음을 밝혔으며 이후에도 수차례의 개축이 이루어진 상황을 파악하였다. 외성도 토축성벽과 석축성벽으로 구분되며 보축성벽과 함께 계속적인 수·개축이 진행되었음을 알 수 있었다.

평기와류는 총 656점으로 정치한 분석이 이루어졌다. 보고자는 꼰무늬 두드림의 암키와 일부와 수막새는 고구려기와로 보았고 줄무늬, 격자무늬, 솔잎무늬 등의 기와는 통일신라시대 기와로, 이후 솔잎무늬와 복합무늬가 주를 이루다가 무지개무늬와 파도무늬로 이어지는 고려~조선시대 기와로 크게 구분하였다. 대부분의 기와는 통일신라시대 기와가 주를 이룬다고 하였다(중부고고학연구소 2014: 중부고고학연구소 2018).

하지만 고구려기와로 분류된 기와에 대해서는 좀더 검토가 필요할 것으로 판단된다.

통일신라시대로 분류된 것들을 좀 더 자세히 살펴보면, 외면의 무늬는 줄무늬와 격자무늬가 주를 이루고 일부 솔잎무늬가 나타난다. 이중 단판의 것은 기존의 연구성과를 근거로 통일신라 전반기로, 솔잎무늬나 엇댄줄무늬계는 통일신라 후기 이후로 크게 구분하였다. 또 기와 외면은 대부분 전면두드림하였으며 측면 자르기 방법은 이 글의 구분법에 의하면 1~4까지 모두 나타나나 내→외(1)로의 방식이 대다수라고 하였다. 하지만 보고서 내용을 자세히 보면 내→외로의 자르기 후 파쇄면을 정리하여 깔끔하게 마무리하였다고 표현한 것도 포함되어 있어 이런 기와는 2차 조정(3)을 한 것으로 파악하였다.

　이러한 판단이 인정된다면, 단판의 줄무늬기와는 ⅢAb1형식과 ⅢAb3형식이 공존하며 격자무늬 계통은 ⅣAb1형식과 ⅣAb3형식이 함께한다. 따라서 이 글의 편년안에 따라 ⅢAb1형식과 ⅣAb1형식은 7세기 전반을 중심연대로 설정할 수가 있고 ⅢAb3형식과 ⅣAb3형식은 8세기 전반으로 구분할 수가 있겠다. 한편, 앞선 시기의 ⅢAb1형식과 ⅣAb1형식은 기와

도판 7. 덕진산성 암키와 ⅢAb1형식(중부고고학연구소 2014: 173)

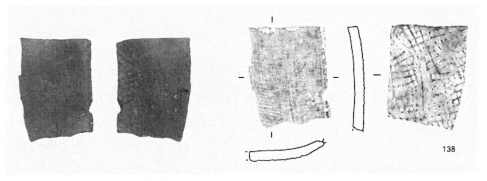

도판 8. 덕진산성 암키와 ⅣAb1형식(중부고고학연구소 2014: 165)

두께도 1.5cm 내외로 얇다. 결국, 덕진산성 기와 중 통일신라기와로 분류된 것들은 이 글의 기준에 의해 삼국 말(7세기 전반~중반)과 통일신라 중기(8세기 전반)로 중심시기를 설정할 수가 있다.

8) 서울 아차산성

최근에 아차산성이 본격적으로 발굴되어 보고되었다(한강문화재연구원 2020.10). 이제 두 차례의 발굴이 이루어져서 향후의 조사결과가 더욱 기대되는 곳이다. 조사는 아차산성에서 가장 높은 곳에 위치한 장대지와 그 남쪽 건물지에 대해 진행되었다. 총 8차례의 자문회의를 통해 17명의 수많은 자문의견 속에서 정치한 발굴을 토대로 최대의 객관성을 담보하려 노력한 것이 돋보인다.

주지하다시피 아차산성 일대를 비롯한 한강유역에는 강 건너의 한성백제 도성인 풍납토성과 몽촌토성, 아차산 줄기를 따라 조성된 고구려의 보루 유적 등이 등이 자리하고 있어 당시 삼국이 한강유역을 차지하기 위해 노력한 긴박한 역사적 단면이 절실하게 나타나고 있는 곳이라 할 것이다.

결론적으로, 아차산성은 유구와 출토유물로 보아 6세기 중반 이후 신라가 한강유역을 진출하면서 축성한 것으로 파악하였다. 여기서는 기와에 대해서만 언급하겠다.

보고서에서는 말미에 아차산성 출토 기와에 대한 고찰을 따로 기술하였는데, 총 145점의 기와를 대상으로 와통 형태, 소지 형태, 두드림판 크기, 두드림 방법(횟수), 두드림 방향, 외면 무늬, 내면 하단 다듬기 방법, 측면 자르기 방법, 하단 끝다듬기 방법으로 구분하여 형식 분류하고 Ⅰ형식부터 Ⅸ형식까지 총 9개의 형식을 제시하였다.

Ⅰ형식은 통쪽와통, 점토띠 성형, 귀접이 등의 특징을 들어 6세기 중반 이전 고구려 기와로 판단하였다.

Ⅱ형식은 Ⅰ형식과 같은 단판에 꼰무늬 전면 두드림 방식의 특징이나 원통형 와통과 점토판 성형, 하단 끝 두드림이라는 제작법의 차이를 들어 7세기 전후로 신라가 아차산성을 처음 축조할 때 제작한 기와로 추정하였다.

Ⅲ형식은 이전의 Ⅰ, Ⅱ형식이 적색의 꼰무늬 두드림이라는 고구려 전통 기술이었던 반면, 회색의 줄무늬 전면 두드림 방법으로서 신라계 기술의 유입이 시작되는 시점으로 보아 7세기 전반 어느 시점으로 추정하였다.

나머지 Ⅳ형식은 8세기대, Ⅴ형식은 9세기 중반 이전까지로 편년하였다(한강문화재연구원 2020: 646~665).

필자는 우선, I형식의 기와를 아차산성 기와의 형식분류에 포함하는 것 자체에 의문이 든다. 머리말에서 언급하였듯이 유물에 나타나는 개별적 기술요소를 통해 유적의 정치적 또는 영역적 판단을 하는 것 자체는 지난 세월 동안 많이 보아왔다. 하지만 삼국은 이미, 고고학적인 많은 증거들을 통해, 당시 문화적·기술적으로 많은 부분을 공유하며 함께 발전해 왔다고 생각한다. 따라서 개별적 기술 요소를 문화나 기술의 교류적 차원에서 이해해야지, 정치나 영역의 범주에서 국가적인 영향을 준 것으로 이해해서는 안 될 것이다.

또한 I형식 자체를 고구려 기와로 판단하는 것에도 수긍하기 어려운 부분이 많다. 일단, I형식 기와의 소위 고구려적인 요소를 받아들여 고구려 기와라고 한다면, 그에 상응하는 공반 유물로서 토기나 기타 유물들도 함께 출토되는 상황이어야 하는데 현재까지의 발굴 결과에서는 그러한 증거들을 찾지 못하였다.

두 번째, 통쪽 와통의 기술적 전통은 신라에서도 나타나며 통일신라 초반까지도 유지되는 것이기도 하거니와 아차산성 기와의 통쪽 흔적은 이미 보고된 고구려의 통쪽 와통이나 백제 와통과는 다른 신라 통쪽 와통으로 판단되기 때문이다.

마지막으로, 그렇다면 왜 고구려의 문화기술을 지닌 기와가 남아 있을까? 이에 대해서는 두가지 가능성을 제시하며 이에 대한 의견은 마무리하고자 한다. 첫째, 기와는 국가적 차원에서 관리하여 공급하였으며 당시 관청급이 아니면 사용조차 할 수 없는 재료이다. 때문에 당시 신라가 한강유역에 진출하여 국가적 차원에서 아차산성을 축성, 경영하면서 신라 관청 관리하의 장인들을 중심으로 기와 수급이 이루어졌으리란 것은 짐작 가능하다. 더불어 부족한 수요에 대한 부분이 발생할 여지는 충분하리란 판단이다. 이에 재지의 장인들을 흡수하여 전반적인 공정에 참여시켰을 가능성이 하나이다. 아무튼, 신라 관청의 관리하에 있었던 것만큼은 분명하다 할 것이다. 두 번째 가능성은, 아차산성 주변의 아차산 줄기에는 선행하는 고구려 보루 유적이 남아 있다. 앞선 조사에서 홍련봉 보루에서는 수많은 고구려 기와와 함께 고구려 유물이 보고되었다. 따라서 후대에 여기에서부터 유입된 고구려 기와일 가능성은 있으나 적극적으로 아차산성에서 제작, 사용한 기와는 아닌 것이다.

각설하고 아차산성 출토기와는 대부분 신라기와임은 분명하다. 따라서 본인의 편년안에 따르면 꼰무늬를 바탕으로 단판 또는 중판에 전면 두드림하고 측면을 1번 또는 2~3번 조정한 기와들은 IIA(B)b2, IIA(B)b3[11]형식에 해당하여 각각 7세기 전반에서 중반, 7세기 후반

---

11) 본 발표에서 제시한 45종의 형식분류상에는 포함되지 않는 형식이나 이미 이론적으로는 제시한

에서 8세기 전반으로 중심시기 설정이 가능하다. 즉, ⅡA(B)b2형식은 신라가 한강유역에 진출한 이후, 통일 이전 시기에 해당하고 ⅡAb3형식은 통일 직후가 되겠다. 또한, 줄무늬나 격자무늬에 단판으로 전면 두드림하고 측면을 2~3번 조정한 기와들은 ⅢAb3(ⅣAb3)형식에 해당하는 8세기 전반을 중심시기로 설정할 수 있다. 한편, 일부 민무늬 유형에서는 Ⅰ1형식과 Ⅰ2, Ⅰ3형식이 모두 나타나는 것으로 보고되어 향후의 조사를 통해 자세한 관찰이 이루어진다면 아차산성 기와는 6세기 중후반으로 올라갈 가능성도 있다.

자세한 관찰과 분석은 후일로 미룬다.

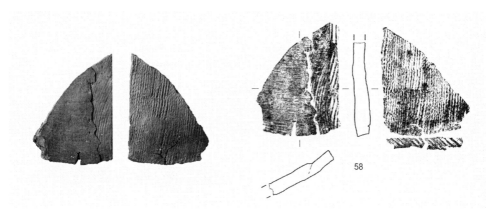

도판 9. 아차산성 암키와 ⅡA(B)b2형식(한강문화재연구원 2020: 142)

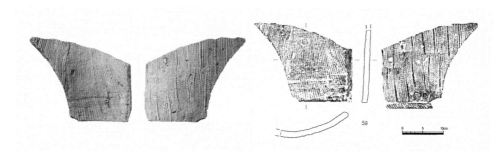

도판 10. 아차산성 암키와 ⅡA(B)b3형식(한강문화재연구원 2020: 142)

(서봉수 2020: 79~81) 형식에는 포함된다.

2. 신라의 기와 사용과 한강 유역 진출

신라기와의 연구는 경주지역을 중심으로 활발히 진행되었다. 특히 2000년대 이후 평기와의 연구는 조성윤과 김기민, 류환성을 중심으로 경주지역에 기와제작법이 언제 출현 또는 도입, 전개되어 발전했는가에 대한 정리가 이루어졌다.

조성윤(2000)은 신라기와의 변천과정을 도입기(6세기 중엽~말엽), 정착기(7세기 초~중엽), 확산기(7세기 말 이후)로 구분하였다. 그에 의하면 도입기는 백제계 신라기와(통쪽와통)와 고구려계·백제계 수막새가 도입되는 단계이고 정착기는 신라고유의 원통형 와통이 출현하면서 이전 시기의 백제계 신라기와가 소멸하는 단계, 확산기는 원통형 와통만이 사용되고 막새 주연부에 연주문이 장식되는 수막새와 당초문 암막새가 등장하는 단계로 설정하였다.

김기민(2001)은 조성윤의 구분안을 좀 더 세분하여 총 5단계로 구분하였는데 1단계는 무와통제작법 전용 시기(6세기 전엽 이전), 2단계는 백제에서 수막새 제작법이 도입되면서 무와통제작법 평기와와 결합되어 제작되는 시기(6세기 전엽 말~6세기 중엽 초), 3단계는 백제에서 통쪽와통제작법이 도입되나 무와통제작법 기와가 아직은 주류인 시기(6세기 중엽), 4단계는 원통형 와통과 수키와 와통, 단판 줄무늬 두드림판이 등장하는 단계(6세기 후엽~7세기 전엽), 5단계는 완전한 원통형 와통제작법의 암키와와 통일신라의 전형적인 수키와, 중·복판 양식의 수막새가 정착하는 단계(7세기 중엽~8세기 이전)로 설정하였다.

류환성(2013, 2016)은 경주지역 명문기와를 통해 통일신라시기 신라기와의 변화양상을 고찰하고 통일신라기와의 시점과 고고학적 변화양상을 밝히는데 주력하였다.

이후 김기민·정원혁·조성윤은 공동연구를 통해 경주기와의 전개과정을 초창기-과도기-완성기로 정리하였고(한국기와학회·국립경주박물관 2018) 나아가 김기민(한국기와학회·국립경주문화재연구소 2019)은 최영희(2009)와 이인숙(2014)의 견해, 즉 통일신라기와의 정형이 해체되는 양상이 나타나는 소위 나말여초기 단계를 추가하여 총 4단계로 신라기와 제작법의 전개과정을 정리, 발표하였다. 1단계는 6세기 전반에서 6세기 후반에 해당하며 무와통제작법 및 통쪽와통제작법의 기와가 제작되는 시기, 2단계는 6세기 후반에서 7세기 후반으로 원통형 와통제작법으로 제작법이 전환하고 단판 두드림판이 사용되는 시기, 3단계는 7세기 후반에서 9세기 전반으로 원통형와통제작법과 중판 줄무늬 두드림판이 사용되는 시기, 4단계는 9세기 중반에서 10세기 중반으로 원통형와통제작법과 중판 줄무늬 두드림판이 사용되면서 장판 두드림판이 일부 사용되고 기타 무늬대로 줄무늬에 'X'무늬가 추가되거나 망무늬가 유행하며 내면 하단 조정방법으로 물손질이 출현하고 수키와 상단 모서리가 말각화되는 양상 등을 특징으로 삼고 있다.

아무튼, 경주기와의 전개과정은 크게 무와통제작법 → 통쪽와통제작법 → 원통와통제작법 의 큰 흐름 속에 5세기 후반에서 6세기 전반부터 기와제작이 시작되는 것으로 판단되며 최근 월성 해자 출토 기와에 대한 검토에서도 이러한 양상이 파악되고 있다(한국기와학회 2020).

여기서 주목할 것은 기존 연구에서는 수막새의 무늬 형태와 수키와의 접합 기법에서 백제나 고구려와의 연관성을 들어 백제계 또는 고구려계로 구분하고 신라기와의 개시기로 설정하는 경향이었으나 최근 김기민(한국기와학회 · 국립경주문화재연구소 2019)은 기와가 최초 제작될 당시에는 토기와 함께 제작되었을 가능성이 높기 때문에 무와통제작법이 신라 고유의 기와 제작법으로써 자생적인 제작법이었을 가능성을 제기하며 향후 토기 제작법과의 비교연구가 중요함을 강조한 점이다.

이러한 맥락에서 한강유역을 중심으로 한 신라기와 연구에서도 고구려계나 백제계에 대한 논란이 있다. 이러한 경향의 특징은 지역을 막론하고 고구려나 백제의 기술적 요소가 관찰될 때 이를 도식적으로 적용한다는 것이다. 필자의 생각은 개별적인 기술적 요소가 과연 나라간 교류나 영향에 의해서만 도입이 되는가에 의문이 있다. 즉 정치제도적 문물의 교류와 문화기술적 문물의 교류는 구분하여 생각해 볼 필요가 있다. 이는 중국-고구려-백제-신라-일본의 수직적 전파루트를 경계하고(최맹식 2006: 287~317) 수평적 차원에서 문화기술의 영향력을 충분히 고려해야 한다는 것이다. 앞서 김기민(한국기와학회 · 국립경주문화재연구소 2019: 91)은 그러한 차원에서 도입기라는 용어 대신 자생적 의미를 강조하여 출현기라는 용어를 제안한 것이라 생각한다.

또한 한강유역을 중심으로 한 지역에는 고구려의 정치, 군사적인 직접적 영향이 미치기 이전, 한성백제시기 단계에 이미 기와가 다양한 방법으로 사용되고 있었던 만큼(정치영 2006) 중국과의 관계까지 고려하여 오랜 기간에 걸쳐 기와가 제작, 사용되었다는 것을 염두에 두어야겠다. 따라서 한강유역을 중심으로 한 신라기와의 사용문제도 고구려계냐, 백제계냐의 단순 논리보다는 복합적 상황을 고려해서 지역적 특성을 반영해야 한다고 생각한다.

신라는 진흥왕 12년(551)에 고구려의 남진기지라고 할 수 있는 충주를 확보하여 한강유역 진출의 교두보를 마련한다. 이후 이어진 공세로 고구려의 10군과 백제의 6군까지 점령하여 진흥왕 14년(553)에 드디어 한강유역까지 진출하게 된다. 한강유역을 점령한 신라는 곧바로 중부지역의 정치 · 군사적 거점인 신주(新州)를 설치하고 당항성을 통해 중국과의 독자적 외

교권까지 갖추게 된다. 이어서 비렬홀주(比列忽州) 장악, 중원소경(中原小京) 설치, 신주 대신 북한산주(北漢山州)를 설치하는 등 일련의 과정을 통해 급속도로 한강유역을 포함한 한반도 중부지역의 지배권을 공고히 하게 된다(『三國史記』 권4, 진흥왕 14~18년조).

특히, 신라의 한강유역을 비롯한 경기도 지역 통치는 지금의 경기도 지역 안에 많은 성을 쌓은 후 그 성에 지방관인 군주, 당주, 도사를 파견하여 이루어졌다. 여러 성 중 하나에 군주가 중앙군과 지방군을 데리고 주둔하는 성을 주(州)라고 하였다. 군주는 주에서 전쟁업무와 행정업무를 같이 처리하였고 다른 성에 파견된 지방관들의 우두머리였다(강문석 2017).

신라는 6세기 중반 이후 한강유역을 점유하면서 지속적 통치를 위한 안정적 기반을 쌓아 갔는데 그것은 군현제로 대변되는 지방제도의 완성으로 설명할 수 있다. 특히 한강유역 일대를 점령하면서 백제, 고구려와는 달리 이 지역을 거점화하면서 안정적인 통치 기반을 구축해 나갔다 할 것이다. 이러한 신라의 통치 방식은 신라성 구축이 곧 지방관이 파견된 통치의 거점이자 군사 거점으로서의 역할을 하는 거점성(據點城)으로서 곧 신라 성지가 군현의 중심지라는 것이다(박성현 2010).

이는 신라 성지에서 출토되는 수많은 신라기와나 토기로도 입증된다.

특히 기와는 이러한 성격을 반영하는 적극적 유물인데 주지하다시피 고대로부터 기와의 사용은 엄격한 신분적 제약이 있었다. 불사, 신묘, 왕궁, 관부만이 기와를 사용할 수 있었으며 수많은 신라 산성에서 출토되는 기와는 곧 그곳이 신라의 관부임을 입증하는 결정적 증거들이다.

어쨌든 이 과정에서 신라는 많은 수의 유적을 한강유역에 남겼는데 대부분 산성 유적이고 일부 평지의 군사생활 유적이 있다. 지금까지 알려진 대표적인 군사생활 유적이 바로 서울 독산동 유적(겨레문화유산연구원 2016)이다. 독산동 유적은 신라가 산성으로 본격적인 거점성을 운영하기 직전 교두보 또는 평지 거점으로 활용했을 가능성이 높은 유적이기 때문이다. 여기에서 출토되는 신라 기와는 출토량이 수백 점에 불과하지만 관부의 주도하에 그러한 역할을 수행했음을 반증하는 것이다. 특히 이 유적에서 출토되는 기와는 그 다음 단계인 산성 축조를 통한 거점성 확보 성격의 수많은 산성에서 출토되는 기와와는 무늬의 분포나 제작기법상에서 현저하게 차이가 나기 때문에 신라가 한강 유역에 처음 진출하여 본격적인 신라형식의 기와를 제작한 것으로 보인다.

이후 7세기에 접어들면서 신라는 본격적인 거점성 확보 및 성 운영에 들어간다. 그 이전 단계가 준비 단계였다면 이제는 본격화한 것이다.

3. 신라기와 출토 유적의 성격

기와가 출토되는 대다수 신라 성들이 신라의 군현제 실시와 함께 관부가 들어선 적극적인 유적들인 것과 달리 신라 유적이면서 기와는 출토되지 않는 유적들도 있다. 대표적인 유적이 용인 할미산성이다. 할미산성에는 역시 6세기 중엽 신라가 한강유역을 차지한 이후 나타나기 시작하는 신라후기양식 토기가 몇 차례의 발굴조사를 통해 많은 양이 출토되었다(한국문화유산연구원 2017).

할미산성 유적의 특이한 점은 토기 형식과 시기에 있어서 서울 독산동 유적과 유사한데 기와가 한 점도 출토되지 않는다는 것이다. 이와 관련하여 신라가 이 시기에는 기와를 사용하지 않았고 7세기 이후가 되어야 산성을 비롯한 대부분의 거점성 지역에 비로소 기와를 사용한 증거라는 견해(심광주 2019: 33)가 있지만 이는 서울 독산동 유적을 참고하면 인정하기 어렵다. 또한 다른 보고서에서 세부적인 편년안을 수립할 수 없었던 이유로 삼국 말 통일신라로 분류된 기와들도 형식분류 결과, 충분히 6세기 후반으로 편년할 수 있는 기와들이 많다. 이는 이 글의 분석대상이 된 인천 계양산성과 포천 반월산성도 마찬가지이며 기타 유적 분석에서도 부분 입증하였다.

용인 할미산성 외에도 비록 본격적인 발굴조사가 이루어지지는 않았지만 지표조사 단계에서 신라토기만이 수습되는 유적들도 많다. 권순진(2007: 5~15)에 의하면 서울 대모산성, 서울 불암산성, 의정부 사패산 3보루, 남양주 국사봉 보루, 의정부 부용산 보루, 양주 천보산 3·5보루, 연천 수철성, 연천 초성리산성, 포천 고소성, 포천 주원리산성 등이다. 주로 신라 보루들이다.

그렇다면, 기와가 출토되지 않는 이들 유적들의 성격은 무엇일까? 성이나 보루의 개념 문제는[12] 차치하고서라도 아차산 일대 고구려 보루나 임진강 일대 고구려 보루의 예를 보자면 한두 개의 보루(홍련봉 제1보루, 호로고루, 당포성 등)에서만 기와가 집중 출토되고 나머지 전선상의 보루에서는 기와가 출토되지 않는 사례가 확인되고 있다. 이를 통해 이미 기와가 출토되는 보루가 일대 보루군 중에서 중심역할을 한 지휘소적 성격인 것은 각각의 보고서에서도 언급한 바이다(고려대학교 고고환경연구소 2007: 194; 한국토지공사 토지박물관 2007: 297~304).

---

12) 이에 대한 논의는 최근 이루어지고 있는데, 차용걸(고려문화재연구원, 2018, 「峨嵯山 일대 城堡 유적의 성격과 위상」『龍馬에 내린 高句麗』)이 역사적 연원과 함께 고구려, 백제의 예를 들어 논쟁의 필요성을 언급하였다.

따라서 신라도 초기에 한강 유역에 진출하는 과정에서 안정적 관부 설치 이전 단계에 야전 전투 지휘체계에서 중심역할을 하는 곳과 그 산하의 지휘통제하에서 연합전선을 펼치는 체제를 구축하였을 것이라 판단된다. 신라 관방 유적 중 기와가 출토되지 않는 유적은 그러한 가능성을 염두에 두고 연구가 진행되어야 할 것이다. 이미 고구려가 전선 구축방식에서 아차산 일대나 임진강 일대 보루군에서 보여준 것과 같은 관점에서 신라의 관방 유적도 이해해야 할 것이다.

V. 통일신라 기와 담론-맺는말을 대신하여

그렇다면 통일 이전 신라기와와 통일 이후 신라기와와의 근본적인 차이는 무엇일까?

앞서의 분석치들을 토대로 한마디로 말한다면 큰 틀에선 '없다'이다. 고고학적 속성 측면에서 통일이후 후대로 갈수록 조금 다양해지는 무늬, 두드림판 크기의 대형화, 분할방법의 정교성, 두드림 방법의 치밀해짐, 기와 두께의 두꺼워짐 정도 차이라고 할까.

고고학이란 학문이 그렇지만 그 세밀한 부분의 차이를 가지고 속성을 분류하고 시기를 구분했을 뿐, 본질적인 기와 제작상의 변화는 없다고 하는게 맞을 것이다.

한강유역에는 신라가 그 지역을 점령하고 통치하기 이전부터 고구려, 백제의 선진적 기와 문화를 토대로 한 지역적 특색을 보이는 기와들이 사용되었다. 신라 역시 백제로부터 기와 문화를 받아들인 후 경주지역을 중심으로 신라 나름의 기와 문화를 발전시켰음은 주지의 사실이다. 6세기 중반 이후 신라가 한강 유역에 진출해서도 삼국이 공유하였던 기와 문화는 통일신라 이후에도 그 문화적, 기술적 동질성을 바탕으로 연속성을 가지고 발전하였다.

문화와 기술은 서로가 받아들이고 섞이면서 발전하는 것이다. 다만, 학문적으로 그 차이를 밝혀내고 나름의 시기나 특색을 정리하는 것이지만 우리가 또 하나 경계해야 할 것은 그 개별적 차이를 추출하여 정치적, 영역적 의미를 부여해서는 안된다는 것이다. 만약, 그렇게 정치적, 영역적 의미를 부여하려면 좀 더 거시적인 차원에서 기와 뿐만 아닌 다른 유물들과의 관계적 측면에서 보편적인 문화 속성을 뽑아내려는 노력이 필요할 것이다.

기와 연구 역시, 필자는 좀 더 미시적인 관점에서 각 지역의 분석적 연구가 선행되기를 바라는 입장이지만, 그렇다고 해서 거시적인 측면에서의 통괄적 연구를 무시하는 것은 아니다. 전자가 나무만 보고 숲을 못본다는 지적이 있는 것처럼, 후자는 세부적인 특색을 놓치거나 무시할 수 있기에, 단지 그것을 경계할 뿐이지 두 방법 역시 상호보완적인 인구가 절실하며, 다만 조사되는 유적을 비롯해서 지역적인 기와에 대한 자세한 분석자료가 계속해서 쌓여나가기를 간절히 바랄 뿐이다.

고대 한국의 기와 문화는 중국으로부터 고구려, 백제가 선진적으로 수용한 이후, 우리의 지역과 특색에 맞게 발전시켜 신라와 통일신라뿐 아니라 고려, 조선에 이르기까지 꾸준히 하나의 맥으로써 발전해 왔다. 그 속에서 우리는 기와 문화의 연속성과 지속성을 인정할 수 있고 그 차이를 밝혀냄으로써 각 국의 고유성을 파악할 수 있는 것이다.

아무튼, 고대 삼국은 문화적, 기술적으로 많은 부분을 교류를 통해 공유하였다. 물론, 각 국이 나름대로의 문화를 전개하며 고유의 문화적 특수성을 발전시켜 나갔지만 그 저변에는 언어를 비롯하여 문화적 보편성을 공유하고 있었고 통일신라에 가서 그것이 문화의 동질성을 공유하는 계기가 되었다.

참고문헌

국립부여문화재연구소, 2006, 『실상사 II 발굴조사보고서』.

국립중원문화재연구소, 2015, 『강릉 굴산사지 (사적 제448호) 발굴조사보고서 I』.

국립중원문화재연구소, 2017, 『강릉 굴산사지 (사적 제448호) 발굴조사보고서 II』.

문화재청·(재)불교문화재연구소, 2010, 『한국사지총람 上』, ㈜조계종출판사.

문화재청·(재)불교문화재연구소, 2010, 『한국사지총람 下』, ㈜조계종출판사.

문화재청·(재)불교문화재연구소, 2010, 『韓國의 寺址: 사지(폐사지)현황조사보고서 上 -서울, 인천, 경기북부』, ㈜조계종출판사.

문화재청·(재)불교문화재연구소, 2010, 『韓國의 寺址: 사지(폐사지)현황조사보고서 下 -경기남부』, ㈜조계종출판사.

문화재청·(재)불교문화재연구소, 2011, 『韓國의 寺址: 사지(폐사지)현황조사보고서 上 -전라남도 1』, ㈜조계종출판사.

문화재청·(재)불교문화재연구소, 2011, 『韓國의 寺址: 사지(폐사지)현황조사보고서 下 -전라남도 2, 광주광역시, 제주특별자치도, 부산광역시』, ㈜조계종출판사.

문화재청·(재)불교문화재연구소, 2012, 『韓國의 寺址: 사지(폐사지)현황조사보고서 上 -대구광역시, 경상북도 1』, ㈜조계종출판사.

문화재청·(재)불교문화재연구소, 2012, 『韓國의 寺址: 사지(폐사지)현황조사보고서 下 -경상북도 2』, ㈜조계종출판사.

문화재청·(재)불교문화재연구소, 2012, 『韓國의 寺址: 사지(폐사지)현황조사보고서 下 -경상북도 3』, ㈜조계종출판사.

문화재청·(재)불교문화재연구소, 2013, 『韓國의 寺址: 사지(폐사지)현황조사보고서 上 -강원도, 전라북도』, ㈜조계종출판사.

문화재청·(재)불교문화재연구소, 2013, 『韓國의 寺址: 사지(폐사지)현황조사보고서 下 -울산광역시, 경상남도』, ㈜조계종출판사.

문화재청·(재)불교문화재연구소, 2014, 『韓國의 寺址: 사지(폐사지)현황조사보고서 上 -세종특별자치시, 충청남도』, ㈜조계종출판사.

문화재청·(재)불교문화재연구소, 2014, 『韓國의 寺址: 사지(폐사지)현황조사보고서 下 -대전광역시, 충청북도』, ㈜조계종출판사.

문화재청·(재)불교문화재연구소, 2015, 『韓國의 寺址: 사지(폐사지)현황조사보고서 上 -대구광역시, 경상북도』, ㈜조계종출판사.

문화재청·(재)불교문화재연구소, 2015, 『韓國의 寺址: 사지(폐사지)현황조사보고서 下 -경상북도, 부록』, ㈜조계종출판사.

문화재청 · (재)불교문화재연구소, 2016, 『韓國의 寺址 사지(폐사지)현황조사보고서 上 -전라북도』, ㈜
　　조계종출판사.

문화재청 · (재)불교문화재연구소, 2016, 『韓國의 寺址 사지(폐사지)현황조사보고서 下 -강원도, 부록』,
　　㈜조계종출판사.

문화재청 · (재)불교문화재연구소, 2017, 『韓國의 寺址 사지(폐사지)현황조사보고서 上 -대전광역시,
　　세종특별자치시, 충청남도 1』, ㈜도반HC.

문화재청 · (재)불교문화재연구소, 2017, 『韓國의 寺址 사지(폐사지)현황조사보고서 下 -충청남도 2,
　　부록』, ㈜도반HC.

문화재청 · (재)불교문화재연구소, 2018, 『韓國의 寺址 사지(폐사지)현황조사보고서 上 -충청북도』, ㈜
　　도반HC.

문화재청 · (재)불교문화재연구소, 2018, 『韓國의 寺址 사지(폐사지)현황조사보고서 下 -충청남도, 부
　　록』, ㈜도반HC.

문화재청 · (재)불교문화재연구소, 2019, 『韓國의 寺址 사지(폐사지)현황조사보고서 上 -경상남도』, ㈜
　　도반HC.

문화재청 · (재)불교문화재연구소, 2019, 『韓國의 寺址 사지(폐사지)현황조사보고서 下 -대구광역시,
　　부산광역시, 울산광역시, 경상북도, 부록』, ㈜도반HC.

문화재청 · (재)불교문화재연구소, 2020, 『韓國의 寺址 사지(폐사지)현황조사보고서 上 -특별시 · 광역
　　시, 강원도, 경기도, 충청북도, 충청남도』, ㈜도반미디어.

문화재청 · (재)불교문화재연구소, 2020, 『韓國의 寺址 사지(폐사지)현황조사보고서 下 -전라북도, 전
　　라남도, 경상북도, 제주특별자치도, 부록』, ㈜도반미디어.

崔法慧 역주, 2001, 『高麗板 禪苑淸規 譯註』, 가산불교문화연구원.

曺凡煥, 1990, 『羅末麗初 禪宗山門 開倉 硏究』, 경인문화사.

한국역사연구회편, 1996, 『역주 라말려초금석문』 下, 혜안.

金煐泰, 2008, 『韓國佛敎史槪說』, 경서원.

임종태, 2015, 『고고자료로 본 성주사의 변천과 시대상』, 서경문화사.

洪光杓, 2005, 「韓國 九山禪門의 空間美學」『韓國傳統造景學會誌 23-3』, 韓國傳統造景學會.

金相永, 2007, 『高麗時代 禪門 硏究』, 동국대학교 박사학위논문.

양정석, 2012, 「구산선문의 가람 인식에 대한 고찰」『新羅文化』 40, 신라문화연구소.

임종태. 2013, 「聖住寺 創建 以前의 先代伽藍에 대한 檢討」『韓國古代史硏究』 72, 한국고대사학회.

임종태, 2014, 「보령 성주사지의 가람변천 연구」『선사와 고대』 42, 한국고대학회.

정병삼, 2016, 「승려의 활동과 사원의 운영」『신라의 불교 수용과 확산 -신라 천년의 역사와 문화 연구
　　총서 13』, 경상북도문화재연구원.

정병삼, 2016, 「교종계의 동향과 불교 신앙」 『신라 불교계의 새로운 동향과 선종 -신라 천년의 역사와 문화 연구 총서 13』, 경상북도문화재연구원.

한기문, 2016, 「선종의 수용과 전개」 『신라 불교계의 새로운 동향과 선종 -신라 천년의 역사와 문화 연구 총서 13』, 경상북도문화재연구원.

최태선, 2016, 『신라·고려전기 가람의 조영 연구 -經典儀範과 공간조성을 중심으로-』, 부산대학교 박사학위논문.

제4장 신라 한주지방의 토기와 고분의 변천

姜眞周, 2006, 「漢江流域 新羅土器에 대한 考察」, 檀國大學校 大學院 碩士學位論文.

金宰賢, 1994, 「東海市 湫岩洞 B地區 古墳群의 埋葬과 副葬行爲」 『文物研究』 2, 동아시아문물연구학술재단.

김진영, 2021, 『신라 한주지방의 고분과 사회구조』, 서경문화사.

김진영, 2022, 「신라 한주지방 토기의 편년」 『中央考古研究』 제36호, 중앙문화재연구원.

김진영, 2023, 「서울·경기지역 신라 원통형병의 변천과 지역성」 『사림』 83, 수선사학회.

朴成南, 2018, 「서울·京畿地域 印花紋土器에 대한 小考」 『신라문화』 51, 동국대학교 신라문화연구소.

朴省鉉, 2002, 「6~8세기 新羅 漢州 郡縣城과 그 성격」 『韓國史論』 47, 서울대학교 국사학과.

山本孝文, 2005, 「泗沘期 石室의 基礎編年과 埋葬構造」 『百濟研究』 43, 忠南大學校 百濟研究所.

山本孝文, 2007, 「印花文土器의 發生과 系譜에 대한 試論」 『嶺南考古學』 41, 嶺南考古學會.

서영일, 1999, 『신라 육상교통로 연구』, 학연문화사.

송상우, 2010, 「경주지역 고분출토 단각고배에 관한 연구」 『大邱史學』 101.

沈秀貞, 2012, 「二聖山城 出土 新羅土器 研究」, 漢陽大學校 大學院 碩士學位論文.

윤상덕, 2010, 「6~7세기 경주지역 신라토기의 편년」 『한반도의 고대문화 속의 울릉도 -토기문화-』, 동북아역사재단.

李南奭, 2002, 『百濟墓制의 研究』, 서경.

李東憲, 2008, 「印花文 有蓋盌의 相對編年」 『考古廣場』 2, 釜山考古學研究會.

李東憲, 2008, 「印花文 有蓋盌 研究」, 釜山大學校 碩士學位論文.

이상수, 2020, 「동해 추암동고분군 출토 대가야양식 토기에 대하여」 『江原文化研究』 42, 江原大學校 江原文化研究所.

이상희, 2010, 「신라시대 한주지역 토기 완 연구」, 세종대학교 대학원 석사학위논문.

李在煥, 2007, 「洛東江 上流地域 橫口式石室 研究」, 慶北大學校 大學院 碩士學位論文.

이정민, 2018, 「전남지역 기와가마 연구」, 전남대학교 대학원 인류학과 박사학위논문.

이종민, 2017, 「나말여초 청자요업의 개시여건과 고고학적 산물의 검토」 『한국중세고고학』 창간호, 한국중세고고학회.

李知禧, 2012, 「統一新羅時代 鉛釉陶器 硏究」, 忠北大學校 大學院 碩士學位論文.

이지희, 2022, 「통일신라시대 녹유도기의 생산과 조형적 특징」 『한국중세고고학』 11.

李辰赫, 2016, 「5~6세기 소백산맥 동북부일대 신라고분 연구」, 嶺南大學校 大學院 碩士學位論文.

최명지, 2015, 「軍威 麟角寺 塔址出土 中國靑磁 性格」 『인문과학연구』 21, 덕성여자대학교 인문과학연구소.

최병현, 1992, 『新羅古墳硏究』, 一志社

최병현, 2012, 「신라 후기양식토기의 편년」 『嶺南考古學』 59, 嶺南考古學會.

최병현, 2014, 「5세기 신라 전기양식토기의 편년과 신라토기 전개의 정치적 함의」 『고고학』 13-3, 중부고고학회.

최영주, 2013, 「百濟 橫穴式石室의 型式變遷과 系統關係」 『百濟文化』 48, 公州大學校 百濟文化硏究所.

崔正凡, 2017, 「釜山 福泉洞 65號墳 靑瓷 碗의 再檢討」 『야외고고학』 29, 한국문화유산협회.

하승철, 2013, 「창녕 계성고분군의 성격과 정치체의 변동」 『야외고고학』 18, 한국매장문화재협회.

홍보식, 2001, 『新羅 後期 古墳文化 硏究』, 춘추각.

홍보식, 2005, 「한강유역 신라 石室墓의 受容과 展開」 『畿甸考古』 5, 기전문화재연구원.

홍보식, 2010, 「수혈식석곽과 조사방법」 『중앙고고연구』 6, 중앙문화재연구원.

홍보식, 2010, 「신라·가야의 移住資料와 移住類型」 『移住의 고고학』, 제34회 한국고고학전국대회 발표자료집, 한국고고학회.

(※발굴보고서 생략)

제5장 신라와 통일신라 기와

『三國史記』(1996, 한국정신문화연구원)

『三國遺事』(2002, 을유문화사)

『中國正史朝鮮傳』(1987, 국사편찬위원회)

강문석, 2017, 「신라 상대의 지방지배와 '城主'」, 한국학중앙연구원 한국학대학원 박사학위논문.

겨레문화유산연구원, 2011, 「계양산성Ⅱ」.

겨레문화유산연구원, 2016, 「서울 독산동 유적-서울 금천구심 도시개발사업구 내 유적 시·발굴조사 보고서」.

고려대학교 고고환경연구소, 2007, 「紅蓮峰 第1堡壘」-發掘調査綜合報告書.

고려문화재연구원, 2018.11.30, 『龍馬에 내린 高句麗』.

국립문화재연구소, 2009, 「風納土城 XI -풍납동 197번지(舊 미래마을)시굴 및 발굴조사 보고서 1-」.

권순진, 2005, 「京畿地域 新羅城郭 研究」, 관동대학교대학원 석사학위논문.

권순진, 2007, 「경기지역 新羅 '北進期城郭'에 관한 고찰」 『신라사학보』 9, 신라사학회.

김기민, 2001, 「新羅기와 製作法에 관한 研究 -慶州 勿川里 出土기와를 중심으로-」, 東亞大學校大學院 碩士學位論文.

김영, 2010, 「경기지역 산성의 백제초축설 재고」, 고려대학교대학원 석사학위논문.

단국대학교 매장문화재연구소, 2001, 「이천 설봉산성 2차 발굴조사 보고서」.

단국대학교 매장문화재연구소, 2002, 「이천 설성산성 1차 발굴조사 보고서」.

단국대학교 매장문화재연구소, 2004a, 「이천 설성산성 2·3차 발굴조사 보고서」.

단국대학교 매장문화재연구소, 2004b, 「포천 반월산성 -종합보고서(I)(II)」.

류환성, 2013, 「'의봉 4년 개토' 명문기와로 본 통일신라 기와의 획기와 의의」 『경주의 사람과 문화』 I, 경주문화원.

류환성, 2016, 「경주 출토 통일신라시대 사찰명 기와의 검토」 『신라학연구』 19, 위덕대학교 신라문화 산업센터.

박성현, 2010, 「新羅의 據點城 축조와 지방 제도의 정비 과정」, 서울대학교대학원 박사학위논문.

백종오, 2006, 『고구려 기와의 성립과 왕권』, 주류성출판사.

서봉수, 1999, 「抱川 半月山城 기와의 屬性分析과 製作時期」, 단국대학교대학원 석사학위논문.

서봉수, 2020, 「한강유역 신라기와 연구」, 한국학중앙연구원 한국학대학원 박사학위논문.

서봉수, 2021, 「신라의 한강유역 진출과 기와의 성격」 『한국기와학보』 3, 한국기와학회.

서오선, 1985, 「韓國平瓦文樣의 時代的 變遷에 對한 研究」, 충남대학교대학원 석사학위논문.

서영일, 2005, 「漢城百濟時代 石築山城의 築造 背景 研究」 『文化史學』 23, 한국문화사학회.

서울역사박물관·한신대학교박물관, 2008, 「풍납토성 IX -경당지구 출토 와전류에 대한 보고-」.

심광주, 2004, 「漢城時期의 百濟山城」 『고고학』 3-1, 서울경기고고학회.

심광주, 2019, 「용인 할미산성의 축성법과 역사적 의미」 『용인 할미산성 -문화재적 가치와 위상-』, 용인시.

이인숙, 2014, 「신라기와」 『신라고고학개론』 하, 중앙문화재연구원.

이인숙·최태선, 2011, 「평기와 用語 檢討」 『韓國考古學報』 80, 한국고고학회.

이재명, 2016, 「경남지역 삼국~고려시대 평기와 연구」, 경상대학교대학원 석사학위논문.

정치영, 2006, 「漢城期 百濟 기와에 대한 연구」, 한신대학교대학원 석사학위논문.

조성윤, 2000, 「慶州 出土 新羅 평기와의 編年 試案」, 경주대학교대학원 석사학위논문.

중부고고학연구소, 2014, 「坡州 德津山城」.

중부고고학연구소, 2018, 「坡州 德津山城II -1~5차 학술발굴조사 종합보고서-」.

최맹식, 1999, 『百濟 평기와 新研究』, 학연문화사.

최맹식, 2006, 『삼국시대 평기와 연구』, 주류성출판사.

최영희, 2009, 「新羅における 平瓦·丸瓦製作技術の展開」 『東アジア瓦研究』 1, 東アジア瓦研究會.

최정혜, 1996, 「高麗時代 평기와의 編年研究 -文樣形態를 中心으로-」, 경성대학교대학원 석사학위논문.

최태선, 1993, 「平瓦製作法의 變遷에 대한 研究」, 경북대학교대학원 석사학위논문.

한강문화재연구원, 2020, 「아차산성」.

한국기와학회, 2020.05.30, 「제 1회 와전연구회 발표집」.

한국기와학회·국립경주문화재연구소, 2019.12.19, 「경주 월성 기와 연구의 전망과 과제」.

한국기와학회·국립경주박물관, 2018.12, 「신라기와의 편년」.

한국문화유산연구원, 2017, 「龍仁 할미山城(Ⅳ)」.

한국토지공사 토지박물관, 2007, 「漣川 瓠盧古壘 Ⅲ(제2차 발굴조사보고서)」.

• 저자약력(집필순)

조원창   재단법인 한얼문화유산연구원

임종태   한혜리티지센터

안성현   재단법인 중부고고학연구소

김진영   前 단국대학교 인문과학연구소

서봉수   재단법인 백두문화재연구원

통일신라 고고학

초판발행일   2023년 4월 25일
지 은 이   조원창 · 임종태 · 안성현 · 김진영 · 서봉수
발 행 인   김선경
책 임 편 집   김소라
발 행 처   서경문화사
         주소 : 서울시 종로구 이화장길 70-14(204호)
         전화 : 743-8203, 8205 / 팩스 : 743-8210
         메일 : sk8203@chol.com
신 고 번 호   제1994-000041호
ISBN   978-89-6062-252-4   93910

※ 파본은 구입처에서 교환하여 드립니다.

정가 32,000원